中国社会科学院重点学科建设工程丛书·中国近代思想史学科

中国社会科学院重点学科建设工程丛书·中国近代思想史学科

中国近代思想史研究集刊

第 一 辑

思想家与近代中国思想

Thinkers and Thoughts in Modern China

中国社会科学院近代史研究所思想史研究室 主办
郑大华 邹小站 主编

社会科学文献出版社
Social Sciences Academic Press（China）

图书在版编目(CIP)数据

思想家与近代中国思想/郑大华,邹小站主编.—北京:社会科学文献出版社,2005.5
(中国社会科学院重点学科建设工程丛书·中国近代思想史学科 中国近代思想史研究集刊 第一辑)
ISBN 7 - 80190 - 501 - 6

Ⅰ.思… Ⅱ.①郑…②邹… Ⅲ.①思想家—人物研究—中国—近代②思想史—研究—中国—近代 Ⅳ.B250.5

中国版本图书馆 CIP 数据核字(2005)第 015166 号

CONTENTS 目录

《中国近代思想史研究集刊》前言 …………………………… 耿云志(1)

关于近代思想史的几个问题 ………………………………… 耿云志(1)

论包世臣在嘉道经世思潮中的历史地位
　　——兼与龚自珍、魏源之比较 ……………………… 郑大华(20)

倭仁与道咸同时期的理学 …………………………… 李细珠(58)

魂归何处？
　　——梁启超与儒教中国及其现代命运的再思考 ……… 黄克武(91)

梁启超与日本：学术回顾与展望 ……………………… 崔志海(115)

1919年的胡适：实验主义的宣扬与力行 ……………… 张玉法(130)

战国策学派文化形态学理论述评
　　——以雷海宗、林同济思想为主的分析 ………… 江　沛(149)

议会思想之进入中国 ………………………………… 张朋园(159)

目　录

近代价值观变革与晚清知识分子 …………………………… 高瑞泉(197)

中国旧学纳入近代新知识体系之尝试 ………………………… 左玉河(214)

李鸿章与左宗棠战和观之比较 ………………………………… 贾小叶(253)

甲午前后中日官绅之间的认知与交往 ………………………… 郑匡民(268)

民初宪法争衡中的几个问题 …………………………………… 邹小站(306)

"五四"保守主义社会选择的两种取径

　　——从梁漱溟到学衡派 …………………………………… 王法周(340)

编　后　语 …………………………………………………………… (362)

《中国近代思想史研究集刊》前言

《中国近代思想史研究集刊》是由中国社会科学院近代史研究所近代思想史研究室创办的，供国内外同行学者发表其研究成果的一个园地。中国社会科学院近代史研究所的近代思想史研究室成立于1991年。十余年来，本室研究人员虽不多，但皆能以学问、人品相砥砺，形成一个凝聚力很强的学术群体。大家工作勤奋，治学谨严，成绩颇得各方好评，乃于2002年被评为中国社会科学院第一批重点学科。大家甚受鼓励，更加不敢懈怠。因承担院重大课题的关系，与研究思想史和文化史的同行朋友常相聚会、切磋。2002年、2003年相继两次举行国内同行的小型研讨会，复于今年8月举行一次国际研讨会。为进一步团结海内外同行朋友，得互相切磋、勖勉之益，推动中国近代思想史学科更加深入发展，乃集议创办《中国近代思想史研究集刊》，拟每年出版一辑。

近年来，对中国近代思想史感兴趣的人越来越多，讨论的问题亦越来越广泛，越来越深入。西方一个学者曾说："一切历史都是思想史。"此话如不做机械的、绝对化的理解，则应承认它有一定的合理性。历史是人创造的，而人是有思想的；为了揭示历史运动深层次的各种机制，不能不研究人们的思想。正因此，凡政治史、经济史、文化史、教育史、学术史以及艺术史等等领域中发生的矛盾、论争，在思想史中都会有反映。所以，在一定程度上说，思想史的确有可以涵盖和深化其他专门史的功能。

中国近代思想史是个有待深入开掘的富矿，这里可以引人发生兴趣的问题实在太多了。一百多年的近代中国的历史，充满着内外交织的各种矛盾，外部的威胁，内部的危机，格外逼人，人们总是在异常紧迫的形势下，对各种挑战做出应急的思考和抉择。革命与改革交相迭乘，传统与现代之间常常处于极度紧张。西方三四百年间所经历的变革和相应出现的各种思想，在几十年时间里，潮水般地冲击而来，人们大感应接不暇。一种思想还没来得及成熟，又一种新的思想便发出挑战。所以，鲁迅先生曾说，在近代中国，从最落后、最原始的思想，到当今世界最先进的思想同时存在。这样一种局面，岂不是为我们研究思想史的人们提供了大可用武之地吗!

研究中国近代思想史不自今日始。以往的研究,取得过一些成绩,但也存在诸多不足,主要可概括为两点。

(一)研究范围未曾清晰界定。早期一些可视为思想史的著作,往往以经学思想或一般学术思想为主要内容;后来,又以哲学思想为主要内容,再后来,则演变为以政治思想为主要内容。这些当然也属于思想史的范围。但是,思想史不能以这些内容为局限,而且究竟应如何从这些方面提抉思想史的内容,仍大有讨论的余地。作为思想史学科研究对象的思想,我想,应该是一个国家、民族在历史发展演变过程中,人们面对各种重大问题所做的思考。近代中国所面临的最大问题是建设一个近代民族国家。要实现这一目标,至少须解决如下问题:(1)独立;(2)统一;(3)民主;(4)富强。所以,凡围绕着这些重大问题所进行的思考,所提出的主张,所发表的言论,都应列入中国近代思想史的正当范围。它既不是单纯的政治思想史,也不是其他的专门思想史。它是各种专门思想史的基础和重心。为了把握好思想史的内容,必须尽可能清楚地认识历史时代所提出的紧迫问题。认清这些问题,才比较容易从浩如烟海的思想材料中,抓住属于思想史的内容。

(二)方法不健全,不精密。中国近代思想史是个很年轻的学科,五四新文化运动以后才逐渐发展起来。由于研究范围不清晰,决定了它缺乏方法上的自觉。也就是说,还没有建立起中国近代思想史相应的方法论系统。中国近现代的人文社会科学各学科,无不借鉴西方的理论与方法。但无论是马克思主义或其他的西方理论与方法,要在中国的学术园地里真正开花结果,需要有一个很长的历史过程。有些人天真地以为,只要自己略读几本书,对其中的理论与方法能够说出一、二、三来,自己就算是那种理论与方法的一个传人了。他们不知道,当年马克思、恩格斯还在世的时候,就颇有一些年轻或并不年轻的学者对他们表示无比服膺;在自己的著作中极力套用马、恩的理论与方法,宣称自己是马克思主义者。马克思看了他们的东西之后说道:如果他们所说的就是马克思主义,那么我只能说,我本人不是马克思主义者。这个事实很可以说明,服膺和借鉴别人的理论与方法是一回事,自己的著作能否真正体现这种理论与方法又是一回事。多少年来,我们见到过太多想当马克思主义者的人,而真正懂得马克思主义,能在自己的研究与著述中运用马克思主义的理论与方法解决几个实际问题的人却太少了。服膺其他西方思想家的理论与方法的人,也存在同样的情形。近些年来,我们听到和看到不少表彰和意图运用西方各种有影响的理论与方法的言论和著作,但似乎看不出他们解决了什么问题。这使我想起85年前，有关问题与主义的论争。那场论争，在一个很长时期里，被人们说成是胡适向马克思主义猖狂进攻。近年来已有许多学者重新研究这个问题，加以澄清，指出这是一个关于如何对待理论与方法的态度的争论。有些人太迷信某种主义，以为把那个主义的某些基本理论、基本公式重复几遍，就能有奇效大验。殊不知，那些最初创立这种主义，相应提出一套理论与方法的人，都是应对实际问题而起的思考。我们今天借鉴人家的主义，人家的理论与方法，也必须认清我们所面对的实际问题是什么。问题认准了，再从事实际研究。必须是在实际研究过程中，借鉴别人的理论与方法；而不是像某些人那样，不做任何深入实际的研究，直把人家的理论与方法往自己随意捡来的事实与材料上套。

以往的中国近代思想史研究，由于方法不健全，研究成果不免存在这样那样的缺点。如有些著作完全依人立案，这是古老的学案体的翻版，对于研究异常复杂的中国近代思想史是不很适宜的。有些著作将阶级斗争、阶级分析简单化、绝对化，生硬地去解释各种复杂的思想现象。还有的竟完全从现实需要出发，任意宰制史料，牵强附会。当然，也有一些较好的作品。它们为我们提供了一些前进的基础和经验与方法的积累。但这种作品是不多的。

改革开放以来，中国近代思想史研究有较大的进步。

首先是能够从研究问题入手，即从事专题研究，而不热中于写近代思想史教程之类的东西。专题研究分几种情况。较多的是以人物为专题，如对孙中山、康有为、梁启超、严复、胡适、梁漱溟等人，还有从前不大为人注意的一些人物的研究。这是思想史研究必须要做的一步工作。另一种是做思潮的研究，每一种思潮作为一个个案，从其产生到发展以至衰落，做全过程的考察。如国粹主义思潮、疑古思潮、乡村建设运动等等。再一种是纯粹意义上的思想专题研究，如民主思想史、宪政思想史等等。还有一种是对一次思想论争做个案考察，如关于科学与玄学的论争，关于人权与约法的论争，关于社会史的论争等等。这些比较具体的研究，一则容易取得成果，二则也是训练人才的好途径，许多作得较好的博士论文，都是这类具体研究的结果。通过这些具体研究的不断积累，就可以加深人们对中国近代思想史的总体认识。

其次是加强了学者之间的沟通与交流，不仅是国内学者之间，尤其是与海外学者之间的沟通与交流。有了沟通与交流，一则可收互相切磋之益，二则可最大限度地避免重复劳动。现在年轻学者逐渐养成习惯，每动手研究一个问题，必先检索海内外相关成果，找出自己研究的合适的切入点。这是一个很大的进步。

第三，逐渐摆脱教条主义的束缚，循解放思想的路，敢于实事求是地研究过去不敢触及的一些人物和问题。例如，对胡适的深入研究，对和平改革思想的研究等等。所谓教条主义，就是把某种理论和主张宗教化，不许人们独立思考。这是科学与学术发展的最大障碍。二十多年来的进步就是克服这一障碍的结果。

第四，与上一点密切相关，由于摆脱教条主义的束缚，独立思考成为可能，人们也就在学术范围内逐渐养成一种宽容的心态，容忍和尊重不同意见，使学术讨论和争论逐渐步入常轨。这是学术发展绝对必要的一种条件。

以上这些进步都是极可珍贵的。这是今后中国近代思想史继续发展的重要基础。

近两三年来，一部分治思想史的学者提出思想史的研究对象问题，这其中自然也包括中国近代思想史的研究对象问题。前面我们曾提到，以往的思想史研究范围不够清晰的问题，即指此而言。关于这个问题，出现许多说法。归结起来有如下三种：（1）坚持以思想家的思想为思想史研究的主要对象；（2）提出以大众思想、大众观念及其信仰为思想史研究的主要对象；（3）以精英思想（即思想家的思想）与大众思想并列为思想史研究的对象。

我觉得，（2）、（3）两种意见，颇有值得讨论的地方。

首先，我觉得"大众思想"一语似不很确切。我个人有一种"偏见"，以为并非随便一种什么想法或随便一种什么念头，都可算是思想。一切思想都有其主体和载体，否则我们无从知道这些思想的存在。我以为，凡够得上称为思想的，起码应具备几个必要的条件：（1）有实际针对性，是针对客观存在的实际问题而做的思考，不是胡思乱想。（2）有系统性，对问题的发生、发展及其利弊，应对的方法，都提出见解，不是散漫无稽的只言片语。（3）有一定影响，在社会上不发生任何影响的思想，在思想史上不可能占有地位。从这几点上看去，所谓"大众思想"似乎是难以成立的。

其次，大众观念，应当承认它是确实存在的。如对"清官"、"好官"的崇敬和祈盼；对读书人的尊重；敬惜字纸；珍惜光阴；敬老爱幼；头上三尺有神灵；善恶相报；养儿防老；多子多福；如此等等。这些都是广为人知的，在大众中普遍存在的观念。这些观念，有些可能是累代遗传下来的经验之谈，有些则可能是上层精英久相传递的思想观念在大众中凝聚起来的。这些观念本身很难直接作为思想史的对象来对待。但是，在深入研究思想家们的思想来源及其对大众产生的影响时，可以仔细考察这些大众观念与精英思想的互动关系，把这些观念做深入分析之后，呈现出其相关链接。

至于大众信仰，这属于宗教思想史的范畴。作为思想史的一个分支，宗教思想史应当处理这个问题。把它直接作为思想史的主要对象来对待是不适宜的。

既然"大众思想"实质上很难成立，而大众观念、大众信仰又不适宜直接作为思想史的主要对象，那么，所谓精英思想与大众思想、大众观念、大众信仰等等并列为思想史研究对象这种二元论的主张，自然，我也难以赞同。

从以上的叙述中，读者已可明白，我是主张在坚持以思想家们的思想作为思想史研究的主要对象的基础上，加强对思想家的思想与大众观念互动关系的研究，这有助于丰富和深化思想史的研究，使思想史更具全面性和立体感。关于这一方面的意见，我曾在2002年举办的"中国近代思想史研究对象与方法问题"的研讨会上谈过（经整理后，在《广东社会科学》2003年第2期上发表），这里不必多说。但这里必须声明一句，我的看法绝不影响本刊发表各种不同意见。我一直相信，不同意见之间的讨论与争论是学术进步的一个必不可少的条件。

现在我想谈谈中国近代思想史今后发展的问题。

（一）一切人文社会科学的发展进步，第一个条件就是要努力发掘新材料，不断扩大材料的范围。历史学尤其如此，思想史亦尤其如此。新材料的发现，材料范围的扩大，无疑会开阔研究者的视野。从前看片面了，因有新材料而减少了片面性；从前看得太表浅了，因随着材料的增加，视野的开阔，新问题的提出而变深入了。这是极自然的事。近二十多年来，近代思想史学科的进步，很大一部分是直接来源于新材料的发掘和材料范围的扩大。例如，胡适档案的发掘、整理与发表，直接推动了胡适研究向深广两方面发展。其他，如不少近人的日记、书信及各种相关档案的发掘、整理和发表，使相关人物的研究更为细密，也是一个证明。旧的稀见报纸、刊物的重印发行，也是一个很重要的材料来源。我讲的扩大材料的范围还有另一种含义，即因研究者视野的开阔和方法的改进，从前不以为是材料的，现在居然可以成为说明问题很有用的材料了。例如社会史、报刊史、文学史中的许多材料，都可用为某种思想的佐证，或为某种思想之传播及其影响提供有力的证明。

（二）中国近代思想史研究发展的第二个条件，是尽可能地利用科学技术发展所提供的各种新工具，如电脑即是一例。电脑功能不断增进，运用电脑处理大批量的文字材料是最方便的。比如，我们研究某种思想观念的最初发生，以后的发展和演变，通过对关键词的检索，可为我们提供非常有用的信息和材料，使我们的研究更加深入，更加精细。近代史料浩如烟海，若如从前全靠人的眼、手去直接检索是非常不容易的。现在有了电脑的帮助，就可以很容易地做到了。当然，这首先需将大量文献制成电子书才行。

（三）中国近代思想史研究发展的第三个条件，是需要更加开放。海内外学者之间的交流应更及时，更密切，以便更加开阔眼界，互相切磋，互相借鉴。

（四）第四个条件，是不断提高方法上的自觉，就是通过自己的研究实践和同海内外同行之间的沟通与交流，相互批评、比较与反思，逐渐形成自己的研究方法。所谓方法的自觉，就是把一种合乎科学的工作程序变成自己的工作习惯。有了这种方法的自觉，可以使工作更加有计划、有秩序，减少错误和时间、精力的浪费，从而使工作更有成效。研究者们都能做到如此，中国近代思想史学科自然会进步更快。

（五）最后，还有一个条件，就是我们应当不断增强问题意识。问题是思想的启动器，没有问题就不会引发思考。所以，问题意识非常重要。善于提出问题的人，也就是善于思考的人。一个没有问题意识的人，所见材料再多，却看不出材料的意义，看不到材料之间的内在联系，也就形不成任何思想。这样，材料对于他们便成为没有意义的东西了。培养问题意识，也就是培养思考的习惯，对所闻所见的事实、材料、陈述与论断，都不要以为它是当然如此，向来如此的，都要问一个为什么。所闻所见愈多，可形成比较；从比较中发现差异；发现差异，就会产生问题。增强问题意识，学一点哲学是很必要的。哲学最重要的功能就是训练思想。有一定的哲学训练的人，往往比较容易发现问题，比较善于分析问题。哲学一方面教人怀疑，不迷信任何教条；另一方面教人学会思想。所以，我希望每一位有志于治思想史的人，都努力学一点哲学，学一点哲学史。

我热切地希望，中国近代思想史学科能有长足的进步，能有美好的将来。

我热切地希望，这个《中国近代思想史研究集刊》能够发挥一点推动的作用。

非常欢迎同行朋友踊跃投稿，支持它，使它健康地成长。

耿云志
2004年9月10日

关于近代思想史的几个问题

耿云志

近年来，中国内地学者对近代思想史的兴趣日益加浓，研究成果颇丰。其中关于思潮的研究和思想家个案的研究者尤多，而专题研究似偏少。中国近代社会变迁，政治、经济以及思想文化的变迁均甚急剧，各种思想观念纷繁复杂，对这段历史诸多方面的解释、评估亦极显多歧。现在我想就长期存在争议的几个问题，谈谈我的看法。对这些问题，在过去二十多年里，曾多次发表过我的意见。现在所谈的，可能略为系统，也略为深入一些。

一 关于和平改革思想

二十多年以前，在中国近代史的教科书或相关著述中，除了对戊戌维新运动时期及其以前的改革思想曾给予相当的肯定以外，对其他的改革思想基本上都是予以否定的。70 年代末期以后，在比较宽松的学术环境中，一部分学者开始深入地、实事求是地研究近代史上的和平改革运动与和平改革思想，得出了一些与以往不同的较为客观的结论。例如对义和团运动以后到辛亥革命前夕将近十年间的和平改革运动与和平改革思想，便不再认为是反动的，而是相当地承认其正面的历史作用。但分歧仍旧存在。例如，在 80 年代的出版物中，仍然有人认为《新民丛报》代表的是"保皇反动思潮"。而且不知其何所据，还认为这股"反动思潮"与帝国主义的"黄祸论"互相配合；论定革命派与这股思潮的斗争是"革命力量同反动力量之间政治斗争的反映"[①]。

在高度强调史学为革命政治服务的年代里，对暴力革命提上历史日程之

[①] 见邵德门《中国近代政治思想史》，第 205～206、207～208、219 页，北京，法律出版社，1986。

后的一切和平改革思想都是立足于批判。所以，只有批判，而无研究。既无研究，也就只能根据政治需要下断语了。改革开放的年代里，凡是不曾深入研究和平改革思想的人，大体仍旧沿袭原有的建立在政治需要基础上的结论。凡多少进行过深入研究的人，在看法上都发生一定的变化。例如说，改革派基本路线错误，但有些具体认识有合理性。简言之曰"错误之中有正确"[①]。

　　和平改革思想与暴力革命思想同样都是一定历史条件的产物，绝非少数人忽发奇想。就清末的历史条件而言，清王朝的皇室统治集团确是腐朽反动，为苟延其统治寿命，宁可讨好帝国主义列强，牺牲国家民族的利益。革命党人看透了这一点，所以决心以武力推翻它。但推翻一个王朝政权是一个问题，建设一个新的社会制度又是一个问题，并非推翻清王朝，赶跑皇帝，自然就出现新的民主制度。建设近代民主制度需要复杂而深刻的社会变革。没有这些变革的过程，民主制度就没有基础，顶多能搭起一个空架子，而且容易导致长期的动乱。立宪派看到了这一点，他们想尽量避免暴力革命，而从各种必要的变革做起。可以说，双方都看到了事情的一个方面，所以产生了各自的主张。因其各有片面性，注定都无法取得完全的成功。帝国主义列强与清政府订有一系列不平等条约，以维护其在华特权。他们看不到革命党与立宪派有完全成功的把握，本能地倾向于继续以清王朝为交涉对象。他们从未真正支持过革命党或立宪派。有一种说法认为，立宪派与帝国主义互相配合，纯属无稽之谈。比较而言，由于革命党一再保证列强与清政府的所有条约将继续有效，因而列强对他们反而不甚戒惧。而立宪派因其中许多人就是收回利权运动的领袖分子，他们较之清政府的官员要难对付得多。而且，后来有许多省的谘议局在立宪派议员主导下，屡与列强发生利权方面的抗争。所以，列强对立宪派保持很高的警觉。总之，革命派的暴力革命与立宪派的和平改革，实质上都是针对帝国主义与清王朝的君主专制势力，他们的奋斗目标都是争取国家独立，并建立某种形式的近代民主制度，以更好地推动国家现代化。这是我们在充分肯定革命派主张的同时也正面肯定和平改革思想的基本根据。

　　这里需要进一步说明一个问题。既然清政府腐朽反动，就应齐心协力推翻它；继续进行和平改革，岂不是有碍于革命吗？表面上看似乎如此。当年革命党人就是这样看的，那些坚持革命党人立场的历史学家们也是这样议论的。

---

　　① 见李华兴《中国近代思想史》，第308页，杭州，浙江人民出版社，1988。

当年的革命党人主要是由知识分子、会党群众、海外华侨之倾向革命者所组成（国内资产者是少数，而且多半是临近辛亥革命时才加入的）。他们的地位容易立足于体制外来观察问题。这一方面使他们较易看清清王朝的无可救药，故下决心推翻它；同时，也容易看得太简单，以为只要推翻旧王朝，一切按理想从头布置，一个新社会、新制度、新国家就会建立起来。正如我们前面所说的，夺取政权与建立新制度并非一事，后者要比前者不知复杂和困难多少倍。马克思和一些非马克思主义但思想深刻的学者（例如哈耶克）有一个相同的看法，即新的社会制度不是依据人们预先的设计一下子就建立起来的。实际上，每一次重大的社会制度变革都是一系列社会变动所引发出来的一种结果。不具备一定的社会条件，没有一系列的社会变动，新的社会制度是不可能产生的。有时，人们在某种特殊的形势下，疾风暴雨式地自上而下地创立起一套新的制度或体制，但社会自身的内在运动仍沿着自己的逻辑向前运行，过不了多久，那些短时间被创立起来的所谓新制度、新体制，就变得只是徒有其表的形式了。辛亥革命过后没多久，先觉分子就深切体会到，人们"在共和国体之下，备受专制之苦"（陈独秀语）。这是对上述说法的极好证明。

以新制度代替旧制度，改革是不可回避的过程。因此，改革就是革命（恩格斯曾说"1832年［英国］的国会改革是一场真正的革命"。邓小平在改革开放后也曾说"改革也是革命"）。暴力革命是在统治集团顽固抗拒改革的情况下发生的。可以说，暴力革命只是整个革命（包括改革）过程中一个特别的环节。那种把暴力革命与和平改革绝对对立起来，或把暴力革命看成是革命惟一可取的形式，既无理论根据，亦不符合历史事实。自然，从这里得不出排斥和否定暴力革命的结论。那么，在中国近代思想史上，和平改革思想应做怎样的评估呢？或者说，它提供出哪些有价值的东西呢？

这是一个很大的问题，在这里不可能详加讨论。我们仍以清末的立宪改革时期为实例，做一分析和概述。

（一）近代中国最迫切，也是最中心的课题是如何解除内忧与外患。外患之源是帝国主义，内忧之源是腐朽的专制制度。而外患之所以能猖獗是因内忧未除，人民无权，国势不振。所以归结起来，最根本的问题是改专制为立宪。和平改革思想的中心目标是实行立宪，而不在乎是否去君主，是否行共和。对于这一点，梁启超表示得最清楚。他认为，国体如何并不重要，只要政体能立宪，无论国体为君主为共和，无所不可。反之，如政体不能立宪，则无论国体为君主为共和，皆所不可①。梁氏还对宪政做了一个非常简明通俗的概括。他认为宪政就是"人各有权，权各有限"②。在宪政制度之下，君主或总统有权，但其权受到宪法、法律的约束，还要受到依据宪法产生的机构（例如国会）的牵制。政府有权，其权同样受宪法、法律的约束，且须受国会的监督。国会有权，其权也只能在宪法规定的范围内，且亦须受到君主或总统的牵制。人民有权，受到宪法的保护，但亦只能在法律范围内行使其权利，并承担必要的义务，如此等等。这些表明，和平改革思想家们对于近代民主制度，对于宪政，已有相当清楚的认识。

（二）要改造专制推进宪政，应是自上而下的运动与自下而上的运动相结合。倘只有自上而下的运作，人民被动承受，则人民所得之权利，绝不可靠，随时有被剥夺的危险。或自始就只是一种形式，而无实际的权利。梁启超在同革命党人辩论时，曾指出，在暴力革命之后，军政府畀人民以权利；但这种权利如同猫口中之老鼠的权利，是绝对靠不住的。反过来，只有自下而上的运动，而无自上而下的运作，同样难得成功。如统治者不顺舆情，与时俱进，推进改革，反而阻碍改革，最终会激成动乱，改革将半途而废。有鉴于此，梁启超在1901年发表的《立宪法议》中就勾画出立宪改革的良性发展蓝图。他指出，首先应定立宪宗旨，随即派大臣遍访周谘立宪各国，参考其经验，研究其得失；再按诸国情，斟酌损益。同时要将有关文献公诸全国，令国人共同研究。待草拟宪法初稿，即行颁示天下；以五至十年时间许全国士民讨论，献替意见。然后，吸收民意，修成定稿，再经国人认可，遂成立宪法，以二十年为期实行宪政。

改革思想家们特别注重办理地方自治。他们认为这是为宪政奠立基础非常重要的一环。他们说："宪政之根源无不植基于自治。其宪政之成否美恶，悉视其自治力之强弱大小以为比例差。"③ 以是之故，在清末，沿江沿海及交通发达之省份皆办有自治期成会、自治讲习所等机构和团体，且发行刊物，实力推动自治。这是自下而上地推进宪政运动极重要的途径。顺便说一下，在孙中山的民权思想中，推行县自治亦是极重要的一环。两党论战之后，孙中山更清楚地认识到，以暴力推翻旧王朝，不可能立即建立起民主制度，必须有一个相当的过渡时期——即所谓约法时期。而约法时期最要紧的事情就

---

① 梁启超：《盾鼻集·异哉所谓国体问题者》，《饮冰室合集》专集之三十三，第88页，北京，中华书局，1989。
② 梁启超：《论政府与人民之权限》，《饮冰室合集》文集之十，第4页。
③ 佩弦生：《欧美各国立宪史论》，《新民丛报》第23号。

是推行县自治，以立宪政基础。此后他对这一方面讲得越来越多；到民国成立以后，更加重视这一点。

（三）国会在近代民主政治或立宪政治中的中心地位是和平改革思想家们着重宣传的内容。他们特别指出，在走向宪政或者说在筹备宪政过程中，及时地开设国会是至关重要的。要想国家政治切实朝着民主和宪政的方向发展，必须有对人民负责的政府。旧的专制政府是不对人民负责的，它只对专制君主负责任。而"欲取（对人民）不负责任之政府改造之为一责任政府，其唯一之方法必在开国会"①。有国会代表人民以监督政府，使其政治施为能起到推进宪政的作用。梁启超明确指出："语专制政体与立宪政体之区别，其唯一之表识，则国会之有无是已。"② 所以，筹备宪政，实行宪政，中心环节是开国会。

改革思想家们在争取立宪的过程中，很注意将西方政治学说、政学原理与中国实际相结合。在国会权能的问题上，他们虽然也强调须有协赞宪法，建议修改宪法，以及一般立法的权利，但他们更看重国会监督政府的权力和职能。他们说："与其注重于参与立法权，毋宁注重于监督政府。"③"议会最重之职务在于代表民意监督政府"④。在监督政府的问题上，他们又格外强调对政府财政的监督。这固然也是西方各国立宪政治的通例，所谓"不出代议士，不纳租税"的口号正是此义。中国的改革思想家，目睹政府滥借外债，又贪污成风，人民之膏血被榨取殆尽而犹未有已，故痛切感到监督财政之刻不容缓。他们揭露，因无国会监督之故，"于是国家地方之行政经费，彼得以为所欲为。……人民对于国家只有担任义务之劳，永无安享权利之望。而商界尤为直接受病最巨者也"⑤。著名立宪派领袖张謇指出，国会之所以必要，很大程度上是基于人民之于财政问题的巨大利害关系。他说："筹财须税，筹税须定系统比率，定系统比率须开国会。"⑥ 人民只有通过国会监督财政，才可控制政府不敢滥施行政。"一国之政事未有无财而能运动者，故立宪国民必先握有此权（指监督财政权——引者）而后乃得施监督政府之权力"⑦。这些议论，在西方宪政国家自属常识。但在二千余年专制制度之下的中国，乃是

---

① 杨度：《金铁主义说》，《中国新报》第3号。
② 梁启超：《国会制度私议》，《饮冰室合集》文集之二十四，第1页。
③ 《庶政公诸舆论释义》，《宪政杂志》1卷1期，光绪三十二年十一月。
④ 梁启超：《论政府阻挠国会之非》，《国风报》第2年第12号。
⑤ 《华商联合会联合海内外华商请愿国会公告书》，宣统二年三月二十三日《时报》。
⑥ 张謇：《预计地方自治经费，厘定地方税界限应请开国会议》，宣统二年二月初九日《时报》。
⑦ 《读二十日谕旨赘言》，光绪三十三年十一月二十三日《时报》。

经天纬地的大议论。在中国，一向都是宣传朝廷、政府有恩于小民；故小民应顶礼感戴朝廷与政府的深仁厚泽。改革思想家们戳破了千古迷障，明白指出，朝廷、政府及上下百官皆靠人民养活，所以人民有权监督他们。这一点看似平常的真理，其实即使在西方较早确立宪政的国家，也是多少志士仁人牺牲奋斗所得来。在清末立宪运动中，除了几次大规模的国会请愿运动曾经撼动时局而外，资政院，特别是各省谘议局为履行其监督权而同中央及地方政府屡起抗争，也对时局发生深刻的影响。

（四）历来拒绝实行宪政的人，都有一个理由是说，人民程度不够。对于这一点，中国改革思想家一方面承认人民程度较之西方早行立宪的国家之人民确有差距，故不赞成过于激烈的变革。但他们认为，在中国推进宪政，当考虑中国的国情，以程度不足之中国人民，以适当方式监督同样程度不足之中国政府、中国官吏，就不存在程度不足的问题。况且，人民只有在宪政进行中，提高素质，学会运用宪政。更何况，普通人民并不需要了解复杂的宪政理论和宪政运行机制。他们只需要有机会根据切身利害去行使自己选择的权力。而由人民选举出来的代表毕竟皆有一定的教育程度、社会经验和相当的资望。这些被选择的人士，其各方面素质绝不在政府官员之下[①]。直到民国时期，改革思想家仍以此立论以批评政府[②]。

由上述可见，和平改革思想家们针对中国由专制转向民主的社会大变革的问题，提出了一系列具有基本意义的见解和主张。这些见解和主张，既是基于对西方宪政制度的理解，同时也是尽量结合中国的具体国情而产生的结论。他们的思想主张，在近代中国一系列的改革运动中，发生了相当的影响，也产生了一定的结果，但终究未能取得最后的成功。其不能取得成功的原因，主要不是他们的思想主张不正确，而是缺乏实践这些思想主张的现实力量[③]。

二 关于民族主义

关于民族主义，一向说法甚多。首先，对于"民族是什么？"这一问题就有很多不同的说法，以致一位英国学者埃里克·霍布斯鲍姆竟会说："'民族'

---

① 参见《各省谘议局代表上第二次请愿国会书》，《时报》宣统二年五月二十五日。又参见梁启超《论政府阻挠国会之非》，《国风报》第1年第17号。
② 参见胡适《人权论集》，新月书店，1930。
③ 参见耿云志等著《西方民主在近代中国》一书之结语，北京，中国青年出版社，2003。

乃是通过民族主义想像得来的产物。因此，我们可以借着民族主义来预想'民族'存在的各种情况。……真实的民族却只能视为既定的后设产物，难以讨论。"他还进一步说："不是民族创造了国家和民族主义，而是国家和民族主义创造了民族。"① 前一句有些走极端，矫枉过正，导致谬误。后一句有一定的道理，但终有片面之嫌。

现在人们通常的说法是认为，民族是"人们在历史上形成的有共同语言、共同地域、共同经济生活以及表现于共同文化上的共同心理素质的稳定的共同体"②。人们一看就知道，这是从斯大林的定义来的。稍加严格考察就可发现，这个定义很难普遍适用。所以不能绝对化。而且，霍布斯鲍姆考察政治生活特别是国家产生与发展及政府作为在民族形成和发展过程中的作用是不可忽视的。但无论如何不应该把民族看成是想像或被设定的产物。至于说"国家和民族主义创造了民族"，显然有很大的片面性。

我们这里要讨论的是近代中国的民族主义，不可能去详细讨论有关民族主义的诸多理论问题。

中国古代关于民族的观念，主要是"华夷之辨"。而"华夷之辨"主要是文化上的区分。华，是华夏，指以汉族为主体，生息繁衍于中原地区的人民。夷则指周边民族。中原地区的人民，其文化高于周边民族。随着历史的发展，华的范围逐渐扩大，可以认为它包括陆续接受汉文化的其他民族。华人以文化高于周边民族，因而长期存在着只可用夏变夷，不可用夷变夏的民族观念。这是近代以前中国人的民族主义思想的核心内容。

到了近代，中国遭遇到众多完全不同于古代周边民族的民族，所谓"今之夷狄，非古之夷狄"。中国人首先认识到，西人之技艺远过中国；进而认识到西人治事、治政皆有可法处。康有为1879年游香港，"览西人宫室之瑰丽，道路之整洁，巡捕之严密，乃始知西人治国有法度，不得以古旧之夷狄视之"③。张之洞谈到仿西学，亦不限于西艺，包括西政（自然不包括根本政治制度）。但直到民国初年，除少数先进分子，绝大多数中国人仍认为在礼教人伦方面，中国仍远胜于西方。此点直到五四新文化运动起来，才有根本性的转变。

---

① 埃里克·霍布斯鲍姆著、李金梅译《民族与民族主义》，第9、10页，上海，上海人民出版社，2000。
② 见《中国大百科全书·哲学卷》，北京，中国大百科全书出版社，1987，第255页。
③ 《康南海自编年谱》光绪五年条，见《戊戌变法》（四）第115页，上海，上海人民出版社、上海书店出版社，2000。

还有更重要的一方面，即近代东来的"西夷"，步步进逼，严重威胁到中华民族的生存。在这样严峻的挑战面前，中国人的民族意识被震荡，被激化，为谋求生存，以立于世界民族之林而奋起抗争，自求振作。

这就是说，近代中国的民族主义是在空前的变局之下，因受外力刺激而迅速发展起来的。一方面，在具有高度文化的"西夷"面前，不得不放弃古代的华夷观念。一方面，在"西夷"的侵略面前，为谋自救而激活民族意识，此民族意识已逐渐摆脱古代的华夷观念，而导向建立独立的近代民族国家的目标。因此是一种近代的民族主义。

海内外研究中国近代史的学者们，几乎都一致认为梁启超是揭示和宣传近代民族主义的第一人，其首倡之功至伟。

初步检索一下，梁氏明确谈论近代民族主义问题是在1901年10月发表的《国家思想变迁异同论》一文。其中说："民族主义者，世界最光明正大公平之主义也。不使他族侵我之自由，我亦毋侵他族之自由。"① 梁氏同时指出，西方民族主义已发达数百年，当时已进入民族帝国主义时期，我中国人民正受此民族帝国主义侵害。故"知他人以帝国主义来侵之可畏，而速养成我所固有之民族主义以抵制之，斯今日我国民所当汲汲者也。"② 就是说，中国的民族主义，首以抵抗帝国主义，维护我民族之独立为主要内容。值得注意的是，数月之后，梁氏在其《论中国学术思想变迁之大势》一文中，又首次提出了"中华民族"的概念③，为此后学者谈民族主义问题立一典范。梁启超于1902年2～4月在《新民丛报》上发表《论民族竞争之大势》，更加明确地指出："今日欲救中国，无他术焉，亦先建设一民族主义之国家而已。"④ 建设民族国家，是近代民族主义的中心内容。梁氏最早揭明此义，亦属可贵的贡献。此后梁氏之言论、活动均不脱建立民族国家、争取中华民族之国际地位这一总目标。他积极投入立宪运动并承担舆论之指导是为此；辛亥年与国内立宪派一起转为赞成迫清帝退位，成立共和亦是为此；民国后维护共和国体，以及其后积极活动参加第一次世界大战也是为此。有一种说法认为，梁启超在揭出民族主义的旗帜之后又放弃了民族主义。此说大概是根据他与革命党辩论时，因强调种族革命不可行，主张集中力量从事政治革命，故谓

---

① 见《饮冰室合集》文集之六，第20页。
② 《饮冰室合集》文集之六，第22页。
③ 金冲及先生在其《辛亥革命和中国近代民族主义》一文中，最早指出了这一点。见《辛亥革命与二十世纪的中国》（中），第903页，北京，中央文献出版社，2002。
④ 见《饮冰室合集》文集之十，第35页。

"民族主义,赘疣已耳"。其实,此话明显是指排满的民族主义,而非指对抗帝国主义,以谋建立近代民族国家之民族主义。所以,根据这一句话即断定梁启超放弃民族主义是不妥当的。说到排满的民族主义,应加以分析。带有强烈复仇主义情怀,以恢复汉人之统治地位为目标者,此属近代以前的民族主义。在孙中山揭出三民主义之前,相当多的革命党人不同程度地持此主义。此后则逐渐减少。大多能进一步,以排满为建立近代民族国家的一种手段。孙中山说:"我们推倒满清政府,从驱除满人那一面说,是民族革命;从颠覆君主政体那一面说,是政治革命。"又说:"照现在这样的政治论起来,就算汉人为君主也不能不革命。"① 陈天华则说:"鄙人之排满也,非如倡复仇论者所云,仍为政治问题也。"② 孙、陈两氏都是以排满为实现建立近代民族国家的一种手段。可见,不能因有排满思想就笼统地说革命党人都不曾摆脱狭隘民族主义,因而都不能算是近代民族主义者。

这里有必要指出,曾有学者认为,梁启超在戊戌后至1903年间,仍有排满思想,因而说他这时期也不能算是近代民族主义者③。这种说法是不能成立的。说梁氏这时期有排满思想,这是事实。但不能因此否定他已经是个近代民族主义者。杨氏所举证之最重要者为1902年旧历四月梁启超致康有为的信。其中有一段说:"今日民族主义最发达之时代,非有此精神,决不能立国。弟子誓焦舌秃笔以倡之,决不能弃者也。而所以唤起民族精神者,势不得不攻满洲。日本以讨幕为最适宜之主义,中国以讨满为最适宜之主义。"④此段话语意甚明。今日"决不能弃者",明显说的是近代民族主义,即以民族建国为目标的民族主义。下面两句,前一句意思是说,为了唤起这种民族建国的民族主义,不能不攻击满清朝廷。后一句则是说,中国欲改革有成,应学日本。当年日本以讨幕而凝聚人心,振拔锐气,终达立宪之目的。今日中国应以攻击满清朝廷,振奋人心,聚集民力,以助立宪成功。显然,梁氏是站在近代民族主义的立场上,为民族建国而攻满。所以,不应因此而否定梁氏之为近代民族主义者。

总起来说,梁启超等人之追求立宪,孙中山等革命党人之追求倒满以创

---

① 孙中山:《在东京〈民报〉创刊周年庆祝大会的演说》,《孙中山全集》第1卷,第325页,北京,中华书局,1981。
② 陈天华:《绝命书》,《民报》第2号。见《辛亥革命前十年间时论选集》第2卷(上),第155页。
③ 见杨肃献《梁启超与中国近代民族主义(1896~1907)》,载于李国祁编《民族主义》,台北,时报出版公司,1981。
④ 见丁文江、赵丰田编《梁启超年谱长编》,第286页,上海,上海人民出版社,1983。

共和，都是以建立近代民族国家为目标，都是近代民族主义者。辛亥以后，孙中山之护法，梁启超之护国，仍是在为民族建国而奋争。

迨20世纪20年代之初，因第一次世界大战和俄国十月革命的影响，中国之民族主义增加了新的内容和新的意义，那就是为争取民族平等的世界新秩序而奋争。孙中山所说"健全之反帝国主义"①求"世界人类各族平等"②，要"为世界上的人打不平"③，以及他的名言："联合世界上以平等待我之民族，共同奋斗"，等等，都反映了这种民族主义的新内容和新意义。

至于新成立的中国共产党，其成立第二年就加入共产国际。作为共产国际的一个支部，它当然要遵循国际主义的原则。所以，中共的民族主义，是与国际主义密切联系的民族主义，以各国家、各民族的无产阶级的共同利益为最高原则。在共产党人看来，各国无产阶级当然是各民族利益的真正代表。共产党的这种国际主义的民族主义，得到孙中山相当程度的认同。

梁启超的民族主义也随着发生了变化。他在《欧游心影录》一书中，讨论"中国人的自觉"的问题时，提出"世界主义的国家"的观念。他解释道："怎么叫做'世界主义的国家'？国家是要爱的，不能拿顽固褊狭的旧思想当是爱国。因为今世国家不是这样能够发达出来。我们的爱国，一面不能知有国家不知有个人；一面不能知有国家不知有世界。"④"世界主义的国家"即是超越狭隘民族主义，尊重世界各民族，联合世界各民族的民族主义。梁氏在同年（1919）所写的《国际联盟与中国》一文中，明确地反对大国、强国操纵小国、弱国的命运。他指出，在国家之上，应有人类共同的利益，使各国联合起来。他主张"以现在之国家保持现状为基础，使之各应于境域而有发达其本能之圆满机会。同时，使相互间发生种种共同利害，其关系愈密接，则其必须共守之规律亦日增。久之，则畛域之见渐泯，驯致成为一体。"⑤他的意思，首先是各国应有平等地发达自己之本能的机会；在此基础上，加强彼此间之交往，以谋日益增加共同的利益。这同样表达了一种与国际主义相联系的民族主义思想。

当然，我并不是说，在20世纪20年代，中国人建立近代民族国家的任务已经完成。但民族主义从此有了新内容、新意义则是无可否认的事实。

---

① 《孙中山全集》第9卷，第119页。
② 《孙中山全集》第6卷，第56页。
③ 《孙中山全集》第9卷，第226页。
④ 见《饮冰室合集》专集之二十三，第21页。
⑤ 见《东方杂志》第16卷第2号，1919年2月15日。

讨论民族主义的问题，还应注意到另一个层面，即民族主义的表现形式问题。

近代中国备受帝国主义列强的侵略、压迫和掠夺。因此，反抗帝国主义的斗争一直是民族主义的中心内容之一。在长期斗争中，民族主义有过各种不同的表现形式，发生过各种不同的结果，其中经验与教训不一而足。

反抗帝国主义的斗争有各种层次：有政府（包括中央与地方）行为；有知识阶层与绅商阶层的略有组织的斗争；有下层群众自发的反抗运动。

就政府一方面说，以武力反抗，屡以失败告终，结果是割地、赔款，出让利权。谈判交涉亦因无实力作后盾，加之朝廷昏聩，官吏无能，绝大多数情况下，都是以丧权失利告终。以此，清政府丛怨山积，人民之反清，民族主义亦正为一种动力。但过去有关著作中经常把办理对外交涉、丧权失利的官员都斥为投降卖国，似不妥。盖近代中国，凡对外交涉，其最高决定权一直由朝廷或中央政府之最高领袖承担。他们基本上都不懂近代外交，手下官员亦多无识无能之辈。因此，斥其昏聩无能当属确论；皆视为卖国，有欠妥当。

就知识阶层和绅商阶层的斗争而言，在有相当组织的情况下，又得到下层群众的适当支持，往往能取得一定的积极结果。如不少次的收回利权斗争，抵制外货的斗争，等等。

就下层群众的自发斗争而言，情形不尽相同。在战争状态下，人民自动武装起来，抗击侵略者，即不能取得完全胜利，也能给敌人以有力的打击。广州三元里人民抗英斗争，表现了人民爱国保家的英雄主义精神。只是由于政府的干预而未能取得胜利。大多数的自发斗争是在非战争状态下，如各地层出不穷的反洋教斗争。这些斗争无例外地都是由于外国势力欺压民众，积怨太深，遇有机会就爆发出来。这种反压迫的斗争，无疑都具有相当的正义性。但斗争起来之后，往往缺乏组织，漫无约制。加之，政府官吏处置不当，遂往往导致破坏性的结果，使人民的生命、财产遭受更进一步的损失。

民国时期，这三个层次的民族主义仍然存在。大致说来，第二个层次的斗争成长进步较快，第一个层次，亦较清代有所不同，第三个层次的斗争，纯自发的性质已逐渐减少。

总起来说，民族主义具有天经地义的合理性，这是首先应该肯定的。但这并不等于说，因具有民族主义的动机，就做什么都可以，怎么做都行。像过去流行的说法那样，只要大方向正确，具体做法可以不论，这是不对的。我们说过，近代民族主义的中心目标是建立近代民族国家。近代民族国家大致可以涵盖以下最基本的内容：独立、统一、民主、富强。因此，凡是有利于实现这些目标的民族主义思想和行动，就是健全的民族主义，应予肯定。否则，就不是健全的民族主义，就不应无条件地给予肯定。在相当一个时期里，人们不加区别地肯定和颂扬一切指向外国势力的言论和行动，起了误导群众的不良作用。民族主义会牵及民族感情，甚至可以承认，民族主义有其心理和感情的基础。但绝不可以因此将民族主义归结于感情，或停留在感情的层面上。要完成建立近代民族国家这样艰巨的任务，必须依靠健全的理性指导。因此，我认为应当明确地确立"理性的民族主义"的观念。大约五六年前，我在一次学术演讲中首次论述"理性的民族主义"的问题，获得听讲者的热烈赞同。可见是心同此理。

既然是理性的民族主义，就既要反对民族虚无主义，也要反对民族沙文主义；既要反对崇洋媚外，也要反对盲目排外。

排外的心理是一种很原始的民族心态，所谓"非我族类，其心必异"。人类的发展，总的趋势是交往的范围越来越大。因而人类的群体结合也越来越大，由家族而部落，由部落而国家。如今，国家与国家之间有各种联合的方式，政治、经济、文化的相互交往非常频繁。各国家、各民族当然首先要维护自己的利益。但是它们之间的共同利益的范围越来越大。他们通过互相交往而相互学习和借鉴。近代世界史上，哪个国家开放得早，与其他国家交往得多，哪个国家发展和进步就会快些。即使不是绝对如此，至少绝大多数情况下是如此。中国如果在明代"郑和下西洋"之后就实行开放，主动与西方国家交往，则中国近代史将会完全是另一个样子。

一个国家，一个民族要发展，要进步，就必须虚心，必须知自己之不足，学他人之所长。近代思想史上，多次发生围绕中西文化关系的争论。凡是持开放进取态度的人，都能勇于承认中国之不足，努力介绍西方先进的东西。从魏源到王韬、严复、梁启超、胡适，都是如此。相反，持封闭保守态度的人，则一味闭眼不看世界，迷醉固有传统，对西洋文化恐惧、诅咒，甘于落后，以陋劣为质朴，以怠惰为稳健，以求新为浮躁，以进取为大戒。倭仁是这方面的典型代表。

20世纪30年代，曾有关于如何建立民族自信心的争论。一些人认为，要建立民族自信心，就绝不可以批评老祖宗，对祖宗的遗产只能全盘承受，并加以颂扬、礼赞。倘若批评传统文化的不足之处，就会令人丧失民族信心。另一些人，极不赞成这种意见。他们认为，民族自信心要建立在知己知彼的基础上。既要知道自己民族的长处，也要知道自己民族的短处。用胡适的话说:"我们的民族信心必须站在'反省'的唯一基础之上。"①信心绝不可能是盲目自信的结果,只有严格反省,知己知彼,才能建立可靠的民族自信心。如同一场体育比赛那样,一个运动员或是一个运动队,如果既不充分了解对方的长短,也不总结自己的长短,只靠关上门自吹自擂,表决心,喊口号,那怎么能有可靠的战胜对手的信心呢?这个道理非常明显。

总之,只有理性的民族主义,才能引导我们走上健全发展的康强之路。

三 关于个性主义

在近代中国思想史上,除清末至五四时期外,个性主义是很少被提到的。中国的君主专制制度垂二千余年,以敬天法祖为第一教义,以天、地、君、亲、师为信仰核心。老师宿儒、家族长辈,绝少有以发挥个性,实现个人价值之义训诲子弟者。所以,中国人,从小孩子起,就被固定在一定的型模之中,不得自由发展。梁启超曾说:"因为旧社会也有一个模子,将中国人一式铸造,脱了模就要在社会上站不住。无论何人总要带几分矫揉的态度来迁就他(指那个模子——引者),天赋良能绝不能自由扩充到极际。"② 既然各人之天赋良能皆不得发育扩展,则整个国家民族之潜在能力遂亦难得发育成长。久之,致国弱民萎,遇强敌之来,只有败辱。从鸦片战争到中日甲午战争,经半世纪的创巨痛深,才有人醒悟到:中国与西方列强根本之异点在"自由与不自由异耳"。这是近代中国对西方真正有深切了解的第一人严复所说的话。他对此加以解释说:"夫自由一言,直中国历古圣贤之所深畏而从未尝立以为教者也。彼西人之言曰:唯天生民,各具赋畀,得自由者乃为全受。故人人各得自由,国国各得自由,第务令毋相侵损而已。……中国理道与西法自由最相似者,曰恕,曰絜矩。然谓之相似则可,谓之真同则大不可也。何则?中国恕与絜矩,专以待人及物而言;而西人自由,则于及物之中而实寓所以存我者也。"③ "存我",是严复对西人重个性,重个人之个性主义一个相当准确的说法。因为第一,他把个性主义("存我")与自由紧密联系在一起。第二,他指出了"存我"是个性主义最基本的精神。即不能在待人与及物之

---

① 《欧游心影录》,《饮冰室合集》专集之二十三,第25页。
② 《欧游心影录》,《饮冰室合集》专集之二十三,第25页。
③ 严复:《论世变之亟》,载天津《直报》光绪廿一年正月初十、十一日。见《严复集》第1册,第2~3页,北京,中华书局,1986。

中，消融了个人，而始终应保持自我，保持个人。严复此文发表在1895年2月。当时正值对日战争大败之际，李鸿章受命即将赴日谈判之前夕。人人皆知，此次战争之惨败给予中国人（包括朝廷、官吏、知识分子、绅商与普通民众）的震动是多么巨大。当时人们在创巨痛深之际，尚未完全醒悟何以如此惨败，顶多只有少数人意识到，日本是因学习西方，改专制为立宪所以致强，所以能打败中国。而严复竟能思考到更深层的东西。文章的标题是《论世变之亟》，显然是针对时势而有所感发。他对问题的思考，达到了人所不及的深度。

第二年10月，梁启超在《时务报》上发表《中国积弱由于防弊》一文，亦是反省中国弱败之源。其中说："西方之言曰，人人有自主之权。何谓自主之权？各尽其所当为之事，各得其所应有之利。"中国处处从防弊着想，务使"受治者无权，收人人自主之权而归诸一人"①。以致人人失去主动发抒之机会，其愚而弱自不待言。人皆愚弱，国焉得强？梁氏显然受到严复的启发而对个性主义略有领悟。此后，梁氏接触西学愈多，对此领悟愈多而深，乃成为五四新文化运动之前，宣传个性主义影响最大之一人。

梁氏所着重者，在强调个人之自主自立。只有自主、自立，方有自由之可言。故他说："自由之德者，非他人所能予夺，乃我自得之而自享之者也。"②"自得"与"自享"，都有个人权力与个人利益的含义。中国受专制主义之毒太深，乃一向不容谈论个人权力与个人利益，认为利己是一种罪恶。梁氏则认为"人而无利己之思想者，则必放弃其权利，弛掷其责任而终至无以自立"③。一定的利己心是正当的，只要以不损人为前提。否则，人人放弃利己，则天下之利尽归于专制独裁者。所以，他又说："吾以为不患中国不为独立之国，特患中国今无独立之民。故今日欲言独立，当先言个人之独立，乃能言全体之独立。"④ 梁氏撰《新民说》，其影响及于一整代青年。其最要之义全在强调个人之自由、独立。"凡一群之中，必其人皆有可以自立之道，然后以爱情自贯联之，以法律自部勒之，斯其群乃强有力。"⑤ 自立也好，独立也好，皆自由之谓也。"自由者，天下之公理，人生之要具，无往而不适用

---

① 见《饮冰室合集》文集之一，第99页。
② 见《饮冰室合集》文集之五，第45页。
③ 《饮冰室合集》文集之五，第48页。
④ 《饮冰室合集》文集之五，第44页。
⑤ 《新民说·论自尊》，《饮冰室合集》专集之四，第73页。

者也。"① 而自由之中，最要者在思想之自由。梁氏有名言曰："我有耳目，我物我格；我有心思，我理我穷；高高山顶立，深深海底行。""勿为古人之奴隶"，"勿为世俗之奴隶"，"勿为境遇之奴隶"，"勿为情欲之奴隶"②。只有这样，才能成为一真正自立、独立之人。梁氏在介绍德国著名哲学家费希特所谓"人生天职论"时说："要而言之，我既为我而生，为我而存，以我之良知别择事理，以我之良能决定行为，义不应受非我者之宰制，蒙非我者之诱惑。若是者谓之自由意志，谓之独立精神，一切道德律皆导源于是，我对我之责任，任此而已。"③ 这真可谓是个性主义之最好注释。

至五四新文化运动起来，梁氏之地位渐被胡适等人所代替。但梁氏仍未放弃个性主义的提倡。他在《欧游心影录》中，仍强调说"国民树立的根本义在发展个性"。他把这叫做"尽性主义"。"这尽性主义是要把个人的天赋良能，发挥到十分圆满。就私人而论，必须如此，才不至成为天地间一赘疣，人人可以自立，不必累他人，也不必仰人鼻息。就社会国家而论，必须如此，然后人人各用其所长，自动地创造进化，合起来便成强固的国家，进步的社会。"④ 在《解放与改造》的《发刊词》中，梁氏亦不忘强调发展个性的问题。其第八条说："个性不发展，则所谓世界大同，人类平等之诸理想，皆末由实现。"⑤

梁启超于清末民初近20年的时间里，处于中国思想界之前沿地位，为影响最大的启蒙思想家。其个性主义的宣传无疑也是该时期中影响最大者。但梁氏自清末以来即深受国家主义的影响，其宣传国家主义的文字多于宣传个性主义的文字。而他的国家主义思想中恰恰就有牺牲个人自由而为国家争自由的言论。所以，他的个性主义的宣传不免有相当部分为其国家主义的宣扬所抵消。

到了五四时期，胡适等人站在梁启超所开辟出来的启蒙思想园地的基础上，迈越前贤，对个性主义的阐扬达到了新的高度和新的境界。与梁启超不同，胡适始终是一位个性主义者和自由主义者。五四新文化运动期中，举国青年醒悟活跃起来，最易接受个性主义的思想影响。所以，在中国近代思想史上，胡适是最大的也是最彻底的个性主义者，其对个性主义的宣传也发生

---

① 《新民说·论自由》，《饮冰室合集》专集之四，第40页。
② 《新民说·论自由》，《饮冰室合集》专集之四，第48~50页。
③ 见《饮冰室合集》文集之三十二，第75页。
④ 见《饮冰室合集》专集之二十三，第24页。
⑤ 见《饮冰室合集》文集之三十六，第34页。

了最大的影响。

1918年6月，胡适发表《易卜生主义》一文。此文通过介绍易卜生的思想和创作，大力阐扬个性主义，在当时发生了极大的社会影响，被誉为"个性主义的宣言"。文中提出，"社会最大的罪恶莫过于摧折个人的个性，不使他自由发展"①。这意思是说，摧折个人的个性，不许其发展的社会，绝不是一个好社会。那么，怎样才能使个性发展呢？胡适说："发展个人的个性须有两个条件：第一，须使个人有自由意志；第二，须使个人担干系，负责任。"② 实际上这是对个性主义一种最清楚明白而又准确的界说。第一，个性主义必须以自由意志为前提，也可以说，自由意志是个性主义最根本的意义所在。第二，使个性发展，绝不是自私自利，为所欲为。而是自己必须对所言所行负完全的责任。也就是个人的言行必须接受社会的裁判，个人要敢于承担起社会裁判的结果。这是非常重要的。既把个性主义与所谓"人欲横流"之类的污蔑划清界限，以塞专制主义者之口，又可以引导青年人走上发展个性的正确之途，把发展个性同个人对社会人群的责任统一起来。

易卜生有一句名言，他说："你要想有益于社会，最好的法子莫如把你自己这块材料铸造成器。"③ 胡适解释说：只有"把自己铸造成器，方才可以希望有益于社会。真实的为我，便是最有益的为人。把自己铸造成了自由独立的人格，你自然会不知足，不满意于现状，敢说老实话，敢攻击社会上的腐败情形，做一个'贫贱不能移，富贵不能淫，威武不能屈'的斯铎曼医生。"④ 这里讲了一个深刻的道理：只有使自己成器，才能有益于社会。成器，就是有才有识有能力且有独立人格，不人云亦云，不趋炎附势，不追求时髦，敢于坚持主见，是其所是，非其所非。如此，才真能有益于社会。过去人们纷纷责难胡适宣扬易卜生的话，是鼓吹个人至上，不顾他人，不顾国家民族。我在1978年写第一篇供发表的关于胡适的文章时，也还心有余悸，不能不迁就这种批评的舆论，说胡适在五四时期，提倡把个人铸造成器，会误导青年走向错误的个人主义道路。可见人们的偏见影响之深之广。

其实，讲个性主义，讲发展个性，这与群体、社会、国家、民族的发展并非不相容。胡适说："现在有人对你们说：'牺牲你们个人的自由，去求国

---

① 见《胡适文存》卷四，第34页。
② 《胡适文存》卷四，第35页。
③ 《胡适文存》卷四，第32页。
④ 《介绍我自己的思想》，见《胡适全集》第4册，第662~663页，合肥，安徽教育出版社，2003。斯铎曼医生是易卜生戏剧《国民公敌》中敢于与多数人的迷信、偏见做斗争的人。

家的自由！'我对你们说：'争你们个人的自由便是为国家争自由；争你们自己的人格，便是为国家争人格！自由平等的国家不是一群奴才建造得起来的！'"① 把个人的自由、独立，同国家的自由、独立直接联系在一起，这是五四时期启蒙思想家们最强调的一点，也是他们对个性主义思想的一个新贡献。

应该注意到，五四时期与胡适一道从事启蒙活动的一些思想领袖们，还着重指出，个性主义与建设民主制度的不可分割的密切关系。这是他们与梁启超那一代人的又一个重要区别。如陈独秀即指出："国家利益、社会利益，名与个人利益相冲突，实以巩固个人利益为本因也。"② 所以他又说："国民政治（即指民主政治——引者）果能实现与否，纯然以多数国民能否对于政治自觉其居于主人的主动地位为唯一根本之条件。"③ 政治学家高一涵说得更为明确，他指出，个人的价值是国家价值的根源，个人的权利是国家权利的基础。他说："盖先有小己后有国家，非先有国家后有小己。"因此，是"为利小己而创造国家"，不是"为利国家而创造小己"。所以说"社会国家之价值，即合此小己价值为要素所积而成"④。所谓民主政治，即为保障各个小己之权益，使各个小己有发展其才智、增进其幸福之机会的一种政治。教育家蒋梦麟在解释个人主义与个性主义时说："对社会国家而言，曰个人主义"；"对文化教育而言，曰个性主义"⑤。两者实质为一。只有个人之自由得国家之保障才会有个性发抒的可能。所以，讲个性主义，必归于民主政治。蒋氏说："政治因尊重个人，故曰共和，曰民权。"⑥

五四时期的启蒙思想领袖们，紧紧抓住个性主义这一思想主题，深刻揭示了个性主义与民主政治的内在联系。这是他们对中国民主思想和民主运动的一个贡献。

如我们前面已经说过的，在近代中国，大力提倡个性主义只是在清末至五四时期。这恰是中国受西方影响最大的时期。而提倡者又都是受西学影响较大较深者。这给人一种印象，仿佛个性主义纯是舶来品，是西方的东西，与中国文化格格不入。这是一种严重的误解。

自秦汉以来，中国即成大一统的专制体制，一向奉统一思想为原则。秦

---

① 《介绍我自己的思想》，《胡适全集》第4册，第663页。
② 《东西民族根本思想之差异》，《青年》1卷2号。
③ 《吾人最后之觉悟》，《青年》1卷6号。
④ 高一涵：《共和国家与青年之自觉》，《青年》1卷2号。
⑤ 《个性主义与个人主义》，《教育杂志》第11卷2号。
⑥ 《个人之价值与教育之关系》，《教育杂志》第10卷4号。

思想家与近代中国思想

始皇定"以吏为师",汉武帝定"独尊儒术",两千余年除儒、法两家之有利于巩固专制之思想外,余皆在排斥之列。所以,先秦灿烂的百家思想文化多不得顺利传承。于专制主义最不利的个性主义思想,尤在口诛笔伐之列。但尽管如此,个性主义还是不绝如缕,时有表露。

个性主义在先秦曾是一种重要思潮。虽然其原典未能完好保存下来,但我们从其他典籍中可以看出其内容的大概。而从孟子尽全力对之口诛笔伐的情形,又可看出,这一思想在当时曾发生巨大的影响。

在先秦思想家中,阐扬个性主义之巨子是杨朱。成书于晋代的今本《列子》中有《杨朱篇》,因其距古较远,难以确信为杨朱思想原貌。我们可以从成书较早的《韩非子》、《淮南子》及《吕氏春秋》等书中略窥杨朱思想之大略。而《列子·杨朱篇》亦有可参考的材料。

《韩非子·显学》称:"今有人于此,义不入危城,不处军旅,不以天下大利,易其胫一毛。世主必从而礼之,贵其智而高其行,以为轻物重生之士也。"《淮南子·氾论训》称:"全性葆真,不以物累形,杨子所立也。"《吕氏春秋·慎势》称:"阳生贵己。"这里所谓"轻物重生","全性葆真,不以物累形","贵己",都可表现杨朱思想之核心是个人本位。而人所习闻的名句:"不以天下大利,易其胫一毛",看来是当时人引喻杨朱的思想主张的话,不大可能是其自述主张的话。孟子所述"杨子取为我,拔一毛而利天下,不为也"①。说他完全是"为我"主义。孟子当时认为杨朱的"为我",墨子的"兼爱",是孔儒思想最大的敌人。"为我"与绝对"尊君"的专制主义不相容,"兼爱"与"爱有差等"的等级制度不相容。而这两种思想,当时都甚有影响。孟子说:"杨朱、墨翟之言盈天下。"②又说:"天下之言,不归杨则归墨。"③可见杨朱思想影响之大。孟子为维护孔儒学说,对如此强而有力的思想敌人,鼓全力以攻之。《韩非子》述杨子只说是"不以天下大利,易其胫一毛";而《孟子》述其说成了"拔一毛而利天下,不为也"。冯友兰认为两者都对,是各说出杨子思想的一个侧面④。我以为此说不确。孟子明确是要讨伐杨子,说他"为我"是无君,墨子"兼爱"是无父,"无父无君是禽兽也"⑤。一派雄赳赳的大批判口气。大批判的特点是只立罪名,不讲证据。简

---

① 《孟子·尽心上》。
② 《孟子·滕文公下》。
③ 同注②。
④ 见冯友兰《中国哲学史新编》第1册,第244页,北京,人民出版社,1992。
⑤ 《孟子·滕文公下》。

言之，是不讲道理。它总是先要将论敌妖魔化，然后大呼捉妖。孟子为对杨朱搞大批判，先歪曲杨朱的思想主张，然后再据以无限上纲，终而定为"禽兽"。两千余年来，孔孟之说统治人心，无人敢于怀疑，遂以其是非为是非，把一位重要的先秦思想家打入地狱，久不得翻身。冯友兰因有尊孔情结，加之，杨朱思想一贯非主流思想所见容，冯氏善应世，故作两可之论。

类似杨朱的思想，我们从后来嵇康的"贱物贵身"，李贽的"各遂其生，各获其所愿有"以及戴震的"遂情"、"达欲"之说中，仍可看到其一脉相承的印迹。

必须说明，古代的个人本位思想与近代的个性主义不完全是一回事。在相当多的情况下，是处乱世的知识分子逃避现实，消极地"全性保身"的一种思想反映。李贽、戴震的说法则较接近于近代的个性主义。但终因中国社会条件的限制，未能充分发展出近代的积极进取，而又联结个人与国家的完善的个性主义思想。只有到了清末民初，在一部分先觉者受到西方思想启发之下，才较完整地提出近代个性主义思想。

人类社会总是朝着人的解放的方向发展。随着技术科学的发展，社会生产力的发展，人的身体能力不断获得解放。随着人文社会科学的发展，人的精神能力不断获得解放，个性主义既是人的精神能力解放的结果，又是进一步解放人的精神能力的推动力。我实在看不出有任何理由可以贬低个性主义的思想价值。

中国近代思想史有无尽的矿藏，有待我们去开采；有很多问题值得更深入地研究、讨论。本文仅就个人观察，提出上述三个问题来略加讨论，意见多有与前辈及时贤不同者。非以立异为高，只愿提供讨论和批评的材料而已。马克思有云：历史是从矛盾的叙述中清理出来的，真理通过辩论而显现，斯之谓也。

（作者单位　中国社会科学院近代史研究所）

论包世臣在嘉道经世思潮中的
历史地位

——兼与龚自珍、魏源之比较

郑大华

经世思想是中国古代文化的精华，也是历代知识分子一以贯之的价值取向和优良传统。但清王朝建立后，为巩固和维护其统治，大兴文字狱，对知识分子的经世思想进行残酷摧残，迫使他们走上了一条脱离实际、逃避现实的道路，转而埋头古籍的考证与整理，形成了为考据而考据的乾嘉学派，严重禁锢了知识分子的经世思想。然而当历史进入19世纪后，在内忧外患的强烈刺激下，经世思想勃然复兴，蔚为风气，成了一股强大的社会思潮。包世臣是这一思潮的开风气者和代表人物。但长期以来，人们对他的思想缺少认真研究，据统计，至目前为止，研究他的文章仅10篇左右[①]。有鉴于此，笔者不揣冒昧，拟就包世臣在嘉道经世思潮中的历史地位做一探讨，并与龚自珍、魏源做一比较，不当之处，欢迎广大读者批评指正。

一 与嘉道时期的学风转变

著名历史学家齐思和先生认为，有清三百年间，学术风气先后发生过三

---

① 主要文章有：张岩《包世臣与近代前夜的"海运南漕"改革》，《近代史研究》2000年第1期；张岩《论包世臣河工思想的近代性》，《晋阳学刊》1999年第3期；陈雁秋《试论包世臣的经济思想》，《浙江师大学报》1997年第1期；旋立业《包世臣〈说储〉初探》，《安徽大学学报》1997年第6期；陈文誉《爱国忧民、力倡改革的包世臣》，《安徽史学》1994年第1期；盛茂产《包世臣与两淮盐政改革》，《盐业史研究》1994年第4期；李国祁《由安吴四种论包世臣的经世思想》，见台湾近代史所编《近代中国初期历史研讨会论文集》下册。

次变化。第一次变化在清初,以顾炎武为代表的诸大儒,痛空谈亡国,恨书生乏术,于是"黜虚崇实,提倡实学"。第二次变化在乾嘉之世,以戴震为代表的乾嘉学派,"群趋于考据一途,为纯学术的研究;而声音训诂之学,遂突过前代"。第三次变化在道咸年间,以魏源为代表的一些学者,"好言经世,以图富强,厌弃考证,以为无用"①。齐先生的说法大致是正确的。但就第三次变化而言,我认为有两点要做修正:(1)第三次变化非始于道光,实际上当历史进入19世纪后此种变化即已开始,这也是近年来学术界不少同人的共识②;(2)除魏源外,包世臣也是这一时期学风转变的代表人物之一,他于嘉道时期经世思潮的复兴具有"承上启下"的作用。

我们说包世臣是嘉道时期学风转变的代表人物之一,主要基于以下三个方面的理由。第一,包世臣的经世思想形成较早。包世臣,字慎伯,号倦翁,安徽泾县人,泾县古属安吴,故人称"包安吴",1775年(乾隆四十年)出生于一个破落的士大夫家庭。和那时绝大多数人一样,包世臣5岁启蒙读书,8岁便开始学做八股文。其时,清王朝已结束了其繁荣的康乾盛世,开始走上衰败的道路,吏治日益腐败,武备早已废弛,人民生活每况愈下,农民的反抗斗争此伏彼起,1796年(嘉庆元年)的白莲教起义遍及鄂、川、豫、陕、甘五省,参加群众数十万人,绵延近十年。面对如此的历史处境,包世臣深感帖括之业无补于世,于是转而探求社会经济问题。据包世臣自己说,他自12岁(1787年,乾隆五十二年)开始,便慨然有用世之志,不肯枉己学那些无用之学。年纪稍长,见百为废施,贿赂公行,吏治污而民气郁,殆将有变,思所以禁暴除乱,乃学兵家;又见民生日蹙,一被水旱,则道殣相望,思所以劝本厚生,乃学农家;又见齐民跬步,屡遭无辜陷害,奸民趋死如鹜,而常得自全,思所以饰邪禁非,乃学法家;又见江南大利,在盐与漕,江北大政,以河工为最,而官吏视为利薮,胥隶恣其中饱,上损国帑,下病齐民,乃究漕、盐、河之学③。1793年(乾隆五十八年),他在研读各家兵书的基础上写成《两渊》兵书一部,"欲以通先民之志,祛后贤之惑"④。1801年(嘉庆六年),作《说储》上下二篇,以育人材善风俗为上篇,以郡县至要

---

① 齐思和:《魏源与晚清学风》,《燕京学报》第39期,1950年12月。
② 冯天瑜先生就认为,"道咸经世实学的勃起在嘉庆间已现端倪,至道光初年则从涓涓细流汇为巨川"。葛荣晋主编、冯天瑜、周积明著《中国实学思想史》下卷,第23页,北京,首都师范大学出版社,1994。
③ 包世臣:《与秦学士书》,《安吴四种》卷四,光绪十四年木刻本。
④ 包世臣:《两渊缘起》,《安吴四种》卷三十。

为枢要，解说保甲、学政、戍政、课绩、农政五事为下篇，各有五六万言。第二年（嘉庆七年）他"游海上，比物察情"，以为举海运则公费大省，而官之困于丁，与民之困于官的现象"可以小纾"，但"无籍以成其说"。两年后（嘉庆九年）衡家楼河决，运道被毁，天下哗然，他"乃作《海运南漕议》"，主张改河运南漕为海运南漕。1808年（嘉庆十三年）江督以海口高仰、阻碍河水下注为由，请帑600万议改河道，他经过两个多月的实地调查，发现海口并不高仰，"于是乃为《筹河刍言》"，认为与其更改河道，劳民伤财，还不如自云梯关以下接筑长堤至海滨，而于运河口筑盖坝导淮（河）溜出黄以减运（河）涨，这样清（大清河）淮（河）安枕而河（黄河）流必不旁溢，并就治河经费提出自己的意见。他的意见后为有关方面所采纳。次年，他入都面谒王公大臣，建议整顿漕务，以减轻江南苏、松、太、嘉、湖地区农民的沉重负担，并提出其具体的整顿办法。1810年（嘉庆十五年），他著《策河四略》，提出治理黄河的整套方案。越十年（嘉庆二十五年），他著《庚辰杂著五》，首次提出改革传统的"纲盐制"、听任商贩自由运销的主张。1824年（道光四年），他致书颜漕督，重提自己于嘉庆九年就已提出的海运南漕之议，并力主漕运改革。第二年，他作《海运十宜》，就如何进行漕运改革提出具体意见。1827年（道光七年），他佐两江总督陶澍举办吴淞口工程。不久又上书陶澍，极言兴修野鸡墩工程之利。1830年（道光十年），他著《代议改淮鹾条略》，提出二十五条改"纲盐制"为"票盐制"的具体办法。

尽管包世臣是那时的著名学者和经济专家，对兵、农、刑、名等各科学问都有精湛的研究，但却屡试不第，33岁（嘉庆十三年，1808年）才考中举人，此后连续13次考进士，都名落孙山。这一方面说明曾经起过进步作用的科举制度，发展到明清之后，由于实行八股取士，对考试的内容和形式都有严格的限制，成了束缚人们思想和创新能力的桎梏，加上考场舞弊成风，因此它已失去选拔优秀人才的功能作用；另一方面是因为包世臣"究心于当时之务"，针砭时弊，主张改革，揭露和批判清朝的腐败吏治，得罪了不少既得利益者，尤其是朝廷中的王公大臣，他们于是从中作梗。据与包氏同时代的桐城姚柬之说，他曾就包世臣会试屡试不第的原因询问过贡院司事者，"皆言得先生卷发誊不送内帘，事后乃加派房戳于败卷，以是十余试讫无一遇"[①]。科场不顺，包世臣只好长期为人幕僚，直到1835年（道光十五年）他61岁时，才以一等签江西。不料是年其母病故，他守制家居三年，1838年（道光

---

① 姚柬之：《读〈安吴四种〉书后》。

十八年）正式任新喻县知县，然而仅仅一年，便因漕务改革而遭陷害去职。包世臣弃官之后，定居豫章，一边整理生平著述，一边仍念念不忘国计民生，忧国忧民之志未因仕途受挫而稍有更改。1839年（道光十九年）初，林则徐以钦差大臣的身份赴广东查禁鸦片，路经豫章，召包世臣至舟中"委问竟日"，听取他对禁烟的意见。包世臣向林则徐建议，"止渴必澄其源，行法先治其内"①。不久，鸦片战争爆发。尽管当时包世臣已年届70，且身体有病，但他仍时刻关心着这场反侵略战争，积极为当局出谋划策。鸦片战争后，他以极其悲愤的心情反省战争失败的原因，希望清政府能改弦更张，革除积弊，重新振作起来。但无奈此时清王朝已病入膏肓。1851年（咸丰元年）爆发了中国历史上规模最大的农民起义——太平天国起义。四年后（1855年，咸丰五年），包世臣于忧愤中逝世。

就包世臣的生平来看，他历经乾（隆）嘉（庆）道（光）咸（丰）四朝，但主要活动是在嘉（庆）道（光）年间，其经世思想也早在1800年左右即已形成并趋于成熟。其标志是1801年他《说储》上下二篇的成书。该书的宗旨是倡言改革，内容涉及政治、经济、教育、军事、文化等各个方面。刘师培说该书"篇中多改制之言"②。柳诒徵认为包世臣著作此书的目的，"欲荡积垢，一切与民更始"③。包世臣对自己在该书中提出的各项改革主张和具体方案也非常自信，声称"苟有用我，持此以往，虽三代之盛不可妄期，汉唐二宗复见于今日"④。此种自信，正是他的经世思想已趋于成熟的自然流露。如果我们把包世臣与被学术界公认为是这一时期经世思潮代表人物的龚自珍和魏源做一比较，由于包世臣分别比龚自珍和魏源年长17岁和19岁（龚自珍出生于1792年，即乾隆五十七年；魏源出生于1794年，即乾隆五十九年），他的经世思想的形成也要比龚自珍和魏源早得多。查阅有关资料，龚自珍自幼从外祖父段玉裁学许慎《说文部目图解》，21岁时（1812年，嘉庆十七年）"慨然有经世之志"，那年他赋诗述己志向："屠狗功名，雕龙文卷，岂是平生意？"23岁（1814年，嘉庆十九）作《明良论》，批判现实；24～25岁期间（1815～1816年，嘉庆二十至二十一年）作《乙丙之际箸议》，明确提出"与其赠来者以劲改革，孰若自改革"的主张；27岁（1818年，嘉庆二十三年）他自毁功令文2000篇，以示不再虚耗光阴于无用的"雕龙文卷"，同年开始

---

① 包世臣：《致前四川督部苏公书》，《安吴四种》卷三十五。
② 刘师培：《说储跋》，《包世臣全集·说储》，第199页，合肥，黄山书社，1991。
③ 柳诒徵：《包安吴说储上篇跋语》，1936年11月陶风楼影印本。
④ 包世臣：《说储上篇序》，《安吴四种》卷七。

对今文经学发生兴趣；第二年（1819年，嘉庆二十四年），应恩科会试落第的他滞留京师，向礼部主事刘逢禄"问公羊家言"。从此，今文经学成了他借用"五经中的'微言'来发挥'经世'大义"的理论工具①。和龚自珍不同，魏源自幼深受理学的影响，21岁时（1814年，嘉庆十九年）随父赴北京，从"究心经学，尤专意于毛氏诗传"的胡承珙学习汉儒经典，开始接触汉学，同时又向今文经学大师刘逢禄请教《公羊》大义，并大力提倡公羊学的"通经致用"精神，主张"以经术为治术"②。32岁时（1825年，道光五年）作《筹漕篇》上，提倡漕运改革。同年代江苏布政使贺长龄编辑《皇朝经世文编》。此为"魏源经世思想走向成熟的标志"③。由上可见，无论是从帖括之学或汉学宋学转向经世之学，还是经世思想的基本形成并走向成熟，龚自珍和魏源都要晚于包世臣至少20年以上。

第二，包世臣的经世思想具有代表性。概而言之，包世臣的经世思想主要表现在以下几个方面：首先，是批判宋学、汉学。当时统治思想学术界的是宋学和汉学，宋学又称义理学，亦即宋明理学，汉学又称考据学，它们的共同缺点和危害是对有关国计民生的实际问题，既不闻不问，又无能为力，于世无功，于道无补，借用龚自珍的诗说，是"不论盐铁不筹河"。嘉道时期的经世思潮就是作为宋学和汉学的对立物而复兴起来的。包世臣对只知迂谈性理的宋学和埋首繁琐考证的汉学都十分鄙视，他公开声明，宋学"非性之所好"，认为宋学空谈"性命"，无助于国计民生，是为俗学④。他批评汉学"以剿字为学，剿声为文"，其上者仅"能钩稽名物，刻镂风云"，而"正己则失要，治人则无功，师友谬说，聪明锢蔽"⑤。他在一首说理诗中对"近儒渐好古，一得同钉饾"的乾嘉学风进行了辛辣的讽刺，并质问那些以考据学为学问的汉学家们，"伊谁能决川，迴澜导狂溜"。在包氏看来，当时的社会危机所以如此严重，与宋学和汉学的"空疏"和"迂腐"不无关系。

其次，讲求学以致用。和乾嘉学派逃避社会现实相反，包世臣认为，士人应关心国计民生，过问时事政治，讲求学以致用。他指出，天下之所以贵士，与士之所以自贵，其原因就在于士能"志于利济斯人而已"⑥；又说：

---

① 参见葛荣晋主编、冯天瑜、周积明著《中国实学思想史》下卷，第30页。
② 魏源：《默觚上·学篇九》，《魏源集》上册，第24页。
③ 参见葛荣晋主编、冯天瑜、周积明著《中国实学思想史》下卷，第35页。
④ 包世臣：《族兄纪三先生郑本大学中庸说序》，《安吴四种》卷九。
⑤ 包世臣：《赠方彦闻序》，《安吴四种》卷十。
⑥ 包世臣：《旧业堂文钞序》，《安吴四种》卷十。

"士者，事也，士无专事，凡民事皆大事也。"① 他并再三强调，士大夫的学问经济，不在于时文、楷法，也不在于考据，而在社会现实，举凡现实生活中的一系列政治经济问题，如吏治官风、盐课漕运、河工水利、兵政边防、舆地农政、钱币人口、刑名法律、文教灾赈等都应成为自己所关心的对象。正是从这一认识出发，他对明末清初倡导经世实学的著名思想家顾炎武及其名著《日知录》特别推崇，认为"百余年来言学者必首推亭林，亭林书必首推《日知录》"。《日知录》所以值得推崇，原因就在于顾炎武写作此书的目的，意在拨乱涤污，"启多闻于来学，待一治于后王"。故此，他尽读《日知录》30卷之后，"叹为经国硕猷，足以起江河日下之人心风俗，而大为之防"②。用他的话说：他自己读先圣之书，通今时之制，究生民之利病，验风土之纯磽，"凡以为吾儒分内事耳，求为可知，非以干禄"，但期人生"有益于世耳"③。

其三，注重调查研究。包世臣认为，"学问之道闻而得不如求而得之深固也"④。因此，他特别重视调查研究，认为只有深入社会实际，不耻下问，才能了解国情民瘼。范麟就说他的"造诣，得于学者半，得于问者亦半"。就学而言，他虽博闻强识，但不事铆钉擘积，至人心世道之大防，必三复低徊，推究其极，非彻底弄清不可。就问而言，他"微遇宿士方闻，质疑求是"，虽舟子、舆人、樵夫、渔师、罪隶、退卒、行脚、僧道，邂逅之间，必导之使言，"是者知之，否者不加辩驳，惧其不尽也"。正因为如此，故他"知水陆之险易，物力之丰耗，衙前之情伪，穷檐之疾苦"⑤。他每提一建议或方案，事先都要做深入的社会调查，了解各方面的情况。如他在提出治理黄河的方略之前，曾和另一位水利专家郭大昌一道，扁舟泛下河，转尖至灌河口，溯莞渎六塘，由中河至徐州渡河，策骑循峰山至盱眙，竭两月之力，以了解黄（河）淮（河）湖（太湖）运（河）的形势。再如他为了建议海运南漕，曾多次到舟山、上海一带调查，对海运船线、上海一带的沙船以及南北商品交往的情况了解得一清二楚，所以他的《海运南漕议》所举海运南漕的理由，有根有据，无法辩驳。包世臣一生有近30年时间在外出游，足迹踏遍大半个中国，但他的出游与一般人的出游不同，他每到一地，都要调查那里的风土人

---

① 包世臣：《赵平湖政事五篇叙》，《安吴四种》卷十。
② 包世臣：《读亭林遗书》，《安吴四种》卷八。
③ 包世臣：《与秦学士书》，《安吴四种》卷四。
④ 包世臣：《复石赣州书》，《安吴四种》卷九。
⑤ 范麟：《读〈安吴四种〉书后》，《安吴四种》卷六十。

情、物产气候、山川地势。所以他"游愈疲则闻愈广,研究愈精",对国情民瘼了解也愈透彻。而对那种"贫则谋在稻粱,富则娱于声色,其善者乃能于中途流连风物,咏怀胜迹,所至则又与友朋事谈宴逐酒食"一类的出游,他颇不以为然,认为"此非惟才易改也,而又长恶习"①。

其四,主张学术经世。包世臣是嘉道时期名噪一时的著名学者,但他不纯粹为学问而研究学问,除学问外,还为了经世。以史学而论,他认为"古今一辙"②,没有古就没有今,古今之间一脉相承,不可割裂,要通今,则必知古,研究历史的目的,是为解决现实问题提供历史借鉴。正是从这一认识出发,当周济向他请教如何撰写两晋这段历史时,他认为"凡事之无系从违,人之无当兴衰者",可以略写或不写。"至于人心所趋,视乎初政,心趋既久,遂成风俗,风俗既成,朝政虽力矫之,而有所不可",这是古今都存在的问题,非惟晋代,因此必须详写。"而拨乱反正,端重人事,人事修,天运变,不善者善之资",这是历史一再证明的经验教训,故"晋略之志,当在是矣"③。就经学而言,他认为通经才能致用,致用必先通经,因此,学经的目的要十分明确,要"先立其大者",重点学习那些关系"天下之治"、能对国家大政有所指导的经书。学习的方法要运用得当,要精读原著,直观经义,不要借助后世的传注,要"能以己意测古人立言之旨,而究其义之所止"。他尤其强调学经要联系实际,思考和解决国计民生的重大问题,对于"先王制作之原,亦能以近世人情上推之,而原其终始"④。至于写文,他反对脱离民事,将道抽象化,批评韩愈、柳宗元以来古文家抽象地载道之文是离事与礼,而虚言道以张其军,讽刺"近世治古文者,一若非言道,则无以自尊其文",认为道附于事而统于礼,"事无大小,苟能明其始末,究其义类,皆足以成至文",提倡写"言事之文"和"记事之文"⑤,并且就如何写"言事与记事"之文提出了自己的意见。他认为言事之文,必须先说清所事之条理原委,抉明正义,然后述现事之所以失,而条画其补救之方。记事之文,必先表明缘起,而深究得失之故,然后述其本末,则是非明白,不惑将来。他特别强调作者要介入社会,关心国计民生,"深思天下所以化成者,求诸古,验诸事,发诸文",多写一些"救时指事之章",多发一些"防患设机之论",使人们能

---

① 包世臣:《小倦游阁记》,《安吴四种》卷九。
② 包世臣:《与周保绪论晋略书》,《安吴四种》卷九。
③ 包世臣:《与周保绪论晋略书》,《安吴四种》卷九。
④ 包世臣:《十九弟季怀学诗识小录序》,《安吴四种》卷九。
⑤ 包世臣:《与杨季子论文书》,《安吴四种》卷八。

"观其文以知其俗，推其俗以知其治"，从中得到一些"劝惩之方"和"补救之术"①。

就包世臣的经世思想来看，具有两个显著的特征：一是批判旧学，摆脱汉学宋学的束缚；二是强调学以致用，重视社会实践。这两个特征也正是嘉道时期学风转变的显著标志。如果说批判旧学、摆脱汉学宋学的束缚是嘉道时期学风转变的前提，那么，强调学以致用、重视社会实践则是嘉道时期学风转变的内容。嘉道经世派的学风之所以不同于乾嘉考据派的学风，亦就在"致用"二字。

第三，包世臣的经世思想影响较大。包世臣的经世思想主要通过三条途径发生影响：一是入幕。如前所述，由于科举不顺，包世臣长期为人幕僚，他的幕主之中，不少人具有经世思想，如先后任江苏巡抚和两江总督的陶澍便是嘉道年间经世派中的重要人物，魏源评价他："生平所致，兴革务，挈大纲，导大窾。"② 陈銮说他"无时不以济人利物为志"③。包世臣为陶澍这样的具有经世思想的地方大员充当幕僚，替他们的兴利除弊出谋划策，这既为他在自己科举不顺、"不能自为"时，提供了一条实现经世抱负的途径，同时也扩大了他的经世思想的影响。他就积极参与陶澍所主持的漕务、盐法改革以及一些水利工程，并向陶澍举荐了不少人才。从《安吴四种》和《陶文毅公全集》所记载的情况来看，陶澍对包世臣十分信任，每遇大事必向他咨询，听取他的意见，而且"所言乃听从"。对于包世臣举荐的人才，陶澍也大多能够任用，包世臣在《答族子孟开书》中就无不自豪地告诉他的这位族人，陶澍的"委员，多系鄙人指引"④。不仅陶澍，当时的一些东南大吏，"每遇兵、荒、漕、盐诸巨政，无不屈节咨询，世臣慷慨言之"⑤。范麟在《读〈安吴四种〉书后》中记述了包世臣的如下实绩：嘉庆三年（1798年）冬游湖北，为湖北布政使祖之望画招流亡、开屯田、营战屯守之策；嘉庆十一年（1806年）夏居扬州，诱伊太守举荒政，救活灾民三万；嘉庆十三年（1808年）游袁甫，劝说当局罢徐、扬六府州摊征360万已成之议；嘉庆十六年（1811年）秋，佐两江总督百龄治河，临工决盖坝之策，旬日间使袁浦、板闸、淮安一带百万居民免于水灾；嘉庆十九年（1814年）游南京，激百龄开仓赈

---

① 包世臣：《扬州府志艺文类》，《安吴四种》卷八。
② 魏源：《太子太保两江总督陶文毅公神道碑铭》，《续碑传集》卷二三。
③ 陈銮：《太子太保入祀贤良祠两江总督陶文毅公行状》，《续碑传集》卷二三。
④ 包世臣：《答族子孟开书》，《安吴四种》卷二六。
⑤ 《清史稿》卷四八六，《包世臣传》。

灾，使八万饥民得以活命。"其余当路，多采先生河、漕、盐、法之论而行之"。因此，包世臣的社会地位虽然不高，但名气很大，江南一带几乎无人不晓，尤其是扬州一带的"好学子弟皆习世臣"①。

二是交友。作为19世纪前期著名的诗人、书画家和思想家，包世臣一生中结交的朋友相当不少，仅据《安吴四种》的初步统计，上至王公大臣，下至一般百姓，与他有比较密切交往的人就达百人之多，其中不少是那时的著名学者，如常州刘逢禄、李兆洛，武进张惠言及外甥董士锡，阳湖张琦、张敦仁、黄乙生，歙县凌廷堪、恽敬，荆溪周济，吴县沈钦韩、张际亮、李祖陶，嘉定钱坫，以及比他要年轻近20岁的龚自珍、魏源等人。包世臣常与这些人辩难问答，磋切学术，这使他见识大开，受益匪浅："刘生（即刘逢禄——引者）绍何学，为我条经例。证此独学心，公羊实纲纪。易义不终晦，敦复有张氏（张惠言——引者）。观象得微言，明辨百世俟。私淑从董生（董士锡——引者），略悟消息旨。读书破万卷，能儒沈与李（沈钦韩和李兆洛——引者）。益我以见闻，安我之罔殆。郑学黄（黄乙生——引者）心通，许学钱（钱坫——引者）神解。既得明册籍，又得亲模楷。"②当然，这种受益是双向的，与这些人交往，无疑也有利于扩大包世臣的经世思想在学术界的影响。比如，他的《说储》成书后，李兆洛、沈钦韩、周济等人都传看过，并作有批语，还向别人介绍过他的变革主张。张琦也曾为他删订过诗稿，和他讨论过写诗的理论和技巧问题。周济向他请教过写作《晋略》的意见。凌廷堪和他关系在师友之间，正是在他的指点和影响下，走上了学术经世的道路。

在朋友中，包世臣与魏源关系最为密切。虽然包世臣比魏源年长19岁，但由于二人经历相似（如都博学多才，却屡试不第，长期为人幕僚；晚年都做过地方小官，也都因人忌恨而遭参劾），志趣相投（都具有经世思想，都对兵、农、刑、名诸学深有研究，都主张漕运、盐法、币制改革和积极治理黄河；也都具有强烈的爱国主义思想，支持禁烟和抗英斗争），而成了忘年之交，包世臣称魏源为"默深老弟"。从现有的资料来看，他们的交往始于魏源充任江苏布政使贺长龄的幕僚、协助贺编辑《皇朝经世文编》期间（1825～1826年）。但此间他们只有书信往来，没有晤面。二人首次晤面是在道光七年。这年三月，贺长龄调任山东布政使。四月，魏源受贺的委托，前往苏州

---

① 包世臣：《纪三先生九十寿序》，《小倦游阁文集》卷三。
② 包世臣：《述学一首示十九弟季怀》，《安吴四种》卷十九。

拜会包世臣,代询治理山东省的要务。据包氏在《山东西司理宜条略》记载,他告诉魏源"为政之道,在自胜以通民情",并建议贺长龄"宜审定缺分肥瘠,使调剂派拨均平,以息物议";"宜查禁司书弊窦,以纾官困";"宜督属清厘案件及自理各词讼依限结正,以达民隐而崇政体"①。自此以后,二人书信不断,学术、政务、生活无所不谈,友谊良深。齐思和先生写《魏源与晚清学风》一文,中列"讲学诸友"一节,共举魏氏讲学诸友四人,而以包世臣为第二,紧随龚自珍之后②。李汉武著《魏源传》,在谈到魏源与包世臣的交谊时,认为"魏源关于漕、盐、河、币诸实政方面的思想,得益于包氏之处不少"③。

包世臣与魏源之间的这种友谊是愈老弥坚。这可举二人相互请对方为自己审订书稿为证。1842年(道光二十二年),魏源有感于鸦片战争的失败,发愤著书,成《圣武记》14卷。他成书后的第一件事,就是给包世臣寄了一套,请他"审定"。尽管包世臣当时已年届70,又忙于整理编辑自己的旧著,但还是"遵嘱"认真地"审定"了这部长达40余万言的皇皇巨著。他首先充分肯定了《圣武记》的价值,然后本着老朋友之间要知无不言、言无不尽的原则,就《圣武记》的编排体例提出了自己的意见,他建议在写法上其"匪股"宜各为小传,记其始末和"窜扰"之地,"各帅"则用太史公司马迁的《史记》"卫霍附传"之例,务必切实明白,并且希望能将傅鼐平定苗疆,"鼓众气选锋反战",先败后胜的"机括"补入书中。魏源的《圣武记》成书后两年(1844年),包世臣将其生平部分诗文编辑为《管情三义》和《齐民四术》,并与旧刻《中衢一勺》、《艺舟双楫》合编为《安吴四种》印行。和魏源一样,《安吴四种》编好后,包世臣做的第一件事也是将稿子寄给魏源,请他"为之定正"。那一年魏源正忙于参加会试,但他于百忙中认真地阅读了这部长达36卷的巨著,并将其紧要处"摘要签出",就如何修改提出了自己的具体意见。由于包世臣对于魏源的意见"有改焉有不改焉",为了尽到朋友之谊,魏源又再次致信包氏对自己的意见做了进一步阐述。他还写有《题包慎伯文集》诗三首,诗中将包氏比之为西汉的贾谊、北宋的王安石、南宋的陈亮。可见魏源对这位老朋友的推重。

三是著述。包世臣一生勤奋,才华横溢,著述颇丰,先后著有《两渊》、《说储》、《小倦游阁文集》、《小倦游阁文稿》和《安吴四种》等书,其中《说

---

① 包世臣:《安吴四种》卷四。
② 《燕京学报》第39期。
③ 李汉武:《魏源传》,长沙,湖南大学出版社,1988,第18页。

储》和《安吴四种》是其经世思想的代表作。包世臣曾述《说储》一书的著作来由："嘉庆辛酉（嘉庆六年，1801年）孟夏，天津姚承谦从余游，问古今治乱之故，予与极论斟酌损益，可措施补救者，作《说储》二篇。"如前所述，《说储》的宗旨是倡言改革，内容涉及政治、经济、教育、法律、军事、文化等各个方面。《安吴四种》实由《中衢一勺》、《艺舟双楫》、《管情三义》和《齐民四术》四书合刻而成，内容十分丰富，"举凡宇宙之治乱，民生之利病，学术之兴衰，风俗之淳漓，补救弥缝，为术具设"①。据包世臣在《安吴四种总目序》和他儿子包诚在《安吴四种书前识》中介绍，《中衢一勺》和《艺舟双楫》分别刻于道光乙酉（道光五年，1825年）及后"数年"，道光甲辰（道光二十四年，1844年），包世臣又将生平部分诗文集为《管情三义》和《齐民四术》，与曾补过的《中衢一勺》、《艺舟双楫》一道合编为《安吴四种》，先用聚珍版印行500部，嗣因讹字较多，咸丰辛亥（咸丰元年，1851年）重校印行200部。《中衢一勺》收录的主要是包世臣有关河、漕、盐"诸大政"的文章。他所以要把这些文章编在一起，是因为在他看来，河、漕、盐虽为三事，而"其实"一也，皆与国计民生休戚相关。《艺舟双楫》收录的主要是包世臣论文、论诗和论书法的文章。就文而言，他主张讲求文法，尤其要言之有物，关心国计民生；就诗而言，他重视诗的教化功能，诗要言志，反对片面追求华丽；就书法而言，他认为只有指法、墨法二者具备，才能创作出好的书画作品。《管情三义》收录的是包世臣写于不同年代的诗、赋和韵文。《齐民四术》在《安吴四种》中分量最大，内容也最为重要。所谓"四术"，指的是农、礼、刑、兵。其中农三卷，礼三卷，刑二卷，兵四卷。在农三卷中，包世臣主要阐述了他的"农商并重"的经济思想，他认为农业和商业都有关国计民生，都应重视，并就如何发展农业提出了自己的具体主张。在礼三卷中，包世臣主要阐述了他的礼俗观，内容涉及吏治、民意、道德以及社会风俗等诸多方面，他主张"以礼制俗"，通过礼的教化，以改善风俗，扭转礼俗颓废的局面。在刑二卷中，包世臣认为为官者要熟读律文，深明律意，秉公执法，清理积案，并就审案的技巧和程序提出了自己的意见。在兵四卷中，包世臣主要阐述了他的军事思想，他认为争取民心是取得战争胜利的关键，而要争取民心，就必须顺民情，爱民财，惜民力，他还就如何选将、练兵、布阵等问题谈了自己的看法。虽然《安吴四种》刻印较晚，但其中的《中衢一勺》和《艺舟双楫》于道光初年即已印行，有的文章甚至于印行之前

---

① 范麟：《读〈安吴四种〉书后》。

就已在社会上广为传布,产生过较大的社会影响。齐思和先生就说他"每出一文,世人争相传阅焉"①。据记载,他专论漕运改革的《海运南漕议》(写于嘉庆九年,1804年)、专论河工的《策河四略》(写于嘉庆十五年,1810年)和专论漕务的《庚辰杂著三》(写于嘉庆二十五年,1820年)等文章写出后,曾风靡全国,人们争相转抄,一时洛阳纸贵。《中衢一勺》于道光初年刻印后,也是从风者众,除关心时事的士绅外,不少官员也争相购买,视之为理政秘籍。1825年(道光五年)魏源代贺长龄编辑《皇朝经世文编》,其中就收录了包世臣论漕运、漕务和河工的五篇文章。另据冯天瑜先生研究,包世臣在《艺舟双楫》"论文"中提出的为文要"言事与记事"的主张,"对道咸士人有重要影响,直接孕育了《夷氛闻记》、《中西纪事》等记录鸦片战争史事的纪实性作品"②。

包世臣对于嘉道时期学风的转变,具有承上启下的作用。所谓"承上",是继承了"清初诸老"的"实用之学"。如前所述,包世臣对"清初诸老"中倡导"实用之学"的代表人物顾炎武及名著《日知录》非常推重。他最早接触顾氏著述是在1793年(乾隆五十九年),那年他在南京市面上看到新刻的《日知录》,随意翻了翻,便被书中的内容所吸引,但由于当时父亲病重,没钱购买,只好失之交臂。10年后(1802年,嘉庆七年)他游扬州,在阳湖派古文领袖李兆洛家中住了7个月,李氏不仅帮他把一年前刚完稿的《说储》缮写了一遍,而且还将家中所有藏书借他阅读,包世臣终于有机会认真读完了《日知录》30卷。后来又陆续读顾氏的《天下郡国利病书》和其他"清初诸老"的著作十余种。从此,顾炎武和其他"清初诸老"便成了他的榜样和镜子,用他的话说:"兹读亭林诗文,按其年月,核其行检,辨进修之日深,信立言之有本,使励志之士,得以倚而自坚。"③李兆洛就说他的很多主张与顾炎武相近。包自己也同意这种说法。在嘉道时期的经世思想家中,较早接触"清初诸老"并明确以继承其"实用之学"为职志的是包世臣。

所谓"启下",是开启了嘉道时期的"经世之学"。梁启超在《中国近三百年学术史》中指出:嘉道时期学风的转变,最值得注意的是常州学派的兴起,而常州学派的源头有两个:一是由庄存与、刘逢禄开派的公羊家经学,一是由张惠言、李兆洛开派的阳湖派古文,"两派合一来产出一种新精神,就是想在乾嘉间考证学的基础之上建设顺、康间'经世致用'之学"。他认为

---

① 齐思和:《魏源与晚清学风》,《燕京学报》第39期,1950年12月。
② 葛荣晋主编、冯天瑜、周积明著《中国实学思想史》下卷,第44~45页。
③ 包世臣:《读亭林遗书》,《安吴四种》卷八。

"开启"和"代表这种新精神的人是龚定庵(龚自珍号定庵——引者)和魏默深(魏源字默深——引者)"①。如果就常州学派的发展而言,梁启超的说法大致不错,但从嘉道时期学风转变的过程来看,梁启超的说法就值得商榷。因为如前所述,包世臣经世思想的形成并走向成熟要比龚自珍和魏源早得多,他虽然不是常州学派中人,也非公羊派今文学家和阳湖派古文学家,但公羊派经学的开派人物刘逢禄、阳湖派古文的开派人物张惠言、李兆洛都是他的好朋友,他与刘逢禄、张惠言、李兆洛等人的交往要早于龚自珍、魏源大约30年,龚自珍尤其是魏源较多地接受过他的影响。所以,无论在绝对时间上,还是在相对时间上,都是包世臣而非龚自珍和魏源开启了嘉道时期的"经世"学风。我们非常赞同吴则虞、余滋兰先生在20世纪60年代初提出的观点:包世臣对于嘉道时期"经世"学风的形成,是"上承亭林,下开龚、魏,旁及阳湖派诸子的一个重要人物"②。

二 与嘉道时期的"实政之学"

所谓"实政之学",也就是关于漕运、盐法、河工、币制、农政等方面的学问。对"实政之学"的探讨并针对其积弊提出改革方案,"构成了"嘉道时期经世思潮的"一个重要侧面"③。作为这一思潮的代表人物,包世臣对"实政之学"的探讨,以及针对其积弊提出的改革方案做出过重要贡献。

清承明制,继续实行自隋唐以来就已形成的漕运制度,每年都要从江浙等省通过运河运送400万担的漕粮到北京,以供皇室食用、王公官员俸米及八旗兵丁、京城百姓的口粮之需。把几百万担南粮通过运河运到北京,这绝不是一件容易的事情,其运费十分惊人。而漫长的运输线和繁琐的运输管理环节,又方便了官吏的贪污中饱,层层勒索。同时,漕运还经常面临河道梗阻。而一旦河道梗阻,南粮不能及时运到京师,就要影响清廷皇室、文武百官、八旗兵丁和京城百姓的生活。因此,当时"中外颇忧漕事",如何解决漕运所面临的问题,保证及时地将南漕运到北京,就成了朝野上下所关注的"大政"之一。

包世臣也不例外。他通过调查了解到,当时云集于上海的商船大约有

---
① 《饮冰室合集》第10册,《专集》第75。
② 吴则虞、余滋兰:《包世臣的学术思想》,1962年5月11日《光明日报》。
③ 葛荣晋主编、冯天瑜、周积明著《中国实学思想史》下卷,第108页。

3500多艘,其大船每艘可装官斛3000担,小船每艘也可装1500多担。这些商船主要是运关东的豆麦到上海,所以"南行为正载",而北返时虽然也顺带一些布匹茶叶等南货,但常常"不能满载",不得已只好在吴淞口雇人挖草泥压船。鉴于这种情况,他于嘉庆九年(1804年)提出废除官府控制的漕运船队,改由商船北返时装运漕米。同时又鉴于河道经常梗阻,漕米不能及时运到北京,他主张改原来的河运为海运,并规定海运漕米的合理损耗率,以维护商船的利益。他认为雇用商船海运漕米好处有四:一是费用减少,运南漕400万担,开支水脚费用不过160万,还不到过去漕运所需费用的"十分之三、四";二是需时不多,如果商船中秋开行,九月初即可抵达,往返三次,全部漕粮便能入仓,这比过去河运漕粮缩短时间不少;三是官商两利,雇佣商船运送漕粮既能使私商的"放空之船,反得重价",增加收入,又可节省大量漕运费用,从而使"官费之省,仓米之增者无数";四是使地方官吏"不得以兑费津贴旗桩名目,藉词浮收",有利于减轻粮户的沉重负担①。

虽然改河运南漕为海运南漕有诸多好处,但由于"漕为利薮",改革必然会触及那些利用漕薮贪赃受贿、巧取豪夺的大大小小官吏的既得利益,因而遭到他们的强烈反对,他们对海运南漕的建议提出了种种非难:一曰"洋氛方警,适资盗粮";二曰"重洋深阻,漂没不时";三曰"粮艘须别造,舵水须另招,事非旦夕,费更不赀"。面对这种种非难,包世臣没有退缩,他认为这些都不过"书生迂谈",根本不值一驳。首先就所谓"洋氛方警,适资盗粮"而言,他指出:洋氛在福建广东一带,不仅距离海运所走的北洋沿海遥远,而且洋人所乘坐的都是吃水深的"乌船",不适应在"多沙碛,水浅礁硬"的北洋沿海航行,适应北洋沿海航行的只能是特制的"沙船",所以洋人绝不可能"越吴淞而并,以争南粮也"。其次从所谓"重洋深阻,漂没不时"来看,他指出,上海一带的商船一年往返于关东、天津至少都是三四次,对于"水浅风信,熟如指掌",很少有沉船漂没的危险,据他调查每年漂没的商船只是总数的千分之一,而走运河的漕船漂没的数量"殆数倍于此"。第三,既然是雇佣商船,就根本不存在造船和招募舵手的问题,也就没有增加费用一说。总之,包世臣强调指出,改河运漕粮为海运漕粮,是利国、利民、利商的事情,那些与漕运有关的大大小小官吏所以反对此项改革,并非是他们真的担心海运会"资盗","漂没",增加国家费用,而是他们可以从河运漕粮中得到好处,"于公可藉资筹款,于私可遂其索费",这才是他们反对此项改

---

① 包世臣:《海运南漕议》,《安吴四种》卷一。

革的真正原因①。

尽管与漕运有关的大大小小官吏从一己私利出发，反对海运南漕，但河道梗阻，南粮不能及时运到京师，这是大事。加上道光四年（1824年）清江高家堰大堤溃决，冲毁运道，运河水势微弱，重运漕船无法运行。于是在大学士英和、江苏巡抚陶澍、江苏布政使贺长龄等开明大吏和经世派官僚的支持下，道光五年（1825年），清廷批准江浙漕粮改行海运。得此消息，包世臣又"就情事之尚可言宜者条为十宜，以俟谋国是之君子采择焉"。其主要内容有三个方面：一是如何保障船商的利益，使他们能有利可图，从而踊跃参与运载；二是如何严定章程，采取一切必要措施，"以防科敛染指之弊"；三是如何组织商船运漕，"将各帮沙船花名造册呈送"，以防个别"骄逸成性"的奸滑船商从中捣鬼，同时严选船只和舵手，以保证漕粮的运载安全。据道光二十八年（1848年）七月他重校此文稿时附记："是时新抚至吴，茫无津涯，得此稿，依仿定章，海运事乃举，既举之后，商船大利，更邀优叙，米石全无漂失。"②然而这次海运只实行了一年，便因大小官吏的反对又改了回去，直到1848年（道光二十八年），清政府才又第二次举办海运，并逐渐成为定制。漕运改革的经历说明：任何改革都不会一帆风顺，必然会遇到既得利益集团的强烈反对，因为这些集团绝不会轻易放弃自己的既得利益。

清代盐法沿袭明代"纲法"，盐商只有向政府缴纳一定数量的费用（约1000~2000两白银），即可取得"窝根"，凭此就能垄断指定地区的食盐收购、运销专利。清政府实行"纲法"的目的，是为了便于课收盐税。但随着吏治的日益腐败，盐税的征收变得日益困难起来。由于对盐的产销区域划定了垄断范围，又是官督商销，这就便利了盐官的敲诈勒索。盐商不堪重负，只好"有挟而求"，迫使盐官允许在盐斤上"加价"、"加耗"。盐斤加价、加耗的结果，是盐价上涨，老百姓买不起盐吃，被迫偷买非法贩运的私盐，造成垄断的官盐严重滞销，从而导致盐税的大量拖欠。据统计，从道光二年（1822年）到道光九年（1829年），仅两淮就拖欠了4862万两盐税银。"纲盐"积弊已到了山穷水尽、非改不可的地步了。

早在嘉庆末年，包世臣就提出了改革"纲盐"的主张。嘉庆二十五年（1820年）他写了一篇专谈盐政的文章。文章首先批评了那种认为既然官盐滞销是由于私盐充斥，因此应"以缉私枭为治盐之要"，而勿需对"纲盐"本

---

① 包世臣：《中衢一勺目录序》，《安吴四种》卷一。
② 包世臣：《海运十宜》，《安吴四种》卷三。

身作任何改革的观点。他指出,私有十一种,枭私仅是其中的一两种,且"为数至少",为数甚多的是"官商夹带之私"和"邻境官商转卖越境之盐"。所以如果"以缉私枭为治盐之要","甚者会酿成巨案,否亦徒增官费,而无成效"。这是治盐的"下策",不宜采纳。治盐的"上策"是裁撤大小盐官,惟留运司主钱粮,盐场大吏管灶户,不立商垣,不分畛域,通核现行盐课,每斤定数若干,仿照当时所实行的铁硝运销办法,听任商贩领本地州县印照赴场挂号交纳盐课,领票买盐贩运。他认为只要改革盐业专卖的"纲盐制",听任商贩自由运销,则各项浮收勒索便可以尽除,民间盐价必然会下降十之五六,而盐税也会因私盐的杜绝而数倍于今,这样于国于民都大有好处①。就笔者所见到的资料而言,这是关于盐业自由贩运的最早主张。

  盐税大量积欠"虚悬",必然要引起统治集团的关注。道光十年(1830年)素有"能吏"之称的陶澍被任命为署理两江总督(不久改为实授)。他接任之后,即深入调查,了解"纲盐"之弊,向清政府"疏陈淮盐积弊,请大删浮费以为补救"。清政府即派户部尚书王鼎、侍郎宝兴为钦差大臣,考查两淮盐务,同陶澍会商改革办法。由于包世臣早在嘉庆末年就提出过改革"纲盐"的主张,又在东南一带久负盛名,王鼎等人便派亲信"微服过访",当面向包世臣征询改革意见。包世臣于是草拟了一份《代议改淮鹾条略》,提出25条具体改革办法,其主要内容是:第一,解散盐禁,实行"票盐制"。他建议各地商民只要"赴运司照章纳税,即可领票赴场买盐",自由贩运,如同米麦,取消"纲盐制"下的"配引"制度,直接"以斤起数,使人易晓"。第二,加强管理,严禁盐船夹带私盐。他建议,恢复北桥散旗旧例,运司于盐厅按船抽称盐捆,每捆浮出六斤以上者,作罚款处理,浮出一成以上者,则依照漏税例严惩。鉴于以往一些"不肖灶户"与客商勾结,来场"私买",偷运出境,包世臣建议,各场只留一个信道,其余凡能通船之处一律用木桩钉死,从而使盐船并归一路,以易查核。第三,裁减浮费,以轻成本。所谓"浮费",是在食盐生产运销过程中,盐官和盐商以各种名目征收的杂费,如收盐的场商有"公费",运到口岸销售的岸商有"匦费",无督销绳缉之责的各省文武衙门有各种"规费"。名目繁多的各种"浮费"是造成盐价上涨的重要原因。为此,包世臣建议,除每一斤盐应摊派正课杂银四厘外,其他一切浮费全部取消,以减轻成本②。

---

① 包世臣:《庚辰杂著五》,《安吴四种》卷三。
② 包世臣:《代议改淮鹾条略》,《安吴四种》卷七上。

包世臣的建议为清政府所采纳。道光十一年（1831年）十二月，两江总督陶澍在魏源等人的协助下率先奏请推行"票盐制"，先在安徽、河南、江苏等31州县试行。第二年又奏请将"票盐制"推行到整个淮北地区。由于"票盐制"打破了"纲盐制"给予"纲商"的垄断特权，减轻了成本，推行的结果不仅盐税有大幅度的增加，盐商和老百姓的负担也有所减轻，据统计，仅先行推行的31州县一年内就运销盐233100多引，较原额增加了一倍多。道光二十八年（1848年），湖广总督陆建瀛又将之实行于淮南。同治年间，河南、浙江、福建等省也相继改行票盐制。

改河运南漕为海运南漕，改纲盐制为票盐制，这是道光年间清政府很重要的两项改革。但以往的有关著作和文章在论述这些改革时，往往把功劳归之于魏源，认为他是改革的最早提出者，并襄佐陶澍取得改革成功，而很少提到包世臣。如齐思和先生的《魏源与晚清学风》一文在谈到盐法改革时便认为，"盐法之一大改革，所谓票盐是也。其始终赞助擘画者，则魏源也"。就是魏源本人写的记述这两项重大改革的《海运全案序》、《海运全案跋》、《道光丙戌海运记》和《淮北票盐志叙》也没有提到包世臣。这对包世臣是不公平的。以漕运改革而言，包世臣是在《海运南漕议》中正式提出改河运为海运、由私商代运南漕之主张的，该文作于1804年（嘉庆九年），而魏源最早主张海运南漕的文章《筹漕篇》，写于1825年（道光五年），比包氏的文章晚了整整21年。包世臣最早提出改革"纲盐"是在1820年（嘉庆二十五年），这年他写了篇专谈盐法改革的文章《庚辰杂著五》，而魏源提出类似主张并佐陶澍进行盐法改革是在1831年（道光十一年），比包氏晚11年。首倡盐法改革的是包世臣而非魏源。其实包世臣在《答谢无锡书》中对此说得非常明白："今票盐之改，乃当事采仆议一节，以筹办淮北者（指陶澍在淮北试行票盐改革——引者），是其事发于仆，发其事自深知其利。"① 由于魏源提出海运南漕、改革盐法的主张比包世臣晚，其具体改革方案和措施明显接受了包氏的影响。比如，他提出的海运南漕的方案是：借商道为运道，雇商船为粮船，雇商人为运丁，道不待访，舟不待造，人不待募，费不待筹，利国计，利民生，利海商。这些也是包世臣《海运南漕议》所提出的方案。他佐陶澍进行盐法改革，改传统的"纲盐制"为"票盐制"，其具体措施也基本上没有超出包世臣在《代议改淮鹾条略》中所提出的措施。这里需要指出的是，包世臣的《海运南漕议》、《代议改淮鹾条略》写出后曾广为流传，影响很大。

---

① 包世臣：《答谢无锡书》，《安吴四种》卷二五。

《海运南漕议》还被魏源收入他代贺长龄编辑的《皇朝经世文编》。

此外,和魏源一样,包世臣也为"票盐制"的顺利推行做出过重要贡献。陶澍颁布的《淮盐改革章程》中的不少条款就是根据包世臣的《代议改淮鹾条略》拟定的①。对于票盐章程的拟定,包世臣也贡献过自己的意见②。和任何新生事物一样,"票盐制"推行之初也有不完善的地方,甚至存在着一些弊端,用陶澍的话说,"票盐之弊在场商隐匿自运,把持抬价,使贩本积重,岸价随而益高"。为此,他拟采取"归局限买"的措施来解决这一问题,并写信征求包世臣的意见。包世臣在回信中指出,盐法最难办的是透私,而私所以屡禁不止,就在于科则之征于商太重,场商之待灶户太苛,灶户苦累,非卖私则无以自赡,科则太重,枭徒买路之费有所取给。票盐的科则尽管比纲盐的科则减轻不少,但小贩仍不得盐而无可告,晒丁仍苦累而莫之恤,小贩不能得盐于场商,则增价而买于晒丁,晒丁不能取给于场商,则匿盐而售于枭徒。陶澍拟采取"归局限买"的措施虽然能使"小贩有得盐之理",然而因"坝利太厚,则势豪之侵夺不息,场价太贱,则晒丁之生计不裕","票盐之弊"仍然得不到根本解决。故此他认为:"今日欲救票盐之弊,其要在平坝价而增池价而已。"他具体建议,依照票盐一引,钱粮经费合之不及一两五钱的标准来规定池价,并仿佃田之例,使池户与晒丁各半,这样晒丁既"优饶","不至冒禁透私",池户也有利可图,"足以餍其心"。同时明立章程,盐贩到坝,成本每引三两七、八钱,出场盐船不许逐出只金闸,皆到坝领票缴撒场照,票境之内,听其自由贩卖,不复问其卖价,唯核定坝价,贱则从时,贵不得过每包一两五钱,规定湖贩以50引起,500引止,从而使小民皆可合本趋利,以打破势豪的垄断,使他们"不能估岸居奇",如此"岸价"就自然会比"现行更减"。"岸价平则外私不入,池价增则内私不出","票盐之弊"即可根本解决。不久他又写信给被陶澍举荐为票盐总办的谢无锡,进一步阐述了"归局限买"不能解决"票盐之弊",只有"平坝价而增池价",使晒丁取利于池,场商取利于场,场贩取利于坝,坝贩取利于关,关贩取利于岸,才能将高昂的岸价降下来③。包世臣的上述意见后来为陶澍所采纳,"票盐之弊"很快得到了解决。

黄河,既哺育过古代灿烂的中华文明,是中华民族的母亲河,也给中华民族带来过无穷的灾难。据不完全统计,历史上黄河共发生过1500多次改道

---

① 段超:《陶澍与嘉道经世思潮研究》,第179页,北京,中国社会科学出版社,2001。
② 段超:《陶澍与嘉道经世思潮研究》,第180页。
③ 包世臣:《答谢无锡书》,《安吴四种》卷二五。

和大决口,从清朝建立到1855年再次改道前的210年中,黄河决口泛滥就达230次之多,而每次决口泛滥不仅给沿黄两岸人民的生命财产造成无法估量的损失,而且也使横穿黄河的大运河受到严重影响,运道被毁,漕船不能航行。尽管清政府"无一岁不虑河患,无一岁不筹河费",但河患不仅依然如故,而且有越来越严重之势。因此"河工之事",亦就成了嘉道年间朝野上下关注的又一"大政"。包世臣力主积极治河,根除水患,而反对那种"汛至旁午,霜后晏息,徒知言防,莫事求治"的消极"防河"思想,认为"言防河之不足为治"①,并先后撰写了《筹河刍议》、《策河四略》等文章,提出积极治河的具体建议,其办法是:修筑御坝,清除积淤,疏通下游,种植芒柳。他还主张"筹盘苇荡,任地惠民,以平料物"②,既保证防洪用料价格平稳无匮,同时又能使营兵和当地农民得到一定好处,从而提高他们治河的积极性。据范麟在《读〈安吴四种〉书后》中介绍,包世臣《策河四略》写后的第二年(嘉庆十六年,1811年),百龄出任两江总督,看到了《策河四略》这篇文章,对包世臣提出的治河方略大加赞赏,并采用盖坝方法治河,收到很好效果,"旬日间使袁浦板闸,淮安百万家得免为鱼而就高枕"。他还主张治理黄河要与兴修水利结合起来,"水有利有害,能去水害者,在能收水利"③。

面对19世纪前期"银价日高,市银日少",银贵钱贱十分严重的问题,包世臣主张改革币制,其具体主张是:第一,仿"今日之官照及私行之金票钱票",发行纸钞。纸钞要发行成功,他认为除必须解决好如何使"细民"能信从和如何防"匪人"为奸利这两大难题外,还要以一定的实物作基础,限量发行,而不可像当时另一位主张发行纸钞的代表人物王鎏(字亮生)所主张的那样"造百万即百万,造千万即千万",以为纸钞为"不涸之源",可以无限发行,否则,将造成货币贬值,物价上涨,这也正是"从来钞法难行而易败"的重要原因。他建议开始时可以"以足当一岁钱粮之半为度",以后则根据情况"陆续增造,至倍于岁入钱之数,循环出入,足利民用,即止"。第二,"不废钱,一切以钱起算,与钞为二币"。他认为钞虚钱实,二者轻重相反,不相为废,不能因发行纸钞而废弃铜钱,而"一切以钱起自算",可以防止人们争藏白银,使"银贵钱贱"的问题得到解决。第三,"亦不废银,而不以银为币,涨落听之市人"。具体来说,他建议在"造钞既成"之后,由部发布政司,转发各州县,州县于水陆大镇各处设立钞局,"卖钞收银",其价以

---

① 包世臣:《中衢一勺目录序》,《安吴四种》卷一。
② 包世臣:《策河四略》,《安吴四种》卷一。
③ 包世臣:《总目序》,《安吴四种》卷首。

市价而定,从而使那些藏有大量银两的富贵之家,不致因废银而反对币制改革①。包世臣的币制改革主张,虽然不能从根本上解决清政府的货币危机,但他提出的"以钱起算"和"不以银为币"的改革办法,对于减轻农民遭受的白银"与五谷相轻重"的损失有一定帮助。另外,他提出的发行纸币要以一定的实物为基础,限制发行总量的观点,也符合现代货币理论。

中国是一个传统的农业国家,作为经世思想家,包世臣非常重视农业的发展,认为"大政在农","天下之富在农"②,并针对当时农业存在的问题,提出了他的改革方案。他认为要发展农业,首先必须使"民归农",安心于农业生产。而"民归农"的关键是切实保护农民的利益,轻徭薄赋,减轻他们的沉重负担,尤其要整顿吏治,严禁官吏对农民的鱼肉掠夺。他指出,农民所以大量流亡,其原因就在于当官的不讲官德,对他们滥加驱使和掠夺,除两税之外,他们还要负担"丁徭",一田三征,内外正供,取农十九,而官吏征收,又公私加费,往往及倍,绅富之户,因银米数多,故耗折较轻,而力作之民,因银米数少,则耗折倍至。所以农民终岁勤劳,有幸没有遭遇天灾,但父母妻子已迫饥寒,又竭其财以给贪婪,出其身以快惨酷,"岁率为常,何以堪此"?其结果他们只好背井离乡,成为"游惰"。故此他力主整理漕务,剔除一切浮收勒索,以减轻农民的粮漕负担;改革币制,一切以钱起算,以减轻农民遭受的白银"与五谷相轻重"的损失;革除积弊,清除腐败,严惩鱼肉农民的贪官污吏,使农民能安居乐业,致力于农业生产。同时为农"立法","修法以劝农桑",使农民的利益能得到切实保障③。他十分重视农田水利的兴修,认为水利是"明农之先务"。为此,他不断上书当道,希望在京畿、西北和东南各省修建水利设施,改善当地的农业生产条件,以减轻旱涝等自然灾害对农业的威胁。他并且在总结前人的成功经验和失败教训的基础上,就有关具体的知识和技术问题提出过很好的意见。如他提出兴修水利应于农闲时进行,不可与农业生产争劳力;工程不可贪大图全,整齐划一,而应因地制宜,切合实际;在步骤上应先易后难,循序渐进,力争当年施工当年受益;在资金的筹措上,应充分发挥国家、地方和个人的积极性等。他还主张积极屯田,开垦荒地,认为屯田是"足食之上理"。他特别建议在京畿"开屯",以便从根本上解决南漕北运、东南各省漕粮负担过于沉重的问题。他算了一笔账:每年征运的漕米不及400万担,这大约是东南膏田国岁200

---

① 包世臣:《再答王亮生书》,《安吴四种》卷二六。
② 包世臣:《说储上篇前序》,《安吴四种》卷七下。
③ 包世臣:《农政》,《安吴四种》卷二五上。

万亩的收入，以民间业佃各半计之，有400万亩则租入可以抵全部漕米。如果以10年时间完成屯田520万亩的任务，以中岁计算，其收入则较南漕之数已有余，"如是则举事而不惊众，益上而不剥下，百世之勋可集，而东南之困可苏也"①。

包世臣虽然重视农业，但他并不赞成传统的"重农抑商"或"重农抑末"的政策，相反认为"给有无者商"，商业在国计民生中具有举足轻重的重要地位。他概括农工商的作用说："夫无农则无食，无工则无用，无商则不给，三者缺一，则人莫能生也。"②根据儒家的传统思想，农业是本，工商业是末，农业关系人们的衣食，工商业不仅与人们的生活无关，而且奇技淫巧还会导致人们道德败坏。因此，必须严格限制工商业的发展。但包世臣认为，工商业和农业一样，都有关国计民生，对整个社会来说，三者缺一不可。这在某种意义上，是对传统的"重农抑商"思想的否定。正是从农工商都有关于国计民生这一思想前提出发，包世臣提出，要使社会经济进一步发展，就必须实行"本末皆富"的经济政策，农工商并重，而不能像以前那样，只重视农业的发展，对工商业采取严格的限制措施，农工商业"利害倚伏，相待以发"，彼此存在着一种相辅相成的关系。故此，他主张在大力发展农业的同时，积极发展工商业，发挥商人在社会经济中的作用，使农与工商都能富裕起来，只有"本末皆富，则家给人足，猝遇水旱，不能为灾"。他并且指出，这不仅是"千古治法之宗"，亦是"子孙万代之计"③，切不可等闲视之。所以，无论漕运改革，还是盐法改革，他都比较重视发挥商人的作用，注意维护他们的利益。如我们已指出的那样，他提出的漕运改革措施，主要有两点：一是以海代河，丢弃当时河湖淤塞、转载艰难的运河，而改海运。这是运输路线的改革；二是以商代官，利用上海一带的商船北运漕粮，从而使"官商两利"。这是经营性质的改革。他提出的盐法改革措施，主要是改纲盐制为票盐制，商人只要照章纳税，就一律允许自由运销盐斤。

如果说包世臣重视农业的发展，不过是对儒家传统重农思想的继承，就他提出的改革措施而言并没有超过前人，那么他强调"本末皆富"，重视发挥商人在社会经济中的作用，这是对儒家"抑商"思想的否认，具有鲜明的时代特征。实际上，它是19世纪前期中国资本主义发展要求在思想领域的客观反映。众所周知，早在明朝中叶，中国社会内部已孕育了资本主义的嫩幼萌

---

① 包世臣：《庚辰杂著四》，《安吴四种》卷三。
② 包世臣：《说储上篇前序》，《安吴四种》卷七下。
③ 包世臣：《庚辰杂著二》，《安吴四种》卷二六。

芽。后来，由于封建统治者"重农抑商"政策的打击，尤其是明末清初的社会动乱，这一萌芽受到严重摧残，但到了19世纪前期，随着社会经济的全面恢复和发展，受到严重摧残的资本主义萌芽又顽强发展起来，特别是商业资本异常活跃，商人拥有的资本也十分惊人。据包世臣调查，当时在上海一带的船商，一人最多拥有四五十艘沙船，每船造价大约七八千两白银。仅此一项，一个船商拥有的资本就达到四五十万两白银之巨[1]。这说明商业资本的日益发展已成为不可遏止的历史趋势。当然，人作为能思考的高级动物，在历史趋势面前，有选择行动的自由，是顺应这种趋势，还是逆这种趋势而动，这是由人们自己决定的。面对商业资本日益发展的历史趋势，绝大多数思想家和清朝统治者，或受传统重农抑商思想的影响，或受个人经济利益得失的支配，而要求限制商品流通，遏止商业资本的进一步发展，只有以包世臣为代表的极少数具有经世思想的思想家，才认识到商业于国计民生的重要性，从而对商业资本的进一步发展采取欢迎和扶持的态度，而这也正是先觉与后觉、先进与后进的区别所在。就此而言，包世臣不愧为嘉道时期顺应历史发展趋势的先进人物。

前文提到，曾经起过进步作用的科举制度，到了明清时期，由于实行八股取士及考试内容和形式的僵化，已是弊端丛生，失去了为国选拔优秀人才的功能。对此，包世臣有深刻认识。他指出，科举制的最大弊端是以"八比小技取士"，束缚人才，难于择优入仕。因为，科举进身，原其本意，欲以文见学，使出学以为治，是故领于礼部，以驱率天下之人才，大而封圻，小而州县，十之七八皆出于此。然而，"决得失于一夫之目，且弊端百出，以坏廉耻之防于就傅挟策时，推其究竟，可不为之寒心哉！"[2]他并针对科举制的种种弊端，提出了自己的改革主张：第一，改革科举考试的内容，除"四书五经"外，还考"史事疑义与时务有比附者"，具体而言，"治乱兴衰，唯主《通鉴》，制度文为，唯主《通典》，使学者有所法守"。同时，"于从容造膝之时，详陈利病"，以供"圣明采录"。第二，严格录取程序，头场上堂，主试官不得遂行批中，必候三场并荐，共同校核，方定去取。为防止主考官员玩职忽守，行私舞弊，主试官还必须将"二、三场佳文同头场一并刊行，批明去取之故"[3]。第三，加强对考生"办挟带"、"雇枪手"和"打关节"等舞弊行为的惩罚力度，凡败露之案，逐节追究，上及其父师，旁及中间牵线人，

---

[1] 包世臣：《海运南漕议》，《安吴四种》卷一。
[2] 包世臣：《齐民四术目录序》，《安吴四种》卷二五。
[3] 包世臣：《却寄戴大司寇书》，《安吴四种》卷二九。

依律重究。他认为，若能采取以上三条措施，那么，"试弊必除"，而"真才始见"，"绩学之士"就能被选拔上来①。如果把包氏提出的上述改革主张与同时代其他经世思想家（如龚自珍）提出的改革主张比较，前者可能更全面、具体一些。

三　与嘉道时期的禁烟和抗英斗争

包世臣生当清朝内忧外患日益深重的年代。自18世纪中叶起，号称"日不落"的大英帝国就以鸦片为武器开始了对中国的侵略。1786年（乾隆五十一年），输入到中国的鸦片超过2000箱，四年后，即1790年（乾隆五十五年），更增加至4054箱。对于鸦片之害，包世臣有比较深刻的认识。1820年（嘉庆二十五年），他就论述过鸦片问题，认为鸦片泛滥，造成本末并耗，白银外流，国困民穷，其害不异于鸩毒。他以苏州为例，指出全城吸食鸦片者不下十数万人，以每人每日耗银一钱计算，一年要耗银三四百万两。以此类推，则各省各城大镇，每年所花费在吸食鸦片上的白银不下1亿两。这些银两最终都流入到外国人的腰包之中。而当时国家一年的正供并盐关各课的收入也不过4000余万两，是鸦片一项每年外流银两的数目二三倍于国家的一年税收收入，这是造成当时银贵钱贱、物价上涨的重要原因。故此，他主张严禁烟土。有鉴于以前清政府曾颁发过数次禁令，但屡禁不止，他提出了"撤关罢税"的建议。所谓撤关罢税，即撤销海关，取消关税收入，以禁绝鸦片贸易，但西洋夷民所必须的内地之茶叶大黄，则照宝苏局采买洋铜之例，准商人携不禁货物"赴彼回市"②。虽然由于时代的局限性，包世臣企图以"撤关罢税"来解决英国鸦片输入问题的主张不尽正确，也难以奏效，因为英国向中国输入鸦片除在正常的贸易中夹带之外，主要靠的是走私。但他对鸦片问题的认识有两点值得我们重视。

第一，他最早认识到鸦片泛滥造成的白银大量外流，是引起银贵钱贱、物价上涨的重要原因。嘉庆年间白银减少、银贵钱贱的问题已经显现，但人们还没有把它与鸦片泛滥造成的白银大量外流联系起来，当时的普遍观点是，白银减少、银贵钱贱是由于银元（俗称洋钱、番银等）的大量外流造成的，

---

①　包世臣：《读律说下》，《安吴四种》卷三一。
②　包世臣：《庚辰杂著二》，《安吴四种》卷三。

但为什么银元会大量外流谁也没有说清楚。人们明确地把白银减少、银贵钱贱与鸦片泛滥造成的白银大量外流联系起来则是道光年间的事。历史学家胡绳在《从鸦片战争到五四运动》一书中写道：嘉庆年间，朝廷在禁止鸦片进口的同时，也禁止"偷漏银两出洋"，但那时还不清楚白银减少、银贵钱贱与鸦片泛滥造成的白银大量外流"是密切相关的两件事"，直到道光十一年（1831年）监察御史冯赞勋的奏折才将这一问题说清楚①。日本学者井上裕正认为，"直到道光九年（1829年）御史章沅上奏，指出纹银流出的原因实为鸦片，这一见解才被一般人接受"②。台湾学者李国祁认为，"大约自粤督阮元于道光元年（1821年）查获叶恒澍走私鸦片案以后，将鸦片与银漏问题结为一体的看法，方渐兴起"，而江苏巡抚林则徐直到道光十三年（1833年）与两江总督陶澍议覆给事中孙兰枝所奏江浙两省银贵钱贱商民交困折时，"才提出相类似的看法"③。大陆学者杨国桢也认为，林则徐虽然很早就注意到了鸦片的流毒，但"其始也是从吸食鸦片有伤人心风俗的观点出发的"，直到19世纪30年代初，经过多年在东南地区为官的实际体验，才明确地认识到鸦片泛滥所造成的大量白银外流是引起银贵钱贱的重要原因④。尽管以上学者的具体说法不尽一致，但他们都认为进入道光之后人们才明确地把白银减少、银贵钱贱与鸦片泛滥造成的白银大量外流联系起来。而包世臣在嘉庆年间就认识到了白银减少、银贵钱贱与鸦片泛滥造成的白银大量外流之间的联系，这比一般人要早几年，乃至十几年。

第二，他较早提出严禁鸦片。虽然他提出的禁烟措施是"撤关罢税"，认为"一切洋货皆非内地所必需，不过裁撤海关，少收税银二百余万两而已"，反映出了那个时代人们根深蒂固的自然经济观念，但他并不主张断绝与外国的一切往来，相反准许中国商人出洋"赴彼回市，彼货仍可通行"。这在商品经济尤其是沿海地区的商品经济有一定程度的发展，而清政府顽固地实行闭关锁国政策，严禁中国人出洋贸易的历史条件下，"曲折地反映了一部分沿海华商的要求……对于促进华商出洋贸易是有利的"⑤。因为当时"华民惯见夷商获利之

---

① 胡绳：《从鸦片战争到五四运动》，第28页，北京，人民出版社，1981。
② 〔日〕井上裕正：《关于清代嘉庆、道光年间的鸦片问题》，见武汉大学历史系鸦片战争研究组编《外国学者论鸦片战争与林则徐》，福州，福建人民出版社，1989。
③ 李国祁：《由安吴四种论包世臣的经世思想》，见台湾近代史所编《近代中国初期历史研讨会论文集》下册。
④ 杨国桢：《林则徐传》增订本，第175页，沈阳，辽宁人民出版社，1995。
⑤ 侯厚吉、吴其敬主编《中国近代经济思想史稿》第1册，第97页，哈尔滨，黑龙江人民出版社，1982。

厚，莫不歆羡垂涎，以为内地人民怙于定例，不准赴各国贸易，以致利薮转归外夷"①。所以，他提出的严禁鸦片的措施，与后来一些顽固守旧派主张断绝中外一切往来的"撤关罢税"是有区别的，不能一概斥之为保守。

鸦片战争之前，清廷朝野上下，官场士林，都还做着"天朝上国"的美梦，"徒知侈张中华，未睹瀛环之大"②，只有极少数的"先知先觉"者开始留心夷务，关注夷情。包世臣是这极少数的"先知先觉"者之一。1826年（道光六年），他就与在粤海关做事的萧令裕通信，就英国在南洋的情况以及可能给中国造成的危害进行了讨论。萧令裕认为：英夷占领新埠（即新加坡——引者），招纳福建、广东一带的"逃人"，事深可虑。他并预感到英国将给中国带来危害，忧心忡忡地指出："十年之后患必中于江浙，恐前明倭祸复见于今日。"包世臣对英国在南洋的情况也有了解，他自称："仆入都，就潮、惠、漳、泉偕解事者问之，多言新埠夷人近改名新嘉坡，广刊汉文书籍，兹询墨农，尤详备。"他也认为英国对江浙"垂涎"已久，希望当局对此能有所防范③。1828年，在《致广东按察姚中丞书》中他又详细谈到新加坡的情况和对广东的影响："粤海通商夷国十数，以英吉利为最强，闻乾隆四十年间粤东外洋有封禁地名新埠，距省垣千里而遥，粤之惠、潮、闽之漳、泉，无业贫民私逃开垦，英夷回帆过彼，欲占其地，为粤闽客民所败。数年后，英夷以兵船至，客民降服，英夷遂居其地。每来粤市舶返，辄留人三分之一在彼，建置城郭房屋，迄今几五十年。并招嘉应州之贫士，至彼教其子弟。又如粤中书匠，刊刻汉文书籍。"他并不无忧虑地指出："英夷去国五、六万里，与中华争，势难相及，而新埠（即新加坡——引者）则近在肘腋，易为进退"，已成为英国走私鸦片和侵略中国的桥头堡。因此他建议当局应派胆识俱优之人"密至新埠，查看得实"，同时要警惕英国可能因中国禁烟而发动对华侵略战争，因为"烟禁真行，则粤、闽之富人失业，而洋商尤不便此，势必怂恿英夷，出头恫喝"。他对"粤中水师，皆食土规，一旦有事，情必外向"也深感忧虑，并建议当局赶快采取措施，加强水师建设，否则，恐"十数年后，虽求如目前之苟安而不能，必致以忧患贻君父"④。果然不出包世臣的所料，12年后，英国以中国禁烟为借口，发动了罪恶的鸦片战争。

---

① 林则徐：《附奏夷人带鸦片罪名应议专条夹片》，《使粤奏稿》卷二，《林文忠公政书》，北京，中国书店，1991。
② 魏源：《圣武记》，第499页，北京，中华书局，1984。
③ 包世臣：《答萧枚生书》，《安吴四种》卷三五。
④ 《安吴四种》卷三五。

论包世臣在嘉道经世思潮中的历史地位

鸦片战争爆发后，尽管当时包世臣已年近70，且身体有病，但他仍然时刻关心着这场反侵略战争，尽一切可能收集前线情报，积极为当局出谋划策。他先后应邀与路经其住地豫章的奕山、杨芳、奕经举行过晤谈，并多次写信给前线官员，贡献自己的应敌意见。他清醒地认识到英国发动的这场战争与前明的倭寇之乱"事略同而情迥异"，因此，其反侵略的措施也应不同于前明平定倭寇之乱。首先，他认为与中国通商的各国中，英国最强，其他各国都无法单独与之为敌，而英国则依仗自己的富强欺凌其他国家，"邻国所产各货皆被该夷于要害处所设关收税"，其他国家皆敢怒而不敢言。中国应该利用其他国家对于英国的不满，联合各国力量，共同消灭英国。这种办法他称之为"以夷狄攻夷狄之策"。具体而言，他建议先封关绝市，然后由当局明告各国，中国所以封关绝市，是因为英国不遵守中国法令，走私鸦片，复又"恃强怙恶"，坚不具结，如果各国能集众弱以为强，共消灭英国于海中，叩关内请，自当论功行赏，仍准通商，并分别功能高下，减免各该国关税，"是谚所谓'羊吃麦叫猪去赶也'"①。其次，他建议当局要"通筹全局"，不要仅仅注重广东一隅，"计出于头痛医头，脚痛医脚也"，而应于各海口加强警戒，"备以重兵"，以防"一处空虚"，被英军乘机突破，特别是要加强台湾这一经济、军事要地的军事力量，"增防严守，以安定人心"②。同时他又估计英军可能会溯江而上，切断瓜州粮道，威胁京师的粮食供应，因此建议加强长江防务，尤其要在长江入海口的咽喉要道图山"安设重兵，以备不虞"③。第三，鉴于"英夷之长技，一在船只之坚固，一在火器之精巧，二者绝非中华所能"的不利状况，他建议在加强水师建设的同时，招募曾在英夷学堂学习过"制炮之法"的嘉应一带"贫士"，开厂自己制造，从而使"天下物之利者"为我所用，以增强抵抗侵略的军事力量。他还建议当局不要听信英国人只善于水战，"一登岸则技穷"，因而不会登岸的谣传，要做好提防他们登岸的准备，准备与他们打一场"短兵相接"的恶仗④。另外，他还建议当局开发矿源，筹备军饷，以便长期抗战。他尤其强调当局要"以拊循闾阎，苏民困，固民心为先务"，采取措施，切实减轻"民间疾苦"，以改变"官民相仇久矣"的局面⑤。

---

① 包世臣：《与果勇侯笔谈》，《安吴四种》卷三五。
② 包世臣：《与果勇侯笔谈》，《安吴四种》卷三五。
③ 包世臣：《上两江督部裕大臣书》，《安吴四种》卷三五。
④ 包世臣：《与果勇侯笔谈》，《安吴四种》卷三五。
⑤ 包世臣：《职恩图记为陈军门（阶平）作》，《安吴四种》卷三五。

就包世臣提出的上述反侵略措施来看，最值得我们注意的，首先，是他承认"英夷"有"长技"，并提出了类似于魏源的"师夷长技以制夷"的主张。众所周知，魏源最早是在《圣武记》中提出"以彼长技，御彼长技"之主张的①。在撰写专门记述鸦片战争始末的《道光洋艘征抚记》中他又提出，要"尽收外国之羽翼为中国之羽翼，转外国之长技为中国之长技"②。到编写《海国图志》时，他更明确地提出了要"师夷长技以制夷"，并对如何"师夷"做了比较完整的阐述。但魏源的《圣武记》、《道光洋艘征抚记》和《海国图志》都写于1842年即第一次鸦片战争结束之后，而包世臣则是在1841年2月与参赞大臣杨芳笔谈时（杨芳耳聋）提出类似之主张的，在时间上至少早于魏源一年。同时包世臣对"夷之长技"具体内容的认识与魏源的认识也基本相同。包世臣认为"夷之长技"有二，"一在船只之坚固，一在火器之精巧"；魏源认为除"战舰"和"火器"外，"夷之长技"还有"养兵练兵之法"。在与杨芳的笔谈中，包世臣还提出了"以夷狄攻夷狄之策"。这比魏源提出的类似主张也要早得多。但我们以前在讲"师夷长技以制夷"和"以夷攻夷"之主张的提出时，几乎没有人提到包世臣。其次，是他对英军的了解。长期以来，受传统观念的束缚，中国知识界对中国周边以外的外部世界很少关心和了解，尤其是对远离中国上万里的"西方"更是知之甚少，那时谈世界，谈西方，颇有些"海客谈瀛洲"的味道，就是到了鸦片战争爆发后，清廷上下虽"震于英吉利之名，而实不知其来历"③。战争进行了一二年，道光皇帝还不知英国的地理位置，有无陆路可通，以及是否与俄罗斯接壤。耆英说英人夜间目光昏暗，分不清东南西北。黄惠田谓英地黑暗，不敢燃火，船行半月始见天日。当时有一种非常流行的观点，说英军因腰腿不能弯曲，只长于水战，而不善陆战。钦差大臣、两江总督裕谦奏称，英军"大炮不能登山施放，夷刀不能远刺，夷人腰硬腿直，一击即倒"，因此不善陆战，并将英兵不善陆战写入他总结的"八忌"之中第七忌。工科给事中骆秉章主张与英军作战时，水战则诱之登陆，陆战则以力取胜，因为以象皮、铜皮保护身体的英国官兵，身上虽不能伤，但腿不能弯曲，如"以长梃击其足，应手而倒"④。就是思想开明者如林则徐也曾认为英军所恃在船坚炮利，"一至岸上，

---

① 魏源：《圣武记》卷十四。
② 魏源：《道光洋艘征抚记》，《圣武记》卷十。
③ 《林则徐集·奏稿》中，第649页。
④ 《鸦片战争档案史料》第4册，天津，天津古籍出版社，1992，第302页。

则该夷无他技能,且其浑身裹缠,腰腿僵硬,一仆不能复起"①。相比较而言,由于包世臣早在鸦片战争爆发之前就开始留心夷务,关注夷情,他对英军的了解也自然要远胜于包括林则徐在内的道光君臣。所以他在与杨芳笔谈时,能一反众议,向杨芳建言:"论者皆谓英夷长于水战,一登岸则技穷,此言断不可信。英夷虽习船,其生长本在地上,何不可登岸之有?且彼舍舟登岸,则已自置死地,而我兵与之短兵相接,是又兵法所谓自战其地,为散地者也,尤宜加意。"②他以毋可置疑的常识和独立思考,否定了人云亦云的谬说,认为英军不仅能于陆上作战,而且由于置之死地而后生,万不可轻视其作战能力。第三,是他提出的御敌之策,尤其是他认识到"官民相仇久矣",统治者必须赶快采取措施,"苏民困",收民心,争取民众对反侵略战争的支持,否则,民心涣散,中国将不败自败。

鸦片战争中,清军腐败不堪,节节败退。包世臣对此进行了无情的揭露:清"军政久弛,遇敌辄奔",广州之役,清军拥兵五万,却"辱逾城下";吴淞之役,牛鉴统兵二千,则不战而逃,各营武器皆弃。"军官罕自尊重,文吏唯计筐箧"。营员分驻,各领所属,勇怯不一,漫无区别,迨至临事,怯者无以自立,勇者莫肯尽心,则势处于必奔溃。更有甚者,这些"望贼辄奔溃"的清兵,"抢掠齐民"则无比勇敢,而"主兵者复与兵朋比以仇民",抢劫掠夺,无恶不作,连地方上的官吏对他们都"莫可谁何",只能听之任之。对清军的这种种劣行,他"闻之寒心,言之腐齿",愤恨至极③。

在揭露清军的腐败不堪、遇敌辄奔的同时,包世臣又向当局提出建议,采取措施,整顿清军以便与英军再战。如他认为兵要有"选锋",不能"置之一概",否则必败无疑。故此,他建议凡大帅督师须于各营中精选万分之二三为亲军,其裨将领兵千人以上者,挑百分之五六为亲军,以此类推,下至哨弁。对于亲军要"优其日给,使倍差于侪辈"。这样"设有不逞",亲军便能"同患难,应缓急",发挥"选锋"作用,率领全军与敌拼命。他还建议练兵必先教以拳勇,上者练软功,次者练硬劲,使之力长身轻,才可分授营械,否则,如果还像现行营例那样,昕夕操练,只能"徒费火药,终生计,终其身不成技艺也"④。他特别强调上司要奖罚分明,对于那些临阵逃跑作战不力的官兵,一定要严惩不贷。在给两江总督裕谦的信中,他就明确指出,欲改变"军政久弛,

---

① 《林则徐集·奏稿》中,第861页。
② 包世臣:《与果勇侯笔谈》,《安吴四种》卷三五。
③ 包世臣:《上两江督部裕大人书》,《答傅蜀门(夒)书》,《安吴四种》卷三五。
④ 包世臣:《答傅蜀门(夒)书》,《安吴四种》卷三五。

遇敌辄奔"的状况,"全视举劾,稍滋弱议,便失人心"①。

和清军腐败不堪、遇敌辄奔相反,鸦片战争中,广东、江浙和福建沿海的广大人民群众则自发组织起来,与侵华英军展开了英勇斗争,并给英军以沉重打击。对于广大人民群众的抗英斗争,包世臣给予了充分的肯定和热情赞扬。他看到三元里、嵊县和南京四十八村群众的抗英杀敌的事迹后,称之为"奇功",并颇受鼓舞,称"草泽中固大有人在"②。因此,他建议当局招收潮州壮勇入军,对三元里义民应"鼓其气而用之",选他们补充水师,修复被英军破坏了的虎门各炮台;招募怀远炮手、黑风泾"水贼"和杭州轿夫,"精授技仗而厚结之",充分发挥他们抗击英军的作用和积极性。他相信只要吸收广大民众参加抗英斗争,"则何求不成乎"?凶恶的英军"无不可制其死命"③,抗英斗争也就一定能取得最后的胜利。就目前所发现的资料来看,包世臣是最早提出利用人民群众的力量来反对英国侵略的思想家之一,值得充分肯定。

然而,使包世臣感到愤慨的是,昏庸无能的清政府不仅没有接受他的建议,吸收广大人民群众参加抗英斗争,相反还采取种种措施对人民群众自发的抗英斗争进行限制、破坏和打击。其结果是自毁长城。1842年8月初,英军兵临南京城下,是月29日,清政府的代表耆英等在南京下关江面的英国军舰上与英国全权公使璞鼎查签订了中国近代史上第一个丧权辱国的不平等条约《南京条约》。就在《南京条约》签订的当天,包世臣看到侵略者"所欲无不遂,所请无不得","其所诛求,前无比并",愤然急草《歼夷议》,为争取最后一战、将侵略者一举而歼之出谋划策。其具体内容是:利用英军的骄横而"益骄之",使其"尽隳其防",并派人密求能工巧匠,制造火药桶,待一切准备好后,则设计调虎离山,由清廷大吏在城内摆设"鸿门宴",宴请英军军官,同时以送菜为名将火药桶夹带上英军军舰上,并乘机将它引爆。由于英军船无主令,人莫自保,必然"仓猝无可措手",清军则乘势大加剿杀。为了保证全歼英国侵略者,使其"片帆不返",他建议事先要长江上下游清军配合,堵住英军退路。如此,英军全歼,英船悉焚,《南京条约》则不废自废。为了实现这一歼敌计划,包世臣曾找过当时率兵驻南京城内的河南总统游击陈平川,要陈将这一歼敌计划递呈给两江总督,但未被两江总督采纳。后来,包世臣每言及此,愤怒至极,不胜遗憾。

---

① 包世臣:《上两江督部裕大人书》,《安吴四种》卷三五。
② 包世臣:《致祁大臣书》,《安吴四种》卷三五。
③ 包世臣:《答傅卧云书》,《安吴四种》卷三五。

论包世臣在嘉道经世思潮中的历史地位

第一次鸦片战争终以清政府签订丧权辱国的《南京条约》而结束。鸦片战争结束后，包世臣以极其痛苦的心情对中国所以失败的原因进行了认真的反省。他认为，就当时中英双方情势的对比而言，中国并非没有取胜的可能，因为一方面"英夷去国五六万里，与中华争，势难相及"，处于不利的地位；另一方面"夷人大舶，载兵两千，粮饷即充，薪蔬必藉内地"，只要坚壁清野，英军就会不战自退，特别是经三元里、沉山头两次大败于中国乡民之后，英军"断不敢上岸肆掠，逆夷送死终必在此"①。中国所以失败，其根本原因"患在封圻节钺，不知既不求，知者复不用，甚至扼塞其志意，沮遏其忠愤，以馁吾士气而张贼威耳"。比如，他举例道：广州三元里人民为保家卫国，"集乡人歼其渠魁"，但"有司"不仅不支持三元里人民的抗英斗争，"反为逆夷乞命，致留遗孽"。再如河南游击陈平川"勇而尚义，廉而轻死"，曾率兵与英军战于吴淞，后奉调入南京守卫，"见夷船有机可乘，力请一战"，而未被上司批准，致使陈气得吐血。就此而言，他指出，"草泽中固大有人在"，"军官中亦未尝无人"，如果"当轴诚能反其道而用之，拔擢英俊，申明法守"，中国哪有战败之理②。所以，他不同意那种认为中国失败是由于"船炮不坚"、"兵心不固"的观点。在他看来，既不是船炮，也不是军民，而是那些愚昧无知、自毁长城的清朝统治者应对战争的失败负责。应该说，包世臣对鸦片战争失败原因的分析是很有见地的。一百多年之后历史学家胡绳在分析第一次鸦片战争失败的原因时几乎得出了与包世臣相同的结论③。

在反省了鸦片战争失败的原因之后，包世臣进一步指出，英国侵略者虽然因《南京条约》的签订而暂时停止了对中国的武力侵略，但他们的欲望没有止境，更何况通过此次战争他们洞悉了中国实情，知道清政府软弱可欺，因此武力侵略中国之事或许"再有"④，我们一定不能以为战争已经结束而高枕无忧，必须吸取教训，做好再次反侵略战争的准备。他认为"居今日而言补救，唯在收摄人心，物色人材而已"，并强调指出，统治者如果还不吸取教训，"徒任钩距以锄莠民，恣鞭挞以迫弱兵"，巧取豪夺，鱼肉百姓，继续维持其"官民相仇"的局面⑤，那么，中国在下次反侵略战争中，只能重蹈第

---

① 包世臣：《上安徽徐承宣书》，《安吴四种》卷三五。
② 包世臣：《致祁大臣书》，《安吴四种》卷三五。
③ 见胡绳《从鸦片战争到五四运动》上册，第45～46页。
④ 包世臣：《上安徽徐承宣书》，《安吴四种》卷三五。
⑤ 包世臣：《致祁大臣书》，《安吴四种》卷三五。

一次鸦片战争的覆辙,"是速之瓦解也"①。后来的历史证明,包世臣预测是多么的正确。

四　与龚自珍和魏源的比较

人们在研究嘉道经世思潮时,往往是龚(自珍)魏(源)并称,将他们视之为这一思潮的代表人物。因此,我们评价包世臣在嘉道经世思潮中的历史地位,可以将他与龚自珍和魏源作一比较。

众所周知,龚自珍所以被视之为嘉道经世思潮的代表人物,是因为人们认为他在批判社会和倡导变革两个方面"开风气之先"。梁启超在《论中国学术思想变迁之大势》一文中便指出:"当嘉道间,举国醉梦于承平,而定庵(龚自珍字定庵——引者)忧之,俛然若不可终日,其察微之识,举世莫能及也。"② 与龚自珍同时代的张维屏也认为:"近数十年来,士大夫诵史鉴,考掌故,慷慨论天下事,其风气实定公开之。"已故中山大学教授陈胜粦先生同样指出:"龚自珍以'批判现实,呼唤未来'的特色和贡献,成为道咸经世思潮的开端者,开风气的带头人。"③ 但如果我们把他与包世臣作一比较,"开风气之先"的说法就需重新斟酌。如前所述,由于包世臣比龚自珍年长17岁,他的经世思想的形成和发生影响也要比龚氏早得多,这其中也包括对社会现实的批判和倡导社会变革。查阅龚自珍的有关资料,他最早是在1814年(嘉庆十九年)所作《明良论》四篇中对社会现实进行揭露和批判的。此文曾得到他的外祖父段玉裁的高度赞誉:"四论皆古方也,而中今病,岂必别制一新方哉?耄矣,犹见此才而死,吾不恨矣。"④ 在第二年(1815年,嘉庆二十年)所作的《尊隐》一文中,他把社会境况比喻为"日有三时,一曰早时,二曰午时,三曰昏时",认为自己所处的时代已由"人皆精英""府于京师"的"早时"盛世,变为"日之将夕,悲风骤至"的"昏时"衰世,并且预言将有"山中之民"如"大音声起",起来造清王朝的反⑤。继《尊隐》之后,

---

① 包世臣:《致前四川督部苏公书》,《安吴四种》卷三五。
② 梁启超:《饮冰室合集》第3册,《文集》第7。
③ 陈胜粦:《魏源的历史定位》(论纲),《魏源与近代中国改革开放》,第1页,长沙,湖南师范大学出版社,1995。
④ 段言见《明庚论》附后,《龚自珍全集》,第36页,上海,上海人民出版社,1975。
⑤ 《龚自珍全集》,第88页。

龚自珍又相继在《平均篇》和《乙丙之际箸议》等文中进一步对自己所处"衰世"的种种黑暗现象进行了揭露和批判。而包世臣最早揭露和批判社会现实的文字是1785年（乾隆五十年）写的一组《乙巳杂诗》①。这比龚自珍的《明良论》要早29年。他最早明确指出天下将发生大变、老百姓会起来造反是在1793年（乾隆五十八年）②。这也要比龚自珍在《尊隐》中预测"山中之民，有大音声起"早22年。所以冯天瑜先生认为，"以明朗的语言预言天下'殆将有变'，包世臣是嘉道经世派中的第一人"③。1801年他在《说储》尤其是《说储上篇序》中又进一步为我们描绘了一幅民生凋敝、社会动乱的"衰世"景象："今者民无殷婆，莫安其生。吏无大小，各忧其贫。军国告需，上勤宵旰，调发不给，捐输不继，雍梁荆豫，跳梁百万，而兵弁望风逃北，郡邑为墟，淮泗偶被水灾，数百为群，露刃望食者千，莫敢谁何。"他继而尖锐指出，面对如此危局，王公大臣们仍然在那里花天酒地，醉生梦死，贪污腐败，而"无肯暂易其营私之智，为国久计深远，或乃骈金约紫，坐观叹息，以告无罪"④。如果说由于受体裁的限制，包世臣的《乙巳杂诗》对社会现实的揭露和批判不如龚自珍的《明良论》和《尊隐》的话，那么，他的《说储》尤其是《说储上篇序》，无论是批判的范围还是深刻性，都毫不逊色于龚自珍的《明良论》和《尊隐》。就以《说储上篇序》和《明良论》相比较，前者也要早于后者13年。至于倡导社会变革，龚自珍最早的文字是1815～1816年间（嘉庆二十至二十一年）所写的《乙丙之际箸议》，他在文中明确提出："一祖之法无不敝，千夫之议无不靡，与其赠来者以劲改革，孰若自改革？抑思我祖所以兴，岂非革前代之败耶？前代所以兴，又非革前代之败耶？"⑤1829年（道光九年）他在《上大学士书》中再次阐述了改革之议："自古及今，法无不改，势无不积，事例无不变迁，风气无不移易。"⑥而包世臣早在1801年所写的《说储》上下篇中就提出了"与民更始"的变革主张，改革内

---

① 见《安吴四种》卷二十，诗中既有对所谓"乾隆盛世"下的农村荒凉景象的描写（"寒蝉鸣自稠，栖禽啼不喧。晨出望墟落，抵暮无炊烟。长夏既不雨，秋末已严寒。质卖亦略尽，流亡日以繁。灾情既不达，谁贯下忙钱？"），也有对清朝大小官吏像苍蝇一样肆意鱼肉百姓、搜刮民脂民膏的揭露和批判（"赫斯亲民侯，料入乘锦轺。曰吁德无訾，宦况兹萧条。蝇头良亦微，勿谓肆渔牟。居贵岂无心，升阶有处高。爪牙胡假威，血枯腹其骸"）。

② 包世臣：《再与杨季子书》，《安吴四种》卷八。

③ 葛荣晋主编、冯天瑜、周积明著《中国实学思想史》下卷，第63页。

④ 《安吴四种》卷七。

⑤ 《龚自珍全集》，第6页。

⑥ 《龚自珍全集》，第319页。

容涉及政治、经济、教育、法律、军事、文化、礼俗等各个方面。概而言之，他主张在政治上，"重官权，达民情"，广开庶民议政之门，"故宦、儒生、幕客、农民、吏卒皆许言事"，内外官职一律不分满汉畛域，惟能是使，裁撤冗员，精简机构，严惩贪官污吏，不拘一格选拔人才；在经济上，重民生，重本而不抑末，在发展农业的同时，也重视发展工商业，实行"本末皆富"的经济政策，官吏不许参与商业经营，推行漕务、盐法和财政改革；在教育上，改革科举考试内容，以明经术、策时务为主，取士法改为上书、举行、考言三科，用士法改为京折、学折、司折、县折四途；在法律上，精简科条，修订本律，"立法恕，行法严"，重在执行。包世臣的《说储》不仅要早于龚自珍的《乙丙之际箸议》14~15年，而且其变革的内容也更为丰富和具体。龚自珍主要是阐述了改革的意义和必然性，而没有像包世臣那样提出具体的改革主张。所以，对嘉道经世思潮颇有研究的美籍华裔学者刘广京教授就认为，包世臣的《说储》"是中国近代第一本倡言变法的著作"①。总之，无论是批判社会现实，还是倡言社会变革，包世臣都要比龚自珍早得多，是真正"开风气之先"者。

包世臣对"衰世"下种种黑暗现实的揭露和批判虽然要早于龚自珍，但他揭露和批判的言辞却远不如龚自珍的尖锐和激烈。我们翻阅龚自珍的《明良论》、《尊隐》和《乙丙之际箸议》等文，其愤激之词，怒骂之语，俯拾皆是。而包世臣的《乙巳杂诗》、《说储》和《说储上篇序》的语气则要缓和得多，平实得多。就人们的心理而言，尖锐和激烈的言辞更容易引起注意并加以引用，这也许是人们视龚自珍为揭露和批判社会现实之"开风气"者的重要原因。包世臣揭露和批判社会现实的言辞之所以不像龚自珍那样尖锐和激烈，我认为有两个因素需要考虑。第一，包世臣的性格要比龚自珍平和，换言之，龚自珍在性格上较为偏激，不同的性格，影响着他们的行文风格。早在20世纪40年代，生于清末的著名清史专家邓之诚就对包世臣和龚自珍、魏源的性格做过比较，认为"宅心和厚，龚不如魏，魏不如包。文亦如此"②。这是精当之论。第二，包世臣写《乙巳杂诗》、《说储》和《说储上篇序》是在乾隆末嘉庆初，康、雍、乾三朝厉行文字狱给士人造成的心理压力依然存在，乾嘉学派的学风还很盛行，而到了龚自珍写《明良论》、《尊隐》和《乙丙之际箸议》等文时，嘉庆帝已经郑重宣布所谓"但治从贼，不治从

---

① 黎志刚：《中国近代史若干问题之轴索——再访刘广京先生》，见《近代中国》第9辑，上海，上海社会科学院出版社，1999。
② 邓之诚著、赵丕杰选编《五石斋小品》，第271页，北京，北京出版社，1998。

教"的信仰自由化方针,指示在今后的社会生活中,若无犯法言行,"何必问其所习何教?"① 清王朝对思想学术界的严密控制与此前相比有较大松动。也就是说,包世臣写《乙巳杂诗》、《说储》和《说储上篇序》时的社会环境比龚自珍写《明良论》、《尊隐》和《乙丙之际箸议》等文时的社会环境要险恶得多,包世臣的言辞也就不能不比龚自珍的言辞相对缓和、平实一些,否则,有可能遭致不测。

龚自珍对社会现实的揭露和批判虽然尖锐和激烈,但他对未来的呼唤,却显得"浅薄"和"平庸",对民对"夷"、对工对商的认识均多不足,其社会变革思想尤其是具体主张远不如包世臣。比如,作为嘉道时期的著名思想家,尽管龚自珍针对当时的"弊政",提出过"更法"、"改图"、"变功令"的主张,然而就他经济改革的具体主张来看,仅限于按封建宗法关系来分配土地,即从人的血缘关系出发,划分"大宗"、"小宗"、"群宗"和无血缘关系的"闲民"四个等级,大宗授田百亩,役使闲人五人为之耕种,小宗和群宗各授田二十五亩,役使闲民一人为之耕种,闲民不授田,役使于人为佃户,而没有涉及诸如漕运、盐政、河工、币制等其他社会所关注的热点问题。和龚自珍不同,包世臣对当时严重存在的社会经济问题做过多方面的研究,就漕运、漕务、盐政、河工、币制、农业等"诸大政"提出过改革主张和具体方案,是嘉道年间首屈一指的"善经济之学"的专家和治河专家。在这方面龚自珍根本无法与他相提并论。用邓之诚的话说:"世臣留心事务,尝从田夫野老,究问利病得失,治河为一生精力所萃,刑名实足名家,余多坐言,可以起行,魏(源)、龚(自珍)非其匹也。"② 这里尤需指出的是,包世臣提出的有关漕运、盐政、河工、币制、农业等"诸大政"的改革主张和具体方案不像龚自珍那样"只贩古时丹",企图从传统的思想和经验中觅寻医治"今病"的药方,依据封建宗法的血缘关系来解决土地兼并日益严重的问题,而是顺应历史发展的潮流,从新的思想和经济因素中寻求新的药方,如他反对重本抑末,主张农商并重,在发展农业的同时,积极发展工商业;主张充分发挥商业资本的作用,通过商业的势力,即上海一带的"沙船"海运南漕,实现"官商两利";保护商人的利益,只要他们照章纳税,就允许他们自由贩运食盐,取消垄断食盐专卖的纲盐制。

不仅是龚自珍,魏源社会变革思想的提出也要晚于包世臣许多年。目前

---

① 《清仁宗实录》,嘉庆五年八月己巳谕内阁。
② 邓之诚著、赵丕杰选编《五石斋小品》,第271页。

思想家与近代中国思想

学术界引用魏源论述社会变革的最早文字出于《默觚》。《默觚》虽无写作年代，但据魏源研究专家李瑚先生的考证，其"初稿当完成于治《诗》及著《诗古微》，以及完成《老子本义》，并广泛阅读诸子等书以后"①。魏源广泛阅读诸子及完成《诗古微》、《书古微》、《公羊春秋古微》、《两汉今古文家法考》、《董子春秋发微》等书是在1822年（道光二年）前后，因此，《默觚》初稿的写作最早不会早于1822年。这要比包世臣的《说储》至少晚20年以上。而且《默觚》是魏源论学和论政的代表作，他主要是从理论上对那种死抱祖宗之法不能变的陈腐观念进行了批判，提出了"天下无数百年不弊之法，无穷极不变之法"，法有了弊，就必须变，"变古愈尽，便民愈甚"的观点，并举历史上的赋税制度、选官制度和军事制度的变革，以说明变革为"人情所群便者"，是"天下大势所趋"，有其历史的必然性。这虽然很重要，也产生过重要影响，但他毕竟没有像包世臣的《说储》那样提出一整套具体的政治、经济、教育、法律、军事、文化等改革方案。

就漕运、盐政、河工、币制等"诸大政"的思考和改革而言，我也非常同意邓之诚老前辈的意见，不仅龚自珍无法与包世臣相提并论，就是魏源也要稍逊包世臣一筹。如本文第二节中所指出的，虽然在海运南漕和盐法改革上魏源和包世臣的主张相同，但由于魏源主张海运南漕比包世臣晚21年，佐陶澍进行盐政改革比包世臣晚11年，其主张明显接受了包世臣的影响。他们虽都主张积极治理黄河，但包世臣早在1808年（嘉庆十三年）就写有专谈治河的文章《筹河刍言》，1810年（嘉庆十五年），在《策河四略》中他又提出了治河的整套方案。而魏源最早专谈治河的文章《筹河篇》写于1842年（道光二十二年），比包世臣晚30多年。包世臣主张采纳潘季训的"筑堤束水，以水攻沙"的方法，修筑御坝，清除积淤，疏通下游，种植芒柳。而魏源则主张黄河改道，其具体办法是："乘冬水归壑之月，筑堤束水，导之东北，计张秋以西，上自阳武，中有沙河、赵玉河，经长垣、东明二县，上承延津，下归运河，即汉唐旧河故道。"② 包世臣反对黄河改道，曾于嘉庆十三年（1808年）阻止过江督请帑600万拟改河道的建议。而魏源则认为疏浚旧河道毫无希望，要治理黄河就非改河道不可。由于魏源的建议未付诸实践，很难说它是否可行。而包世臣的建议曾为当局部分采纳过，客观效果相当不错。魏源虽然在治理黄河的具体方法上与包世臣的意见不一样，但在其他水利工

---

① 李瑚：《魏源诗文系年》，见李瑚《魏源研究》，第500页，北京，朝华出版社，2002。
② 《魏源集》，第371页，北京，中华书局，1976。

程上则经常征询包氏的意见,直到晚年他出任高邮知州,第一件事也是写信给包世臣,"垂问以清送漕,不治下河而下河自保之法"①。在当时包世臣是大家公认的水利专家。为了解决日益严重的银贵钱贱的危机,包世臣和魏源都主张币制改革。包世臣提出改革币制的主张是在1801年,1830年代他又对自己的主张做了进一步阐述和完善。而魏源提出改革币制的主张是在1842年,比包世臣整整晚了40年。包世臣提出的方法是:发行纸钞,但"不废钱,一切以钱起算,与钞为二币","亦不废银,而不以银为币,涨落听之市人"。魏源则反对发行纸钞,主张"仿铸西洋之银钱",并"兼行古时之玉币、贝币"②。应该说,魏源主张"仿铸西洋之银钱",使货币制度由秤量货币阶段进到计数货币阶段,这不仅对商品经济的发展有好处,也有利于排挤外国银币在中国的泛滥。但他提出的"兼行古时之玉币、贝币"的主张,在白银已经充作一般等价物的情况下又是不现实的,也根本不可能实行。他反对发行不兑现的纸币,以防止清政府利用币制改革对人民进行掠夺,这有其进步意义,但他不懂得不兑现的纸币在发行量不超过它所代表的流通所需金属币的数量时,不会贬值,他更不懂得以纸币取代金属币这是币制发展的方向。所以,魏源关于纸币的理论不能认为是正确的。和魏源不同,尽管包世臣的币制改革主张存在着这样或那样的缺陷,但他主张发行纸币,并且要求以一定的实物作基础,限制发行总量,则符合现代币制理论。

如果说,论社会改革思想以及对"实政之学"的贡献,包世臣要早于魏源,并略胜魏源一筹,那么,论向西方学习,魏源则要胜于包世臣。魏源最大的历史贡献,是于鸦片战争前后睁眼看世界和提出"师夷长技以制夷"的思想,从而为嘉道时期复兴的经世思潮注入了新的内容,并使其发展到一个新的更高的阶段。虽然,早在鸦片战争前20年,包世臣就开始留心夷务,关注夷情,并至少早于魏源一年提出了类似于"师夷长技以制夷"的思想,但是他没有与时俱进,继续就"师夷"的问题进行探讨。因为在他看来,要战胜侵略者,"师夷"固然重要,但更重要的是争取民心,使"贫者有以为生,富者得以自全,共发其亲上死长固有之良,是与推求炮火之利钝,舟楫之攻苦,功效必相万也"③。所以,鸦片战争后他在总结鸦片战争失败的教训时,认为"居今日而言补救,唯在收摄人心,物色人材而已"④,而没有提出任何

---

① 包世臣:《复魏高邮书》,《安吴四种》卷十七。
② 魏源:《圣武记》卷十四。
③ 包世臣:《职恩图记为陈军门(阶平)作》,《安吴四种》卷三五。
④ 包世臣:《致祁大臣书》,《安吴四种》卷三五。

向西方学习的建议或主张。和包世臣不同,魏源在鸦片战争后所著的《海国图志》中,提出了"师夷长技以制夷"这个近代中国向西方学习的第一个完整的口号,和推动中国从中世纪走向近代的第一个近代化方案——引进西方先进技术,发展中国近代的军事工业和民用工业,改革军事制度,建设一支近代化的海军,第一次对西方做了比较全面的介绍,特别是介绍了资本主义的政治制度,并认为这种制度"可垂亿世而无弊"。

由于包世臣的经世思想形成较早,他提出的改革思想和具体方案涉及当时社会所关切的漕运、河工、盐法、币制、农业、科举等热点问题,加上他又工书法,善诗文,为人能言善辩,精通刑、名之学,因此生前名气很大[①],其影响远在魏源之上。然而由于他在鸦片战争失败后没有进一步提出向西方学习的主张,所以当历史进入近代、向西方学习成为社会关注的主题之后,他的影响则很快丧失,乃至几乎被人们遗忘。与包世臣的这种命运相反,魏源则因其在《海国图志》中睁眼看世界,并提出了"师夷长技以制夷"的主张以及近代化方案,开近代中国人向西方学习新风,并为后来的中国先进分子继续寻找救国救民的真理指明了前进的方向,而影响日益扩大,乃至今天成了学术界研究的热点课题。

五 结语

以上我们从包世臣与嘉道时期的学风转变、"实政之学"、禁烟和抗英斗争以及与龚自珍、魏源的比较四个方面,对包世臣在嘉道时期中国经世思潮中的历史地位做了一番探讨。概而言之,由于其经世思想形成较早,影响较大,且具有一定的典型性,尤其是他在嘉道学风转变过程中的"承上启下"作用以及对于嘉道时期"实政之学"的贡献,包世臣无疑是嘉道经世思潮的开风气之先者和代表人物之一。他也是较早开眼看世界和认识到西方有"火器"和"船舰"之"长技"的思想家之一。与龚自珍比较,无论是对社会的批判,还是倡导社会的变革,他都要早得多,虽然他对社会的批判不如龚氏尖锐和激烈,也没有像龚自珍那样明确提出法后王的思想,但他的具体改革主张则远在龚自珍之上。与魏源比较,论漕盐实政、务实重行,二人难分仲

---

① 他同时代人姚椿之在《读〈安吴四种〉书后》评价他"言语妙天下,政事任艰巨。文学冠群流,宇内共知之"。

伯，但由于他年长魏源19岁，有先于魏源倡导漕运、盐法改革之功，对于其他"实政之学"的探讨，他也要稍胜魏源一筹，但在向西方学习方面，因魏源于鸦片战争后著《海国图志》，明确提出"师夷长技以制夷"的思想，而开近代学习西方文化的新风，而他则没有在原来对"西方长技"之认识的基础上再前进一步，魏源又远胜于他，因而论及对近代中国社会的贡献，他很难和魏源相提并论。这就是包世臣在嘉道经世思潮中的历史地位。

(作者单位　湖南师范大学历史文化学院、
　　　　　中国社会科学院近代史研究所)

倭仁与道咸同时期的理学

李细珠

倭仁（1804~1871），字艮峰，道光九年（1829）进士，官至文华殿大学士，为晚清著名的理学家和保守派代表人物。倭仁所处的道咸同时期，正是一个由传统到近代的社会与文化转型的时代，也是一个由乾嘉汉学一统到多种学术流派纷呈的学术思想变迁的时期。本文拟以此为背景，探讨倭仁理学思想的渊源与流变，及其在道咸同时期理学复兴过程中的影响与地位；并以"同治中兴"为例，论及理学在晚清中国近代化进程中的历史命运。

一 道咸同时期理学的复兴及其原因

论及清代学术史，人们首先关注的便是乾嘉汉学；而论及汉学衰落之后的学术走向，人们便又多注目于今文经学；始终都对程朱理学关注不够。其实，钱穆先生早就指出："道咸以下，则汉宋兼采之说渐盛，抑且多尊宋贬汉，对乾嘉为平反者。故不识宋学，即无以识近代也。"[①] 钱先生所谓的"汉宋兼采之说"，基本上反映了道咸以来清代学术大致的发展趋势：乾嘉汉学衰微之际，既有今文经学的崛起，也有程朱理学的复兴。

关于道咸同时期程朱理学复兴的情形，亲历其境的方宗诚有一段颇为精当的概说：

> 嘉道间海内重熙累洽，文教昌明，而闇然为为己之学，兢兢焉谨守程朱之正轨，体之于心，修之于身，用则著之为事功，变则见之于节义，穷则发之于著述，践之于内行，统一不杂，有守先待后之功者，闻见所

---

① 钱穆：《中国近三百年学术史》上册，第1页，北京，中华书局，1986。

及，约有数人。长白倭文端公、霍山吴竹如先生，官京师时，与师宗何文贞公、湘乡曾文正公、罗平窦兰泉侍御，日从善化唐确慎公讲道问业，不逐时趋。其时在下位者有湘乡罗罗山先生、桐城方植之先生、永城刘虞卿先生，俱无所师承，而砥节砺行，为穷理精义之学。厥后诸公学成德尊，倭公则完养深醇近于薛文清，吴公则诚明两进近于陆清献，罗、方、刘三先生闲道距诐，其正大精纯几于韩子之辨佛老、朱子之辨杂学，是皆大有功于道教者也。曾公既用其学拨乱反治以熏德显，窦公秉正嫉邪以直言著，独何文贞公高志卓识，实体躬行，毅然有尧舜君民之心。①

方宗诚所述涉及道咸同时期理学复兴中的主要人物及其贡献，下面拟就学术史的角度从三方面略加申述。

其一，方东树对汉学的批评。方东树，字植之，安徽桐城人，为桐城派古文学者，论学宗程朱。乾嘉汉学盛极之时，惟桐城派诸子力倡宋学与之抗衡。方东树继承了桐城派的学术传统。道光六年（1826），方东树写成《汉学商兑》，主要针对汉学家江藩的《国朝汉学师承记》，对汉学进行了全面的批评。首先，他指责汉学家标立门户、扬汉抑宋之害。"历观诸家之书，所以标宗旨，峻门户，上援通贤，下袭流俗，众口一舌，不出训诂小学名物制度，弃本贵末，违戾诬诋，于圣人躬行求仁修齐治平之教一切抹杀。名为治经，实足乱经；名为卫道，实则畔道。……其有害于世教学术百倍于禅与心学。"② 其次，他抨击汉学家钻在故纸堆中，严重脱离实际，汉学支离琐碎，与国计民生无关，虽实而虚。"汉学家皆以高谈性命为便于空疏无补经术，争为实事求是之学，衍为笃论，万口一舌，牢不可破。以愚论之，实事求是莫如程朱，以其理信而足可推行，不误于民之兴行，然则虽虚理而乃实事矣。汉学诸人言言有据，字字有考，只向纸上与古人争训诂、形声，传注驳杂，援据群籍，证佐数百千条，反之身己心行，推之民人家国，了无益处，徒使人狂惑失守，不得所用。然则虽实事求是，而乃虚之至者也。"③ 再次，他认为程朱理学才是孔孟儒学的真传。"窃以孔子没后千五百余岁，经义学脉至宋儒讲辨始得圣人之真。平心而论，程朱数子廓清之功实为晚周以来一大

---

① 方宗诚：《校刊何文贞公遗书叙》，《柏堂集余编》卷三，第13~15页，《柏堂遗书》第43册，光绪年间志学堂家藏版。
② 方东树：《汉学商兑·序例》，光绪十年三月宁乡成氏校刊本。
③ 方东树：《汉学商兑》卷中之上，第18页。

治。"① "欲求孔氏之义理，舍程朱之讲辨何阶？"② 方东树的批评显然与江藩针锋相对，虽然同样门户之见甚深，并非平心静气的学术论争，然而这对盛极而衰的汉学是个沉重的打击，而对晚清程朱理学的复兴则起着重要的作用。

其二，罗泽南对王学的辩驳。罗泽南，字仲岳，号罗山，湖南湘乡人。道光二十四年（1844），他写成《姚江学辨》，用程朱理学的观点，对阳明心学进行了全面的辩驳。首先，本体论上，用程朱的理本体论否定王学的心本体论。他说："朱子以性为有善无恶；阳明以性为无善无恶也。朱子以性为理，心不可谓之性；阳明以心为性，吾心之灵觉即天理也。朱子以仁义礼智为性之本然；阳明以仁义礼智为心之表德也。此本体之所以异也。""两家意旨如冰炭之不相入，此是则彼非，此非则彼是，势有不可两立者。"③ 其次，工夫论上，用程朱的"格物致知"说否定王学的"致良知"说。罗泽南认为，程朱理学以"性理"为本体，而"格物致知"是恢复性理本体的工夫，既有本体，又有工夫，本体与工夫相互联系，不能混同。阳明心学以"心"为本体，以"良知"为"心"中的先验存在，所谓"致良知"，只是体认心中固有的"良知"，这样便使本体与工夫混同一体。或是"多言本体，不言工夫"；或是"一悟本体即是工夫"。罗泽南说："阳明必浑同言之者，必如是而后可以托空归寂也。乐简易，黩实修，自谓阐尧舜之正传，为孔氏之心印，诬圣贤乎，抑自诬耳。有心世教者能不为之惧哉？"④ 再次，指责王学是"阳儒阴释"之学，心学即禅学。他认为："昔人谓佛经三藏十二部五千四百八十卷，一言以蔽之曰：无善无恶。吾谓阳明传习录、大学问、论学诸书亦可一言以蔽之曰：无善无恶。无善无恶，阳明所不常言也，其说本之告子，出之佛氏，常言之则显入于异端，而不得托于吾儒也。然而千言万语阐明致良知之旨，究皆发明无善无恶之旨，阴实尊崇夫外氏，阳欲篡位于儒宗也。""阳明之所谓圣学者心学也，即禅学也。"⑤ 罗泽南的《姚江学辨》对阳明心学的批判既全面又深刻，从理学内部纯正道统，对道咸同时期程朱理学的复兴有着积极的作用。

其三，唐鉴京师讲学及有关道统的学术史编纂。如果说方东树对汉学的批评与罗泽南对王学的辩驳，还只是从侧面为道咸同时期程朱理学的复兴扫

---

① 方东树：《汉学商兑·序例》。
② 方东树：《汉学商兑》卷下，第33页。
③ 罗泽南：《姚江学辨》卷二，第49、50页，《罗山遗书》本，同治二年刊于长沙。
④ 罗泽南：《姚江学辨》卷一，第3页；卷二，第50、13页。
⑤ 罗泽南：《姚江学辨》卷一，第12页；卷二，第53页。

清了道路,起的是推波助澜的作用;那么,唐鉴京师讲学及有关道统的学术史编纂,则是对程朱理学的正面倡扬,是程朱理学复兴潮流的自然奔涌。道光二十年(1840),唐鉴再官京师,在他周围聚集了一批在晚清堪称一流的理学家,如倭仁、曾国藩、吴廷栋、吕贤基、何桂珍、窦㙉、邵懿辰等,皆从其问学。一时在京师形成一个讲求程朱正统理学的群体,不仅培养了一批理学骨干中坚,而且倡导了一种崇尚正学的社会风气。其实,这本身就是理学复兴的重要表征。尤其重要的是,他们很注重有关道统的学术史编纂。道光二十五年(1845),唐鉴写成《国朝学案小识》,该书名为清代学术史,实为程朱理学在清代的演变史,从全书的篇章结构安排即可见及于此。全书共15卷,其中"道学学案"占11卷,"经学学案"占三卷,"心宗学案"仅占卷末一卷。唐鉴所谓的"道学"即程朱理学,是"正学",显然是清代学术的主体。唐鉴又在"道学学案"中分设"传道"、"翼道"、"守道"三大学案,其中的"传道学案"仅陆陇其、张履祥、陆世仪、张伯行四人,是孔孟程朱之道在清代的正宗传人。《国朝学案小识》将汉学与心学排斥在儒学主体之外,严格地编制出一个以程朱理学为主干的道统传承体系。

与此同时,唐鉴还嘱何桂珍编写《续理学正宗》。清初理学家窦克勤所辑《理学正宗》,为宋之周、程、张、朱和元之许衡、明之薛瑄作传,以他们为"正宗"的理学家,是"孔孟嫡派"①。何桂珍按唐鉴之意为《理学正宗》作"续录",共作四传,有明朝的胡居仁、罗钦顺,清初的陆陇其、张履祥,皆为"周程张朱之继绪"②。《理学正宗》及其《续录》是宋明理学中程朱学派的道统史,正好与唐鉴的《国朝学案小识》"相翼而行"③。这样,自宋至清就有了一个完整的"正学"体系。后来,吕贤基将何桂珍的《续理学正宗》与唐鉴的《国朝学案小识》两书进呈朝廷,"藉为正学之助"④。

另外,方宗诚所提到的与方东树、罗泽南齐名的刘虞卿(廷诏)著有《理学宗传辨正》,是对孙奇逢《理学宗传》道统体系的驳正,其实也是重申程朱学派在宋明理学中的正统地位。明末清初大儒孙奇逢所著《理学宗传》,全书共26卷,卷一至卷十一为自周敦颐到顾宪成的"儒学正宗"11人,卷

---

① 窦克勤:《理学正宗自序》,见徐世昌《清儒学案》卷九《潜庵学案》,北京,中国书店,1990。
② 唐鉴:《续理学正宗序》,《唐确慎集》卷一,第25页,四部备要本,上海,中华书局校刊。
③ 何桂珍:《跋唐镜海先生学案小识后》,《何文贞公遗集》卷二,第6页,光绪十年六安求我斋刊本。
④ 李元度:《吕文节公事略》,《国朝先正事略》下册,第757页,长沙,岳麓书社,1991。

十二至卷二十五为汉唐宋元明诸儒考,卷二十六为附录"端绪稍异者"。孙奇逢在此建构了一个自周子以下平列程朱陆王十一子为"正宗"的儒学道统体系,他甚至说:"接周子之统者非姚江其谁与归?"①几欲摈程朱于理学道统之外,可见孙氏理学宗旨虽欲会通程朱陆王,而实有偏于心学,其门人汤斌甚至称《理学宗传》为"五经四书之后,吾儒传心之要典"②。这当然是程朱理学之士所不能接受的。于是道咸之际河南永城儒生刘廷诏(虞卿)著《理学宗传辨正》与之辩驳。刘廷诏认为孙奇逢的《理学宗传》是"以异学乱正学,而宗失其宗,传失其传,裂道术而二之也"③。《理学宗传辨正》共16卷,卷一至卷五为"正传",只有周子、二程子、张子、朱子五人,"以上接邹鲁之传";卷六至卷十五为"列传",是汉董仲舒至明吕坤的历代名儒传;卷十六为"附录","只陆氏、王氏及其门人等十余人而止",即陆王心学诸儒传。显然,刘廷诏将《理学宗传》中与程朱"平列"的陆王学派排除在理学道统之外,而重构了一个非常纯正的程朱理学道统体系。从程朱学派的观点来看,诚如倭仁所言:"统绪分明,厘然不紊,可谓趋向端而取舍审矣。"④有人说,《理学宗传辨正》可与方东树的《汉学商兑》"相辅而行",同有功于程朱理学的复兴⑤。

关于道咸同时期程朱理学复兴的原因,就学术本身而言,是传统学术发展的内在理路。清代学术发展到乾嘉时期,汉学盛极一时,压倒了其他一切学派,成为学术界的"学阀",形成一个"汉学专制"的局面⑥。然而,所谓"学阀"或"专制",正是汉学日趋穷途末路的表征。嘉道之际,汉学末流流弊百出,遭到学界的普遍批评,形成一股批判汉学思潮。事实上,正是由于多方面批判汉学潮流的冲击,从根本上动摇了汉学在学界的"学阀"地位,使嘉道以后今文经学和程朱理学等学术流派得以复兴。程朱理学以其固有的"正学"地位迅速复兴,在理学家看来,理学的复兴正是对汉学的补弊救偏。

道咸同时期程朱理学复兴除学术自身的原因以外,还有学术以外的社会政治与文化背景,即内忧外患的社会政治危机与文化危机的刺激。道咸以降,

---

① 孙奇逢:《理学宗传·叙》,光绪六年浙江书局刻本。
② 《汤斌序》,见孙奇逢《理学宗传》卷首。
③ 刘廷诏:《原叙》,《理学宗传辨正》卷首,刘廷诏原本,倭仁、吴廷栋校订,同治十一年六安求我斋刊本。
④ 倭仁:《校订理学宗传辨正叙》,《理学宗传辨正》卷首。
⑤ 方宗诚:《校刊汉学商兑叙》,《柏堂集余编》卷三,第12页,《柏堂遗书》第43册。
⑥ 梁启超:《清代学术概论》,朱维铮校注《梁启超论清学史二种》,第58页,上海,复旦大学出版社,1985。

以太平天国运动为中心的全国农民起义与第二次鸦片战争，极大地威胁清王朝的政治统治，使清王朝遭遇到空前严重的政治危机。与此政治危机相伴生的又是一场严重的文化危机。且先不说第二次鸦片战争对中国传统文化的冲击，单就太平天国运动而言，也不像历史上单纯的农民运动，其带有西方宗教色彩的反儒学运动，在传统士大夫看来，导致了中国传统文化的严重危机。"举中国数千年礼义人伦、诗书典则，一旦扫地荡尽。此岂独我大清之变，乃开辟以来名教之奇变，我孔子、孟子所痛哭于九原！"① 加上英法联军的入侵，如此"三千年未有之大变局"，使传统的士大夫们惊慌失措。"庚申之变，海甸街内务府某人，闻御园火起，亦举火自焚，阖家歼焉"②。倭仁曾对第二次鸦片战争的结局忧心忡忡，他说："今虽勉从和议，而华夏之大防已溃，中朝之元气愈亏，其将何以立国耶？"③ 这不仅仅是倭仁一个人的忧虑，这是绝大多数士大夫对中国传统文化存亡绝续问题的共同忧思，其所表达的是传统文化面临着西学东渐的严重挑战下的空前危机。

在此背景下，当传统的士大夫在忧愤中反思社会政治危机的根源时，他们大都深切地关注着学术问题，在学术与政治不可分离的思想传统中，这是很自然的事。在他们看来，乾嘉汉学正是危机的罪魁祸首。他们认为，汉学家"厌性理之空谈，以记诵为实学"，其实汉学名实而实空，汉学家平生致力于名物训诂之学，严重脱离社会现实，其学于人事无益，于国事无补，正是这样的学术风气影响了社会风气的败坏。

> 夫以性道之空谈，较见闻之赅洽，诚觉汉学实而宋学空矣。然亦思圣贤之学，果何学哉？非以学为人子，学为人臣，入事父兄，出事长上者耶？以身心之践履，较口耳之记诵，果何实而何空也？又况文字训诂，器数形名，为道所寓，不可以为道，讲求既精，反躬无毫末之涉。文为制度，宜于古或不宜于今，束发受书，至于槁项，讨论精详，临事不获一用。夫洽闻殚见，著作等身，乃于天理民彝之实，身心国家之要，漠然初未介意，概乎其未有闻，此可谓之学哉？宜夫世教衰微，人道匮乏，士无气节，民不兴行，陵夷流极，以有今日。④

---

① 曾国藩：《讨粤匪檄》，《曾国藩全集·诗文》，第232页，长沙，岳麓书社，1986。
② 震钧：《天咫偶闻》，第204页，北京，北京古籍出版社，1982。
③ 倭仁：《挽救时事疏》，《倭文端公遗书补》，第4页，复旦大学图书馆藏刻本。
④ 朱克敬：《儒林琐记·雨窗消意录》，第52页，长沙，岳麓书社，1983。

更有甚者，竟以为"天下不乱于粤匪，而乱于汉学"①。如清初学者以王学为明亡之祸根，而以太平天国运动的爆发"为汉学所致"②。孙鼎臣认为，乾嘉汉学的盛行，"天下学术由是大变"，这是晚清祸乱的根源。他说：

> 天下之祸，始于士大夫学术之变。杨墨炽而诸侯横，老庄兴而氐羌入。今之言汉学者，战国之杨墨也，晋宋之老庄也。夫杨墨老庄，岂意其后之祸天下若是哉？圣人忧之，而杨墨老庄不知，此其所以为杨墨老庄而率乱天下也。今夫天下之不可一日而离道，犹人之不可一日而离食。人日食五谷而不知其旨，凡物之味皆可以夺之，然而一日厌谷必病，病人谷绝必死。今之言汉学，其人心风俗至如此，后之论天下者，于谁责而可乎？③

此时的士大夫对汉学的批判已经超出严格的学术意义，而深刻地追究其社会的罪责，汉学的生命力进一步受到摧折。

在人们极力贬斥汉学的时候，作为官方意识形态的所谓"正学"的程朱理学进一步受到社会的尊崇。在理学家看来，程朱理学的人文关怀与入世精神才是挽救世道人心的灵丹妙药。同治初年，蒋琦龄上"中兴十二策"，力倡"崇正学"。他说："处多事之秋而高谈理学，鲜不以为迂矣。岂知世之治乱，原于人心风俗，人心风俗原于教化，教化原于学术。正学不明，欲施以教化，厚风俗，致太平，必不可得矣。是学术者，政教之本也。"他认为，康熙时期崇尚理学，"一以程朱为归，于是正学昌明，国运隆盛，人才辈出，流风余韵，至今赖之"。而乾嘉时期汉学盛行，致使国运衰微，江河日下。所以，他得出结论说：

> 欲正人心、厚风俗以图太平，非崇正学以兴教化不能也。则何不仰法圣祖，提倡宗风，退孔郑而进程朱，贱考据而崇理学？今世之能为宋学者，如倭仁、李棠阶，已为硕果之余，宜隆以师儒之任，责以教胄之事。如古之胡瑗、孙明复，就成均以设科。如近代之汤斌，虽公卿可从

---

① 震钧：《天咫偶闻》，第168页。
② 皮锡瑞在给叶德辉的一封信中提到，孙芝房（鼎臣）"以洪逆之乱，为汉学所致"。见《叶吏部答皮鹿门书》附来书，苏舆辑《翼教丛编》卷六，第27页，光绪二十四年八月武昌重刻本。
③ 孙鼎臣：《论治一》，《畚塘刍论》卷一，第3~4页，《苍筤全集》，咸丰九年刊本。

请业。优崇其恩礼而郑重其事,以风示天下,豪杰兴起,四方风动,是在朝廷转移间而已。夫上行下效,捷如影响,君师合统,尤易见功。果能表章扶持,以承先圣,将正教昌明,邪说自沮。上礼下学,贼民自以不兴;孝弟忠信,可使制挺以雪国耻。臣之所请崇正学者此也。①

蒋氏的这种观点在当时具有普遍的代表性。方宗诚认为"世衰道微宜倡正学",他说:"现在人才衰少,邪教流传,当急倡明大道,以兴世教、正人心,庶足以起衰振靡。京师为首善之区,更宜讲明正学,以为四方之表率。"②咸同之交,当人们在危机中茫然四顾之时,理学又一次受到传统士大夫的心灵召唤,他们希望其能充当这衰世的"救星",以挽救王朝没落的命运。

值得注意的一点是,理学的"救时"意义由于理学名臣曾国藩等人的"中兴事业"的发展而得到某种程度的实际验证,这样便使朝廷与社会对理学的观念都为之一变。就朝廷来说,咸丰初年,咸丰皇帝在其师傅杜受田的影响下,曾经一度对理学表示过敬意,他连日召见理学家唐鉴、吴廷栋。当时两江总督陆建瀛奏请"崇正学",皇上谕令全国书院家塾讲习"性理诸书"③。但是,咸丰皇帝即位之初,即面临着严重的社会危机,而理学家倭仁等人仅是"统论治道",在急需济世干才的咸丰皇帝看来的确显得很"迂拘"。更有趣的是,曾经大谈"以性理论试士"的陆建瀛却在太平天国进攻南京的时候"弃师逃遁",以至"一时士论哓哓",讥为"《周礼》殃民,《孝经》退敌"④。这更加深了咸丰皇帝对理学的疑虑。以至于曾国藩的湘军攻下武昌、汉阳时,捷报传到京师,咸丰皇帝颇感意外,以为"获此大胜,殊非意料所及"⑤。他还私下里对人说:"不意曾国藩一书生,乃能建此奇功"⑥。可见,理学家在咸丰皇帝的心目中无非是些无用的"书生",这说明此前的咸丰皇帝一直对理学深存疑虑心态。咸同之际,随着国运稍有转机而渐显"中兴气象"之时,朝廷对理学的态度也渐有转变,著名理学家倭仁、李棠阶、吴廷栋应诏入京

---

① 朱克敬:《儒林琐记·雨窗消意录》,第51~53页。
② 方宗诚:《上罗椒生先生》,《柏堂集外编》卷六,第7~8页,《柏堂遗书》第48册。
③ 《清实录·文宗显皇帝实录》(一),第335页,北京,中华书局影印本,1986。
④ 陈康祺:《陆建瀛请以性理论试士》,《郎潜纪闻初笔二笔三笔》上册,第115页,北京,中华书局,1984。
⑤ 朱孔彰:《中兴将帅别传》,第5页,长沙,岳麓书社,1989。
⑥ 薛福成:《书宰相有学无识》,《庸庵文续编》卷下,第7页,沈云龙主编《近代中国史料丛刊》第95辑,台湾文海出版社。

并得以重用,时人称:三人立朝辅政,"海内翕然望治,称为三大贤"①。就社会而言,人们从理学名臣的"中兴事业"中似乎也看到了理学生命力的显现,那种认为理学空疏迂阔无补于时的观念自然有所变化。正如梁启超所说:"罗罗山泽南、曾涤生国藩在道、咸之交,独以宋学相砥砺,其后卒以书生犯大难成功名。他们共事的人,多属平时讲学的门生或朋友。自此以后,学人轻蔑宋学的观念一变。"②这样便在社会上出现一股崇尚"正学"的学术风气,使程朱理学一度得以兴盛起来。

二 倭仁理学思想的转向与定型

在道咸同时期程朱理学复兴的潮流中,倭仁是以唐鉴为中心的京师理学群体中的重要成员。然而,关于倭仁的理学思想及其对当时理学复兴的影响,史学界关注得并不够,下面拟略作探讨。

倭仁是晚清著名的程朱理学家,但他并不一开始就"笃守程朱"③,其早年治理学是"从王学入手"的。吴廷栋说:"倭艮峰先生之学亦从王学入手。""艮峰先生之学以诚为本……人知其由王学入手。"④ 方宗诚说:"先生(吴廷栋)尝谓艮峰始由王学入手。"⑤ "倭艮峰侍郎为近代名儒,往予见邵位西与人手札,言侍郎学涉陆王,而躬行有余,竹如先生亦言侍郎从陆王入手。"⑥ 方宗诚只是转述吴廷栋(竹如)和邵懿辰(位西)的看法,吴、邵、方三位都是倭仁同时代的人,而且他们关系非常密切,尤其吴与倭,可谓至交,因此,他们的观察与记载应当是准确可信的。

---

① 方宗诚:《光禄大夫刑部右侍郎吴公神道碑铭》,《柏堂集后编》卷十三,第7~8页,《柏堂遗书》第40册。
② 梁启超:《中国近三百年学术史》,《梁启超论清学史二种》,第120页。
③ 检索有关倭仁的各种传记资料和现有的为数不多的几篇研究文章,几乎所有的论者都认为倭仁"笃守程朱"。如陆宝千认为倭仁"生前为学笃守程朱"(《倭仁论》,台湾《近代史研究所集刊》第2期);杨益茂、钟康模认为"倭仁终生笃守程朱"(《倭仁传》,《清代人物传稿》下编第七卷,辽宁人民出版社,1993)。只有张灏提及倭仁首先是从陆王学派入手并在早年即转向程朱之学,但是张氏对此并没有进一步解释和说明(Chang Hao, The Antiforeignist Role of Wo jen, *Papers on China*, Vol.14, 1960, Harvard University)。
④ 吴廷栋:《与苏菊村学博书》、《与方存之学博书》,《拙修集》卷九,第11、14页,同治十年六安求我斋刊本。
⑤ 方宗诚:《吴竹如先生年谱》,第54页,《柏堂遗书》第26册。
⑥ 方宗诚:《柏堂师友言行记》卷二,第1页,京师京华印书局刷印本。

倭仁理学思想的王学渊源，从其理学思想本身也可以找到某种程度的印证。据李棠阶《日记》记载，他自称："往往妄有论说，虚骄之气不清，沈深之识不完，以此任事，鲜克有济，望风捕影，徒自驰骛。"倭仁批语曰："姚江答克刚语是对症药！"① 可见，他们曾经讨论过王学。倭仁理学中的王学底子，即使在其中年"笃守程朱"的思想定型后，仍然偶尔会无意识地稍有流露。例如，倭仁在《日记》中说："事天无他，事心而已矣。"恪守程朱甚严的吴廷栋批曰："说事心固似有语病"，意即有因袭王学之嫌，经辩驳，倭仁自己也承认："'事天之学，亦事心而已矣'二语，未免沿袭'心即理也'之误。"② "心即理也"即王学主旨。又如，倭仁在《日记》中谈到"看未发气象"时直接征引王阳明的话，他说："看未发气象，姚江有一段说得紧切，云：'此是教人用戒谨恐惧工夫，正目而视惟此，倾耳而听惟此，洞洞属属不知其他。'即程子'敬而无失，即所以中'之意。"③ 与此相类似的还有一条："延平每教人静，其云：'学为私欲所分，故用力不精，须打断诸路头，静中默识，使泥滓渐渐消去。'又云：'静坐看喜怒哀乐未发气象，不惟于进学有功，兼亦是养心之要。'又每言'脱落融释'。皆吃紧为人语。"④ 静中体验未发，是理学中二程高弟杨时再传至李侗（延平）的所谓"道南指诀"。李侗是朱熹的老师，他曾经教朱子静坐体验未发气象，即通过高度沉静的内心修养而体验一种浑然与物同体的神秘精神境界，这是一种直觉主义的修养方式。尽管朱子做了很大的努力，但始终未能获得那种体验，因而很自然地对静心体验作为道德修养的普遍有效性表示怀疑，而最终倾向于程颐"主敬致知"的理性主义修养方式⑤。正如吴廷栋的批评，倭仁所赞许的延平静坐法"毕竟非学者通法"，其与程朱"主敬"法相背，反为"谈姚江之学者所假借"⑥。其实，这正好说中了倭仁理学思想中的王学旧底子。

倭仁早年治理学"从王学入手"主要是深受河南历史人文环境的影响。清代河南理学受明末清初大儒孙奇逢的影响较深。"中州承伊洛之泽，至今讲学之风不绝，惟自夏峰倡道以来，祖姚江而祧伊洛，一二力学之士未免以良知之说先入为主，阴与程朱相牴牾。"⑦ 河南学者在夏峰学术思想的影响下，

---

① 李棠阶：《李文清公日记》道光二十一年九月十三日，民国四年石印本。
② 倭仁：《倭文端公遗书》卷六，第19~20页，光绪二十年秋七月山东书局重刻本。
③ 倭仁：《倭文端公遗书》卷六，第40页。
④ 倭仁：《倭文端公遗书》卷六，第46~47页。
⑤ 参见陈来《朱熹哲学研究》，第91~95页，北京，中国社会科学出版社，1993。
⑥ 倭仁：《倭文端公遗书》卷六，第47页，吴廷栋批语。
⑦ 吴廷栋：《与苏菊村学博书》，《拙修集》卷九，第11页。

思想家与近代中国思想

在理学上虽主张不立门户,然而多偏向王学。倭仁是河南开封驻防旗人,他早年在京师任职翰林院时,主要交往的是一些河南同乡。当时,倭仁与李棠阶、王鉁、王检心、王涤心等人经常有"会课"活动,而参与"会课"的这些"河南同志"大都偏主王学。如李棠阶与王鉁"相与讲王守仁、罗洪先之学"①,王鉁"讲学以阳明为宗"②,王检心"其学主姚江"③。这对倭仁的理学宗向有重大的影响,使倭仁的理学思想具有王学的渊源。

后来,倭仁转向程朱则与他交游对象的变换有关,同时也与道咸同时期作为"正学"的程朱理学复兴的潮流相一致。据方宗诚的观察:"公(倭仁)先与河内李文清公、内乡王子涵观察切劘心性之学,俱由阳明、夏峰之言以入,后与吴竹如侍郎志同道合,时侍郎方为刑部主事,公日夕相讲习,始专宗程朱之学,久而弥精,老而愈笃,名益尊位益贵,而下学为己之功益勤恳而不已。"④ 在这里,方宗诚看到了倭仁治学转向与其交游的关系。但是,由于方宗诚与吴廷栋关系最为密切,他只提到吴廷栋一人的影响,这是很不全面的。其实,当时与倭仁经常在一起相处讲求正学的尚有曾国藩、何桂珍、窦垿、吕贤基、邵懿辰等人,而众皆以唐鉴为师,"皆从公考德问业"⑤。唐鉴(1778~1861)论学"于宋宗程朱,于明宗薛胡,于清宗陆张,排斥心宗最力,以为害道"⑥,是一位终生笃信程朱、讲求正学的饱学之士。当倭仁向唐鉴问学时,唐鉴明确地告诉他:"学以居敬穷理为宗,此外皆邪径也。"⑦"居敬穷理"是程朱格致之学的主旨,可见唐鉴对倭仁转向程朱理学的直接影响。唐鉴所著《国朝学案小识》一书,"正洙泗之坛坫","严洛闽之藩篱","为斯世扫榛莽,为后学正趋向,为希贤作圣者立一必可至之正鹄"⑧。倭仁深契于唐鉴的卫道精神,他说:"唐敬楷先生《学案小识》一书,以程朱为准的,陆王之学概置弗录,可谓卫道严而用心苦矣!"⑨ 正因此,唐鉴此书不失为倭仁由王学转向程朱的一盏指路明灯。在唐鉴京师讲学所导引的理学复兴

---

① 李时灿:《李棠阶传》,《中州先哲传》卷七,第 6 页,经川图书馆,校刊本。
② 李时灿:《王鉁》,《中州艺文录》卷八,第 29 页,经川图书馆,校刊本,1935。
③ 李时灿:《王检心传》,《中州先哲传》卷二一,第 55 页。
④ 方宗诚:《节录倭文端公读儒粹语编笔记跋》,《柏堂集后编》卷六,第 27~28 页,《柏堂遗书》第 39 册。
⑤ 曾国藩:《唐确慎公墓志铭》,《曾国藩全集·诗文》,第 318 页,长沙,岳麓书社,1986。
⑥ 徐世昌:《镜海学案》,《清儒学案》卷一百四十。
⑦ 倭仁:《倭文端公遗书》卷四,第 6 页。
⑧ 《黄倬跋》,唐鉴:《国朝学案小识》卷末,四部备要本。
⑨ 倭仁:《倭文端公遗书》卷四,第 17~18 页。

大潮中，倭仁适时地完成了由王学到程朱的理学宗向转变。

倭仁治理学虽然"从王学入手"，但是，自从弃王学而改宗程朱以后，便确立了他此后终生的学派立场：尊朱黜王——倡程朱为正学，斥陆王为异端。他说："学术当恪守程朱，以外皆旁蹊小径，不可学也。"① 自然，倭仁定型的理学思想是"恪守程朱"。对程朱理学，倭仁虽然没有理论创新，但他力图按照程朱的观点阐释了一些重要的理学范畴与命题，构建了自己的理学思想体系。

首先，在理气论方面，倭仁以"理"为哲学的最高范畴。他说："万物之生，天命流行，自始至终，无非此理。"② 在倭仁看来，人与天地万物都是由"理气"生成，所谓"天地祇此阴阳之气，健顺之理，吾与万物同得此理气以生"③。关于理气先后的问题，倭仁的思想与朱熹相似。朱熹主张理气本无先后，如果一定要分个先后，则是理先气后④。朱熹的理先气后思想，正如冯友兰先生所说的理是"逻辑"上在先，而不是简单的时间上的先后⑤。朱熹说："要之也先有理。只不可说是今日有是理，明日却有是气。也须有先后。且如万一山河天地都陷了，毕竟理却只在这里。"⑥ 可见，朱熹所说的理在气先是就世界的本原而言的，其逻辑在先说表明朱子哲学基本问题中理是第一性的。倭仁的日记中有一则类似于朱子思想的重要记载：

> 文清云："理只在气中，不可分先后，如太极动而生阳，动前便是静，静便是气，岂可说理先气后？"竹如云："理气不相离，因不可划分为二以为先后。然以理为气主言之，则理为将帅，气为卒徒，而太极生两仪，浩然之气是集义所生，非所谓理先气后乎？"窃意就浑沦处看固无次序可言，就分断处说自有后先可指。二说可参观也。⑦

---

① 倭仁：《倭文端公遗书》卷五，第14页。
② 倭仁：《倭文端公遗书》卷六，第65页。
③ 倭仁：《倭文端公遗书》卷六，第67页。
④ 《朱子语类》中有两则类似的记载："或问：理在先气在后？曰：理与气本无先后之可言，但推上去时，却如理在先气在后相似。""或问：必有是理然后有是气，如何？曰：此本无先后之可言，然必欲推其所以来，则须说先有是理。"（《朱子语类》卷一，第4页，文渊阁四库全书本）
⑤ 参见冯友兰《中国哲学史》下册，第906页，北京，中华书局，1992。
⑥ 《朱子语类》卷一，第5页。
⑦ 倭仁：《倭文端公遗书》卷七，第7页。

思想家与近代中国思想

倭仁参照明前期理学家薛瑄（文清）和与其同时代的理学家吴廷栋（竹如）的观点，认为理与气"就浑沦处看固无次序可言，就分断处说自有后先可指"。也就是说，理与气本来无先后次序，在构成具体的事物时理与气浑然一体，理在气中，气在理中，理气不相离；但是，理与气又不相杂，理是理，气是气，将理与气分开来说，从探究世界本原的本体论角度而言，则可以说理在气先，理先气后，理是第一性的，理是世界的本原。所以，倭仁的理学正如朱子哲学一样也是一种理本体论哲学。

其次，在心性论方面，倭仁按照程朱的观点阐释了理学心性论的一些重要范畴与命题，如心、性、道心人心、天命之性与气质之性、已发未发、天理人欲等等。例如，"道心人心"说最早出现于伪《尚书·大禹谟》："人心惟危，道心惟微，惟精惟一，允执厥中。"这是理学家奉为圭臬的所谓"传心要语"。对此，倭仁的理解是："人心不必是恶，但易流而为恶，故危；道心本自昭著，杂于人心之中，故微。辨之精，守之固，庶人心不流而道心日著。"[①] 人的感性情欲不加控制则流于恶，所以"危"；人的道德良心潜隐在内心深处，与情欲混杂，微妙难见，所以"微"。明乎此，用道德良心统率感性情欲，则可以达到一种理想的和谐精神境界。至于道心是什么和人心是什么的问题，倭仁通过否定明代理学家罗钦顺的观点而稍微做了一点符合朱子哲学的阐述，他说："整庵谓：'道心是性，人心是情。'心窃疑之。道心如恻隐羞恶之属，原于性命之正，而非即性也；人心如耳目口鼻之欲，发于形气之私，而不得谓之情也。"[②] 倭仁认为道心不是性，人心不是情。道心是合于道德原则的知觉，是指人的道德意识；人心则是以个人情欲为内容的知觉，是指人的感情欲念。这颇与朱子的观点相类似："只有这一个心，知觉从耳目之欲上去，便是人心；知觉从义理上去，便是道心。"[③] 又如，源自《中庸》的"已发未发"又称"中和"，所谓"喜怒哀乐未发谓之中，发而皆中节谓之和。中也者，天下之大本也。和也者，天下之达道也"。已发未发是理学心性论的重要范畴，按程朱学派的观点，已发未发是指人的心理活动的不同阶段或状态，已发指思虑已萌，未发指思虑未萌；未发指性，是心之体，已发指情，是心之用[④]。倭仁说：

---

① 倭仁：《倭文端公遗书》卷六，第65页。
② 倭仁：《倭文端公遗书》卷七，第7页。
③ 《朱子语类》卷七八，第52页。
④ 参见陈来《朱熹哲学研究》，第109~113页。

叶平岩谓："太极在人心为喜怒哀乐未发之中。"看得的确。人生而静，性之本体，当其未发，仁义中正之理浑然具焉，主静立极，正从这里讨消息，此第一义工夫也。及其感物而动，刚柔善恶，各有偏主，恶不必言，即善亦非性之本体，为其落在二五中也，占定第一义做工夫，方是达天之路。①

中和者，性情之德；寂感者，此心之体用。心存则寂时是中，感时是和；不存则寂然者木石而已，感通者驰骛而已。总在敬不敬上辨取。②

在倭仁看来，未发是静寂的"性之本体"，已发是"感物而动"之情。喜怒哀乐之"未发"是心之体，是指寂然不动的处于本然状态的"天地之性"，"已发"是心之用，是指"感通"的喜怒哀乐之情。这种已发未发说表明修养身心的适当方法当是"敬"。倭仁说：

得敬之意，不言敬可也，心中著个敬字，便不虚。朱子曰："未发之前不可寻觅，已发之际不容安排，但平日庄敬，持养之功至而无人欲之私以间之，则其未发也，镜明水止，而其发也，无不中节矣。"即伊川"喜怒哀乐未发，更怎生求？只平日涵养便是，涵养久，则发自中节"之意。③

倭仁认为，平日庄敬涵养未发，则已发自然"中节"，所谓"存诚以养未发之中，谨几以验已发之和，此日用切要工夫"④。可见，倭仁理学的平常日用工夫就是修养性情，使其符合社会规范与道德准则。再如，"存天理，灭人欲"，也是倭仁遵循的一个重要的理学命题。他说："存天理于未发，遏人欲于将萌。""既学便须到纯理无欲地步，若一念向理，又一念向欲，善恶杂糅，终不能成个人，勉之。"⑤ 理善欲恶，"天理"是伦理道德的最高原则，必须遵循；"人欲"则是人追求外物的私欲，妨碍了作为个体道德修养的理想人格的自我实现，必须遏制去除。"理无定在，随知随行；欲无定形，随觉随去。

---

① 倭仁：《倭文端公遗书》卷四，第21～22页。
② 倭仁：《倭文端公遗书》卷六，第44页。
③ 倭仁：《倭文端公遗书》卷六，第62页。
④ 倭仁：《倭文端公遗书》卷七，第4～5页。
⑤ 倭仁：《倭文端公遗书》卷四，第5、7页。

总之，随时变易以处中而已"①。"存理灭欲"是将"天理"作为普遍的道德原则加以绝对化，用普遍的道德理性克制、压抑个体的自然需要和欲望，绝对抑制人的个性发展。当然，这对稳定传统社会政治秩序是非常有利的，但是却与近代化的要求极端相悖。

再次，在知行观方面，格物致知、居敬穷理、涵养省察等，这些以"知行"为中心的范畴与命题是程朱理学的重要修养方法。格物是《大学》八条目之首，格物致知是修齐治平的基础，朱子哲学对此非常重视，故朱子曾经特为格物"补传"，这一事实被后世程朱派理学家认为是朱子在理学上的重大贡献。倭仁也有同样的认识，他说："格物不得力，第一关便隔碍了，下面节节都是病痛。朱子补传，洵有功万世。"② 主敬是程朱理学提倡的一种重要的心性修养方法。倭仁说："心主于敬，无少放纵，然后至虚至灵之中，有以穷夫酬酢万变而理无不明，盖未有不居敬而能穷理者。"③ 在倭仁看来，主敬就是心不放纵乱思，保持一个虚灵心之本体，不受外物的干扰而自然体认天理，达到一种理想的道德境界。知先行后，也是程朱理学的重要命题。倭仁说："力行尤以致知穷理为先。"④ 他认为，"知"即是孔孟之道，道理已经程朱辨明清楚，后人只要按程朱之学去做即可，要做这"行"的工夫，必须努力将获得的点滴知识随时付诸实践。"孔孟大路，经程朱辨明后，惟有敛心逊志，亦趋亦步去，知一字行一字，知一理行一理，是要务"⑤。在人的个体道德修养方面，有了道德知识与观念，认识了道德原则，努力使自己的行为符合道德规范，这样就能成就理想的道德人格。

综上所述，从倭仁理学思想本身来看，自从转向程朱之后，他确立了严格的"尊朱"的学派立场。尽管倭仁理学并没有什么理论创新，但是，仍然有其重要的历史价值，即守道。为了表明这种"尊朱"卫道的立场，倭仁力图按程朱学派的观点阐释了一些重要的理学范畴与命题，甚至直接征引了不少程朱理学家的言论以阐述他的理学思想。就现有的文献资料来看，可以说，倭仁理学思想基本上是符合程朱理学精神的，可谓比较地道正统的程朱派理学，"倭仁之学虽不敢言及孔孟程朱，然能诵其言守其法，躬行实践"⑥。正

---

① 倭仁：《倭文端公遗书》卷五，第17页。
② 倭仁：《倭文端公遗书》卷六，第77页。
③ 倭仁：《倭文端公遗书》卷四，第51页。
④ 倭仁：《辅弼嘉谟》，《倭文端公遗书》卷首下，第3页。
⑤ 倭仁：《倭文端公遗书》卷四，第21页。
⑥ 方宗诚：《应诏陈言疏》（代河南巡抚严渭春），《柏堂集续编》卷二一，第8页，《柏堂遗书》第37册。

如时人所说乃"孔孟程朱之真传"①，是"程朱之正脉"②。可见，倭仁当时已以正宗的程朱理学家闻名于世。

三 倭仁在道咸同理学史上的影响与地位

嘉道以还，盛极一时的汉学日趋穷途末路，士林学术为之一变，今文经学、程朱理学等各种学术流派得以复兴起来。倭仁独致力于程朱理学，力图倡明正学。"自乾嘉以后，汉学盛行，洛闽一派坠绪几乎欲绝，先生（倭仁）起来维之，同时馆阁中如镜海唐先生鉴、丹畦何先生桂珍、兰泉窦先生垿、李文清公棠阶、曾文正公国藩，以先生为师友，相与辅翼斯道，一时人才蔚起，正学昌明，遂成国朝中兴翊赞之功，何其盛也！"③倭仁对道咸同时期程朱理学复兴的影响，可以从以下两个方面理解。

一方面，笃守程朱，导向正学。倭仁治理学是"从王学入手"的，但自从游唐鉴和与吴廷栋等人相交以后，即转向专宗程朱。倭仁笃守程朱的理学宗向的确立，对道咸同士林社会影响颇大，这种影响首先是通过他的日记流传的。倭仁的日记主要是记载自己修养的心得体会，为语录体的格言警句。有人评价说：倭仁的日记"质之天人而无愧怍，传之后学可为典型"④。当时，倭仁的日记即在士大夫中传抄。方宗诚自称，他见过吴廷栋、涂宗瀛、武酌堂的倭仁日记手抄本，他自己又"皆录而藏之"⑤。郭嵩焘也见过陈作梅和方鲁生两个人的抄本，他自己也"借抄"了一帙，他认为倭仁的日记"多体味有得之言"⑥。可见，倭仁的日记在当时的士大夫中流传较广，而这个流传的过程即是一个影响扩大的过程。有孝廉李肖良因抄录倭仁的日记，"景仰心切"，欲拜倭仁为师，"受业门下"，请吴廷栋推荐。吴廷栋说："艮峰先生乃躬行实践之学，读日记而学其省察克治，即是奉以为师。"⑦其次，为了给士林学术一个正确的导向，倭仁还仿照明代理学家胡居仁的《续白鹿洞规》

---

① 方宗诚：《节录倭文端公读儒粹语编笔记跋》，《柏堂集后编》卷六，第28页，《柏堂遗书》第39册。
② 方宗诚：《柏堂师友言行记》卷二，第15页。
③ 黄舒昺编《国朝中州名贤集》卷首《倭艮峰先生》，第7页，光绪十九年中州明道书院刻。
④ 黄舒昺编《国朝中州名贤集》卷首《倭艮峰先生》，第9页。
⑤ 方宗诚：《节录倭文端公遗书跋》，《柏堂集后编》卷六，第28页，《柏堂遗书》第39册。
⑥ 《郭嵩焘日记》第1册，第157、272页，长沙，湖南人民出版社，1981。
⑦ 吴廷栋：《答李生肖良孝廉书》，《拙修集》卷八，第31页。

编辑《为学大旨》一书,主要是辑录程朱理学家的语录,以阐明孔孟程朱之道。全书共六条:立志为学、居敬存心、穷理致知、察几慎动、克己力行、推己及人。其实,这就是程朱理学家为学做人的以次渐进的过程,"学者循之而入,确有门径"①。朱琦为之作《跋》,以为《为学大旨》可以"正世之惑于歧趋及汨没功利而不知止者"②。倭仁的《为学大旨》无疑为后学提供了一个向学指南。中州后学于絧斋,在吴廷栋处读到倭仁的日记及《为学大旨》,即称"自信已得其为人造诣"③。再次,同治时期,倭仁为翰林院掌院学士,取得了国家学术导师的地位,他在《翰林院条规》中开宗明义便说:"翰院为储才之地。夫所谓才者,谓能学大人之学,明体达用,足以济民物而利国家,非第精词章、工翰墨,遂为克称厥职也。今天子崇尚正学,敕谕讲、读、编、检各官讲求实用,所以期望之者甚厚。上以实求,下不以实应,可乎?"④ 显然,倭仁是以"正学"为翰林院的学术导向,以翰林院的地位而言,这等于是将当时的士林学术导向程朱理学,这种以官方身份的明文倡导,无疑对程朱理学的兴盛有着重大的积极影响。

另一方面,辟斥王学,纯正道统。倭仁理学思想的特色是躬行践履,他说:"持门户异同之见,为前人争是非,只是寻题目作文字。若反身向里,有多少紧要工夫做,自无暇说短道长。"⑤ 因此,倭仁对于理学以外的其他各种学术思想流派一般不与理会,未作较多的是非辩驳,他的主要学术旨趣在于笃实践履程朱理学。从现有的史料来看,对于正在复兴中的今文经学未见他措置一辞。对汉学,他曾为颜李学派的李塨的弟弟李培的历史地理学著作《灰画集》作《序》,对乾嘉汉学及其先驱学者在舆地之学方面的贡献做了较高评价,他说:"乾嘉以还,此学益精,已几家喻户晓,述作之盛,旷代未有","如顾亭林、万季野、顾景范、胡朏明、阎百诗、黄子鸿诸家,胥别有论著,与志体少异,然或宗禹贡,或宗四子书,或究利病,或考阨塞,或纪川渎,或考史事,条分秩序,精当不苟,皆卓然一家之言者"⑥。对桐城派古文,倭仁曾为朱琦的文集写过《跋》,称赞其文"理正辞醇,气味深厚,盖学

---

① 《倭仁传》,刘景向总纂《河南新志》(民国十八年)下册,第918页,卷一五,郑州,中州古籍出版社,1990。
② 朱琦:《跋倭艮峰为学大指卷后》,《怡志堂文初编》卷六,第12页,同治三年刊于京师。
③ 吴廷栋:《答方存之学博书》,《拙修集》卷九,第27页。
④ 倭仁:《翰林院条规》,《倭文端公遗书》卷八,第11页。
⑤ 倭仁:《倭文端公遗书》卷四,第20页。
⑥ 倭仁:《灰画集序》,《倭文端公遗书》卷八,第9页。

昌黎韩子之文，而不袭其貌者"①。但是，这种《序》和《跋》恐怕不无应景之作的意味，因为倭仁也曾对考据、词章之学表示过鄙夷不屑。他说："正学不明，世之汩没于词章、沉溺于利禄者，无论矣。一二好学之士，抗心希古，往往驰情著述，旁掺远绍，思有所托，以传诸无穷，其襟怀高雅，岂不远胜于营营势利之流！而名心未除，其弊与俗学等，所谓清浊虽殊，利心一也。"除此而外，也未见倭仁对辞章、考据之学有更多的谈论。即使宋明理学家非常忌讳而摈斥尤力的佛老二氏之学，倭仁也较少辩驳。他认为："佛老之学已经先儒辟斥，何必哓哓再辨？……学以当务为急，哪有工夫管此闲事？"②"佛氏之说不足辨，亦不必辨，且辨不胜辨。不如将此等处权且搁起，着实做克己慎独工夫。则不必辟佛而自然非佛，不侈言儒而自成真儒。"③ 但是，必须注意的一点是，倭仁自从转宗程朱以后，或许是为了证明自己信念的坚定和保证道统与学统的纯洁，他继承了理学营垒内部的程朱陆王之辨的传统，对王学抨击尤力。他认为陆王心学是"无主脑之学，鲜不流于异端"④。倭仁从程朱理学的观点出发，把陆王心学看做是理学的"异端"，因此，为了纯正道统和学统，消除这个"异端"的影响是很有必要的。倭仁与吴廷栋力图"挽救"心学之士方鲁生是一个具体的例证。

方鲁生，名潜，又名士超，安徽桐城人。方鲁生本来究心陆王心学，"其学通贯释老"⑤。他所著《心述》七册，融儒、释、道三教为一体，曾以之就教于吴廷栋。吴廷栋对此很重视，他既欣赏方鲁生为学的苦心，"其心精力果，足以鼓动后学，殊觉可畏"！又担心他为异学所惑，"既悯其陷溺之深，复惧其流毒之远"。因此，吴廷栋力图用程朱的观点与方鲁生相辩驳，他们"彼此发难，往来辩论，因得窥陆王之学全是佛氏之旨，而佛氏之精微实与吾儒相去一间，特此一间之隔实有霄壤之分，所谓弥近理而大乱真也。"他们"反复辩论二十余书，大约先辩其心即理之谬，后辩其心无生死之说"，使方鲁生"豁然大悟，直觉儒释之所以同与所以异"，结果对其《心述》大加删削，而复著《性述》一篇，表示放弃陆王心学而转宗程朱⑥。吴廷栋对方鲁生的转变非常高兴，他曾致书倭仁说："学界中挽回此人，亦一大幸也。"⑦

---

① 朱琦：《怡志堂文初编》卷末，《倭仁跋》。
② 倭仁：《倭文端公遗书》卷四，第58～59页。
③ 倭仁：《答方鲁生》，《倭文端公遗书》卷八，第24～25页。
④ 倭仁：《倭文端公遗书》卷四，第59页。
⑤ 马其昶：《桐城耆旧传》，第421页，黄山书社，1990。
⑥ 方宗诚：《吴竹如先生年谱》，第39～42页，《柏堂遗书》第26册。
⑦ 马其昶：《桐城耆旧传》，第421页。

倭仁闻讯也备感欣慰，他称赞方鲁生"能一变至道，尽弃所学，非天下之大勇不能也"，并希望吴廷栋将方鲁生的《性述》寄给他看①。其实，方鲁生在与吴廷栋论辩之后，虽然已表明其转宗程朱的态度，但是其骨子里仍然抹不去心学的印痕，吴廷栋后来发现他"仍不肯舍其旧学"②。倭仁也从他的《性述》中发现了这一点。倭仁对方鲁生的转变不彻底很不以为然，他说："方鲁生认定'心无生灭'一语，虽竹如力辩其非，犹自不能释然。此朱子所云：'对于自己身上认得一个精神魂魄有知有觉之物，把持作弄到死，不肯放舍，谓之死而不亡。'此乃自私之尤者也。"③ 倭仁还用程朱理学的观点清理方鲁生《性述》中的心学"谬误"，他写了《书方鲁生性述后七条》，现从《倭文端公遗书》中抄录两条如下：

> 《性述》谓："孔子之'空空如也'，颜子之'屡空'，诸贤皆作如字解，朱子特以'空'字嫌同佛氏之'真空'，故不从旧说。窃谓儒释之分只在心性之辨，空寂等字不嫌其同，只从经传文义为是，矫枉过正，反足为异学之口实耳。"某按："空"字指心，"屡"字究竟讲说不去，且为学异端者藉口，朱子不从旧说，诚是也。此条谓"空寂等字不嫌其同"，似仍是旧见未能摆脱处。

> 《性述》谓："释氏之学亦主乎心者也，特极心之广大耳。"某按：必如《大学》明德、新民，无所不用其极，方为极其心之广大，释氏似不足语此。

倭仁力图指出方鲁生《性述》中与程朱相牴牾的心学观点的错误，以消除心学的影响，真可谓用心良苦。

倭仁为保证程朱理学道统的纯正的另一个显著的例子是其与吴廷栋校订刊行《理学宗传辨正》一书。《理学宗传辨正》虽为刘廷诏所著，而其得以刊行面世则归功于倭仁和吴廷栋。首先，《理学宗传辨正》历经咸同战乱，其稿本是由倭仁保存下来的。据称"兵燹之后，（刘廷诏）家无其书，惟闻倭相国处有钞本一部"④。涂宗瀛说："其原稿为倭艮峰相国所得，而刘先生佚其名，

---

① 倭仁：《又答吴竹如》，《倭文端公遗书》卷八，第15页；吴廷栋：《与方鲁生上舍论学书二十》，《拙修集》卷七，第31页。
② 吴廷栋：《附识》，《拙修集》卷七，第44页。
③ 倭仁：《倭文端公遗书》卷七，第9页。
④ 吴廷栋：《校订理学宗传辨正叙》，《理学宗传辨正》卷首。

世亦无知者。"① 倭仁自叙"得之同年友丁甹坨处，而未知刘先生之名，藏之箧中，历有年所"②。其次，《理学宗传辨正》是倭仁嘱吴廷栋校订刊行的。倭仁自叙说是"吴竹如司寇见而好之，以为有裨后学，欲付剞劂，以广其传。因为补其缺略，增以按语，复取罗罗山《王学辨》附于后，此编遂为完书。"③ 吴廷栋则说是"倭艮峰先生深赏之，属为校订并参按语，而以罗罗山《王学辨》附焉。"④ 他们两人似乎都很谦虚，互相把发现《理学宗传辨正》一书价值的功劳归于对方。方宗诚在为吴廷栋编年谱时采用了吴氏的说法，以为是"倭艮峰先生极赏之，属为校订，先生（吴廷栋）因参按语二十余条，而以罗罗山《阳明学辨》附焉"⑤。而"遵命付梓"刊印的涂宗瀛说得更清楚："同治丙寅，霍山吴先生请假出京，相国（倭仁）手是编相付，请为校订，曰：是能救良知之害，而示学者以正途，当为卒成之。"⑥ 可见，是倭仁嘱吴廷栋校订刊行。不仅如此，倭仁对该书的刊订情况一直很关心，他曾致书涂宗瀛询问此事，并说要从"于陆王之弊实能洞见症结"的陈建（清澜）的《学蔀通辨》一书中"择其要言，与罗山《王学辨》，附刊于《宗传辨正》之后"⑦。同治十一年（1872），《理学宗传辨正》刊行问世，即署名为刘廷诏原本，倭仁、吴廷栋校订，盖倭、吴之功不可没也。倭仁之所以如此注重于辨王学，争正统，正如其自叙云："盖必如是而后天理正，人心安，而学术是非之辨始大明于天下也。"⑧ 其心迹昭彰如是可知矣。

唐鉴京师讲学期间，倭仁是以唐鉴为中心的京师理学群体中的重要成员。其后，倭仁不但自己潜修实功，而且以其学养和地位力图将士林社会导向正学之途，并不断地为纯正程朱理学的道统和学统而努力。"肩正学于道统绝续之交"，倭仁以理学道统的传承人而成为道咸同时期倡导程朱理学的重镇。

倭仁的理学地位与声名在当时乃至后世的影响，是由各种原因与各方面的因素造成的。

---

① 涂宗瀛：《理学宗传辨正跋》，《理学宗传辨正》卷末。
② 倭仁：《校订理学宗传辨正叙》。按：丁甹坨即倭仁在道光中期与李棠阶等人"会课"时的朋友畏斋，与刘廷诏是亲家，刘廷诏是丁甹坨长子的岳父。见《李文清公日记》第13册，咸丰二年十二月初一、二日。
③ 倭仁：《校订理学宗传辨正叙》。
④ 吴廷栋：《校订理学宗传辨正按语》，《拙修集》卷五，第1页。
⑤ 方宗诚：《吴竹如先生年谱》，第67～68页，《柏堂遗书》第26册。
⑥ 涂宗瀛：《理学宗传辨正跋》。
⑦ 倭仁：《又答涂宗瀛》，《倭文端公遗书》卷八，第27页。
⑧ 倭仁：《校订理学宗传辨正叙》。

首先，师友的推崇。

道光末年，在以唐鉴为中心的京师理学群体中，诚如曾国藩所言："唐镜海先生德望为京城第一。"① 无疑，论资历学识，道德文章，唐鉴都堪称当时第一理学家。德高望重的唐鉴很欣赏倭仁，他曾对曾国藩称赞倭仁"用功最笃实"，尤其称赞其坚持每天做"札记"的自省修养工夫②。吴廷栋也曾对人自称"心折"倭仁之"笃行"③，甚至在咸丰皇帝面前声称"尤佩其笃实"④。曾国藩与倭仁更是相交于师友之间，倭仁根据自己多年来的修身经验，教曾国藩写日课，"当即写，不宜再因循"⑤。曾国藩也真的当天即开始写日课，"亦照艮峰样，每日一念一事，皆写之于册，以便触目克治"⑥。曾国藩还把自己的日课册送给倭仁批阅指教，倭仁毫不客气地教曾国藩"扫除一切，须另换一个人"，曾国藩"读之悚然汗下"，以此为"药石之言"，曾国藩对倭仁的日课册则敬畏有加，"不敢加批，但就其极感予心处著圈而已"⑦。曾国藩在与弟书中称："余之益友，如倭艮峰之瑟僴，令人对之肃然。"⑧ 可见，在当时的京师理学群体中，倭仁已有相当高的学养地位。道光二十六年，唐鉴告老离京南还，此后，倭仁成为京师理学重镇。有人评论说："道咸之间从宋儒之学身体力行者，必推公为首选。"⑨ 对倭仁的理学地位给予了高度评价。

关于道咸间倭仁理学声名的远扬有两个例证。道光三十年，河南布衣理学名士徐淮阳闻倭仁理学名，"以望六之年，不远千里，徒步访学"⑩。无独有偶，咸丰末年，倭仁任职盛京，有中州秀才于峒斋从方宗诚处闻知倭仁理学大名，"心动，负笈徒步，直欲千里出关往谒艮峰"⑪。他先到吴廷栋处问学，后因倭仁内召，为"避嫌"而未能成行，但他在吴廷栋处"读其《日

---

① 曾国藩：《禀祖父母》，《曾国藩全集·家书》（一），第32页。
② 《曾国藩全集·日记》（一），第92页。
③ 吴廷栋：《与方存之茂才书》，《拙修集》卷八，第37页。
④ 吴廷栋：《召见恭纪》，《拙修集》卷一，第4页。
⑤ 《曾国藩全集·日记》（一），第113页。
⑥ 《致澄弟温弟沅弟季弟》，《曾国藩全集·家书》（一），第40页。
⑦ 《曾国藩全集·日记》（一），第143页。
⑧ 《致澄弟温弟沅弟季弟》，《曾国藩全集·家书》（一），第40页。
⑨ 匡辅之：《倭文端公别传》，《续碑传集》卷五，第31页。
⑩ 倭仁：《倭文端公遗书》卷五，第1页。徐淮阳，又名定唐，字邻海，号龙溪，河南林县人。他不意仕途，潜心理学，"生平为学确有宗据，而拾长撼善，不喜以门户相竞"（李时灿：《徐定唐传》，《中州先哲传》卷二一，第36页）。李棠阶称其"志向真切"（《李文清公日记》第十一册，道光二十九年四月二十七日）。徐淮阳与倭仁定交后，遂"引为诤友"。
⑪ 吴廷栋：《与曾涤生先生书》，《拙修集》卷九，第18页。

记》、《为学大旨》,自信已得其为人造诣,俟后再谋往谒"①。同治初年,倭仁为官京师,于䌹斋又入都问学,终得以亲聆其教②。徐淮阳与于䌹斋的事例表明倭仁的理学名望与地位在道咸时期的士林社会中已有相当高的认可程度。

其次,弟子门生的宣扬。

倭仁的理学地位既在师友中得到认可,同时,其理学声名又在众多的弟子门生中得以流播。倭仁多次充任乡试、会试考官和读卷、阅卷大臣之类的考职,据统计达18次之多③。科举考试是传统士人的进身之阶,考官与考生之间的所谓"座主"与"门生"的关系是传统社会中的一张厚重的人情关系网。"乡会试中式者,对于主考、房官例称师生,其风自唐、宋来相沿已久。……明代师生门户之风尤盛,清代亦然。"举人、进士不但于主考、房官有师生之谊,而且"与夫本科监试官知贡举、监督等,推之复试、朝考、殿试,凡派为阅卷者,无不认为师生"④。倭仁历任多种考职为其名望地位奠定了广泛的社会基础。从科举考试的名分上说,倭仁可谓门生遍天下,如叶名琛、何桂清、彭蕴章、朱琦、罗惇衍、袁甲三(以上为道光十五年乙未科,倭仁为同考官),甚至胡林翼(道光十六年丙申恩科,倭仁为同考官)、张之洞(同治二年癸亥恩科,倭仁为殿试读卷官、朝考阅卷大臣)都出自倭仁门下。虽然无法厘清他们之间的具体交谊关系,但是,这种师生名分当是客观存在的。太平天国时期,倭仁为同考官的道光乙未科进士陶恩培、孙铭恩、吕贤基、罗遵殿"先后殉粤寇之难,世称倭仁四忠"⑤。所谓"倭门四忠"之

---

① 吴廷栋:《答方存之学博书》,《拙修集》卷九,第27页。
② 方宗诚:《柏堂师友言行记》卷二,第15页。于䌹斋,名锦堂,河南西华秀才。曾任光州训导,署开封训导,兼充大梁书院院监。他学宗洛闽,潜心访求正学。倭仁有《答于䌹斋》云:"我辈今日为学,惟有恪遵朱注,由戒惧而约之,以至于至静之中无少偏倚;由慎独而精之,以至于应物之处无少差谬。而读书穷理,动静相养,庶于中和境地或可几及乎!"(《倭文端公遗书》卷八,第26页)谆谆以正学相勉。
③ 道光十五年,充会试同考官;八月,充顺天乡试同考官;十六年三月,充会试同考官;十七年,充福建乡试正考官;二十六年,充考试汉御史阅卷大臣;二十七年二月,充各省举人覆试阅卷大臣;九月,充武殿试读卷官。同治元年三月,充会试正考官;六月,充覆阅各直省拔贡覆试卷大臣;九月,充武会试监射大臣;十月,充武乡试监射大臣;二年四月,充殿试读卷官、朝考阅卷大臣;五月,充考试满御史阅卷大臣;四年四月,充朝考阅卷大臣;八月,充考试国子监助教阅卷大臣;九月,充武会试监射大臣;九年八月,充顺天乡试正考官。(《清史列传》卷四六《倭仁传》)
④ 参见商衍鎏《清代科举考试述录》,第88~89页,北京,三联书店,1983。
⑤ 徐珂:《倭门四忠》,《清稗类钞》第六册,第2538页。

称，其实正是对倭仁声名的宣扬。

倭仁"诱掖后进不倦"①。从所见的有限史料，也可以看到倭仁通过他的弟子门人影响社会的情况。这里仅举于荫霖与沈源深为例。于荫霖，字次棠，号樾亭，吉林伯都讷厅人。咸丰九年进士，官至河南巡抚。据记载，同治初年，于荫霖官翰林时，"倭文端公为理学名臣，公相从问学"②。"通籍后从倭文端公受省身克己之学"，"一以朱子为宗"③。于荫霖虽长年为官，然仍潜心理学，据史载："荫霖晚岁益潜心儒先性理书，虽已贵，服食不改儒素，朱子书不离案侧，时皆称之。"④沈源深，字叔眉，咸丰十年进士，官至兵部侍郎。沈源深尝"从乡先辈倭仁学"，后为福建学政，"以化民成俗为己任，颁行张伯行《正谊堂全书》、陈宏谋《豫章学约》，并自述《劝学浅语》，训迪多士，奏请先儒游酢从祀文庙，位在杨时之次，闽中正学为之振兴"⑤。可见，倭仁奖掖后学，既使其理学声名得以广播，也使正学在社会上得以昌明。

另外，早年在京师曾从倭仁问学的后学涂宗瀛⑥与洪汝奎⑦，晚年都致力于刻书，倭仁文集《倭文端公遗书》和倭仁、吴廷栋校订的《理学宗传辨正》两书的初刻本都是由涂宗瀛的六安涂氏求我斋刻印刊行，后又都被洪汝奎辑入《洪氏唐石经馆丛书》，这些工作无疑有助于促进倭仁对社会的影响。

再次，理学名臣地位的影响。

道咸时期，倭仁即以理学名于世。同治年间，倭仁飞黄腾达，位极人臣，成为一代理学名臣，其时，倭仁任大学士管理户部事务，兼同治帝师傅与翰林院掌院学士，所谓"首辅、师傅、翰林掌院、户部总理，皆第一清要之

---

① 吴廷栋：《答李生肖良孝廉书》，《拙修集》卷八，第 31 页。
② 孙葆田：《河南巡抚吉林于公墓志铭》，《碑传集补》卷一五。
③ 胡元吉：《于中丞日记序》，于荫霖：《悚斋日记》卷首，民国十二年刊于都门。
④ 《于荫霖传》，《清史稿》，第 12524 页，卷四四八。据其门人胡元吉称，于荫霖"以善体朱子之学莫于陆清献，故虽王事鞅掌，案牍山积，《朱子全书》、《三鱼堂集》未尝去左右"。（胡元吉：《于中丞日记序》）
⑤ 李时灿：《沈源深传》，《中州先哲传》卷七，第 24 页。
⑥ 涂宗瀛，号朗轩，安徽六安人，举人出身，累官至湖广总督。早年究心理学，尝从吴廷栋、倭仁等人问学。其自述云："乙巳（1845 年）春明，谒竹如先生于京都，并晋见镜海、艮峰、涤生、兰泉、丹黯诸先生，得先儒语录读之，始知未可以乡党自好之流自囿。"（黄嗣东：《涂宗瀛》，《道学渊源录》卷一○○，第 15 页）
⑦ 洪汝奎，字琴西（又作琴溪），祖籍安徽泾县，后侨寓湖北汉阳。道光二十四年举人，官至两淮盐运使。早年在京师，"从曾文正、倭文端、吴竹如侍郎讲求性理之学"。（黄嗣东：《洪汝奎》，《道学渊源录》卷一○○，第 29 页）

席"①。这种理学名臣的地位使倭仁成为当时士林社会的人伦表率,诚如曾国藩所说,乃"当世仪型,群流归仰"②。以至于倭仁逝世时,翁同龢禁不住感叹:"呜呼!哲人云亡,此国家之不幸,岂独后学之失所仰哉!"③可见,倭仁在当时士林社会中的泰山北斗地位,难怪《清儒学案》称之为"道光以来一儒宗"④,为倭仁在晚清儒学(理学)史上的地位给予了极高的评价。

四 理学与"同治中兴"的相关度
——以倭仁与曾国藩为中心的比较观察

倭仁与曾国藩同历嘉道咸同四朝,完全是同时代的人。道光年间,他们同从唐鉴问学,相交为师友,是倡导理学的中坚;同治时期,又同居高位,一立于朝,一主于外,成为"中兴"贤辅名臣。然而,他们又是两种不同类型的代表人物,一为顽固保守的象征,一为洋务运动的首领。因此,从倭仁与曾国藩比较的角度观察理学与"同治中兴",应该说是很有意义的。

有人做了这样的假设:"假如曾国藩不曾出京办团练,一直留在朝中,他能扮演的角色和表现的心态,大概和倭仁不会相差很多。"⑤揆诸史实可知,这个假设缺乏充分的事实根据。试问:为什么曾国藩能办团练而倭仁不能?这绝不仅仅是因为曾国藩出京而倭仁在朝的缘故。这一点不得不叹服咸丰皇帝的知人之明。道光三十年(1850),咸丰皇帝即位之初,曾就"用人行政"问题下诏求言,倭仁与曾国藩各上《应诏陈言疏》。倭仁大谈"君子小人之辨",并引程颢之言:"择天下贤俊,使得陪侍法从。"咸丰皇帝认为"名虽甚善,而实有难行"⑥。曾国藩则就"用人一端"详加阐述,认为"大抵有转移之道,有培养之方,有考察之法,三者不可废一",咸丰皇帝以为"剀切明辨,切中情事"⑦。两相对照,在咸丰皇帝心目中留下的印象肯定是不同的。

---

① 吴廷栋:《寄倭艮峰中堂书》,《拙修集》卷九,第36页。
② 曾国藩:《加倭仁片》,《曾国藩全集·书信》(九),第6814页,长沙,岳麓书社,1994。
③ 《翁同龢日记》第2册,第853页,北京,中华书局,1989。
④ 徐世昌:《清儒学案》卷一六五,《艮峰学案》。
⑤ 韦政通:《中国十九世纪思想史》上册,第403页,台北,东大图书公司,1992。
⑥ 倭仁:《应诏陈言疏》,《倭文端公遗书》卷二,第1~3页;《清实录·文宗显皇帝实录》(一),第104页。
⑦ 曾国藩:《应诏陈言疏》,《曾国藩全集·奏稿》(一),第6~10页;《清实录·文宗显皇帝实录》(一),第116~117页。

咸丰二年（1852），咸丰皇帝在召见吴廷栋时，又特地询问了他的看法，吴廷栋认为曾国藩"虽进言近激而心实无他"，倭仁"守道似近迂而能知大体"①。吴廷栋真不愧是曾国藩和倭仁的知交，一个"激"字，一个"迂"字，刻画得如此传神，这不能不加深咸丰皇帝心中的初始印象。同年，何桂珍以性命担保举荐重用倭仁，"投以艰巨之任"，咸丰皇帝不为所动，"未从其请"②。咸丰四年（1854），京师办团练，户部侍郎王茂荫奏请让倭仁"会同办理"，咸丰皇帝谕旨明白地宣称："倭仁断无干济之才，况此事非伊所长"，终不得其请③。不久即命倭仁入值上书房，"授惇郡王读"。后来，曾国藩也在私下里评论倭仁有"特立之操"，然"才薄识短"④。显然，倭仁只是有学养道德的"君子"，曾国藩才有真正的"干济之才"。倭仁与曾国藩是两种不同类型的人，他们虽然都信守程朱理学，但是，从儒家传统的"内圣外王"标准来衡量，倭仁偏于"内圣"修身，曾国藩重于"外王"经世，他们正代表了晚清理学发展的两个路向：理学修身派，强调个体道德修养；理学经世派，注重建功立业⑤。

讲晚清理学当自唐鉴始。有人说："鉴之学虽无足称，然亦为开风气者，能于理学衰微不振之时，独树一帜也。"⑥ 对"鉴之学"如何评价，似还得作具体研究，可以肯定的一点是，唐鉴开启了晚清理学复兴的新风，在新的历史条件下，他提倡理学的复兴是要"守道救时"。关于"守道"，唐鉴著《国朝学案小识》，编制出一个严密的程朱理学道统传承体系，要"守"的就是这个承接孔孟的程朱理学道统。所谓"救时"，即经世，唐鉴说："今夫礼乐兵农，典章名物，政事文章，法制度数，何莫非儒者之事哉！"⑦ 然而，唐鉴本人"守道"有余而"救时"不足。或许可令唐鉴欣慰的是，他的门徒倭仁与曾国藩此后一为"守道"的主将，一为"救时"的重镇；是他们共同高举了

---

① 吴廷栋：《召见恭纪》，《拙修集》卷一，第4页。
② 何桂珍：《请特用诸臣疏》，《何文贞公遗集》卷一，第3页；倭仁传，《清史列传》卷四六，第3635页。
③ 《清实录·文宗显皇帝实录》（三），第33页。
④ 《能静居日记摘抄》，汪世荣编注《曾国藩未刊信稿》，第393页，附录二，北京，中华书局，1959。
⑤ 参见史革新《晚清理学研究》，第27页，台湾文津出版社，1994。史先生用"主敬派"指称前者，笔者以为，"主敬"仅是程朱理学的一种修养方法，为了与"经世派"相对而言，似不如用"修身派"为宜。
⑥ 萧一山：《清代通史》（四）卷下，第1961页，北京，中华书局，1986。
⑦ 唐鉴：《学案小识序》，《唐确慎集》卷一，第16页，四部备要本。

理学大旗，使程朱理学一度在咸同时期兴盛起来，蔚然形成一股潮流。

倭仁是理学修身派的代表，有人把他与唐鉴列为"纯粹理学家"[①]，即理学的正统派。所谓正统的程朱理学，主要是一种道德实践哲学，倭仁正是如此。倭仁不仅自己注重道德心性修养，踏实做圣贤工夫，努力完善自己的道德理想人格，而且在社会上大力提倡，希望将社会上的人个个造就成儒家"君子"，他所编著的《为学大旨》主要是介绍为学做人的方法，正是为了这个目的。以倭仁为首的修身派，他们尊崇唐鉴提倡的"守道"宗旨，以程朱理学为惟一的"正学"，排斥其他一切学术流派，学术上的门户之见较深；同时，他们以维护程朱理学道统为己任，以为孔孟之道皆经程朱阐发无遗，只按程朱所说的去做，而不求理论上的创新，思想方法较为保守。正如倭仁所说："孔门大路，经程朱辨明后，惟有敛心逊志，亦趋亦步去，知一字行一字，知一理行一理，是要务。"[②] 这样，在中西文化冲突过程中，理学修身派会很自然地成为保守派的代表。

曾国藩是理学经世派的代表。曾国藩治学较杂，不持门户之见，主张汉宋兼采，但就理学而言，主要的还是宗程朱，对王学稍有排斥。曾国藩未入理学之门前，曾与邵懿辰"谈及理学，邵言刘蕺山先生书，多看恐不免有流弊，不如看薛文清公、陆清献公、李文贞公、张文端公诸集，最为醇正"[③]。邵懿辰要曾国藩不要看王学殿军刘宗周的书，而郑重地推荐正统的程朱理学家薛瑄、陆陇其、李光地、张伯行，这对曾国藩理学宗向的取舍应该是有一定影响的。不久之后，曾国藩正式向唐鉴问学，唐鉴明确地告诉他"当以《朱子全集》为宗"[④]。从此便打下他的程朱理学的基础。日后他不时地对王学有所异议，从他的日记中可以看出来：道光二十四年六月十四日（1844年7月28日），"竹如来，与谈吴子序及弟王学之蔽"[⑤]。同治三年十月廿九日（1864年11月27日），"夜阅罗罗山《人极衍义》、《姚江学辨》等书，服其见理甚真，所志甚大，信为吾乡豪杰之士"[⑥]。同治十年五月十七日（1871年7月4日），阅孙奇逢《理学宗传》，认为其"偏于陆王之途，去洛闽甚远也"[⑦]。程朱理学虽然主要是一种道德实践哲学，但也不排斥"经济"。曾国

---

① 萧一山：《清代通史》（四）卷下，第1963页。
② 倭仁：《倭文端公遗书》卷四，第21页。
③ 《曾国藩全集·日记》（一），第50页。
④ 《曾国藩全集·日记》（一），第92页。
⑤ 《曾国藩全集·日记》（一），第204页。
⑥ 《曾国藩全集·日记》（二），第1072页。
⑦ 《曾国藩全集·日记》（三），第1861页。

藩作为程朱理学家,大大地发扬了唐鉴提倡的"救时"之旨,他很重视"经济"之学。当曾国藩向唐鉴问学时,唐鉴说:"为学只有三门:曰义理,曰考核,曰文章。考核之学,多求粗而遗精,管窥而蠡测。文章之学,非精于义理者不能至。经济之学,即在义理内。"曾国藩特别问了"经济之学":"经济宜何如审端致力?"唐鉴说:"经济不外看史,古人已然之迹,法戒昭然;历代典章,不外乎此。"①如唐鉴所言,在此之前,儒学内部一般只分为义理、考据、词章三门②,"经济"被包含在义理之内而没有独立的地位。只有到曾国藩,才把"经济"之学独立出来,将儒学"三门"发展为"孔门四科"。他说:"为学之术有四:曰义理、曰考据、曰辞章、曰经济。义理者,在孔门为德行之科,今世目为宋学者也;考据者,在孔门为文学之科,今世目为汉学者也;辞章者,在孔门为言语之科,从古艺文及今世制义诗赋皆是也;经济者,在孔门为政事之科,前代典礼、政书,及当世掌故皆是也。"③ 所谓"经济",即是经世之学。关于经世的内容,曾国藩说:"天下之大事宜考究者凡十四宗:曰官制、曰财用、曰盐政、曰漕务、曰钱法、曰冠礼、曰昏礼、曰丧礼、曰祭礼、曰兵制、曰兵法、曰刑律、曰地舆、曰河渠。"④ 显然,曾国藩所关注的已不仅仅是个体心性道德修养,恐怕更重要的是这些国家政事。关于经世的方法,曾国藩认为主要是"学礼",他说:"古之学者,无所谓经世之术也,学礼焉而已。"⑤ "古之君子之所以尽其心、养其性者,不可得而见;其修身、齐家、治国、平天下,则一秉乎礼。自内焉者言之,舍礼无所谓道德;自外焉者言之,舍礼无所谓政事。"⑥ 有人说,曾国藩这种"以礼经世"的思想是"经世理学之新方向"⑦。无论如何,以曾国藩为首的理学经世派,更多地关注了现实社会,提倡了一种务实的精神,能对具体的社会政治问题做出较为积极的回应。他说:"前世所袭误者,可以自我更之;前世所未

---

① 《曾国藩全集·日记》(一),第92页。
② 据考证,这种三分法本于北宋理学家程颐,清代学者最先正式提出者为戴震,同时姚鼐与章学诚各有发挥。参见余英时《清代学术思想史重要观念通释》,《中国思想传统的现代诠释》,第270~281页,南京,江苏人民出版社,1995。
③ 曾国藩:《劝学篇示直隶士子》,《曾国藩全集·诗文》,第442页。
④ 曾国藩:《曾文正公全集·求阙斋日记类钞》卷上,第50页,光绪二年传忠书局刻本。
⑤ 曾国藩:《孙芝房侍讲刍论序》,《曾国藩全集·诗文》,第256页。
⑥ 曾国藩:《笔记二十七则·礼》,《曾国藩全集·诗文》,第358页。
⑦ 陆宝千:《清代思想史》,第419页,台湾广文书局,1978。陆先生在该书第八章"晚清理学"第四节详细阐述了曾国藩的"以礼经世"思想。

及者，可以自我创之。"① 因此，在中西文化接触后，他们能部分地或有限度地吸收接纳西学，进而举办向西方学习的洋务运动，这是理学修身派的倭仁们所不及的。

如果说，理学修身派的根本目的是"守道"，其实，理学经世派的最终目的同样是"守道"。只是前者是为"守道"而"守道"，方法与目的合而为一，因而趋向保守；后者则方法较为灵活，能因时制宜，知权达变，所以显得相对开明。下面将要分析的"同治中兴"为此提供了一个典型的例证。

"同治中兴"是一个非常复杂的课题，本文无意作具体的专题研究，只是试图考察倭仁与曾国藩所充当的角色地位，并以此来观察理学如何回应晚清社会所面临的内忧外患的历史环境的挑战，从而为理解中国的早期近代化问题提供一点帮助。

据现在所见史料，"同治中兴"一词的最早出现，当是光绪元年（1875）陈弢所编《同治中兴京外奏议约编》一书的书名。在该书的《叙》中，陈弢阐述"同治中兴"的含义是指清王朝在同治时期的复兴。他说："穆宗毅皇帝冲龄嗣服，躬遘殷忧，上赖七庙眷佑之灵，入禀两宫思齐之教，卒能削平僭伪，绥靖边陲，伟烈丰功，为书契以来所罕觏。"但是，书中具体的内容则较为庞杂，不仅有军事方面的，还有吏治、刑典、亩捐、商税、漕运、盐务、水利、文教多方面。尤其值得注意的是，卷五还编进了恭亲王奕䜣奏请增开天文算学馆的奏折《酌议同文馆章程疏》和御史张盛藻的《请同文馆无庸招集正途疏》，表明编者已将"自强新政"的某些内容纳入到"同治中兴"之中，这自然标明了"同治中兴"与历史上的"中兴"的极大不同之处。

"中兴"的本义只是王朝从内乱中复兴，但是，"同治中兴"的背景不仅有内乱，而且有外患。因此，有人把它与唐代的中兴相类比，但是也发现两者其实是不同的："唐肃宗曾从中亚的回鹘人那里取得援助，同治初期的清朝也同样得益于西方'夷人'直接和间接的援助。唐朝虽然能指望用中国的优越文化去威慑甚至同化异族援助者，可是19世纪中国面临越海而来的外国人，他们不但不能被同化，而且拥有比中国自己的文明还要高明的物质文明。"② 的确，同治时期，中国早已失却文化上的优势，反而深受先进的西方文化的"威慑"甚至攻击。在这种全新的历史文化背景下，"同治中兴"既有"王朝复兴"的本义，又有"自强新政"的新义，从而具有双重含义。

---

① 曾国藩：《曾文正公全集·求阙斋日记类钞》卷上，第50页。
② 参见费正清编《剑桥中国晚清史》上卷，第459～460页，北京，中国社会科学出版社，1985。

就"王朝复兴"来说,在同治时期的"王朝复兴"过程中,理学修身派与经世派都有积极的作用。首先,以倭仁为代表的理学修身派倡明正学,以维系人心风俗,这是一种无形的力量。同治初年,理学修身派的代表人物倭仁、李棠阶、吴廷栋等人立朝辅政,时人寄予厚望。方宗诚在给"蒙特旨召起"出任都察院左都御史的罗惇衍上书,希望他与倭仁、李棠阶"共讲明孔孟程朱之学,凡属吏门生进见,皆谆谆劝以读四书五经及宋五子之书以为根本"①。曾国藩致函吴廷栋称:"阁下与诸君子穆穆在朝,经纶密勿,挽回气运,仍当自京师始。"② 倭仁等人"晚遭隆遇",感恩戴德,竭尽衷诚,不负所望。李棠阶入朝不久,即与倭仁"商酌","拟陈时政之要四条:一端出治之本,一振纪纲之实,一安民之要,一平贼之要","以期致治戡乱"③。吴廷栋在同治三年平定太平天国时仍然大谈"君心敬慎"问题。他说:"万方之治乱在朝政,百工之敬肆视君心。"其疏受到"优诏嘉纳",并被陈于弘德殿,"以资省览"④。倭仁称赞其疏为"陆宣公以来有数文字也"⑤。倭仁为同治帝师,更是努力以"正学"辅导圣德。他将自己所辑《帝王盛轨》与《辅弼嘉谟》进呈,被钦赐名《启心金鉴》,并陈于弘德殿作为同治帝读书的教材。同时,倭仁又为翰林院掌院学士,他亲立《翰林院条规》,要求翰林们"崇尚正学"。对倭仁在朝的意义,时人以为:"但得先生一日在朝,必有一日之益。"⑥ 后人评论说:"倭仁晚为两宫所敬礼,际会中兴,辅导冲主,兢兢于君心敬肆之间,当时举朝严惮,风气赖以维持。"⑦ 诚然,以倭仁为代表的理学修身派对"王朝复兴"的主要作用恐怕就是"维持风气"或维系人心。至于以曾国藩为代表的理学经世派的作用是很明显的,是他们武力镇压了太平天国、捻军及回民起义,挽救了垂死的清王朝。因此,从"王朝复兴"的角度看,理学修身派与经世派的目标是一致的,前者主要作用于文化思想与意识形态层面,后者主要作用于政治军事的实践与操作层面,同治时期的"王朝复兴"正是这种内外作用的结果。关于理学的这种作用,后人有论说:"其在道光时,唐鉴倡学京师,而倭仁、曾国藩、何桂珍之徒相从讲学,历有年

---

① 方宗诚:《上罗椒生先生》,《柏堂集外编》卷六,第8页,《柏堂遗书》第48册。
② 曾国藩:《复吴廷栋》,《曾国藩全集·书信》(六),第4141页。
③ 李棠阶:《李文清公日记》第16册,同治六年五月十五、十六、十七日;《条陈时政之要疏》,《李文清公遗书》卷一,第1页,光绪八年刻本。
④ 《吴廷栋传》,《清史稿》卷三九一,第11741~11742页。
⑤ 方濬师:《吴侍郎奏疏》,《蕉轩随录续录》,第77页,北京,中华书局,1995。
⑥ 此为倭仁同年朱兰(久香)语,见吴廷栋《寄倭艮峰中堂书》,《拙修集》卷九,第36页。
⑦ 《清史稿》卷三九一,第11743页,《论》。

数。罗泽南与其弟子王鑫、李续宜亦讲学穷庐，孜孜不倦。其后内之赞机务，外之握兵柄，遂以转移天下，至今称之，则不可谓非正学之效也。"① 更有人说："海内人士论中兴功，金外首曾、胡，内推倭、李。"② 这些论说较为全面地反映了同治时期"王朝复兴"中理学的重要意义。

就"自强新政"而言，"自强新政"即通常所说的洋务运动，这是在"王朝复兴"过程中兴起的"师夷长技"的具体实践活动，其最终目的无非是恢复和维护传统社会秩序与政治秩序。虽然理学修身派与经世派对于"王朝复兴"的目标是一致的，但他们在"自强新政"的态度上则互有歧异。其实，也正是这种歧异而显示出理学与近代化关系的复杂性。

曾国藩等理学经世派所倡导的"自强新政"，使儒家传统的经世思想在新形势下增添了新内容，具体表现为部分地吸收或有限度地接纳西方文化，主要是学习西方近代科学技术。他们之所以有如此较为开放的心态，是由主客观两方面的因素决定的。就客观环境而言，自鸦片战争以来，随着西力东侵而来的西学东渐，西方文化（主要是科学技术）较大规模地输入中国，使中国社会发生了深刻的变化。尤其是太平天国运动的兴起，对中国传统文化是一巨大的冲击。面对如此急剧变化的新形势，理学经世派再也不能固守儒家传统的经世方略，不得不因时制宜地增加西学的新内容。就主观条件来说，理学经世派人物在具体的实际工作中，通过直接或间接地与外国接触，逐渐体验到西方科学技术的先进优越之处，由于他们大都担负着实际的工作，负有具体的责任，因而他们都很务实，能够重视西学的实用价值，并用实用主义的态度加以吸收与接纳，以为自强事业服务。可以说，"自强新政"就是儒家传统的经世致用思想与西方近代科学的实用理性精神初步结合的产物。这一点在曾国藩身上已经有了较为明确的体现。关于曾国藩认识与吸纳西学的开放心态，这里仅简单地提示两点：首先，曾国藩不仅继承了林则徐、魏源以来"师夷长技"的经世思想，明确地提出："师夷智以造炮制船，尤可期永远之利"③，而且将这种思想化为具体的实践活动。如曾国藩设立安庆内军械所，开始"仿造火轮船"④，在这里诞生了中国自制的第一艘木壳轮船"黄鹄号"。其次，曾国藩注重培养西学人才，不仅主张立足国内"开馆教习"，而

---

① 曾廉：《应诏上封事》，中国近代史资料丛刊《戊戌变法》第2册，第493页，神州国光社，1953。
② 《李时灿序》，见李棠阶《李文清公日记》第1册。
③ 曾国藩：《遵旨复奏借俄兵助剿发逆并代运南漕折》，《曾国藩全集·奏稿》（二），第1272页。
④ 朱孔彰：《中兴将帅别传》，第13页，长沙，岳麓书社，1989。

且主张派遣留学生出洋"远适肄业"。这一方面主要表现为对容闳"教育计划"的支持。有人说:"曾国藩用容闳,为其新事业最有关系之事,不特在当时与江南制造局,其于西学东来,实辟一途径。"① 诚然,曾国藩对容闳的支持,对于中国人了解西方文化并进一步向西方学习,确实具有"开新纪元"的意义。可见,从曾国藩有关"自强新政"的主张与实践来看,理学经世派对待西方文化持有较为开放的心态。

理学修身派则不一样,他们虽然也主张"自强",但是他们所谓"自强"的方法完全没有超出儒家道德论的范畴。倭仁主张改革风俗:

> 人性皆善,皆可适道,只为无人提倡,汩没了天下多少人才,实为可惜。倘朝廷倡明于上,师儒讲求于下,道德仁义,树之风声,不数年间,人心风俗,必有翕然丕变者。道岂远乎哉?术岂迂乎哉?②

吴廷栋主张培养君德:

> 某以中兴之机,必以慎选师傅养成君德为根本第一义,谓非艮峰先生莫称斯任,恒为能进言者婉转陈之,人每视为非救时急务,但此举得效须在十年以后,自非朝夕之计。③

李棠阶主张格正君心,同治元年(1862),他与倭仁"商酌"条陈时政,首论"端出治之本":

> 夫出治在君,而所以出治者在人君之一心。今海内沸腾,生灵涂炭,诚刻苦奋励之时也。臣窃谓刻苦奋励之实,不徒在于用人行政,而在于治心。治心之要,不徒在于言语动作,而尤在于克己。凡自私而惟便身图,自是而言莫予违,皆己也。欲克去之,必如大学之格物后己无所蔽,此心之义理明;必如大学之诚意而后无所容,此心之权衡自定。今皇上冲龄践祚,慎择师傅诚为切要之图。④

---

① 李鼎芳:《曾国藩及其幕府人物》,第61页,长沙,岳麓书社,1985。
② 倭仁:《倭文端公遗书》卷六,第13页。
③ 吴廷栋:《答洪琴西孝廉书》,《拙修集》卷九,第31页。
④ 李棠阶:《条陈时政之要疏》,《李文清公遗书》卷一,第1页。

显然,倭仁等理学修身派仍然坚信儒学的现世价值。理学修身派向来以理学正统自居,而理学经世派倡导"自强新政",有限度地吸纳西学,这自然是对理学正统的有力挑战,因而受到倭仁为首的理学修身派的反对。在这方面,倭仁对同文馆增开天文算学馆的反对是一个典型的例证。笔者没有发现倭仁反对设厂造炮制船的材料,只有一条倭仁反对开矿的材料,他在《答心农弟》中说:"开矿有害无利,何以当道必欲行之?吾弟拼著一官,不为地方留害,所见极是。然具利害是非委婉以陈,亦未必不见听也。"① 另外,有记载说倭仁反对派留学生出洋,"曾国藩送学生留美,倭仁复阻之,然不送诸生举贡,亦卒如其议"②。倭仁是否反对派遣留学生,没有更充分的材料证明。但是,倭仁曾经反对同文馆增开天文算学馆,主要是反对"奉夷为师",担心"变夏于夷",而留学生出洋,将在国外生活十几年,这不更是"变夏于夷"吗?倭仁的反对自在情理之中。可见,倭仁出于对儒家传统价值体系的维护,再加上对外部世界的隔膜无知,他对西学东渐持有抗拒的保守心态。正如《清史稿》作者的评论:"惟未达世变,于自强要政,鄙夷不屑言,后转为异论者所藉口。"③ 戊戌时期梁启超鼓吹变法维新时就曾竭力抨击倭仁"误人家国,岂有涯耶!"④

可见,就理学与近代化的关系而言,理学经世派所倡导的"自强新政",对中国的近代化运动的拓展,是起到促进作用的,然而却遭到了理学修身派的反对。这表明在中国近代化进程中,来自理学自身的内在限制是多么严重。

关于近代化的研究问题,是一个非常复杂而又颇具魅力的课题。近代化最早发源于西欧社会,并很快影响到世界其他国家与地区。因此,西欧以外的其他国家与地区的近代化问题,便主要是本土文化传统与近代化的关系问题。就儒学传统与近代化的关系而言,历来学界争论不休,歧见互出,五四时期的新文化人与东方文化派针锋相对,马克斯·韦伯与现代新儒家也各持一

---

① 倭仁:《答心农弟》,《倭文端公遗书》卷八,第21页。
② 李时灿:《倭仁传》,《中州先哲传》卷七,第23页。另有一则野史笔记材料类似:"初派学生出洋及入同文馆学习,曾文正谓应多派举贡生监,倭仁端谓举贡生监岂可使学习此等事,卒如倭议。"(《清人逸事·倭文端守旧》,《清朝野史大观》(三),卷七,第108页)这其中有明显的史实错误。关于选派留美学生,根据容闳的"教育计划",只是12~14岁的幼童(《西学东渐记》,第122页,长沙,岳麓书社,1985)。曾国藩等人的奏折称"幼童年十三四岁至二十岁为止,曾经读中国书数年……稍通中国文理者"(《拟选子弟出洋学艺折》,《曾文正公全集·奏稿》卷三〇,第42页)。两者都没有提到"举贡生监"名目。
③ 《清史稿》卷三九一,第11743页,《论》。
④ 梁启超:《变法通议·论科举》,《饮冰室合集》文集之一,第30页,北京,中华书局,1989。

端。可见，儒学与近代化的关系的确很复杂，要想做出任何一种结论似乎都能找到一些事实根据，而各种结论可能彼此对立、互相矛盾。因此，现在要想做出一个简明的圆满的答案恐怕还相当困难，这将是一个恒久的研究课题。这里所探讨的中国早期近代化问题，只能为此提供一个观察的侧面。

从具体的历史事实来看，中国的早期近代化问题，主要是本土儒学传统（尤其是理学）对西学东渐的适应问题。在以上所分析的"自强新政"问题上，作为晚清理学两个发展路向的主要代表人物，倭仁与曾国藩的态度就颇有歧异。倭仁从固守传统的立场出发，完全拒斥西学，显然不可能适应近代化，这无疑可为马克斯·韦伯理论的一个有力例证；曾国藩则表现出相对较为开放的心态，主张有限度地吸纳西学（主要是西方近代科学技术），尽管这只是很艰难地迈出的一小步，但是却预示了一个新方向。有人说："苟曾文正公所倡'贯性型'的礼学传承不绝，则议会制度可为礼学所涵摄，西方之民主制度可与儒家心性之学相结合，中国之政治当可转一新境界。"① 这种假设颇近似现代新儒家的观点。问题是，倭仁与曾国藩对中国早期近代化运动的影响既是同时的，又是不同路向的，因而显得复杂起来。传统就像一柄"双刃剑"，它既可以为接纳西学走向近代辟路开山，又可以用来作为抵挡西学抗拒近代化的坚实壁垒。倭仁与曾国藩正是从不同的角度展示了这柄"剑"的不同功效。可见，理学与近代化的关系并不是那么单一的，至少应是双重的，既有相容的一面，也有相冲突的一面。其实，正是这两个方面的相互制约，对中国近代化的进程发生了重要的影响。

总之，中国文化具有悠久深厚的历史传统。作为一个大文化系统，精华与糟粕兼而有之，并不是绝对的保守封闭，也不是绝对的进取开放，而是具有保守性与开放性的双重特性。在与异文化系统相接触时，前者更多地表现出对异文化的排拒，而以维系其自身的稳定；后者则表现为对异文化的兼容，从而促进其自身的发展。因此，在文化交往过程中，冲突与交融都是不可避免的。近代以来，面对西方文化的挑战，中国传统文化的前途与出路显得非常微妙，完全固守传统显然已是不可能，而所谓"西化"与"化西"，似乎也不那么容易，因为其自身的内在限制，实在是难以超越的。

(作者单位　中国社会科学院近代史研究所)

---

① 陆宝千：《清代思想史》，第435页。

魂归何处？
——梁启超与儒教中国及其现代命运的再思考

黄克武

一 前言：从列文森"儒教已死"的辩论谈起

在美国汉学界已故的加州大学柏克莱分校教授列文森（Joseph R. Levenson，1920~1969）有"莫扎特式的史学家"之美名，他于20世纪50~60年代出版了一系列的作品，探讨近代中国知识分子的思想特征，并由此而反省"儒教中国及其现代命运"的重要课题①。他的作品企图描写近代中国知识分子如何适应中国从"天下"转变为"国家"，书中环绕着"儒教已死"的观点，提出了三个比较重要论点。首先，他认为近代中国知识分子呈现理智与情感的断裂，一方面在情感上依恋传统，另一方面则认识到，传统文化只具有"博物馆"中的典藏价值（有如埃及的木乃伊），因而在理

---

① 不但包括从文化来的、根深蒂固的思想模式或价值取向，也包括时代的意识形态。那么我们不得不承认墨子刻所指出的"思想本质的悖论性"：观念化道理之时，人类的思想规矩结合了从历史某一个时代、某一个文化继承的范畴，与一种针对普遍性问题的思考能力。这个悖论可能是人类最后能够把握的实在或本体。如此一来，我们与其争辩说"五四"是启蒙，或说新儒等反"五四"的思想是启蒙，或是认为启蒙具有内在的冲突与张力，还不如说"张力"的本身，亦即"五四"与反"五四"两方面的辩论，让思想界所产生创造性的对话场域与自觉反省的精神，才是现代中国的启蒙。Joseph R. Levenson, *Liang Ch'i - ch'ao and the Mind of Modern China*, Cambridge: Harvard University Press, 1965 [1953]. 中译本：列文森著，刘伟、刘丽、姜铁军译《梁启超与中国近代思想》，成都，四川人民出版社，1986。Joseph R. Levenson, *Confucian China and Its Modern Fate: A Trilogy*, Berkeley: University of California Press, 1965 [1958]. 中译本：列文森著，郑大华、任菁译《儒教中国及其现代命运》，北京，中国社会科学出版社，2000。

智上全心拥抱西方文明。这样一来，在"历史"与"价值"的张力之下，近代中国知识分子内心表现出强烈的撕裂感以及认同危机。他认为中国知识分子在内心深处感到："我们所熟悉的正是我们决定抛弃又不忍抛弃的，而我们极生疏的又是我们刻意获取但却无法获取的"，所以两方面都落空而感到躁动不安。

列文森以张之洞与梁启超两人对儒家传统的态度来说明此一变迁。他认为张之洞的"中体西用"论显示他是一个绝对主义者，深信儒学的普遍价值，可以藉此来安身立命，并吸纳西方科技，为体所用；然而其后的知识分子，如梁启超在民国初年于《大中华》上提出"坚守国性，国家不亡"，却是从文化相对主义与浪漫主义的原则，来肯定传统的。后者的肯定"不是对儒学的基本信仰，而是对承认信仰之需要的信仰"①。换言之，对他们来说传统只剩下手段与情感上的意义，成为联结自己与其同胞的纽带，从而为实现民族存在的终极意义服务。

其次，上述的论点是奠基于对东西文化的此消彼长，传统儒教文明将为具普遍价值的西方现代文明所吞噬的一种悲观想像之上。列文森受到韦伯（Max Weber）的影响，认为现代文明是一个专业化、理性化、以科技为主的文明，这一个以西方、工具性理性为主的价值，终将取代具有人文精神的儒家传统。所以中国儒教如西方的基督教、犹太教等精神文明一样，将逐渐被人遗忘，并随着工具性理性的极度发展，被卷入一个试图宰制环境却终至丧失个人自主性的"铁牢笼"②。对他来说，儒家的现代命运是一个逐渐步向死亡，而成为博物馆展览品的悲剧。在列文森有关梁启超思想一书的结论部分，他说梁启超在情感上牵系传统，但在理智上却疏远传统，中国传统最终是因为他们这一代知识分子的疏离，而走向覆亡③。

第三，列文森上述对儒教中国现代命运的悲观的描述和中国知识分子一种乐观、高远的文化理想交织在一起。他指出中国国家主义的特殊性在于它所环绕的问题不完全是民族危亡，而是中国在世界上遭到"边缘化"的命运。中国知识分子不但希望与西方分庭抗礼，而且要求"驾于欧美之上"，而无法忍受中

---

① 墨子刻：《序》，黄克武著《自由的所以然：严复对约翰弥尔自由思想的认识与批判》，第6页，台北，允晨文化实业股份有限公司，1998。

② 杜维明曾敏锐地指出列文森的犹太教的背景，使他将危机感投射到中国，因而更深沉地感受到儒教覆亡的命运。杜维明：《现代精神与儒家传统》，第300~301页，北京：三联书店，1997。

③ Joseph R.Levenson, *Liang Ch'i-ch'ao and the Mind of Modern China*, p.219.

国不再居于世界文明的核心地位。他非常犀利地看到近代中国的意识形态与自身国际地位之间的关联。的确，20世纪中国思想界的一个共识是认为"天下"应该是一个贤人在位的世界，而中国必须是世界核心的一个部分。如此一来，近代中国的国家主义与20世纪植根于传统的乌托邦思想有所关连[1]。事实上，20世纪许多中国知识分子，后来接受马克思主义，即出于此一信念，他们相信马克思主义可以使他们一方面卑屈地学习西方，同时又可以超越西方具有局限性的"现代"。列文森在这方面的贡献不应受到忽略[2]。

列文森的观点与20世纪50、60年代的时代背景有密切的关系。他不但直接受到韦伯式现代化理论的启发，而且与"五四"反传统思想家如胡适、鲁迅、陈独秀等人的看法血脉相连。诚如罗志田所指出的：列文森有关博物馆的比喻很可能受到清末民初，尤其是五四运动至北伐前后，中国知识分子如吴稚晖、钱玄同等人"把中国传统送进博物院"之"主观愿望"的影响[3]。然而不容忽略的是清末民初知识分子激烈地扬弃传统的主观愿望，并未实现。尤有甚者，根据唐君毅的自述与林毓生与王汎森的分析，这种愿望本身也具有传统的根源[4]。如此一来，列文森只把历史人物的主观愿望投射为一种"客观"的历史解释，而没有体认到传统与反传统之间的复杂而纠结的关系，以及传统文化所具有的深刻影响。

列文森的观点一方面与"五四"反传统思想相呼应，另一方面则与较温和、保守的知识分子，如萧公权（1897～1981）的看法截然不同。1964年萧公权在为张朋园著《梁启超与清季革命》一书写序时认为列文森上述的看法乃"捕风捉影、弄巧成拙"[5]。这可能是中国学界对列文森理论最有名、也是

---

[1] 墨子刻：《序》，黄克武著《自由的所以然：严复对约翰·弥尔自由思想的认识与批判》，第6页。

[2] 参见注[1]。Thomas A. Metzger, "'Transcending the West': Mao's Vision of Socialism and the Legitimization of Teng Hsiao-p'ing's Modernization Program," part of the series Hoover Essays, published by The Hoover Institution on War, Revolution and Peace, 1996.

[3] 见罗志田《送进博物院：清季民初士人从"现代"里驱除"古代"的倾向》，《裂变中的传承》，第91～130页，北京，中华书局，2003。

[4] 唐君毅在描写民初学风的时候，注意到"五四"反传统思想与晚清今古文学派之间的连续性，他说胡适、钱玄同与陈独秀"初看起来好象是由新文化运动来的，其实都不是，是从清末章太炎、康有为来的。他们一方面推崇孔子，尊重中国从前的经书，另一方面是开始了后来的怀疑经书，反对孔子的思想"，见《民国初年的学风与我学哲学的经过》，《生命的奋进》，第40页，台北，时报出版公司，1984。林毓生：《中国意识的危机》，贵阳，贵州人民出版社，1988；王汎森：《古史辨运动的兴起》，台北，时报出版公司，1987。

[5] 《萧公权先生序》，张朋园著《梁启超与清季革命》，台北，中央研究院近代史研究所，1964。

最严厉的一个批评。萧公权没有详细地说他为何反对列文森,但这无疑地牵涉他对"五四"反传统运动的反感。余英时曾引用萧著《问学谏往录》的史料指出:"萧公权的父母早逝,却受大家族制度之惠,由伯父母等抚育成人,他当然不能赞同'打倒孔家店'的偏激论调。"① 再者,如果我们比较列文森有关梁启超思想的书与萧公权《中国政治思想史》中梁启超一章,可以很清楚地了解到萧公权对梁任公的描述与列文森截然不同。萧公权认为任公是一位"开明之爱国者,温和之民治主义者,稳健之自由主义者","其对近代西洋民治理论之阐发,则不乏真知灼见";任公对于中国传统也有真切的体认,并抱持批判的态度,所以萧公权说:

> 梁氏认为孔子为中国文明之代表。"吾国民二千年来所以能抟控为一体而维持于不弊,实赖孔子为无形之枢轴。今后教育社会之方针必仍当以孔子教义为中坚。"然而尊孔子者非迷信孔子之谓。以今日之眼光观之,"孔子之言亦有不切实而不适宜者。"吾人当分别精粗,择善而从,然后孔教之发扬光大可预期也。②

这一观点与萧公权本身对孔子思想乃至固有文化所采取的态度十分类似③。所以对萧氏来说,梁任公对传统的态度不是对"一个僵死文明的情绪性反应",而是理性反省下的明智抉择。因此无论是他个人的经验或他从阅读梁启超所认识到中国近代的思想变迁,都与列文森所述不合。

除了萧公权之外,20世纪70年代以来批评韦伯式的现代化理论与"五四话语",因而不同意列文森的人越来越多④。柯文(Paul Cohen)在《从中国发现历史》一书中将之与芮玛丽(Mary Wright)、费维恺(Albert Feuerwerker)等人同样归于"传统—现代"二元对立的模式,并精简地陈述美国汉

---

① 余英时:《现代儒学论》,第4页,上海,上海人民出版社,1998。
② 萧公权:《中国政治思想史》,第803、821~822页,台北,联经出版事业公司,1982。
③ 萧公权:《孔子政治学说的现代意义》,《迹园文存》,台北,环宇出版社,1970。他亦说"我相信中国文化和西洋文化都有优点和缺点。我们要用虚心的批判态度同时去检讨中西文化",《问学谏往录》,第70页,台北,传记文学出版社,1972。
④ 顾昕:《中国启蒙的历史图景:五四反思与当代中国的意识型态之争》,香港,牛津大学出版社,1992。黄克武:《"五四话语"之反省的再反省:当代大陆思潮与顾昕的〈中国启蒙的历史图景〉》,《近代中国史研究通讯》第7期(1994)。

学界如何超越此一模式①。大致上，从20世纪70年代开始，列文森的理论受到多方面的批判与反省。相对于列文森所看到西力的冲击、传统与现代的断裂，以及中国传统只具有博物馆的价值，而历史文化传统终将被人所遗忘，从张灏的《梁启超与近代中国思想的过渡》与墨子刻（Thomas A. Metzger）的《摆脱困境》以来，有越来越多的学者注意到中国传统中连续性的一面，并反驳列文森所说的不连续性②。张灏以为梁氏肯定传统不完全是因为情感的因素，而且也是由于他认为固有文化有其价值，例如梁启超仍然肯定来自儒家传统的私德。墨子刻在《摆脱困境》一书中，则更深入讨论现代中国动力的起源问题，他不同意儒家已死，也不认为近代中国革新的动力源自于中国模仿西方的"普罗米修斯精神"（Promethean spirit），他强调此一动力与儒家传统的一些根本预设有密切关联。近代中国思想的一个主轴是以西方的新方法来实现植根于传统而长期以来未能实现的目标，以摆脱长期存在的困境。"中国人之所以接受西洋方式，并非因其乃是与儒家传统矛盾的东西才接受。他们之所以热心的采行西洋方式，主要乃因他们将西洋方式视作在达到传统目标而久受挫折的奋斗中，能够预示一种突破的新手段。"墨氏指出早期现代化提倡者并非全盘接受西方思想，而是对中西均有所取舍。他们所拒绝的西方思想主要是与固有共同体理想相冲突的个人主义，以及与传统绝对道德信仰相冲突的西方哲学上的怀疑论③。

在中文学界也有学者呼应他们的观点。例如吕实强与王尔敏都强调近代中国自强、维新思想的动力主要来自儒家传统④。又如王汎森从晚清思潮的内部变动，特别是汉学的瓦解，所导引出汉宋调和论与今文学的兴起以及新学术典范的出现，来看中国传统内在的肌理如何与外在刺激冲撞、交融，因而衍生出波澜壮阔的变化。再者，王汎森认为近代中国知识分子也不再如列

---

① Paul Cohen, *Discovering History in China: American Historical Writing on the Recent Chinese Past*. New York: Columbia University Press, 1984.
② Hao Chang, *Liang Ch'i-ch'ao and Intellectual Transition in China, 1890～1907*, Cambridge, Mass.: Harvard University Press, 1971. Thomas Metzger, *Escape from Predicament: Neo-Confucianism and China's Evolving Political Culture*, New York: Columbia University Press, 1977.
③ 墨子刻、马若孟合著，刘纪曜、温振华合译《汉学的阴影：美国现代中国研究近况》，《食货月刊》第10卷第10期（1981）。黄克武：《墨子刻先生学述》，《清华大学学报（哲学社会科学版）》第16卷第6期（2001）。
④ 吕实强：《儒家传统与维新》，台北，1976。王尔敏：《晚清政治思想史论》，台北，华世出版社，1976。

文森所述具有"精神分裂"般的断裂,而是依赖对中西思想资源的重新诠释,或是经世济民,或是努力建立"学问之独立王国",以脱离政治的束缚,并解决精神世界之危机。这样一来,在近代中国儒家文化不是一个僵硬而垂死的整体,它不但具有地域、阶层、流派的多元性,也各自以强劲的生命力,历经曲折而蜿蜒的发展[①]。深受儒家文化熏陶的知识分子也都认识到"中国与西方并非两个互相排斥的整体,而是各代表着一个思想上复杂的选择机会"[②],在此一选择之中,不少中国知识分子乐观地相信,以儒家思想为核心的中国绝不会灭亡,而且未来中国人有机会可以结合中西的优点,而再创造出一个新的文明。总之,人们逐渐认识到传统中国中儒家的价值不是停滞或死亡的,不是集体主义的与权威主义的,也不必然与科学精神、民主制度或对个人自由与尊严的尊重背道而驰。上述这种"列文森"与"反列文森"之间的论辩,可以帮助我们重新审视中国近代的思想变迁,特别有关国民性与国族主义等议题,并思索何谓"启蒙"。

二 "方死方生"抑或"更生之变"?

上述20世纪50、60年代以来中西学界对儒家文化的讨论,并非空穴来风,而是民初以来思想史上"五四"与"反五四"论争的延续发展,如果再往前推到晚清思想界,诚如拙著《一个被放弃的选择》与《自由的所以然》两书所企图勾勒的,谭嗣同与严复、梁启超的思想分别代表当时思想光谱中转化与调适的不同的类型。谭嗣同"冲决网罗"的想法是近代激烈主义的鼻祖;而严、梁的继往开来的观点则是保守、渐进思想之原型[③]。

在此要对拙著曾提到的"转化"(transformative approach)与"调适"(accommodative approach)做一说明。转化与调适的分析架构是由墨子刻所提出,他所谓的转化类型接近 Ernst Troeltsch 所说的"宗派型"(sect type)与钱穆所说的"经术派"的想法;而调适类型则倾向 Ernst Troeltsch 所说的"教会型"(church type)与钱穆所说的"史学派"的观点。近代中国的革命

[①] 王汎森:《中国近代思想与学术的系谱》,台北,联经出版事业公司,2003。
[②] Philip C. Huang, *Liang Ch'i-ch'ao and Modern Chinese Liberalism*, Seattle: University of Washington Press, 1972, p.161.
[③] 黄克武:《一个被放弃的选择:梁启超调适思想之研究》,台北,"中央研究院"近代史研究所,1994。黄克武:《自由的所以然:严复对约翰·弥尔自由思想的认识与批判》。

派倾向"转化类型",主张以一套高远的理想彻底改造现实世界,以达到"拔本塞源"的目的,他们多以为历史有两个阶段,一为完全成功的将来或当代的欧美社会,一为彻底失败的当代中国,而历史上成功的例子使他们乐观地相信理想终将实现。改革派则倾向所谓的"调适类型",以为不可只看理想而不顾现实,因此他们主张小规模的局部调整或阶段性的渐进革新,并反对不切实际的全面变革①。

转化与调适两个思想类型不但可以剖析晚清思想界,也可以帮助我们了解清末民初至20世纪末叶以来中国思想界的主要变化。随着帝国主义的侵略与社会达尔文主义在中国的传播,近代中国知识分子反复地讨论的几个问题包括:"东西文化孰得孰失,孰优孰劣?""中国究竟会不会亡国?"以及"国人应如何救国保种?"等②。

对于上述的问题,清末以来的思想界有两种主要的答案,一类是转化式的看法,认为"方死方生",中国人只有抛弃旧传统、拥抱新文明,中国国家、文化才能获得新生。陈独秀认为中西之间是对立的,接受西方就得唾弃中国。这时放弃传统仍是一个尚未完成的目标(即上文所说"主观愿望")。至1933年,胡适在芝加哥大学演讲"儒教的使命"("The Task of Confucianism")时曾说:"何铎斯博士在演说的末尾说:'儒教已经死了,儒教万岁!'我听了这两个宣告,才渐渐明白——儒教已死了——我现在大概是一个儒教徒了。"他所要强调的是儒学已亡,而儒学的死亡是使儒学具有新生命的开始③。平心而论,这还是一种主观愿望,但对胡适来说,儒教的死亡显然已经不是目标,而是"事实"。此一中国近代思想史上的转化路向,钱穆描写得最好。他说:这些学者"好为概括的断制。见一事之弊,一习之陋,则曰吾四万万国民之根性然也,一制之坏,一说之误,则曰吾二千年民族思想积迭然也"④,"于是转而疑及于我

---

① 有关墨子刻"转化与调适"之分析架构散见该氏的著作,尤其见 Thomas A. Metzger, *The Internal Organization of Ch'ing Bureaucracy: Legal, Normative, and Communication Aspects*, Cambridge: Harvard University Press, 1973; *Escape from Predicament: Neo-Confucianism and China's Evolving Political Culture*。
② Frank Dikotter, *The Discourse of Race in Modern China*, Stanford: Stanford University Press, 1992, p.70.
③ 何铎斯博士是 Dr. Hodons, 胡颂平编著《胡适之先生年谱长编初稿》第4册,第1165页,台北,联经出版事业公司,1984。余英时:《现代儒学的困境》,《现代儒学论》,第233页,上海,上海人民出版社,1998。
④ 钱穆:《国学概论》,第188页,台北,商务印书馆,1983。

思想家与近代中国思想

全民族数千年文化本源,而惟求全变故常以为快"①。反传统主义者、全盘西化论者与科学主义者多半抱持这种观点。此一观点也配合上述列文森的解释。

第二类答案则是调适性的"继往开来",或称为"更生之变"的主张。他们也看到中国文化缺失,却希望从传统之中,去芜存菁,融入西方文化的优点,走出一条再造文明的路。清末民初采取"调适性"思路的知识分子,与转化型学者一样,面对民族、文化存亡的生死战,而企望有所作为。如果借用余英时描写钱穆思想时所用的字眼,他们一方面相信传统文化不死,而且即使如反传统者所宣称的传统已经衰亡,他们则锲而不舍地要"为故国招魂",并期盼让"旧魂引生新魂"②。这一思路源于晚清梁启超求索"中国魂",与《新民说》中"采补"、"淬厉"并重的想法,以及严复"会通中西"的理论,尝试将儒、释、道的生活哲学,与西方自由、民主的生活方式与进化论的宇宙观、历史观等结合在一起。

值得注意的是针对中西文化分歧、合流的历史处境与会通中西的目标,严复、梁启超等调适型学者的思想在理论层面并不具有"两面性"(史华慈在《寻求富强:严复与西方》中所说的"Janus-faced")③,这个两面无论是指中与西、体与用、形上与形下、"价值理性"与"工具性理性"(韦伯意义之下),或科学与哲学,他们肯定中国伦理价值与涉及"不可思议"和"幽冥之端"的形上世界,同时也接受西方有关追求富强与民主的技术和制度安排。对他们而言,这几方面可以互补、融合,也都是建立一个理想的自由国度所不可或缺的。此一会通的信念也使他们不具有列文森所强调的理智与情感的分裂或所谓精神迷失、茫无归着。

上述"会通"的思路从清末士人追索"国魂"开始,至民国初年发展为学界挖掘"国性"、"国粹"、"立国精神"或"民族精神",并追求中国的精神文明与西方物质文明的结合。在一次大战之后,梁看到西方文明的危机,出版《欧游心影录》,而奠定此一观念之基础。任公所揭橥的新方案是:"我们国家有个绝大责任横在前途。什么责任呢?是拿西洋的文明,来扩充我的文明,又拿我的文明去补助西洋的文明,叫他化合起来成一种新文明。"④ 其具体的内涵是梁启超在《先秦政治思想史》结论部分所说的:他"确信"以先

---

① 钱穆:《国史大纲》,第29页,台北,商务印书馆,1975。
② 余英时:《钱穆与中国文化》,第19~29页,上海,上海远东出版社,1994。
③ Benjamin I. Schwartz, *In Search of Wealth and Power: Yen Fu and the West*, Cambridge, Mass.: The Belknap Press of Harvard University Press, 1979 [1964], p.105.
④ 梁启超:《欧游心影录》,第35页,台北,中华书局,1978。(《饮冰室专集》册10)

哲之理念为基础，可调和"精神生活与物质生活"和"个性与社会性"，由此而"拔现代人生之黑暗痛苦以致诸高明"①。

钱穆同样地看到近代中国学术界的核心议题是融通会合"民族精神"与"物质科学"②。他将这种变化称为"更生之变"："所谓更生之变者，非徒于外面为涂饰仿真，矫揉造作之谓，乃国家民族内部自身一种新生命力之发舒与成长。而胹启此种力量之发舒与成长者，自觉之精神，较之效法他人之诚挚为尤要。"③ 余英时对此一思路的阐释则是："面对西方文化的挑战，中国文化自不能不进行调整和更新，但是调整和更新的动力必须来自中国文化系统的内部。易言之，此文化系统将因吸收外来的新因子而变化，却不能被另一系统（西方）所完全取代。"④ 总之，在任公登高一呼之后，质疑反传统与科学主义（即科学万能说）的人越来越多，科玄论战中的"玄学派"、学衡派与孙中山的三民主义都配合此一思路。

从晚清到"五四"，调适性知识分子都以会通精神来阐释在西方文化的冲击之下，传统所具有的价值，也表明中国必定不亡的信念，然而其论证的基础却经历了一个重要的变化。在晚清主要是以"国民"来铸造"国魂"；至"五四"前后则强调"国性"、"国粹"、"立国精神"与"民族精神"。换言之，前者可以说是"政治民族主义"，后者则是"文化民族主义"。不过这两者只是侧重点上的区别，并非截然不同的两个阶段。反而，我们应视之为近代中国知识分子"为故国招魂"的延续性的发展，而且他们的想法一直具有影响力。拙见以为，1949年之后，源于港台并进一步扩散到中国大陆乃至世界各地（如美国波士顿）的新儒家思想，正是结合以上的两个阶段的思路，进一步地从"尽心知性知天"或"内在超越"等哲学性的内圣功夫，来证成民主、科学体制下的"新外王"。新儒家的努力不一定成功，但是他们对"五四"反传统思想与马克思主义的挑战则不容低估。尤其值得注意的是，这几个路向其实都可以在清末民初梁启超的思想之中找到原初性的探索，而形塑了20世纪思想界知识分子对"传统文化的现代意义"之讨论的基本方向。这样一来，任公在《清议报》、《新民丛报》与《国风报》上的言论，一方面带起了像胡适那样新学青年的革命精神，另一方面同时也为后来调适性知识分子继往开来的精神开拓了宽广的思路。

---

① 梁启超：《先秦政治思想史》，第182～184页，台北，中华书局，1973。
② 钱穆：《国学概论》，第189页。
③ 钱穆：《国史大纲》，第29页。
④ 余英时：《现代儒学论》，第179页。

三 铸造"国魂":晚清时期梁启超的"国民"思想

近代中国知识分子"为故国招魂"的志向,可以追溯到晚清戊戌变法失败后,中国思想界的发展。由于政治革新的幻灭,知识分子开始采取思想救国的路子。梁启超在戊戌政变之后流亡日本,创办《清议报》。诚如张佛泉所指出的,在这时期任公思想最重要的发展是在德国政治学者伯伦知理(Johann Caspar Bluntschli, 1808~1881)的影响下,形成了"国家"与"国民"的观念[①]。1899年梁启超在《清议报》第33期发表了两篇文章,一篇是《国民十大元气论(一名文明之精神)》,一篇是《中国魂安在乎》。在这两篇文章中,任公开始触及所谓现代国家之精神基础的问题。简单地说,任公追问中国在建立现代国家时,需要具有何种精神品质的现代"国民"。任公将此基础分别称为"国民之元气"与"中国魂"。他认为文明有"形质"面与"精神"面:"衣食器械者,可谓形质之形质,而政治法律者,可谓形质之精神,若夫国民元气……是之谓精神之精神。"任公指出"精神既具,形质自生","求文明而从精神入,如导大川,一清其源,则千里直泻,沛然莫之能御"。在这一篇文章之中,任公本来想写国民所需要的十大元气,后来只写了"独立论第一",其他的部分则不了了之。任公说"独立者何?不藉他力之扶助,而屹然自立于世界者也"。具有独立精神的是"国民"或"公民",不具者则是"奴隶"[②]。他后来所写的《十种德行相反相成义》,谈到独立与合群、自由与制裁、自信与虚心、利己与爱他、破坏与成立,很可能与"十大元气"的论旨有关[③]。

在同一期,任公又写了《中国魂安在乎》,这一篇和同期"自由书"专栏中前一篇《祈战死》相关,该文的主旨在歌颂日本军人的"武士道",亦即为国捐躯的尚武精神。任公发觉日本人的尚武精神源于"人民之爱国心与自爱

[①] 张佛泉指出根据伯氏的理论国家与国民乃一物之两面,相辅相成,不可或缺,均指人人参与其间,共同建立的政治共同体。因此国民乃一集体名词,与"国家"乃一而二与二而一之关系。张佛泉:《梁启超国家观念之形成》,《政治学报》第1期(1971)。亦参见沈松侨《国权与民权:晚清的"国民"论述,1895~1911》,《"中央研究院"历史语言研究所集刊》,第685~734页,73:4(2002)。郑匡民:《梁启超启蒙思想的东学背景》,上海,上海书店出版社,2003。
[②] 梁启超:《饮冰室文集》卷三,第61~65页,台北,中华书局,1983。
[③] 《饮冰室文集》卷五,第42~51页。

心"。他乃呼吁：

> 今日所最要者，则制中国魂是也。中国魂者何？兵魂是也，有有魂之兵，斯为有魂之国，夫所谓爱国心与自爱心者，则兵之魂也，而将欲制造之，则不可无其药料与其机器，人民以国家为己之国家，则制造国魂之药料也，使国家成为人民国家，则制造国魂之机器也。①

这两篇文章大致上触及了任公国民思想的两个面向，亦即独立自主的精神与为国捐躯的爱国心。对任公来说，这两方面是未来中国所需要的"国魂"中的重要组成部分，简单地说就是现代国民对国家的认同。

1902年任公再编辑《清议报》、《新民丛报》上他的文章，如《少年中国说》、《中国积弱溯源论》、《论国家思想》、《论进取冒险》等，加上伤心人（麦孟华，孺博，1874~1915）的《论中国今日当以竞争求和平》与《排外平议》两文，由上海冯镜如（1844~1913）所经营的广智书局出版，名为《中国魂》。这本书尤其凸显了任公"招魂"的志向。在该书序文之中，任公说：这一本书是为了"舒中国之症结，凿中国之沌窍，延中国之血脉，提中国之精神。他日钗拿人雄飞大地，即此其原动力也"，又说"乌虖！大和魂既翔于东方矣，中国如待招也。吾将起灵均于九原"②。值得注意的是，此书之中的"中国魂"一方面是以"新民德"为宗旨，因此包括《新民说》（如《论国家思想》、《论进取冒险》）上的文章，但也包括"开民智"的部分，亦即提供国民所需要的基本知识，如当时中国的人种、人数、宗教、地理状况、经济建设与对外关系等"中外大势"。

例如任公所"想象"的中国人种有（似乎也只有）以下的八种：汉种、通古斯种（即满种）、蒙古种、高加索种、马来种、土耳其种、西藏种、苗种。再者，书中列出的中国的宗教则有以下九种：儒教（以"忠恕"为宗旨）、道教（以"制欲养心"为宗旨）、佛教（以"脱俗离欲"为宗旨）、白莲教（以"激发民心，谋为不轨"为宗旨）、喇嘛教（以"结众联盟"为宗旨）、回回教（以

---

① 梁启超：《自由书》，第39页，台北，中华书局，1979。
② 《中国魂》序，饮冰室主人编辑《中国魂》，上海，广智书局，1902。"钗拿"即中国，任公或许想避免使用"支那"。根据Stefan Tanaka的研究，甲午战争爆发后，日本人好用含贬义的"支那"一名，"表示中国是保守不能自拔的扰乱之区，与作为现代亚洲国家的日本形成鲜明对照"，见Stefan Tanaka, *Japan's Orient: Rendering Pasts into History*, Berkeley: University of California Press, 1993, pp.3~4。孙隆基：《清季民族主义与黄帝崇拜之发明》，《历史研究》2000年第3期。"灵均"乃屈原。

"求长生说天道"为宗旨)、天主教(以"造世界"为宗旨)、耶稣教(以"救众生"为宗旨)、拜物教(以"崇拜自然物"为宗旨)。总之,全中国四万万人作为一个有魂的人种,即是由不同种族与宗教之人群所组成①。

其中最值得注意的是任公在思索"中国魂"时也提到其所需要的物质基础,他和后来的孙中山一样,非常强调铁路的重要性。他拟定了十多条铁路路线,并说"铁路者中国之血轮也,未有血轮已矣,而灵魂尚能依附者。此哀时客所谓铁路时代也"。这样一来,中国魂所代表的不但具有"魂"之比喻所具有的抽象意涵,也和凝聚此一精神的经济建设密不可分。

在铁路表之后,任公还附上了"历代革命军及割据国所凭借地理表",列了陈胜、吴广以降七十余领袖的姓名与根据地。这或许显示在1902年中国魂的想像之中,任公还欲掩弥彰地插入了"革命思想",这与他在访美之前所主张的"破坏主义"相互呼应。

其后,1902~1903年在《新民说》尤其是其中的《论尚武》一文,以及1904年在他所编辑的《中国之武士道》一书中,任公又延续探索上述《中国魂安在乎》一文中所提出的问题。但这时他不再感叹中国缺乏武士道精神,他反而在中国传统之中找寻"尚武"精神的渊源。在《论尚武》一文中,任公说"孔子固非专以懦缓为教者也,见义不为,谓之无勇,战阵无勇,斥为非孝,曷尝不以刚强剽劲耸发民气哉"②。在《中国之武士道》的凡例中任公又表示:"武士道者,日本名词,日人所自称大和魂,即此物也,以其名雅驯,且含义甚渊浩,故用之","本编采集春秋战国以迄汉初,我先民之武德,足为子孙模范者,以列传体叙次之,加以论评,以发挥其精神"。任公并希望这一本书可以成为青年学子的教科书③。

任公国民观念无疑地源于西方 citizenship 观念与日本明治之后国家主义之国民观。他的想法不但受伯伦知理之启发,也受到中村正直所译英国斯迈尔斯氏(Samuel Smiles,1812~1904)所著《西国立志篇》(*Self-help: With Illustrations of Conduct and Perseverance*)与弥尔(J.S.Mill)《自由之理》(*On Liberty*)④以及日本以吉田松阴为代表的"大和魂"、"武士道"的

---

① 值得注意的是任公也看到各宗教之间有内部的冲突,有些并与现实政权之间有矛盾(如白莲教)。
② 梁启超:《新民说》,第112~113页,台北,中华书局,1978。此一观点受康有为启发,所谓"孔教乃强立主义,非文弱主义",至少可以追溯到《论"支那"宗教改革》,《清议报》第20期(1899)。
③ 梁启超:《凡例》,《中国之武士道》,第1、2页,台北,中华书局,1978。
④ 郑匡民:《梁启超启蒙思想的东学背景》,第102~121页。

影响。他的国民观念不但强调国家认同的"形式的公民权"之层面,也具有重视国民应具有何种政治社会之权利的"实质的公民权"之层面①。

那么中国所需要铸造的国魂是否全由西方与日本引进呢?任公当然不以为然。诚如上述,对他来说中国所需要的爱国精神就是屈原与墨子的精神,而武士道在中国也有悠远的传统②。在谈国民的独立精神的时候,他说"独立者实行之谓也",也就是实现王阳明所谓的"知行合一"。再者,独立也指奋斗不懈,其实就是儒家所谓的"舍我其谁":

> 独立云者,日日以孤军冲突于重围之中者也。故能与旧风气战而终胜之。孔子曰,天下有道,邱不与易。孟子曰:当今之势,舍我其谁。独立之谓也,自助之谓也。③

由此可见任公借国民观念而铸造的中国魂,其中包含了来自西方的文明精神,同时也包含了固有的精神资源,而两者之间可相辅相成。

这样的想法一直贯穿于任公思想之中。在上述两篇文章出版之前,1897年,任公撰有《论中国之将强》(流亡日本之前,刊《时务报》第31册),认为中国物产富饶、人才充足、智力优越、勤劳朴实、擅长移民海外,他因此大声疾呼"中国无可亡之理,而有必强之道"④。1899年中,任公又撰写《论中国人种之将来》(《清议报》第19期),该文针对当时有人提出的"中国必亡论"与"保全中国"论,提出他的看法。任公乐观地说"二十世纪,我中国人必为世界上最有势力之人种"。这是因为中国人种有以下四个特质:"富于自治力"、"有冒险独立之性质"、"长于学问,思想易发达"、"民人众多,物产沃衍,善经商而工价廉,将握全世界商工之大权"⑤。

---

① 这是借用西方学者 Rogers Brubaker 所谓 formal citizenship 与 substantive citizenship 的区别。前者关心的焦点是国家认同的问题,后者则强调一个政治社群之成员所应享有之权利。引自沈松侨《国权与民权:晚清的"国民"论述,1895～1911》,第700页。
② 任公十分仰慕屈原,他在1922年曾于东南大学演讲"屈原研究",其中便赞美屈原"光荣的自杀",认为他的行为与作品"成就万劫不磨的生命,永远和我们相摩相荡"。《饮冰室文集》卷三九,第67页。
③ 梁启超:《国民十大元气论(一名文明之精神)》,《清议报》第33期(1899)。
④ 见该文,第2(上)～4(上)页。
⑤ 本文乃应日本《大帝国》杂志之邀而作,部分是针对日本读者。在此文之中任公对中国未来的乐观与希望和他对日本人与中日合作的期望有关。他同时也批评日人的排华思想。梁世佑:《从种族到民族:梁启超民族主义思想之研究,1895～1903》,第76～79页,台湾中央大学历史研究所硕士论文(2003)。

在 1903 年之后，任公对墨子学说与阳明思想的反复探究，也都是为了挖掘中国固有精神资源，找寻源于传统文化的"元神真火"。在 1903 年自美返国之后，在他所撰写的《论私德》中，提出正本、慎独、谨小等王学的德目，来铸造新民，正是《新民说》所揭橥"采补"与"淬厉"并重的具体展现①。接着在 1904 年的《子墨子学说》中梁氏则强调中国人有两个严重的缺点，一是自私自利，一是"命"的观念太强，因而不知自立自强，也缺乏西方冒险进取的精神。他觉得墨子的学说可以帮助国人解决这些问题。梁启超认为墨子以兼爱为中心的"利他主义"，可以帮助国人医治自私自利的毛病，了解到正确的群己关系。而墨家精神之中最让他感动的，就是由兼爱、明鬼观念而产生的"轻生死"、"忍苦痛"的精神，他认为"欲救今日之中国，舍墨学之忍苦痛则何以哉，舍墨学之轻生死则何以哉"②。换言之，在"新民"的理想之下，梁启超觉得传统儒家"杀身成仁"、"舍身[生]取义"的理想在实践之上有其限制性，"非学道有得者，不能切实体认，其平时养成之既甚难，其临事应用之抑亦不易，以故往往不能逮下"③。他认为如果要使每一个国民都变成儒家的君子，具备现代国家思想，至少必须也要仰赖像墨家那种宗教观念，才能让人们为一个群体的道德理想而超越生死，在关键时刻敢于为国捐躯④。总之，在《清议报》、《新民丛报》时期，任公努力地会通中西思想资源，以国民来建构国魂、充实中国人种，希望藉此能使国人屹然强力于天演界，而免于亡国与灭种的威胁。

四 "中国不亡论"与"国性"说：梁启超的"文化民族主义"及其影响

如果我们借用英国学者安德森（Benedict Anderson）的观念，认为"国家"与"文化"虽可能有各种形成的因素，但更重要的是依赖对共同体的"想象"，以界定其范围；他将此一现象称为想像，是因为在同一群体内的各

---

① 黄克武：《梁启超与儒家传统：以清末王学为中心之考察》，《历史教学》第 484 期（2004 年 3 月），第 18～23 页。
② 《饮冰室文集》卷三七，第 48 页。
③ 《饮冰室文集》卷三七，第 44 页。
④ 黄克武：《梁启超的学术思想：以墨子学为中心之分析》，《中央研究院近代史研究所集刊》第 26 期（1996），第 82～83 页。

个人不可能彼此完全认识,也不可能亲自去过所有的地方,或参与所有的事件,但是透过一种共同体的信念,可以"构造"出具有凝聚力(如同胞感与爱国心)的政治组织与文化群体①。就此而言,诚如上述,梁启超从晚清到民初经历了一个重要的变迁。梁启超在清末强调的是一种"政治性"的"国民想象",他借着结合中西思想,而建构以现代国民所形成的一个现代国家,企图在传统的根基之上思索中国作为政治体的未来。然而在民初,他更为强调中国之所以成为中国的"文化"想像,可称之为"文化民族主义"。他所提出的"中国不亡论"与"国性"的想法,都出于此一想象②。

诚如上节所述,任公在《时务报》与《清议报》阶段即曾提出"中国不亡论",但当时他的重点主要在于中国的"四万万同胞"之"人种"的不亡,此一人种的概念,与政治性的国家的概念是重迭的,同时也与他所提出来亚洲黄种人相依对外的"亚洲主义"结合在一起。然而,至1901~1902年之后,尤其是从《新民丛报》开始,任公转而强调"民族"一词,对他来说"民族"是"种族"加上"文化"③。由"民族"一词又进而产生"民族主义"的观念。梁启超从"人种论"转向以文化为中心的"民族主义"和法国社会心理学家吕邦(Gustave Le Bon,1841~1931)的国民心理学理论有关。吕邦等国民心理学家认为:民族国家必具共同的历史背景和国民心理,它的组成分子是所谓"心理的品种"而不是生物的品种④。如此一来,构成民族的重要成分不再是血统性的种族,而是历史与文化所构成的心理因素。

在《新民说》中,任公解释他所谓"民族主义",其中已透露出人种不是惟一的标准:

> 自十六世纪以来(约三百年前),欧洲所以发达,世界所以进步,皆由"民族主义"(Nationalism)所磅礴冲激而成。民族主义者何?各地同

---

① 见 Benedict Anderson, *Imagined Communities: Reflections on the Origin and Spread on Nationalism*, New York: Verso, 1983.
② 在近代中国,"国性"的讨论后来衍生为"国民性"与"改造国民论"等议题,见 Lydia H. Liu, "Translating National Character: Lu Xun and Arthur Smith," Translingual Practice: Literature, National Culture, and Translated Modernity——China, 1900~1937, Berkeley: University of California Press, 1996, pp.45~76。潘光哲:《近现代中国"改造国民"论的讨论》,《近代中国史研究通讯》第19期(1995)。
③ 梁世佑:《从种族到民族:梁启超民族主义思想之研究,1895~1903》,第94~100页。
④ Lung-kee Sun, "Social Psychology in the Late Qing Period," *Modern China*, 18:3, (1990), pp.235~262.

思想家与近代中国思想

种族，同言语，同宗教，同习俗之人，相视如同胞，务独立自治，组织完备之政府，以谋公益而御他族是也。①

任公认为民族主义之根源是一种"其国民独具之特质"，亦即是一种精神上、心理上的特质：

凡一国之能立于世界，必有其国民独具之特质。上自道德法律，下至风俗习惯文学美术，皆有一种独立之精神。祖父传之，子孙继之；然后群乃结，国乃成；斯实民族主义之根柢源泉也。②

对任公来说中国民族之所以长久存在，即是因为此一民族之特质：

我同胞能数千年立国于亚洲大陆，必其所具特质，有宏大高尚完美，厘然异于群族者。吾人所当保存之而勿失坠也。③

大约从1902年开始，任公开始多方面地阐释此一中国"特质"的具体内涵，并相信该特质可以与西方文化的优点结合在一起，从而保证中国不亡。他在1911年《国风报》（当年三至五月）上发表的《中国前途之希望与国民责任》，正是此一心态的反映④。这一篇文章是任公与友人汤叡（觉顿、明水，1878～1916）的对谈。该年二月任公与汤叡及长女令娴游台湾，在旅途之中两人日夜相对，讨论国事，此文应是当时谈话的纪录。在该文之首，有一段"著者识"：

春寒索居，俯仰多感，三边烽燧，一日数惊。日唯与吾友明水先生围炉相对，慷慨论天下事。刿心怵目，长喟累欷，辄达旦不能休。

这一篇对谈主要是针对晚清时流行的"中国必亡"的说法。由明水来陈述此一中国必亡论，再由任公（沧江）加以辩析，而表明中国不亡。根据明水的陈述，当时不少的人在社会达尔文思想的冲击之下，认为：（1）列强虎

---

① 《新民说》，第3～4页。
② 《新民说》，第6页。
③ 《新民说》，第6页。
④ 《饮冰室文集》卷二六，第1～40页。

视眈眈，企图瓜分中国，中国可能步朝鲜之后尘而亡国；（2）中国政府财政窘困，入不敷出，加上国民生计出现危机，很可能不久之后"全国破产"；（3）政府失职，无力处理当前危机；（4）国民具劣根性，一国风俗颓坏，人心腐败。

任公不以为然，他认为国人所具有的"浑融统一之国民性，即我国家亿万年不亡之券"。任公的谈话与他在台湾旅行的经验有关系，他发现即使在日本殖民统治之下的台湾地区，"其男女曾无一肯与日人杂婚者，避地内渡岁不绝"，"台湾且然，况乃中原"。此外任公很具体地谈到中国国民性之长短，在优良的方面：（1）中国社会实现四民平等之理想。（2）国民具有自营自助之精神。（3）国民常能以自力同化他族，不但能自保，且能吸收他种文明。

至于国民性的短处，明水指出国人缺乏科学观念、尚武精神、无爱国心、无政治能力等任公曾在《新民说》中所反复陈述的观点。任公认为并不尽然，如在尚武精神方面，他曾写《中国武士道》，举证"我国古代尚武之风本甚盛"，至秦汉之后才渐消弱，但是"其根器之受自先民者，终不失坠，有所触而辄见也"①。其他方面也是如此。任公的想法无疑地具有王学与佛教"唯心论"的色彩，也和上述"国民心理学"有直接的关连。任公说卢般（即吕邦）认为国民心理中有"潜伏之特性"，在时势急需之时，"磨荡而挑拨之，不期而同时并发"。任公显然相信中国国民性中这些潜伏的正面的因子，会如弱女那样在危急的情况之下施展出来，"拯所爱于焚溺"。总之，任公企图指出：

> 持中国必亡论者，即亡中国之人也。是故吾辈当常立一决心以自誓曰：中国之存亡，全系乎吾一人之身。吾欲亡之，斯竟亡矣，吾欲不亡之，斯竟不亡矣。②

这一篇文章刊出之后曾引起许多回响，我们可以举钱穆（1895~1990）和左舜生（1893~1969）为例。钱穆当时16岁，就读常州府中学堂。他读了这一篇文章之后深受任公的"中国不亡论"所感动，从此萌发爱国思想与民族文化意识。他后来在香港新亚书院演讲的时候，多次提到任公这一篇文章"在他少年的心灵上激起巨大的震动"③。诚如余英时所述"他深深为梁启超的历史论证所吸引，希望更深入地在中国史上寻找中国不会亡的根据。钱先

---

① 《饮冰室文集》卷二六，第18页。
② 《饮冰室文集》卷二六，第35页。
③ 《钱穆与中国文化》，第20页。

生以下八十年的历史研究也可以说全是为此一念所驱使"①。左舜生也是如此，当时他18岁，在湖南长沙长邑高等小学肄业，与同学易克疆成为好友。他们非常喜爱阅读《国风报》上的文章，当其他学生均已就寝之后，他们两人还在自修室讨论。尤其是"梁任公、汤觉顿辩'中国究竟会不会亡'的问题，把我们两个青年简直弄得热泪长流"②。

任公在这一篇文章之中虽然比较广泛地讨论中国前途与国民责任，然而其中心论旨是在说明中国因为具有优良的国民性，可以使之"与天地长久"：

> 我国乃有天幸，藉先民之灵，相洽以为一体……宗教同、语言文字同、礼俗同，无地方部落之相残，无门第阶级之互阋……夫我之有此浑融统一完全具足之国民性，此及其国家所以恃以与天地长久也。③

任公对中国国民性的信心，至民国以后，并未消减，1912年他在《庸言》所发表的《国性篇》、《中国道德之大原》乃至1915年《大中华发刊辞》等文，都反复地从"国性"，亦即"继继绳绳……一种善美之精神"，来论证中国不亡，并勉励国人"发扬淬厉"此一优良传统④。

从上述"发扬淬厉"的观念可见任公"国性"的想法一方面源于历史的积淀所产生的文化、心理特征，另一方面也具有包容性与创造性，"我国民于他社会之文明，非徒吸受也，且能咀嚼融化，而顺应于我国民性以别有所建设"⑤，此即上文所述会通中西的精神。在任公1920年的《欧游心影录》中更充分地表现出"会通"精神的延续发展。这时欧战所显现出的西方文明的弊端使他更为坚信中国文明的价值。他引用柏格森（Henri Bergson, 1859~1941）的老师蒲陀罗（E. Boutroux, 1845~1921）的话："一个国民，最要紧的是把本国文化，发挥光大……因为他总有他的特质，把他的特质和别人的特质化合，自然会产出第三种更好的特质来。"任公说此即是中国人对于世界文明之大责任。任公同时也呼吁国人要有"中国不亡"的信心，而且"我们只管兴致淋漓的做去便了"，"不可着急"⑥。

---

① 《钱穆与中国文化》，第21页。
② 陈正茂编著《左舜生年谱》，第22~23页，台北，1998。
③ 《饮冰室文集》卷二六，第10页。
④ 《饮冰室文集》卷二八，第12~20页；卷二九，第83~86页；卷三三，第79~90页。
⑤ 《饮冰室文集》卷二六，第15页。
⑥ 梁启超：《欧游心影录》，第35~36、23~24页。

梁启超在清末民初以"文化想象"为中心所提出的"民族主义"具有重要的历史意义。当时有不少的人们在类似的信念之下，努力地寻找国家的精神基础，以证明中国不亡。如严复（1854～1921）也同样地提倡"国性"说，在1913年的演讲中，他说：

> 大凡一国存立，必以其国性为之基。国性国各不同，而皆成于特别之教化，往往经数千年之渐摩浸渍，而后大着。但使国性长存，则虽被他种之制服，其国尚非真亡。①

1914年严复在参政院提出《导扬中华民国立国精神议》，该议案不但抽象地指出"忠孝节义"等作为"立国精神"之价值，也提出具体的导扬此一精神的制度安排，包括将中外先贤、名人的言行编入学校教科书，并以通俗歌曲、戏剧、图画的形式或祭典、庙会的方法广泛宣传②。在同一年，严复又翻译了卫西琴（Alfred Westharp）所著《中国教育议》（原名为 *Chinese Education: How East and West Meet*），该书的主旨也是结合中西，而回归中国传统。该文刊登于任公所主办的《庸言》之上③。事实上，严复不但在主张"国性"、"中国不亡"等观念上与任公一致，他也追求中西学术的会通。陈宝琛（1848～1935）评严复学术曾说："君于学无所不窥，举中外治术学理，弥不究极原委，抉其得失，证明而会通之。"④ 上文中的"会通"二字，正是严复学术思想的核心。他一身即结合了中学与西学、传统与现代以及科学与宗教、伦理等。

除了严复之外，任公的思想也带起清末民初中国士人从历史文化来探讨中国不亡的各种根据，有关"国魂"、"国粹"、"国学"、"国故"的探究纷纷兴起⑤，"有人以为此'魂'寄托于历史，有人以为哲学（儒家与诸子）即是'魂'，也有人以为文学才是'魂'的凝聚之地"⑥。钱穆所谓"治国史之第一

---

① 王栻编《严复集》，第330页，北京，中华书局，1986。
② 王栻编《严复集》，第342～345页。
③ 王栻编《严复集》，第341页。
④ 王栻编《严复集》，第1542页。
⑤ 有关国粹派的研究见郑师渠《晚清国粹派》，北京，北京师范大学出版社，1993。又桑兵指出"国学"在近代中国的使用大约是始于1902年，如梁启超曾于该年夏秋间提议创办《国学报》，惜议而未成，见桑兵《晚清民国时期的国学研究与西学》，《历史研究》1996年第5期。
⑥ 余英时：《钱穆与中国文化》，第22页。

思想家与近代中国思想

任务,在能于国家民族之内部自身,求得其独特精神之所在"(钱穆:《国史大纲》,第10页),与任公所开创的思路便有直接的关系。难怪钱穆在写给余英时的信中就说:"近人对梁氏书似多失持平之论,实则在五四运动后梁氏论学各书各文均有一读之价值也。"①

然而从梁任公、严复到钱穆的以"会通"思想为核心的"文化民族主义",在清末民初的思想界并非共识,它至少与两种观点针锋相对。第一是以陈独秀(1879~1942)为代表的"新文化运动"之西化论者,认为中国文化与科学、民主不兼容,要肯定德先生与赛先生,就要反对"国粹和旧文学"(《新青年罪案之答辩书》,载《新青年》6卷1号,1919)。第二种观点是梁漱溟(1893~1988)在《东西文化及其哲学》所提出"中国化与西方化根本不同之说",他在人生思想上归结到儒家的人生,并指出世界未来将是中国文化的复兴。钱穆非常敏锐地指出,梁漱溟虽然要反对陈独秀等人的新文化运动,亦对新文化运动的缺失有"补偏救弊"的作用,可是他实际上受陈氏议论的影响太深,"此种论调,完全受陈独秀派独断论之遗毒,殊无历史上细密的证据"②。

对钱穆来说,陈独秀与梁漱溟的想法都不够注意到传统文化的延续性价值以及返本开新的文化潜力。钱氏发愤作《国史大纲》,就是希望国人能对以往历史有一真实之了解,再进而"为未来精神尽其一部份孕育与向导之责"③。事实上,钱穆一生的写作、教学工作都环绕着此一"为故国招魂"的宏愿。1949~1965年,钱穆客居香港,从事高等教育事业,专注人文道德教育工作,创办新亚书院及新亚研究所,默默耕耘,以新亚书院为发扬、保存中国文化之所④。

除了钱穆之外,当时在香港抱持着相同志向的还有大家所熟知的唐君毅与牟宗三等新儒家。他们不但和任公一样,在传统思想倾向上具有肯定陆王、批判程朱,又接受佛学的哲学立场,而且主张以渐进改革、继往开来的精神,会通中西文化,企图将传统精神资源与西方的自由民主思想和资本主义结合在一起,以建立一个新文明。难怪有学者认为任公所开创出的思想视角为牟宗三、唐君毅所继承、开展,而可以定位为"现代新儒家

---

① 余英时:《钱穆与中国文化》,第230页。
② 钱穆:《国学概论》,第167页。
③ 钱穆:《国史大纲》,第2页。
④ 有关钱穆与新亚书院可参考区志坚《以边缘成为传播中外文化的新核心:从新亚的发展(1949~1965)看钱穆先生的办学宏愿及实践》(未刊稿)。

的第一开拓者"①。

钱穆与新儒家虽然立场不尽相同,但他们均一方面深入中国传统"寻找中国不会灭亡的根据",并认为此一根据主要是中国历史文化独有的"精神"价值;另一方面则苦心孤诣批判西方的现代性,并接引民主与科学的制度设计与精神价值,"本中国内圣之学解决外王问题",以"重建儒家与生活世界的关系"②。以新儒家来说,他们虽然多半是从"本体论"的层面,来解决中西之冲突,并为中国文化找寻出路,希望以儒家内圣功夫确认主体与宇宙的关连,来保障主体道德的超越性与自主性,并作为自由制度的哲学基础。其主要精神还是跟着严复、梁启超以来的基本"会通中西"的立场。例如牟宗三先生所提出的问题是:民主与科学的背后是有某种精神在支持的,重要的是"如何把精神接引过来……"牟氏讨论本体论而采用黑格尔环绕"精神"的历史观,就是为了了解"如何把精神接引过来",而以这个"精神"去"发动文化的力量,教育的力量",宣扬"生命的学问"③。这一思想系谱展现近代中国在激进反传统主义与张之洞乃至梁漱溟的保守思想之间,另有一"中间道路",他们所想象的中国不但是一个在自由民主体制之下以国民精神为中心的政治共同体,也是一个民族文化的共同体。这样的志气德行与事业文章一直到今日仍然发挥莫大的鼓舞作用。

五　余论:"游魂说"与"新启蒙"

严复、梁启超所开创的新的"调适"典范是结合了内在精神价值的创造性与外在自由理想的新人生观,从而与革命派、"五四"反传统思想与中国马克思主义的"转化"构想有所不同,也与守旧不变的态度异趣。很多人都认为在"五四"以后梁启超落伍了,也不再对社会发生影响,这其实是以转化为正统的偏见所做的错误归类。诚如上述,在近代激烈化的历史潮流之中,此一调适性的思路不绝如缕,主要表现在港台的新儒家的如唐君毅、牟宗三等人,乃至刘师培、钱穆、陈寅恪、贺麟等人的思想之上(这也与台湾政府

---

① 竹内弘行:《梁启超与阳明学》,《戊戌后康梁维新派研究论集》,第259页,广州,广东人民出版社,1994。
② 郑家栋:《牟宗三》,第37、235页,台北,东大图书公司,2000。
③ 墨子刻:《道统的世界化:论牟宗三、郑家栋与追求批判意识的历程》,《社会理论学报》2002年第5期,第79~152页。

所推动的"中国文化复兴运动"枹鼓相应)。

然而从另一个方面来看,从严复所说的"立国精神",梁启超所揭示的"中国魂"、"国性",钱穆所说的民族文化之"生原",到新儒家(与余英时)所提出的"内在超越",儒家传统中所萃取的"中国文化的精神价值"在西方现代科学与新的政治经济架构的冲击之下,无疑地已经经历了不可逆转的蜕变。20世纪中叶之后,儒家思想在海峡两岸,也不如任公、钱穆与新儒家所期望的那样,继续发挥重大的影响力,能够建立起儒学与生活世界的密切关系。

郑家栋有关牟宗三思想的研究是对此一课题的严肃反省。他在《牟宗三》一书中以牟氏思想为例指出现代新儒家遭遇到"走出历史"的困境。他认为牟氏哲学与儒学最大的差异在于牟氏没有实现固有的"知行合一"的理想。他的思想"与历史不断分离",而"转化为某种与实际的历史过程相疏离的,纯粹观念形态的儒学",即变成一种"走出历史"的,被"哲学化"的,被"边缘化"的,而"与历史上知行合一的,生活化的儒学,已经不能同日而语"的儒学。所以牟氏在"制礼作乐"方面没有贡献,而"可以说与所有重要的历史事件无关"。简言之,郑家栋认为牟氏没有成功地会通中西哲学的基本原因是:他越将中国哲学理性化,他越离开儒学环绕实践与知行合一的精神,因而陷入坐而论道的陷阱[①]。郑氏的观点与列文森的理论十分契合,难怪他在为《儒教中国及其现代命运》一书的中文版写序的时候称赞此书"视野广阔,慧思独运,在揭示儒家文化内在特质方面着力甚深……包含了某种真知灼见","列文森的中国研究突出地表现出哲学与思想的魅力"[②]。此一赞美并非偶然。

郑家栋的看法与余英时"游魂"的观点十分类似。余英时深受钱穆影响,他说:"我可以说,如果我没有遇到钱先生,我以后四十年的生命必然是另外一个样子。这就是说:这五年中,钱先生的生命进入了我的生命,而发生了塑造的绝大作用。"[③] 他和钱穆一样肯定传统在中国现代文化形成之中所扮演的关键意义,他尤其肯定新儒家所提出的"内在超越"[④]。然而他却已经不具

---

① 郑家栋:《牟宗三》。墨子刻不同意这样的看法,他认为与其说新儒家"走出历史",不如说在新的历史阶段与架构中,他们企图寻找改造实践和历史的思路。墨子刻:《道统的世界化:论牟宗三、郑家栋与追求批判意识的历程》。
② 郑家栋:《列文森与〈儒教中国及其现代命运〉——代译序》,列文森著,郑大华、任菁译《儒教中国及其现代命运》,第1~19页。
③ 余英时:《钱穆与中国文化》,第16页。
④ 余英时:《从价值系统看中国文化的现代意义》,台北,时报出版公司,1984。

有像钱穆那样对儒家思想乃至民族精神必定"不亡"的乐观信念。在《现代儒学的困境》一文中指出在现代的处境之下儒学已成"游魂"。他认为传统儒学是一套安排人间秩序的思想体系,"在两千多年中,通过政治、社会、经济、教育种种制度的建立,儒学已一步步进入百姓的日常生活的每一角落"。然而19世纪中叶以来,中国社会在西力冲击之下,开始走上一个"长期而全面的解体过程",在此过程之中,儒学和制度之间的关系中断了。"一方面儒学已越来越成为知识分子的一种论说(discourse),另一方面,儒家的价值却和现代的'人伦日用',越来越疏远了。这是我用'游魂'描述儒学现况的主要根据"。余英时提出"游魂"说主要是为了凸显儒家的现代困境。他更进一步追问,"如果儒学不甘仅为'游魂'而仍想'借尸还魂',那么何处去找这个尸?"对于这个问题,他没有提出答案,甚至认为"未必有答案"[①]。这样的看法其实与列文森儒家已寿终正寝的观点与郑家栋"走出历史"的看法没有很大的差距。

这样看来,列文森与其"五四"先驱对儒家文化及其现代命运的看法,显然不完全是错误的。这也意味着钱穆、牟宗三等人对"五四"的批判与对传统文化的期望,似乎也不完全是正确的。

那么,今天我们应该如何看待近百年来"五四"与反"五四"的争论呢?我想很多人会承认,五四运动对扫除传统文化中负面的部分与批判精神的建立有其贡献,而且如果没有"五四"学者激烈的理念与行径,反"五四"阵营也不一定走得出"返本开新"的路。在这方面贺麟(1902~1991)说得很好。他认为"五四"新文化运动促成了儒家思想发展的一大转机。"新文化运动之最大贡献,在破坏扫除儒家的僵化部分的躯壳的形式末节,和束缚个性的传统腐化部分。他们并没有打倒孔孟的真精神,真意思,真学术。反而因他们洗刷扫除的工夫,使得孔孟程朱的真面目更是显露出来"。同样地贺麟认为"五四"学者所仰慕的西洋文化也是"使儒家思想得新发展的一大动力":"假如儒家思想能够把握,吸收,融会,转化西洋文化,以充实自身,则儒家思想便生存,复活,而有新的开展。如不能经过此试验,度过此关头,就会死亡,消灭,沉沦,永不能翻身。"[②]

的确,"五四"学者对中国传统的质疑,以及列文森等人儒教已死的宣称并非无的放矢,在中国近代思想的研究上,他所点出中国知识分子具有多重

---

① 余英时:《现代儒学的困境》,《现代儒学论》,第229~235页。
② 贺麟:《儒家思想的新开展》,《儒家思想新论》,第1~18页,台北,正中书局,1978。

的内在紧张与躁动不安（例如中与西、理念与实践、爱国与维护传统）的观点也有一定解释性与持续的影响力。过去我们习惯于将"五四"视为"启蒙"，近十多年来学界已逐渐地认识到我们不能只考虑到"陈独秀及其创办的《新青年》为代表的主流启蒙传统"，或说"转化性的启蒙传统"，还需要考虑到杜亚泉、张君劢、张东荪等以《东方杂志》、《解放与改造》、《晨报》副刊等刊物为阵地的调适性的"启蒙传统"。上述观点虽突破了旧有"五四"中心观的藩篱，然还是倾向于把"启蒙"视为是"人类的普遍性理想与真理"，而不够注意到所谓"真理"与"意识型态"之间的界线往往不是泾渭分明的。如果我们接受这种与西方怀疑主义传统密切相关的认识论的挑战，亦即肯定"一个人的主观心理跟这个人所依赖的'历史性话域'，或'知识谱系'有密切的关系"，并相信：[任何一个人]在思考时所依赖的规矩，是历史过程的产物。这样一来，决定一个命题有没有道理之时，人们关于道理的定义，不可能完全配合普遍性的真理、逻辑、理性或道德，而要看在他们主观的认知中，有哪些从历史背景中继承而来的思想预设。这些从历史背景继承而来的预设，不但包括从文化来的、根深蒂固的思想模式或价值取向，也包括时代的意识形态。

那么我们不得不承认墨子刻所指出的"思想本质的悖论性"：

> 观念化道理之时，人类的思想规矩结合了从历史某一个时代、某一个文化继承的范畴，与一种针对普遍性问题的思考能力。这个悖论可能是人类最后能够把握的实在或本体。①

如此一来，我们与其争辩说"五四"是启蒙、或说新儒家等反"五四"的思想是启蒙，或是认为启蒙具有内在的冲突与张力，还不如说"张力"本身，亦即"五四"与反"五四"两方面的辩论，让思想界所产生创造性的对话场域与自觉反省的精神，才是现代中国的启蒙②。

（作者单位　台北中研院近代史研究所）

---

① 墨子刻：《道统的世界化：论牟宗三、郑家栋与追求批判意识的历程》，第80~82页。
② 有关"自觉"的问题，请参考墨子刻《二十世纪中国知识分子的自觉问题》，收入余英时等著《中国历史转型时期的知识分子》，第82~138页，台北，联经出版事业公司，1992。

梁启超与日本：学术回顾与展望

崔志海

梁启超是中国近代史上一位百科全书式人物，海内外研究他的论著不计其数。对近百年来国内外学术界的梁启超研究进行学术回顾，绝非这篇短文所能胜任。本文仅就近年学术界比较关注的有关梁启超与日本关系的研究做一回顾和总结，希望能对梁启超研究有所裨益。

一

梁启超一生流亡日本14年，他的思想曾在许多方面受惠于明治日本，这是一个不争的历史事实。梁本人就曾将接触明治日本思想比做"如幽室见日，枯腹得酒"①，"脑质为之改易"②，"思想为之一变"③，称日本为他的第二故乡④。在有关梁启超与日本关系的研究中，日本学者有着得天独厚的条件，始终走在学界的前列。

早在20世纪40年代，一些日本学者在考察近代日本思想文化对中国的影响时便将梁启超作为一个重要案例进行研究。如日本学者中村忠行在探讨日本文学对近代中国文学的影响过程中，就曾对20世纪初梁启超的新小说理论和政治小说的创作及其文体与明治日本的关系做过深入的分析，认为梁启超所用的"新民体"和他的政治小说《新中国未来记》等有深厚

---

① 《论学日本文之益》，《饮冰室合集》文集之四，第80页，北京，中华书局，1986。
② 《夏威夷游记》，《饮冰室合集》专集之二十二，第186页。
③ 《三十自述》，《饮冰室合集》文集之十一，第18页。
④ 《夏威夷游记》，《饮冰室合集》专集之二十二，第186页。

的日本根源①。此后研究梁启超政治小说和文学思想与明治日本关系的论文还有大村益夫的《梁启超ずょび〈佳人奇遇〉》(《人文论集》第11卷,1964年,第103~133页)、山田敬三的《汉译〈佳人奇遇〉纵横谈——中国政治小说研究札记》(赵景深编《中国古典小说戏曲论集》,上海古籍出版社,1985,第393~402页)、斋藤希史的《新国民之新小说——梁启超与明治日本文学界》(广东康梁研究会编《戊戌后康梁维新派研究论集》,广东人民出版社,1994,第238~252页)。此外,永井算己的《清末にぉける在日康梁派の政治动静》②,根据日方档案资料,对梁启超在日本的活动做了深入细致的考察;宫村治雄的《梁启超の西洋思想家论—その"东学"との关连にぉいて》③,较为全面地论述了20世纪初梁启超所介绍的西方思想家与明治日本思想界的关系,为90年代以来研究梁启超启蒙思想中的东学背景的学者广泛引用。

进入90年代之后,由日本京都大学人文科学研究所狭间直树教授于1993~1996年主持的"梁启超研究——关于他以日本为中介接受西方近代文明的过程"的研究班,起了重大的推动作用④。在该研究班的推动之下,国际学界围绕这一主题,发表了一系列论文,并先后在欧美分别举办两次相关的国际学术讨论会。

1995年,由曾经作为该研究班成员的巴斯蒂(Marianne Bastid – Bruguiere)教授主持在法国举办了一次"欧洲思想与20世纪初年中国的精英文化"研讨会。此次会议虽然以1900~1920年间欧洲思想如何进入中国人的心灵世界为主题,但由于这一时期中国人接受欧洲思想,很大部分是通过相关的日译或日文著作,因此,在提交此次会议的论文中有不少学者谈到日

---

① 中村志行:《中国文艺に及ぼせる日本文艺の影响》,《台大文学》第7卷第4期(1942年12月),第214~243页;第7卷第6期(1943年4月),第362~384页;第8卷第2期(1943年6月),第27~85页;第8卷第5期(1944年11月),第42~111页;《〈新中国未来记〉考说——中国文艺に及ぼせる日本文艺の影响の一例》,《天理大学学报》第1卷第1期(1949年5月),第65~93页。按:本文所介绍的有关研究梁启超与明治日本关系的日文论文,若未译成中文,均系从相关论著的引注中求得,未加核对和阅读原文,若有不确,请有关学者批评、纠正。

② 《信州大学人文科学论集》第1号(1967年)、第2号(1968年)。另,狭间直树教授后来也写过一篇相关的短文——《初到日本的梁启超》,载广东康梁研究会编《戊戌后康梁维新派研究论集》,第218~229页,广州,广东人民出版社,1994。

③ 《中国——社会と文化》第5号,1990年6月。

④ 有关狭间直树教授在中国近代史研究领域中的贡献详见〔日〕石川祯浩著、黄自进译《狭间直树先生》,(台北)《近代中国史研究通讯》第25期(1998年3月)。

对梁启超接受欧洲思想的影响和作用,如日本学者佐藤慎一的《20世纪初中国对社会进化论的接受——与日本案例的比较》(Chinese Acceptance of Social Evolutionism in the Early Twentieth Century in Comparison with Japanese Case)、狭间直树的《梁启超来日后对西方近代认识的深化——尤其在"国家"与"国民"方面》、石川祯浩的《近代中国的"文明"与"文化"》、高柳信夫的《1900年代中国关于"科学"的言论的几个侧面》、斋藤希史的《关于近代中国文学进化观念:白话文诞生的前夜》、森时彦的《清末知识界对西欧经济学说的接纳:梁启超的经济思想》等①。此外,狭间直树教授在《梁启超研究与"日本"》(载《近代中国史研究通讯》第24期)一文中,又对梁启超与日本学者吾妻兵治的关系进行钩稽,力图为吾妻兵治翻译的《国家学》在未公开出版之前率先由梁在《清议报》上翻译发表寻找一个合理的答案②。

1998年,由另一位曾作为梁启超研究班成员的加州大学教授傅佛果(Joshua A.Fogel)主持在美国召开了一次题为"日本在中国接受西方近代思想中的作用——梁启超个案"的研讨会。在提交会议论文的15位学者中,日本学者又占了一半,计有8人,成为会议的主角。其中,狭间直树的论文考察了梁启超《新民说》中"公德"和"私德"观念中的日本思想背景;森时彦的论文通过对梁启超文章中所用"生计"和"经济"词汇变化的考察,揭示其背后所隐含的丰富的经济思想方面的内容;森纪子的论文探讨了梁启超流亡日本时期所受日本佛教思想界的影响;石川祯浩的论文详细考察了20世纪初年梁启超地理学著述和地理学思想与明治日本思想界的关系。有关此次学术会议的缘起以及论文题目和简要,详见桑兵《日本在中国接受西方近代思想中的作用——梁启超个案国际研讨会述评》(《历史研究》1999年第1期)一文,兹不赘述。

1999年,由狭间直树主持的日本京都大学人文科学研究所共同研究报告——《梁启超:西洋近代思想受容と明治日本》,终于由东京みすず书房出版。经补充修订,2001年又由社会科学文献出版社出版中译本,书名为《梁启超·明治日本·西方》。该书共收14篇论文,文章的作者除法国的巴斯蒂教授外,其余都为日本学者。其中,狭间直树的文章强调日本在梁启超所著《新民说》中的作用,认为"以《新民说》为代表,梁启超的署名'中国之新

---

① 有关这次学术会议和论文的简要情况详见黄克武《欧洲思想与二十世纪初年中国的精英文化研讨会》,(台北)《近代中国史研究通讯》第21期。
② 狭间直树:《梁启超研究与"日本"》,(台北)《近代中国史研究通讯》第24期(1997年9月)。

民'的百余篇文章以及东渡日本后写下的其他文章,多是以日本的知识和思想积累为媒介完成的"。石川祯浩的文章研究了盛行在明治日本思想界中的文明论思潮对梁启超的影响,指出"作为带有普遍意义的'文明'的观点,在汇入明治时期日本的社会潮流后,大大地启发了梁启超,由此织就的历史观、地理决定论、帝国主义认识,使他成为近代中国的新史学、地理学、国际政治学等的开山鼻祖"。土屋英雄的文章探讨了20世纪初年梁启超在摄取西方"自由"、"权利"观念中所受日本思想界的影响以及梁氏本人的因素。末冈宏的文章考察了梁启超的经学和诸子学研究与日本的中国哲学研究之间的关系,并指出梁氏之所以在他的经学和诸子学研究中导入以井上哲次郎等官学体制派为中心的中国哲学研究,目的是"用这些人的部分理论来印证自己所想的政策或主张"。森时彦的文章揭示了梁启超的经济思想如何受到日本学界所吸收的经济学说及其所处时代的影响。森纪子的文章探讨了梁启超的佛学研究与日本佛学研究之间的关系。山田敬三的文章详细论述了梁启超《新中国未来记》一文所受末广铁肠《二十三年未来记》的影响。斋藤希史的文章分析了梁启超对中国近代文学形成所做的贡献和梁所借助的塑造国民灵魂的政治小说与明治时期日本文学之间的关系①。这些学者的论文从不同角度展示了19世纪末20世纪初梁启超所受明治日本思想影响的广度和深度及其复杂性,代表了目前国际学术界在梁启超思想与日本关系研究方面所取得的一个最新成果。

除日本学者的研究之外,一些研究梁启超思想的英文著作也程度不同地注意到梁启超思想中的日本因素。如美籍华裔学者张灏所著《梁启超与中国思想的过渡》,虽然沿袭美国汉学家列文森《梁启超与中国近代思想》一书提出的问题,重点考察梁启超思想中的中国传统因素与近代西学因素及其两者之间的紧张关系,但同时也尝试对梁启超思想中的日本因素提出一个总体性的看法。他认为,虽然日本在许多方面影响了梁启超的思想,但这些影响主要局限在工具理性层面,就道德和社会价值观来说,传统的日本思想并没有单独对梁构成重要的影响,与梁启超思想中的西学因素和传统因素相比,日本因素只是"将梁思想背景中本已存在的某些西方思想和中国传统成分结合

---

① 有关各篇论文的详细内容请见狭间直树编《梁启超・明治日本・西方——日本京都大学人文科学研究所共同研究报告》(社会科学文献出版社,2001)。该书的中文书评见桑兵《梁启超的东学、西学与新学——评狭间直树〈梁启超・明治日本・西方〉》一文,载《历史研究》2002年第6期。

起来,并得以加强"①。与张灏淡化梁启超思想中的日本因素不同,另一位美籍华裔学者黄宗智则将日本因素作为梁氏思想发展的一个重要来源和组成部分加以重视,在所著《梁启超与近代中国自由主义》一书的第三章具体考察了大隈重信、犬养毅等的大亚洲主义、福泽谕吉等的文明论和加藤弘之的社会达尔文主义对梁氏思想的影响②,认为梁启超的自由主义思想是经过梁氏重新阐释之后的传统儒家思想、明治日本思想和西方思想的一个混合体③。另外,法国学者巴斯蒂教授曾就梁启超思想中的德国政治学家伯伦知理国家论的日本渊源做过深入的考辨,认为1899年6月发表在《清议报》上的德国政治学家伯伦知理的《国家论》并非梁启超所译,1903年10月发表在《新民丛报》第38~39号上署名梁启超的文章《政治学大伯伦知理之学说》,其实也非梁氏本人的作品,它们都是抄袭了1899年日本东京出版的吾妻兵治翻译的《国家学》,并对梁在抄袭过程中对译本加以取舍的原因和伯伦知理国家学说对其国家观念的影响做了具体分析④。该文发表后,受到学界的广泛关注。在另一篇长文《梁启超与宗教问题》中,巴斯蒂教授又对梁启超宗教思想的演变与日本学界的关系做了相应的考察和分析⑤。

相对国际学界来说,国内对梁启超与明治日本思想关系的研究则显滞后。虽然早有学者揭露梁启超发表在《新民丛报》上的文章多系"抄袭"日文⑥,拾日本人的"唾余"⑦,但有关梁启超与明治日本思想关系的话题,迟至中日两国关系实现正常化和中国改革开放之后的80年代,随着学术研究的转向⑧,才

---

① 〔美〕张灏著、崔志海等译《梁启超与中国思想的过渡》,第102~105页,南京,江苏人民出版社,1993。按:有关美国学者列文森和张灏的梁启超思想研究,可参见拙文《评海外三部梁启超思想研究专著》,《近代史研究》1999年第3期。
② 详见 Philip C. Huang, *Liang Ch'I - ch'ao and Modern Chinese Liberalism* (Seattle and London: University of Washington Press, 1972), pp.36~67。
③ Ibid., p.161.
④ 〔法〕巴斯蒂:《中国近代国家观念溯源——关于伯伦知理〈国家论〉的翻译》,《近代史研究》1997年第4期。
⑤ 详见狭间直树编《梁启超·明治日本·西方——日本京都大学人文科学研究所共同研究报告》,第400~457页。
⑥ 彬彬(徐彬):《梁启超》,1929年1月26~28日《时报》,转见夏晓虹编《追忆梁启超》,第18页,北京,中国广播电视出版社,1997。
⑦ 孙宝瑄:《忘山庐日记》,第549页,上海,上海古籍出版社,1983。
⑧ 按:随着20世纪70年代初中日两国实现邦交正常化和70年代末中国国内实行改革开放政策,国内学术界逐渐由过去的单一研究日本侵华史,转向近代中日文化交流史和中日两国的近代化比较研究,从而带动了国内学者对有关梁启超与明治日本关系的研究;而在以研究日本侵华史为取向的学术语境中,讨论有关梁启超与明治日本的话题,可以说是难以想像的。

逐渐进入有关学者的研究视野。其中，研究较多的是考察 20 世纪初年梁启超所倡导的"小说界革命"和其所创作的政治小说及新文体与明治时代日本政治小说和文体的关系①。另外，有的尝试综合分析明治日本对梁启超政治思想层面的影响②。有的就梁启超的启蒙思想与日本启蒙思想家福泽谕吉进行比较，揭示这两位启蒙思想家的近代化思想的异同③。有的考察明治日本思想对 20 世纪初年梁启超史学思想的影响④。有的考察梁启超日本观的演变⑤。有的探讨与日本有着密切关系的梁启超国学研究为什么不被日本学界所看重的原因⑥。有的对梁启超文章中康德学说的日本、西洋和中国传统等各种思想因素和相互关系，以及梁氏本人的误会、加工和会通做了深入的剖析⑦。

国内研究梁启超与明治日本关系的一个最新成果，是 2003 年 10 月由上海书店出版的郑匡民的《梁启超启蒙思想的东学背景》。该书系由作者的博士后论文修改而成，共 7 章，计 27 万字。该书在研究方法方面继承了狭间直树

---

① 姜启：《梁启超的"小说界"革命与日本的明治文学》，《聊城师范学院学报》1982 年第 4 期。陈应年：《梁启超与日本政治小说在中国的传播及评价》，杨正光主编《中日文化与交流》（第 1 辑），中国展望出版社，1984，第 110～129 页。夏晓虹：《梁启超与日本明治小说》，《北京大学学报》1987 年第 5 期；《传世与觉世——梁启超的文学道路》，上海人民出版社，1991，第 201～271 页。王晓平：《近代中日文学交流史稿》，湖南文艺出版社，1987，第 217～246、264～285 页。王中忱：《叙述者的变貌——试析日本政治小说〈经国美谈〉的中译本》，《清华大学学报》（哲学社会科学版）1995 年第 4 期，第 39～43 页。按：在这些论著中，以王晓平和夏晓虹两位学者的研究最为系统，也最有学术价值。

② 王秀华：《梁启超与日本明治维新》，《日本研究》1986 年第 2 期；周佳荣：《梁启超与日本明治思潮》，《清华大学学报》1990 年 5 卷 2 期；夏晓虹：《传世与觉世——梁启超的文学道路》，第 177～200 页；谢俊美：《梁启超与日本》，《上海师范大学学报》1994 年第 2 期；沈大明：《梁启超与日本》，华东师范大学日本研究中心中日文化研究会主编《现代化与社会文化》，第 164～204 页，上海，学林出版社，1995；蒋广学：《梁启超和中国古代学术的终结》，第 23～37 页，南京，江苏教育出版社，2001。

③ 高力克：《福泽谕吉与梁启超近代化思想比较》，《历史研究》1992 年第 2 期；徐剑梅：《福泽谕吉和梁启超的政治革新观比较》，《北京大学学报》1993 年第 2 期；郑浩澜：《福泽谕吉与梁启超国民思想之比较》，《江西社会科学》2000 年第 5 期。

④ 蒋俊：《梁启超早期史学思想与浮田和民的〈史学通论〉》，《文史哲》1993 年第 5 期。盛邦和：《东亚：走向近代文明的精神历程——近三百年中日史学与儒学传统》，第 326～339 页，杭州，浙江人民出版社，1995。

⑤ 焦润明：《梁启超的日本观》，《近代史研究》1996 年第 1 期。

⑥ 桑兵：《国学与汉学——近代中外学界交往录》，第 277～294 页，杭州，浙江人民出版社，1999。

⑦ 黄克武：《梁启超与康德》，台湾《近代史研究所集刊》第 30 期（1998 年 12 月），第 101～146 页。

教授主持的"梁启超研究班"的做法,通过将梁启超的文章与日文著作进行缜密的对勘和比较,具体揭示梁启超到底在哪些方面受了明治日本思想的影响,受了哪些日本思想家和日文或日译著作的影响,以及在摄取过程中梁本人做了哪些选择和修改。通过对勘和比较,作者指出:梁启超当年以西方文明为终极目标的一元化近代化理论和在摄取西洋文明方式上的精神文明优先论,以及"新民"的立国主张,深受有"东方伏尔泰"之称的福泽谕吉思想的影响,梁氏《文明三界之别》实际上只是祖述福泽谕吉的观点,同时将福泽谕吉的文明、半开化、野蛮三阶段论纳入其"三世说"的理论框架之中。反映梁启超新民思想的《新民说》和《自由书》一方面摄取了明治时期另一位著名思想家中村正直的思想和他所译《西国立志篇》和《自由之理》著作中的内容,但在如何改造民众、树立新民问题上,梁并不接受中村正直所强调的儒家敬天爱人和西方基督教精神的作用,在引用中村正直的文章时,特意对体现这一思想的文字做了篡改;同时,受中村正直翻译的影响,梁在宣传穆勒自由主义思想过程中将穆勒《自由论》中一再讨论的"社会"与"个人"对立的问题转变成"政府"与"人民"的对立问题,从而抽去穆勒《自由论》中限制社会暴虐、确保个人自由的主题,"使得梁启超无缘领会近代自由主义的主流思想"。梁在《清议报》和《新民丛报》上发表的《霍布士(Hobbes)学案》、《斯片挪莎学案》、《卢梭学案》、《近世文明初祖二大家之学说》、《法理学大家孟德斯鸠之学说》、《民约论巨子卢梭之学说》、《乐利主义泰斗边沁之学说》、《近世第一大哲康德之学说》等一系列介绍近代西方思想家和学说的文章,大部分是以中江兆民的《理学沿革史》为蓝本,同时,梁氏有关"文明之自由"、"野蛮之自由"、"思想之自由"的论述,很大程度也为中江兆民自由观的翻版,将自由的最终目标放在"向上以求宪法"、"排外以伸国权"上,隐含着只重视政权、集体全体权利和"积极的自由",而忽视个人"私权"和"消极自由"的巨大危险。梁在《论民族竞争之大势》和《论教育当定宗旨》等文中所表达的有关民族主义和帝国主义的见解,直接受明治昭和时期教育家和政治家高田早苗《十九世纪末世界之政治》及日本政治学者浮田和民《日本帝国主义》和《帝国主义之理想》等书的影响,但梁启超的国家主义思想纯属防范与自卫性质,并不具有明治日本国家主义思潮所具有的那种进攻性和侵略性。梁启超放弃卢梭天赋人权说,宣传强权论,基本上只是祖述日本德意志国家主义学派代表人物加藤弘之的观点,稍有不同的是梁用他所熟悉的公羊"三世"说理论,描述加藤弘之有关强权经由"偏颇的进步"向"遍通的进步",最后形成"宇内统一国"的发展过程。梁启超接受德国政治学家伯伦知理的国家有机体理论也是深受明治日本思想的影响,由于明治日本在输入德国政治学家伯伦知理国家学理论时有意淡化伯伦知理国家学说中反对君主专制统治、主张建立近代国民国家等带有进步性的内容,将其主张国家至上的保守性一面加以发扬和利用,以便为明治政府建立一个国权优于民权的国家服务,结果致使梁启超在摄取伯伦知理思想时也将国家至上的干涉主义思想奉为圭臬。此外,该书第一章对戊戌时期梁启超了解东学的途径及梁初到日本时与日本政界的关系所做的梳理,也是目前国内论述得最为详尽的。总之,该书是迄今为止国内第一部专门探讨梁启超思想与日本关系的著作,可以说代表了国内有关这方面研究的一个新起点。

二

国内外学者关于梁启超与日本关系的研究,不但对梁启超研究是一个很大的推进,解开了梁启超思想中的许多迷思,并且也加深了我们对近代中日两国思想文化交流的认识,其学术价值,不言而喻。然而,在有关梁启超与明治日本关系的研究中,对于如何看待和评价梁启超思想中的日本因素,学术界迄今未予重视,实有展开讨论的必要。

笔者以为,就如何看待梁启超思想中的日本因素这个问题来说,首先须处理好日本因素与其他思想资源的关系。在梁启超思想研究中,学术界长期以来重视西学因素和中国传统因素,以及两者在梁启超思想中的紧张感,比较忽视日本因素,的确有其局限性。但有些研究梁启超思想东学背景的学者走向另一极端,只讲日本因素,同样也是一种简单化的处理方式,无助于对梁启超思想的全面把握。在19世纪末和20世纪初的头10年里,明治日本固然是梁启超思想的一个重要来源,但绝非惟一的来源,同时也有中国传统思想因素和梁氏通过明治日本之外所获得的有关西学知识,诸如19世纪以来西方传教士和有关报纸杂志所介绍的西学知识,严译西学名著,以及梁启超本人亲自游历美洲、澳洲、中国香港和台湾等地的观感,康有为、黄遵宪等师友的影响,等等。此外,其他一些非思想因素,尤其是国际和中国国内政治局势的演变,也对梁启超思想产生重大影响。这些都是我们在研究梁启超思想与明治日本关系时所应注意的。以20世纪初的梁启超新民说理论来说,虽然如《东学背景》和其他学者所说,是受了福泽谕吉、中村正直等日本思想家和著作的影响,但将梁启超的新民说完全归诸明治日本思想影响的结果,未免失之简单。众所周知,"新民"是戊戌时期即已提出的一个口号,其中又以严复的阐述最为透彻。而严复当时提倡"新民"说,迄今没有资料表明是受了日本思想家的影响,其理论根据是斯宾塞的社会有机体论和社会达尔文主义。此外,当时西方人士对中国民族性的讨论也唤醒了戊戌维新思想家们对"新民"重要性的认识[①]。戊戌时期梁启超虽然追随康有为,从事维新变法活动,但对"鼓民力、开民智、新民德"的主张也是完全认同的,他本人在发表《变法通议》之后,就曾有意"集天下通人宏著,有当于新民之义者为一编",批评社会上的通人魁儒对新民之道"熟视无睹,有若可删"[②]。虽然梁当时所说的"新民",与他流亡日本之后所讲的新民有不同内涵,但两者之间显然有着继承关系。并且,20世纪初梁启超的新民说理论,除了是戊戌时期"新民"主张的进一步发展之外,也即受严复和西方社会有机体论思想的影响外,其实与林毓生所说的中国传统"借思想文化以解决问题"的一元论和唯智论的思维模式[③]也有直接的联系。中国传统"借思想文化以解决问题"的一元论和唯智论的思维模式的显著特征,就是强调道德、人心在治理国家和社会中的作用,中国传统所说的"修齐治平"、"人存政举",便是这种传统思维模式的外在表现,它们与福泽谕吉、中村正直等人所提倡的学习西方文明之精神以及"一人独立,方能一国独立"的主张,分明有着相通之处。事实上,梁启超本人在宣传新民理论时,也明确将中国这一传统思想作为其理论根据之一。在《论新民为今日中国第一急务》一文中,梁便将《孟子》所说"子力行之,亦以新子之国"的古训作为其理论根据之一。而他所说的"新民"一词,则直接取于儒家经典《大学》中"大学之道,在明明德,在新民,在止于至善"的警句。在他所著《新民说》的各篇文章中,梁除大量引用西方和日本的历史事例以及思想家的言论外,也常常从中国传统典籍中摘引相关言论或历史故事,以阐发他所提倡的新民理想的意义。例如在《新民说·论自尊》一文中,为宣传福泽谕吉"一人独立,方能一国独立"的思想,梁就援引了伊尹、孟子、庄子、杜甫等人的相关言论。所有这些事例,无不表明梁启超的新民说理论有着中国传统思想资源。再者,就非思想因素来说,

---

[①] 有关戊戌时期新民思想产生的背景及有关维新派对国民性的反思可参见拙文《中国近代改造国民性思想的先声——论戊戌维新派对传统民族文化心理的反思》,《史学月刊》1994年第4期。
[②] 《经世文新编序》,《饮冰室合集》文集之二,中华书局,1989,第47页。有关梁氏新民思想的演变可参见拙文《梁启超〈新民说〉的再认识》,《近代史研究》1989年第4期。
[③] 详见林毓生《中国意识的危机——"五四"时期激烈的反传统主义》,贵阳,贵州人民出版社,1988。

20世纪初梁启超之所以热衷于新民说理论,又与他当时所处的政治环境有密切关系。戊戌变法失败后,自上而下的改革遭到失败,梁成为一名纯粹的启蒙宣传家,新民理论自然也就成了最好的宣传主题,正如梁本人在1903年为他宣传新民说所做的辩护中所说:"吾以为新闻记者之责任,其必在于新民也已。"① 我们看到,随着梁启超的兴趣重新转向实际政治活动,在1903年游美归来之后,他对宣传新民理论的热情便大为减弱,到1906年立宪运动开始后,便完全放弃新民理论的宣传,在《新民丛报》第72号(1906年1月)发表《论民气》一文之后,终止了《新民说》的写作。并且,仔细追究起来,作为梁启超启蒙思想背景的"东学",本身就既有西学因素,也有中国传统因素,因此,这就更加要求我们在考察梁启超启蒙思想背景中不能完全撇开西学和中国传统因素。

当然,对专门探讨梁启超与日本关系的学者来说,他(她)们在研究中将重点放在日本方面,这是完全可以理解的,也是十分合理的,但倘若在论证或表述过程中将梁启超的启蒙思想完全归诸日本因素,不对其他因素予以适当的关照,这就将梁启超的思想简单化了,并且其所建立的关于梁启超思想与明治日本之间的那种单向度的紧密关系也很难令人信服。

其次,在处理梁启超启蒙思想与日本关系问题上,一些学者采用近似"学案体"的方法,将梁启超思想与某一日本思想家或著作的影响联系在一起,亦须谨慎为之。事实上,对于如饥似渴汲取新知识的梁启超来说,其思想不可能只简单地受某一具体思想家或某部著作的影响。以梁启超与福泽谕吉的思想关系来说,后者无疑在文明论方面对前者产生过影响,但同时正如日本学者石川祯浩所指出的那样,文明论是当时日本思想界和舆论界的一个共同话题,梁所置身的世纪之交的日本已不再是福泽谕吉《劝学篇》和《文明论之概略》所标榜的"文明之精神"时代,而是早已经过加藤弘之、陆羯南、德富苏峰等"社会进化论"、"国民主义"、"国权主义"、"帝国主义论"等各种理论和学说过滤的时代,因此,对梁启超的文明论产生影响的,自然不限于福泽谕吉一人,并且,梁启超的文明论自然还会与福泽谕吉有所区别②。再如,许多学者都注意到梁启超20世纪初所做的一系列介绍近代西方思想家和学说的论文,大多以中江兆民《理学沿革史》为蓝本,但将梁启超此类文章都归诸《理学沿革史》,可能又会忽略其他日文著作的影响。至少在

---

① 《答飞生》,《饮冰室合集》文集之十一,第43页。
② 石川祯浩:《梁启超与文明的视点》,狭间直树编《梁启超·明治日本·西方》,第95~119页。

《乐利主义泰斗边沁之学说》一文中，梁启超明确表示该文的写作除了参考中兆江民的《理学沿革史》之外，另参考了陆奥宗光译《利学正宗》、边沁原著 Theory of Legislation、纲岛荣一郎著《西洋伦理学史》和《主乐派之伦理说》、山边知春译《伦理学说批判》、竹内楠三著《伦理学》、田中泰磨译《西洋哲学者略传》、杉山藤次郎著《泰西政治学者列传》、小野梓著《国宪泛论》、冈村司著《法学通论》和有贺长雄著《政体论》①。梁氏所列的参考书可能有标榜的成分，但他所写的文章和思想不只受某一日本思想家或日文著作的影响，却可能是真实的，值得认真对待。并且，除了受日本思想家和日文著作的影响之外，梁日常所接触的明治日本社会及其风尚，也必然给他的思想以重大的影响。例如当时的日文报纸杂志，便是梁启超吸取相关知识的一个重要来源。梁在 1899 年 12 月所写的《汗漫录》中就提到他初到日本，通过阅读报纸，接触了解日本的情景，自谓"每日阅日本报纸，于日本政界、学界之事，相习相忘，几于如己国然"②。后来，他在所写的《双涛阁日记》里，也将"读报纸"列入他每天的功课之一③。此外，梁在文章中也常提到明治日本社会风尚对他的影响，他后来曾这样描述对日本社会风尚的感受："戊戌亡命日本时，亲见一新邦之兴起，如呼吸凌晨之晓风，脑清身爽。亲见彼邦朝野卿士大夫以至百工，人人乐观活跃，勤奋励进之朝气，居然使千古无闻之小国，献身于新世纪文明之舞台。回视祖国满清政府之老大腐朽，疲癃残疾，肮脏躐蹋，相形之下，愈觉日人之可爱、可敬。"④ 因此，在考察梁启超与明治日本关系时，我们必须对构成梁启超启蒙思想背景的"东学"的复杂性要有相当的体认，须知明治日本思想是由不同的思想光谱组成的，须知梁启超当时除受福泽谕吉、中村正直、中江兆民、加藤弘之等日本著名思想家和著作的影响外，还深受当时日本社会和风尚影响。明乎此，不但有助于我们弄清梁启超启蒙思想的真正来源，而且也可避免我们对梁启超文章中的矛盾进行一些无端的臆测。

再者，在考察梁启超思想中的日本因素时，另一个值得注意的问题是将梁启超视为明治日本思想的简单的抄袭者或被动的接受者，还是将他看做一位具有主体性和创造性的思想家。有些学者在考察梁启超思想与日本的关系

---

① 《饮冰室合集》文集之十三，第 46~47 页。
② 《饮冰室合集》专集之二十二，第 186 页。
③ 《饮冰室合集》专集之二十九，第 2~40 页。
④ 吴其昌：《先师梁任公别录拾遗》，中国人民政治协商会议北京市委员会文史资料研究委员会编《文史资料选编》第 36 辑，第 76 页，北京，北京出版社，1989 年。

时，由于片面强调日本因素，忽视梁启超启蒙思想的其他思想资源，往往单向考察明治日本思想对梁启超的影响，将梁看做一个简单的被动的受体，而比较忽视反向考察梁启超作为一名思想家所做的主体性选择和创造。狭间直树教授在研究中似乎就持前一观点，他曾在《梁启超·明治日本·西方》的日文本的序言中这样强调："在此，我想提及的是，与其说是梁启超以自己的方式主动摄取明治时期形成的日本文化，倒不如说是明治时代的日本'培养'了梁启超。"笔者以为，将梁启超说成明治日本思想的被动受体者或抄袭者，这是对梁启超思想的进一步简单化，同时也极大地降低了这一研究的思想和学术意义。事实上，梁启超本人的文章和一些学者的研究都表明，梁启超作为一名启蒙宣传家和思想家，他在摄取日本明治思想过程中，无论是抄袭，还是客观的介绍，都是结合当时中国的现实和需要，根据自己的认识和理解以及知识背景加以取舍，甚至进行刻意的修改和创造性的阐发。例如，尽管梁启超发表在《清议报》上的德国政治学家伯伦知理的《国家论》系抄袭平田的《国家论》或吾妻的《国家学》，但在抄袭过程中梁却对译本做了大量的取舍：对日译本中中国人可能不感兴趣的有关叙述欧洲立宪制度演变历史的第三卷第四章和第四卷第三章以及第五卷《国家与教会》删去未译；对日译本中第二卷《国民与国土》有关民族与国民、国民与社会部分的内容，也由于梁当时认为"Nation"（族民）与"Volk"（国民）的区别没有意义，反而会引起混乱而被删去；同时因为当时梁在政体选择上尚犹豫不决，因而有关对君主立宪制和代议共和制的分析也被删去；而在1903年梁启超政治态度发生变化后，许多被删去的内容又在他发表的《政治学家伯伦知理之学说》一文中重新补上①。又如梁所翻译的明治日本政治小说在当时的日本已经过时，它们的意义主要是为梁提供了一种新的宣传工具；并且，在翻译日人柴四郎《佳人奇遇》时，梁除了在康有为的压力之下，将小说中体现反清思想的文字删去之外，还基于自己的政治立场，对其中宣传大日本侵略主义思想和有辱中国的文字亦做了重大的修改②。再如，根据日本学者松尾洋二的研究，梁启超在《新民丛报》上发表的大量西洋人物史传，诸如《匈牙利爱国者噶苏士传》、《意大利建国三杰传》、《近世第一女杰罗兰夫人传》等，虽然几乎是

---

① 详见〔法〕巴斯蒂《中国近代国家观念溯源——关于伯伦知理〈国家论〉的翻译》，《近代史研究》1997年第4期。按：巴斯蒂教授所做的这一研究，实际上否定了她在论文中提出的梁启超在摄取明治日本思想中只是"不折不扣抄袭"或"丝毫没有他的个人创见"的观点。
② 详见王宏志《"专欲发表区区政见"——梁启超和晚清政治小说的翻译及创作》，《重释"信达雅"：二十世纪中国翻译研究》，第126~129页，东方出版中心，1999。

相关日文著作的翻译,但这些史传在经梁的翻译和加工之后,"简直就成为一部思想性著作"①。根据中国台湾学者黄克武的研究,梁启超笔下的康德虽然以中江兆民所译法国学者富耶(Alfred Fouillee)的《理学沿革史》为蓝本,但也非后者的简单复述,不但译介的内容具有高度的选择性,而且还充满梁个人所做的阐释,既有康德、富耶、中江兆民等人的影子,也有佛学、儒学等思想因素,呈现出各种理念交杂、互释的景象②。根据大陆学者蒋俊的研究,梁启超的《新史学》虽然受浮田和民《史学通论》的影响,但同时也非简单地摘取其中的某些观点或迻译个别章节,而是着重于融会、改造和创新,进而为外来理论的中国化和中国史学走向世界辟出一条蹊径③。不但如此,即使对文章中出现的一些日语词汇或术语,梁也有所鉴别、批判和创新。例如为避免日语"经济"(Political Economy)一词与中国传统典籍中"经世济民"、"经世济俗"含义相混淆,梁在文章中便曾以"富国学"、"资生学"、"理财学"、"平准学"、"生计学"等取代日语中的"经济"一词④;梁在文章中采用日语"论理学"(Logic)一词,则是他在比较中国旧译"辨学"和严译"名学"的优劣之后所做的一个择善而从的选择⑤;梁文章中所用的"乐利主义"(Utilitarianism)一词,系他在综合日译和西文原意基础上所做的一个小小的创新,梁曾解释道:"此派之学说,日本或译为功利派或译为利用派;西文原意则利益之义也。吾今橐括本派之梗概定为今名。"⑥至于梁文章中的"物竞天择、优胜劣败"的表述,又是他对社会学术语中日译"生存竞争、优胜劣败"和严译"物竞天择、适者生存"所做的一个综合⑦;对于日语中的"革命"(Revolution)一词,梁启超更是从自己的政治主张出发,曾发表有名的《释革》一文,批评日语中的"革命"一词未能正确地传达近代西方所说的"Revolution"一词的含义,而与中国古代所谓的以暴易暴的易姓

---

① 松尾洋二:《梁启超与史传》,狭间直树编《梁启超·明治日本·西方》,第278页。
② 详见黄克武《梁启超与康德》,《近代史研究所集刊》第30期(1998年12月),第101~146页。
③ 详见蒋俊《梁启超早期史学思想与浮田和民的〈史学通论〉》,《文史哲》1993年第5期。
④ 参见〔德〕李博著、赵倩等译《汉语中的马克思主义术语的起源与作用》,中国社会科学出版社,2003,第196~201页。按:在流亡日本期间所写的文章中,梁启超偶尔也使用日语"经济"一词,但为避免与传统典籍中的"经济"一词含义混淆而产生误解,在使用时有时加了注释。
⑤ 《近世文明初祖二大家之学说》,《饮冰室合集》文集之十三,第3页。
⑥ 《乐利主义泰斗边沁之学说》,《饮冰室合集》文集之十三,第30页。
⑦ 《自由书·放弃自由之罪》,《饮冰室合集》专集之二,第23页。

革命相混淆，主张以"变革"一词取代日语中的"革命"一词①。总之，梁启超文章有所本的事实，绝不意味着他是一个缺乏主体性的宣传家，或是丝毫没有个人创见的思想家；否则，他就不可能成为一代"舆论界之娇子"，对近代中国思想界产生广泛和深远的影响。

因此，有必要强调指出的是，有关明治日本对梁启超思想的影响研究，实际上应该包含两个层面：一是作为受体的梁启超在哪些方面接受了明治日本思想的影响；二是作为主体的梁启超在摄取过程中如何根据自己的需要进行创造性的转化。上述两个层面的研究相辅相成，构成有关梁启超启蒙思想与明治日本关系的完整历史；任何顾此失彼的研究，都是偏颇的、不可取的。

最后，在考察梁启超借途日本汲取西学过程中，似有必要进一步将它放到近代东亚文明转型的角度予以思考和把握，而不仅仅局限于就梁启超论梁启超。东亚各国的历史和国情虽然不尽相同，但相对于欧美西方文明，大体又有着相似或相近的道德和价值取向，构成与西方文明有别的东亚文明共同圈。因此，20世纪之交梁启超糅合西学、中国传统和日本东学，创造新学的过程，不止是梁启超的个人思想活动，它在很大程度上代表了作为世界文明重要组成部分的古代东亚文明对近代西方文明的回应，以及东亚文明向近代的转型，深刻揭示了世界近代文明发展的多样性。并且，需要指出的是，当年梁启超在重建近代中国价值和知识体系的过程中，他本人就有很强烈、很明确的东亚文明意识。他流亡日本之后创办的第一份刊物《清议报》的宗旨，除了激发中国"国民之正气"、"增长支那人之学说"之外，便是要"交通支那、日本两国之声气，联其情谊"、"发明东亚学术以保存亚粹"②。在他看来，中国古代文明不止是中国一国的文明，也是东亚文明的代表和象征。梁曾这样明确宣称："盖大地今日只有两文明：一泰西文明，欧美是也；二泰东文明，中华是也。二十世纪，则两文明结婚之时代也。"③ 同时，在他当时对"黄色人种"、"白色人种"、亚洲与欧洲之大势所做的大量表述中——不管这些表述是祖述当时日本人的观点，还是直接受当时西方学术的影响，我们都可感受到梁启超对东亚文明和东亚国家历史命运的深沉关切和他的世界意识。因此，在考察梁启超借途日本汲取西学知识、重建近代中国价值和知识体系的过程中，我们还应思考梁启超当年所做的工作对近代东亚文明有着怎样的历史意义和历史启示，从而也可引申出我们对明治日本思想文化进行深沉的

---

① 见《饮冰室合集》文集之九，第40~44页。
② 《清议报叙例》，《饮冰室合集》文集之三，第31页。
③ 《论中国学术思想变迁之大势》，《饮冰室合集》文集之七，第4页。

反思，而不再拘泥于单向考察日本对梁启超思想的影响。总之，倘若我们能将东亚文明意识自觉地带到有关梁启超与明治日本思想关系的研究之中，必将使这一研究更有思想性，也更有价值和启发性。

(作者单位　中国社会科学院近代史研究所)

1919年的胡适：实验主义的宣扬与力行

张玉法

一　前言

　　1919年是近代中国新文化运动最高潮的一年。是年，倡导新文化的《新青年》（创于1915年），在多年引介资本主义文化之后，出版"马克思主义专号"，开始注意到社会主义；是年，资本主义中的一种精髓——实验主义，由于杜威来中国讲学，普遍传播到全中国。胡适作为新文化运动的重要领袖，在这一年究竟扮演什么角色？颇值探索。

　　1919年的中国，在内政上是分裂的。北京的中央政府为国际所承认，但是因为政权的建立与传承不遵依《中华民国临时约法》所建的民主体制，悉由军人政客由角力产生，不孚人望；而以实行《中华民国临时约法》为号召的孙中山在广州所组织的护法政府（1917），此时亦为南方的军人、政客所夺。南北两政府在上海议和，谋求国家统一，没有结果。在外交上，为结束第一次世界大战而召开的巴黎和会，将原来德国在华势力范围转让给日本，作为对德作战国的中国，对国际强权的分赃作为，难以忍受，因而爆发由学界发起、受工商农界支持的五四运动，此一运动由大城市扩展到乡镇，在反日运动中，充分暴露了资本主义国家的丑恶面。在这种情形下，社会运动从反政府、反帝国主义等方面做起，而学界则主要从文化思想方面做起。

　　新文化、新思想的传播者部分来自孙中山周围的一些革命党人，如廖仲恺、戴季陶等，主要则来自北京大学的教授群。传播新文化、新思想的主要媒体是《新青年》、《每周评论》、《建设杂志》、《星期评论》等；《新潮》为北京大学的学生刊物，是师生结为一体、或前一代和后一代结为一体，共同传播新文化、新思想的刊物。胡适是北京大学教授，是《新青年》、《每周评论》

的主编之一，是《新潮》的顾问，引《建设杂志》和《星期评论》为友，可以说是居于文化思想运动的主流当中。

　　胡适在1919年的新文化运动中的表现，可以从两方面观察：其一，他在这方面做了些什么事，其二，他在这方面发表了些什么文章、出版了些什么著作。1919年，胡适的本职是北京大学教授，在学校中的职务有北京大学评议会评议员、北京大学出版委员会委员长。是年另受聘兼任北京女子高等师范及中国大学哲学教授。这年他在新文化运动中所做的事，重要者列举如下：1月，参与北京大学哲学研究会、学余俱乐部（与蔡元培、李大钊等）的成立，任《新潮》社顾问。2月，与蔡元培等参与《新教育》月刊的筹备（是月在上海创刊，蒋梦麟、黄炎培、陶行知等主之），被推为国语统一筹备会会员。3月，被北京大学评议会推为审计委员，写信给在日本东京帝国大学讲学的杜威，邀请他来中国讲学。4月，在北京大学哲学研究会举行的第一次讲演会中讲《中国古代之自然哲学》，在上海与蒋梦麟、陶行知去码头迎接从日本来华的杜威夫妇。5月，与蒋梦麟在上海看望孙中山，孙为述其即将出版的"知难行易"哲学；在上海江苏教育会讲演《实验主义》；为杜威在上海的讲演做翻译；在上海听杜威的讲演；记者张东荪等告知北京发生学生运动；在上海参加抗议日本侵占山东利权的国民大会，并随众游行；参与创办《新中国月刊》；陪同杜威到北京，要求学生复课，并提议将北京大学迁上海。6月，为杜威在北京讲《美国之民治的发展》作翻译；为杜威在北京讲《现代教育的趋势》作翻译；与李大钊共同编辑《每周评论》（陈独秀在茶馆散发传单被捕，获释后去上海，至8月底《每周评论》被北京警察厅查封，编务停止）。7月，撰文评论孙中山的《孙文学说》；为杜威在北京讲《美国之民治的基础》作翻译。8月，与李大钊等作"问题与主义"的论战；向北京警察厅交涉《每周评论》封禁事未果。9月，为杜威开始在北京大学所讲的《社会哲学与政治哲学》作翻译，共16次（至1920年3月6日结束）；为杜威在北京新学会所讲的《学问的新问题》作翻译；为杜威在北京美术学校所讲的《现代教育的趋势》（此题讲三次，至10月讲完）作翻译。10月，为杜威在太原国立山西大学礼堂讲《品格之养成为教育之无上目的》作翻译，并接着杜威的讲演，在场讲《娘子关外的新潮流》，另为杜威在山西的5次讲演作翻译，自己另亦讲演一次；在北京政学界为杜威所办的60寿筵上代表北大校长蔡元培致贺辞；为杜威开始在教育部所讲的《教育哲学》作翻译，共16次（至1920年2月22日结束）；代理北京大学教务长（至12月17日因反对北京各大学教师为教育部欠薪罢教而辞职）。11月，为杜威在北京大学所讲的

《思想之派别》作翻译,共8次(至1920年1月30日结束);与马裕藻、朱希祖等提请教育部颁行新式标点符号;与蔡元培、李大钊发起,并参加北京女子高等师范学生李超的追悼会(按:李超为北京女子高等师范的学生,其一生可为当代妇女解放问题的写照,胡适为此撰《李超传》)。12月,任北大组织委员会委员;为杜威在北大22周年纪念会上所讲的《大学与民治国舆论的重要》作翻译;为杜威在济南所作的讲演《新人生观》作翻译;参与发起北京工读互助团。①

从1919年胡适的简单行事看来,他所做的主要是教育、文化、思想方面的启蒙工作,陪着他的老师杜威在北京、太原、济南等地讲演,并作翻译。对于为反对日本帝国主义蔓延于全国的学生运动,他抱持反对态度;对北京各大学教师为教育部欠薪而发起的罢课运动,他也不赞同。他的大部时间,除前面所讲的行事外,似乎都花在研究、写作和翻译上。1919年,他在新文化方面所发表和出版的诗文和专书,在质和量上都是惊人的。兹从数量的角度,依据有关资料,作统计表如下②:

类别			篇数		备注
			统计一	统计二	
专书(种)	哲学史	作	2	1	
	小说集	译	1	1	
诗词(篇)		译	3	2	
		作	13	12	

---

① 参考郭廷以《近代中国史事日志》第1册,第417~477页;曹伯言、季维龙《胡适年谱》,第140~172页;胡颂平《胡适之先生年谱长编初稿》第2册,第333~389页;耿云志《胡适年谱》,第68~80页。《新教育》创刊,郭书记在1919年2月1日,曹书记《新教育》一卷一期1921年2月出版。胡适等在上海迎杜威,郭书、胡书记在5月1日,曹书记在4月30日。胡适在上海参加国民大会事仅见胡书;胡适在北京要学生复课事仅见曹书;杜威讲《社会哲学与政治哲学》,曹书谓起于1919年9月20日,胡适谓起于1919年11月。杜威在教育部讲《教育哲学》,曹书谓始于1918年9月2日,至1920年2月22日结束;胡书谓始于1919年10月,至1920年6月结束。胡适代理北大教务长,曹书谓在10月27日,至12月17日止;《胡适先生年表》(见《胡适全集》第43卷)谓在9月,至11月卸任;杜威讲《思想之派别》,曹书谓在11月14日,胡书谓在12月。

② 统计篇数一系依据《胡适著译系年,1919年》,季羡林主编《胡适全集》第43卷,第231~279页,合肥,安徽教育出版社,2003;统计篇数二系依据曹伯言、季维龙编《胡适年谱》,第140~172页,合肥,安徽教育出版社,无出版年。后者所列资料不如前者完整,但亦有前者未列之资料,可作为前者资料尚不完整的示例。

续表

类别			篇数		备注
			统计一	统计二	
小说（篇）		译	5	5	
		作	0	1	
戏剧（篇）		作	1	1	
文章（篇）	文学理论	作	4		
	哲学	作	8		
		译	1		
	政治学	译	3		
	教育学	译	2		
	文字学	作	3		
	国故、历史	作	2		
	传记	作	5		统计篇数二 27 篇
	治学方法	作	1		文章中，有翻译 1 篇
	时论	作	11		
	散文	作	19		
	评介	作	2		
	书序	作	3		
	祝词	作	3		
	题、跋、案语、读后	作	6		
	其他	作	4		
	总计		102	77	23
演说稿（篇）		作	3	4	
公私函件（篇）		作	19	10	统计篇数二另有随感录 12 篇
议案（件）		作	1	1	
总计			125	38	统计篇数二有统计篇数一未列入者 13 篇

从 1919 年胡适发表或出版的 130 余种著作中，可以看出胡适在文学、史学、哲学方面涉猎甚广、著述甚多，较有意义的有三方面：①对中国哲学史的持续研究与出版，②对文学革命的持续推动与力行，③对科学的治学方法的倡导与宣扬。从思想史的角度检视此 130 余种著作，在当时富有创新意义的有四：即宣扬实验主义、论辩问题与主义、鼓吹女子解放、提倡"社会不朽"的宗教。兹分别论述如下。

二 宣扬实验主义

胡适接触实验主义，是他在康奈耳（Cornell）大学读书的时候。1910年9月，胡适自上海至绮色佳（Ithaca），入康奈耳大学农科。至1912年初，弃农科改入文学院，主修哲学，而以政治、经济、文学等为副科。他的哲学教授之一是克雷登。至1914年2月大学本科学业结束，至6月17日参加毕业式，得文学学士学位。此后一年，胡适续在康奈耳大学文学院修课，至1915年9月21日自康奈耳大学抵纽约，入哥伦比亚大学研究院，从杜威研究哲学①。

胡适所以自康奈耳转学哥伦比亚大学，原因之一是胡适喜欢实验主义，而不喜欢康奈耳大学哲学系所讲的新唯心主义。关于此点，胡适于1915年7月11日在写给母亲的信中，有初步的说明："哥伦比亚大学哲学教师杜威先生，乃此邦哲学泰斗，故儿欲往游其门下也。"其后到30年代初胡适在口述自传中有进一步的说明："我转学哥大的原因之一便是因为康乃耳哲学系基本上被新唯心主义派所占据的缘故。所谓新唯心主义，又叫客观唯心论，是十九世纪末期英国思想家葛里茵等由黑格尔派哲学中流变出来的。康乃耳的塞基派的哲学，动不动就批评实验主义。他们在讨论班上总要找出一位重要的对象来批评。杜威便是他们经常提出的批判对象。……在聆听这些批杜的讨论和为着参加康大批杜而潜心阅读一些杜派之书以后，我对杜威和杜派哲学渐渐的发生了兴趣，因而我尽可能多读实验主义的书籍。在1915年暑假，我对实验主义作了一番有系统的阅读和研究之后，我决定转学哥大向杜威学习哲学。"②又其后，胡适在留学日记的自序里说："我在1915年的暑假中，发愤尽读杜威先生的著作。……从此以后，实验主义成了我的生活和思想的一个向导，成了我自己的哲学基础。我写先秦名学史、中国哲学史，都是受那一派思想的指导。我的文学革命主张，也是实验主义的一种表现；尝试集的题名就是一个证据。"③

胡适服膺实验主义，在1915年暑假以前。他以先秦名学史作为博士论文的题目在1915年以后，他的文学革命的主张起于1916年二三月间，《尝试

---

① 耿云志：《胡适年谱》，第24、29、34~35、43页。
② 前引耿云志书，第42~44页。
③ 引见陈德仁《胡适思想与中国教育文化发展》，第4页，台北，文景书局，1990。

集》的题名更迟至 1919 年，但在康乃耳大学修课的时候，则可能写过有关先秦名学的学期报告。他在自述中所说，在康乃耳大学的讨论课中，他就倾心于实验主义。更具体的说明是，他在 1916 年 5 月 9 日的日记中即已表明了服膺实验主义的态度："天下无通常之真理，但有特别之真理耳。凡思想无他，皆所以能解决某某问题而已。……思想所以处境，随境地而易，不能预悬一通常泛论，而求在在适用也。"①

胡适进入哥伦比亚大学之后，一方面研究先秦诸子之学，一方面投身于文学革命，虽然都是在实验主义的理念驱策之下，但对实验主义并无著作发表。1917 年 5 月 22 日胡适的博士论文口试未通过，之后回国，于是年 9 月 10 日到北京大学任教，在所教的课程中，有"中国古代哲学"一科②，处理此科讲义当抱持实验主义的理念，但仍无有关实验主义的讲演或著作发表。胡适对实验主义有著作发表，并对实验主义从事公开讲演，是从 1919 年开始的。这当与 1919 年他的老师杜威来中国讲学有关。

杜威来中国讲学，是 1919 年 3 月胡适致函邀请的。当时杜威正在日本东京帝国大学讲学，胡适与陶行知等商决以北京大学、南京高等师范和江苏教育会等的名义，邀请杜威来中国讲学，由正在日本的郭秉文、陶孟和两人同杜威具体协商。嗣胡适收到杜威、陶行知收到郭秉文的信，杜威表示愿意接受邀请，胡适遂与北大校长蔡元培商量，安排有关接待事宜。其后杜威于 4 月 30 日抵上海，由胡适、蒋梦麟、陶行知等至码头迎接③，其后杜威即在中国作了两年多的讲演④，大多由胡适作陪，并任翻译。

胡适为了让国人对杜威的实验主义有所了解，于 1919 年 3 月初旬在教育部作了一次"实验主义"的讲演；其后到杜威抵达上海的第二天，胡适又于 5 月 2 日在上海的江苏教育会讲演"实验主义"⑤。这两次讲演，皆本于胡适在此期间所写的《实验主义》一稿，该稿内容包括七部分：①引论，②皮尔

---

① 前引耿云志书，第 41 页。
② 前引耿云志书，第 50、57、60 页。
③ 前引耿云志书，第 71~72 页；前引曹伯言、季维龙书，第 148 页。杜威来华后的费用，因五四运动的关系，教育部官员去职，北大校长蔡元培辞职南下，教育部和北京大学均无着落。5 月中旬，哥大校长 Butler 两电北大，告以杜威无薪给假一年，无人作覆，直到 6 月 17 日胡适始以私人名义作覆。至于杜威的费用，据 6 月 22 日胡适给蔡元培的信，谓尚志学会担任 6000 元，清华大学担任 3000 元，林长民的新学会也筹款赞助。见《胡适全集》第 23 卷，第 270 页。
④ 杜威离北京返国在 1921 年 7 月 11 日，见郭廷以《中华民国史事日志》第 1 册，第 580 页。
⑤ 胡颂平：《胡适之先生年谱长编初稿》第 3 册，第 338~341、350~353 页。

士——实验主义的发起人,③詹姆士的心理学,④詹姆士论实验主义,⑤杜威哲学的根本观念,⑥杜威的思想,⑦杜威的教育哲学。《实验主义》一文,在1919年3月初的讲演时完成初稿,其后不断增订,到7月1日才定稿①。全文约2.6万字,深入浅出,将实验主义从不同的角度作了介绍。

实验主义是19世纪后期到20世纪初期美国物理学家皮耳士(C.S.Peirce,1839~1914)创始的,英文原名pragmatism,日本人译为实际主义。后来与他同时的瑞典裔美国心理学家詹姆士(William James,1842~1910)把这个主义用到宗教经验上去,皮耳士认为不妥,即将自己原来使用的pragmatism改为pragmaticism,以别于詹姆士的pragmatism。另一方面,英国的失勒(F.C.S.Schiller)又将pragmatism的范围更加扩大,改用humanism的名称。美国的杜威(John Dewey,1859~)只侧重原pragmatism的方法论,自称为是工具主义(instrumentalism)。兹列表实验主义的派别如下:

pragmatism (Peirce) (实验主义)
- pragmatism:James一派,注重实际的效果,应用到宗教经验,是一种实际主义。
- pragmaticism:Peirce一派,注重方法论,为实验主义的原典。
- humanism:Schiller一派,扩大到真理论和实在论,自称为人文主义。
- instrumentalism:Dewey一派,注重方法论,强调实验主义的工具性,自称为工具主义、器用主义或应用主义。

上表所列,Peirce的pragmatism到pragmaticism是实验主义的正统,注重方法论,James的pragmatism注重实际的效果,Schiller的humanism扩大到真理论和实在论,Dewey的instrumentalism又回到pragmatism的方法论,但因强调工具性,故自称为工具主义。

实验主义的新哲学是受19世纪科学发展的影响而产生的。在科学发展的过程中,科学家们认为科学定律是可变的,目前所有的科学定律只是一些最适合的假设。不仅科学定律会因新的研究发现而改变,在西洋哲学中一向认

---

① 《胡适文存》第1集,第291~341页,台北,洛阳图书公司。胡适于5月2日在江苏教育会讲《实验主义》时,一开头即说,因为明后天杜威要到这里来演说,所以今天把杜威的学说演述一番,替杜威先生开出一条路,见《胡适讲演集》中册,第475页,台北,胡适纪念馆,1970。

定的物种不变，也因达尔文的《物种的由来》一书而动摇。在科学新发现的影响下，皮耳士倡导哲学方法的改变。皮耳士常说：他的新哲学不是别的，就是"科学试验室的态度"（The laboratory attitude of mind）。承袭皮尔士的新哲学，杜威特别强调实验方法，而所谓实验方法，就是科学家在试验室里用的方法。实验主义绝不承认真理就是永远的真理，只承任一切的真理都是应用的假设，假设的真不真，需要靠实验来验证。杜威的基本观念是：经验即生活，生活即是应付环境，而知识思想是人类应付环境的工具。杜威的思想是用已知的事物作根据，推测出别种事物或真理，分为五个步骤：①思想的起点是一种疑难的境地；②指定疑难之点究竟在何处；③提出种种假定的解决方法；④决定哪一种假定是适用的解决；⑤证实这种解决使人信用，或证明这种解决的谬误使人不信用。将此思想用在教育上，教育即是继续不断的重新组织经验，要使经验的意义格外增加，要使个人主宰后来经验的能力不断增加。

胡适所宣扬的实验主义，不只是杜威的，也有詹姆士的。詹姆士的实验主义，分为方法论、真理论（theory of truth）和实在论（theory of reality）三部分。詹姆士总论实验主义的方法是"要把注意之点从最先的物事移到最后的物事，从通则移到事实，从范畴（categories）移到效果"。这种方法是用来规定事物（objects）的意义，用来规定观念（ideas）的意义，和用来规定一切信仰的意义。詹姆士论实验主义的真理论是"历史的真理论"（genetic theory of truth），注重点在于真理如何发生、如何得来、如何成为公认的真理，从而了解真理是人造的，是造出来供人用的，是人的工具。詹姆士论实验主义的实在论，认为"实在"是常变的，是在制造中。这种创造的实在论，发生一种创造的人生观，这种人生观，詹姆士称为改良主义（meliorism），既不悲观也不乐观，世界一点一滴的成长，全靠每个人的努力和奉献。

对于实验主义的宣扬，除1919年3月初和5月初的两次讲演外①，原稿也分篇发表在当时的期刊中，如1919年4月15日的《新青年》发表的《实验主义》，内容包括：①引论，②皮耳士——实验主义的发起人，③詹姆士的心理学，④詹姆士论实验主义；1919年5月的《新教育》发表《杜威哲学的

---

① 5月2日讲演"实验主义"的记录稿，与胡适《实验主义》的原稿有很大的出入，譬如原稿谓James为"实际主义"，包括方法论、真理论、实在论，而Schiller亦讲真理论与实在论，记录稿则将实际主义及其方法论、真理论、实在论记为杜威的。而原稿中杜威哲学的根本观念、杜威的思想、杜威的教育哲学，则全付阙如（可能胡适未讲）。见《胡适讲演集》中册，第475~485页。

根本观念》和《杜威的教育哲学》；1919年6月15日的《新中国》发表《杜威论思想》[①]。

三 论辩问题与主义

1919年七八月间，因陈独秀被捕（6月12日），胡适与李大钊接编《每周评论》，时在北京各校学生于5月4日发动反日本帝国主义运动到6月3日遭到北京政府大逮捕之后，舆论界有谈过激主义者，有谈社会主义者，有谈无政府主义者，胡适认为国内诸多实际问题亟待解决，空谈主义无用，于7月20日出版的第31期《每周评论》上，发表了一篇《多研究些问题，少谈些主义》的文章。文章立论的要点凡四：①空谈好听的主义，极为容易；研究问题，极为困难；舆论界太懒。外来的主义，有其时空背景，随意进口，没有什么用处。同样的主义，有不同的谈法与做法，偏向纸上的主义很危险。②中国应该赶紧解决的问题很多，我们不去研究人力车夫的生计，却去高谈些社会主义；不去研究女子如何解放、家庭制度如何救正，却去高谈公妻主义和自由恋爱；不去研究安福部如何解散，不去研究南北问题如何解决，却去高谈无政府主义；谓主义系根本的解决，实是自欺欺人。③凡是有价值的思想，都是从具体的问题着手的，先研究了问题的种种方面的种种事实，看看究竟病在何处，这是思想的第一步工夫。然后根据一生的经验学问，提出种种解决的方法，提出种种医病的丹方，这是思想的第二步工夫。然后用一生的经验学问，加上想像的能力，推想每一种假定的解决法，该有什么样的效果，推想这种效果是否真能解决眼前的问题。推想的结果，拣定一种假定的解决，提出主张，这是思想的第三步工夫。④不反对研究一切学说和一切主义，但只是把学说和主义做工具、做参考资料，不要挂在嘴边做招牌。胡适在文章中提出的劝告是："请你们多多研究这个问题如何解决、那个问题如何解决，不要高谈这种主义如何新奇、那种主义如何奥妙。"[②]

这篇文章所谈的，是实验主义的态度和实验主义解决问题的方法。发表之后，引起两篇批评：一是蓝志先（知非）的《问题与主义》，原发表在《国民公报》（蓝志先主编）上，又为胡适节录，发表在1919年8月3日出版的

---

① 前引曹伯言、季维龙书，第148～150页。
② 《多研究些问题，少谈些主义》，《胡适文存》第1集，第342～346页。

1919年的胡适：实验主义的宣扬与力行

《每周评论》第 33 号上；一是李大钊（守常）的《再论问题与主义》，发表在 1919 年 8 月 17 日《每周评论》第 35 号上[①]。蓝志先认为，胡适太注重实际问题，抹杀主义理论的效果。文章的要点凡四：①把一种主义的内容和意义弄清楚，鼓吹到社会上去，使社会的若干分子成为信徒，并不容易；只要主义有效，不论它是外来或自主生，中国今日的新问题、新需要，皆为外来思想主义所产生；鼓吹中的主义，不是纸上的主义，信奉主义的人必定要问清这种主义的内容和它的影响结果。②因为要解决从人力车夫的生计到大总统的权限、从卖淫到卖官卖国、从解散安福部到加入国际联盟、从女子解放到男子解放等问题，所以要研究种种主义。主义的研究和鼓吹，是解决问题的最主要最切实的第一步。③主义是多数人共同行动的标准，或是对于某种问题的进行趋向或是态度。世界上有许多极有力量的主义，在发生的时候即为一种理想，并不是什么具体的方法。一个主义，可以有种种实行的方法，所以同一主义，在甲地成了某种现象，在乙地又成另一种现象。④问题从根本方面着眼，即成了抽象的主义，从实行的方面着眼，即成为具体的问题。要提出一种具体的方法来解决问题，必定先要鼓吹这个问题的意义，以及理论上的根据，引起了一般人的反省，使成了问题，才能采纳我们的方法，否则问题尚不成，即无方法可言[②]。

李大钊的文章，要点凡三：①大凡一个主义，都有理想与实际两方面；我们的社会运动，一方面要研究实际的问题，一方面也要宣传理想的主义，交互为用，并行不悖。②《新青年》和《每周评论》的同仁中，胡适和陈独秀被日本新闻界指为是宣扬民主主义的，一方面与旧思想奋战，一方面要防俄国的布尔札维克主义。同仁被诬为过激党，是李大钊的罪过。一般对俄国布尔札维克党的指控，谓他们实行"妇女国有"、他们枪毙克鲁泡特金，皆属谣言。③依马克思的唯物史观，社会上的法律、政治、伦理等精神构造，都是表面构造，它们的下面有经济的构造，作它们的基础。经济构造一变动，它们都跟着变动。就俄国而论，在罗曼诺夫家没有颠覆、经济组织没有改造以前，一切问题丝毫不能解决，而今全部解决了。李大钊是马克思主义的急先锋，虽在名义上与胡适共同主编《每周评论》，似乎未参与 31 期的编务，在外地看到胡适在 31 期上所刊载的《多研究些问题，少谈些主义》后，乃写稿表达自己的基本立场[③]。

[①] 前引曹伯言、季维龙书，第 158 页。
[②] 《胡适文存》第 1 集，第 346~357 页。
[③] 《附录李大钊先生再论问题与主义》，《胡适文存》第 1 集，第 357~363 页。

胡适读了蓝志先的《问题与主义》、李大钊的《再论问题与主义》后，写了一篇《三论问题与主义》，发表在1919年8月24日出版的《每周评论》第36号上。该文主要澄清两点：①李大钊所谓主义是一个"共同趋向的理想"，蓝志先所谓主义是"多数人共同行动的标准，或是对于某种问题进行趋向或态度"，与他的主张并无冲突；俄国新宪法主张把私人所有的土地、森林、矿产、水力、银行收归国有等，都是"具体的主张"。他也承认，他所说的"具体的主张"，是希望一般人了解"布尔扎维克主义"、"过激主义"是什么，不要一听就害怕。②他批评主义是"抽象的"、"不具体的"，并不是指主义没有"理想"，而是指一些空空荡荡、没有具体内容的主义，如"过激主义"。从这两点澄清看来，胡适似乎并不反对引介社会主义之类。不过，他不赞同蓝志先所提的"主义是一件事，实行的方法又是一件事"。他说："不管实行的方法如何，便是方法盲。"他也不赞成蓝志先所说的：主义的"抽象性大，涵盖力可以增大；涵盖力大，归依的人数愈增多。"他认为抽象性就是"神秘性"，"容易被人用几个抽象名词骗去赴汤蹈火，牵去为牛为马、为鱼为肉"。最后，他对于问题与主义的看法，仍坚持他的实验主义或工具主义的观点："多研究些具体的问题，少谈些抽象的主义。一切主义、一切学说，都该研究，但是只可认作一些假设的见解，不可认作天经地义的信条；只可认作参考印证的材料，不可奉为金科玉律的宗教；只可用作启发心思的工具，切不可用作蒙蔽聪明、停止思想的绝对真理。如此方可以渐渐养成人类的创造的思想力，方才可以渐渐使人类有解决具体问题的能力，方才可以渐渐解救人类，对于抽象名词的迷信。"①

胡适在对蓝志先和李大钊的文章作了响应之后，蓝、李二人未再有所反应，可能的原因有二：①胡适承认某些主义的价值，并没有直接攻击一些人所憧憬的社会主义。②喜欢主义的人将主义作为解决问题的惟一方法，而胡适只把主义作为可能的方法之一，双方主张明鲜，并无争辩的需要。虽然如此，胡适为了消除别人对他的误解，他又写了《四论问题与主义》，说明是对《三论问题与主义》的一些补充。首谓："我虽不赞成现在的人空谈抽象的主义，但是我对于输入学说和思潮的事业，是极为赞成的。"接着引述自己以前说过的一段话："我们应该先从研究中国社会上、政治上，种种具体问题下手；有什么病，下什么药；诊察的时候，可以参考西洋先进国的历史和学说，用作一种'临症须知'；开药方的时候，也可以参考西洋先进国的历史和学说，用作一种'验方新药'。"不过，胡适对于学说的输入，提出几个应注意

---

① 《胡适文存》第1集，第364～373页。

之点：①输入学说时应该注意发生这种学说的时势情形；凡是有生命的学说，都是时代的产儿。②输入学说时应该注意"论主"的生平事实和他所受的学术影响；学说虽为时代产儿，但也代表论主个人的心思见解，譬如马克思是一个叛犹太教的犹太人，受18世纪的进化论和唯物论的影响，也受海智儿一派的历史哲学影响。③输入学说时应该注意每种学说所以发生的效果，因为"凡是主义，都是想应用的"，一定要了解此主义在实行时所发生的效果，或者表面上没有效果，实质上也发生了影响。胡适在文章末尾又回到实验主义的立场，指出上述几个应行注意之点为"历史的态度"，并谓："我们可拿每种主义的前因来说明那主义性质，再拿那主义所发生的种种效果来评判他的价值与功用。"① 这篇文章本来要发表在1919年8月31日出版的第37期《每周评论》，但因8月底《每周评论》为北京警察厅所查封，这篇文章并没有刊载出来，亦未见发表于其他刊物，后来收在《胡适文存》里。

"问题与主义"的论辩，就《胡适文存》所收的资料来看，正方一人，反方二人。参加人不多，双方的文字也很温和，但对国家发展的方向，却提供了一个线索：中国的前途，究应问题导向？还是意识形态导向？

四　提倡"社会不朽论"

1919年2月15日，胡适在《新青年》6卷2号上发表一篇文章，题名《不朽——我的宗教》。胡适所提倡的这个宗教，建立在"人死后灵魂不存在"的基础上；人不能靠灵魂不朽，只能在社会上不朽，他称为"社会不朽"。"灵魂存在"是一般宗教的基础，善加修行，灵魂可以永生。胡适承认，灵魂是否存在，"不能用科学试验来说明他，也不能用科学试验来驳倒他"。既然如此，胡适说："我们只好用实验主义（pragmatism）的方法，看看这种学说的实际效果如何，以为评论的标准。"② 可以看出，他否定灵魂永生、提倡社会不朽，是他力行实验主义的一个面向。他说：依实验主义的标准看来，"信神不灭论的固然也有好人，信神灭论的也未必全是坏人。"又说："有些人因为迷信天堂、天国、地狱、末日审判，方才修法行善，这种修行全是自私自利的，也算不得真正道德。"③

---

① 《胡适文存》第1集，第373~379页。
② 《不朽——我的宗教》，《胡适文存》第1集，第693~702页。
③ 《不朽——我的宗教》。

思想家与近代中国思想

胡适的宗教，仅从否定灵魂存在和否定灵魂存在的价值两方面立论，认为神道设教和偶像崇拜在我们的心理上都不能发生效力，并没有检讨上帝是否存在、各种自然神是否存在①。他的这种狭隘的无神论，据他的自述是起于1901年，时胡适11岁。是年有一天，他温习朱子的《小学》，读到一段司马光的家训，其中说："形既朽灭，神亦飘散。"这句话使他大受震动。后来在《资治通鉴》中，又读到范缜反对佛教的故事，范缜说："形者神之质，神者形之用也。……神之于质，犹利之于刃，形之于用，犹刀之于利……舍利无刀，舍刀无利未闻刃没而利存，岂容形亡而神在！"他对范缜和司马光的话非常服膺，他说："司马光的话教我不相信地狱，范缜的话使我更进一步走上了无鬼神的路。"② 胡适这一段"从拜神到无神"的路走了多少年，并不清楚，依据他的读书札记，他曾经在1914年，即24岁自康乃尔大学转入哥伦比亚大学之年，研究南北朝时期神灭与神不灭的论争，对范缜的《神灭论》、梁武帝《敕答臣下神灭论》、沈约的《形神论》、《神不灭论》、《难范缜神灭论》作了详细摘录，并加了简单的按语③。不过，如下所述，他在1919年撰《不朽——我的宗教》一文时，并没有厘清何时在司马光的《资治通鉴》中读到南北朝时有关神灭和神不灭的论争。

《不朽——我的宗教》一文，首先对"神不灭论"和"三不朽说"加以批评和否定：(1) 神不灭论（即灵魂不朽）：宗教家往往说灵魂不灭，死后须受末日的裁判：做好事的享受天国天堂的快乐，做恶事的要受地狱的痛苦。但古往今来的人也有对灵魂是否存在发生怀疑的，如南北朝人范缜的神灭论说："形者神之质，神者形之用。……神之于质，犹利之于刃；形之于用，犹刃之于利。……舍利无刃，舍刃无利。未闻刃没而利存，岂容形亡而神在？"宋朝司马光将形与神看作两回事；范缜将形与神看作一回事，没有形体，即没有灵魂。近世唯物派的学者也说，人的灵魂并非独立存在的形体，不过是脑部神经的作用。但许多人仍认为灵魂是神秘玄妙之物。如前所述，胡适以实验主义的方法，评论灵魂存在与否的效果，认为对人生行为没有什么重大影响。(2) 三不朽说（即《左传》说的立德、立功、立言）：此说不问人死后灵魂能不能存在，只问他的人格、他的事业、他的著作有没有永远存在的价值。①真能不朽的人只有少数有道德、有功业、有著述的人，胡适称为"寡头"的不朽。②只从积极方便着想，没有消极的制裁。③究竟怎样才算德、才算

---

① 《不朽——我的宗教》。
② 前引曹伯言、季维龙书，第12页所引胡适《四十自述》。
③ 前引曹伯言、季维龙书，第69页所引《藏晖室札记》卷6。

功、才算言，没有一定的标准，哥伦布算是立功，他船上的水手呢？

分析了上述两种不朽的缺点，胡适提出了"社会不朽论"。胡适的"社会不朽论"，据胡适的说法，是1918年母丧的时候开始构思的，也许觉得他的母亲成就了胡适，就是一种不朽。不过从他在文章中引用的资料看来，应是受十七八世纪的德国哲学家莱布尼兹（Gottfried Wilhelm von Leibnitz, 1646～1716）的学说的影响而产生的。莱布尼兹说：

> 这个世界乃是一片大充实（plenum，为真空vacuum之对称），其中一切物质都是接连着的。一个大充实里面有一点变动，全部的物质都要受影响，影响的程度与物体距离的远近成正比例。世界也是如此，每一个人不但直接接受他身边亲近人的影响，并且间接又间接的受距离很远的人的影响。

从这个交互影响的社会观和世界观上面，胡适衍生出他的"社会不朽论"，其大旨如下：

> 我这个"小我"不是独立存在的，是和无量数小我有直接或间接的交互关系的；是和社会的全体和世界的全体都有互为影响的关系的；是和社会世界的过去和未来都有因果关系的。种种从前的因，种种现在无数的"小我"和无数他种势力所造成的因，都成了我这个"小我"的一部分。我这个"小我"，加上种种从前的因，又加上种种现在的因，传递下去，又要造成无数将来的"小我"。这种种过去的"小我"，和种种现在的"小我"，和种种将来无穷的"小我"，一代传一代，一点加一滴……这便是一个"大我"。"小我"是会消灭的，"大我"是永远不灭的。……"小我"虽然会死，但每一个"小我"的一切作为、一切功德罪恶、一切语言行事，无论大小，无论是非，无论善恶，一一都永远留存在那个"大我"之中……永远不朽。

最后，胡适归结了他的宗教的宗旨："我这个现在的'小我'，对于那永远不朽的'大我'的无穷过去，须负重大的责任；对于那永远不朽的'大我'的无穷未来，也需负重大的责任，我须要时时想着，我应该如何努力利用现在的'小我'，方才可以不辜负了那'大我'的无穷过去，方才可以不遗害那'大我'的无穷未来。"

胡适的"社会不朽论",是用实验主义的方法推论出来的。"大我"是否永远不灭值得怀疑,而"小我"与"大我"的关系,有如人种变迁中的"基因",亦如三不朽中的平常人,作为宗教,似乎很难打动人心。故胡适这篇文章改了又改,其间且曾用英文发表,并未能形成宗教。尤有进者,"社会不朽论"有浓厚的集权主义的倾向,如果为社会大众所采信,对胡适所赞扬的个人主义,会造成很大的伤害。

五 鼓吹女子解放

20世纪初期中国有关妇女问题的言论,1900年代以提倡女权为主,而以戒缠足、兴女学为两大主轴。到1910年代,女子解放的议题出现。女子解放的议题很宽广,涉及女子解放要从何处做起的问题。对坚持实验主义的胡适来说,他的办法是点点滴滴地改革。

言论界鼓吹女子解放,在1919年可以说是一个高潮。兹将当时报刊中的有关议题,列一简表如下(依发表时间先后为序):

作　者	篇　名	发表之报刊
——	女子人格问题	1919.2.1,《新潮》一卷一号
李大钊	战后之妇人问题	1919.2.15,《新青年》六卷二号
张崧年	男女问题	1919.3.15,《新青年》六卷三号
夏道漳	中国家庭制度改革谈	1919.4.15,《新青年》六卷四号
康白情	大学宜开女禁论	1919.5.6,8~10,《晨报》
罗家伦	大学应当为女子开放	1919.5.11,《晨报》
君　左	何谓"女子问题"	1919.5.18,《晨报》
康白情	北京学生界男女交际的先声	1919.5.20,《晨报》
潜　龙	我国妇人问题	1919.5.26~28,《晨报》
杨钟健	妇女问题的先决问题	1919.6.8~9,《晨报》
觉　英	女子解放问题	1919.6.16,《民国日报》
潘公展	中国妇女是有人格吗	1919.6.24~28,《晨报》
严　琳	我国家族制度组织法之利弊	1919.6,《妇女杂志》五卷六号
	女子解放与家庭改组	1919.8.10,《每周评论》三十四号

续表

作 者	篇 名	发表之报刊
季 陶	中国女子的地位	1919.8.17,《星期评论》十一号
李鹤鸣	女子解放论	1919.10.1,《解放与改造》一卷三期
——	女子的新监狱	1919.10.5,《星期评论》
蒨 玉	女子与共和之关系	1919.10.10,《星期评论纪念号》
王会吾	中国妇女问题	1919.10.15,《少年中国》一卷四期
吴弱男	中国家庭应该改组	1919.10.15,《少年中国》一卷四期
李大钊	妇女解放与Democracy	1919.10.15,《少年中国》一卷四期
田 汉	第四阶级的妇人运动	1919.10.15,《少年中国》一卷四期
康白情	绝对的男女同校	1919.10.15,《少年中国》一卷四期
周炳琳	开放大学与妇女解放	1919.10.15,《少年中国》一卷四期
陈宝锷	男女公共生活之精神的互助	1919.10.15,《少年中国》一卷四期
苏甲荣	对于妇女解放实行上的意见	1919.10.15,《少年中国》一卷四期
黄日葵	何故不许女子平等	1919.10.15,《少年中国》一卷四期
宗白华	叔本华之论妇女	1919.10.15,《少年中国》一卷四期
康白情	人权之贼	1919.10.15,《少年中国》一卷四期
康白情	女界之打破	1919.10.15,《少年中国》一卷四期
张崧年	女子解放大不当	1919.10.15,《少年中国》一卷四期
沈乃文	妇女解放的具体主张	1919.10.19,《民国日报》
罗家伦	妇女解放	1919.10.30,《新潮》二卷一号
光 辉	新家庭之根本问题	1919.10,《妇女杂志》五卷十号
陈友琴	女子教育之革新	1919.11.1,《解放与改造》五期
光 佛	女子解放当从男子解放做起	1919.11.2,《星期评论》二十二号
苍 园	女子神圣观	1919.11.2,《星期评论》二十二号
执 信	男子解放就是女子解放	1919.11.9,《星期评论》二十三号
——	现代女子问题的意义	1919.11.9,《星期评论》二十三号
季 陶	旧伦理的崩坏与新伦理的建设	1919.11.23,《星期评论》二十五号
王光祈	改革旧家庭的方法	1919.12.2,《晨报》
玄 庐	婚嫁问题	1919.12.7,《星期评论》二十七号
琴 韵	妇女解放的首要办法	1919.12.8,《晨报》
蕙 塘	我对于妇女剪发的管见	1919.12.8,《晨报》
哲 父	自由社会的男女问题	1919.12.14,18,《星期评论》二十八、三十号
东 荪	妇女问题新评	1919.12.15,《解放与改造》一卷八号

上表所列 1919 年代表性的报刊《新青年》、《新潮》、《晨报》、《每周评论》、《星期评论》、《少年中国》、《解放与改造》中的 46 篇文章，不过作为示例。在此讨论妇女问题的热潮中，胡适也投身其中，致力于女子解放。

胡适对女子问题的看法，于 1914 年在康乃耳大学读书的时候尚很保守，至少对自由恋爱结婚不以为然。是年 1 月 4 日的《藏晖室札记》，胡适记载了他对中国女子地位问题的思考，认为中国女子所处的地位，高于西方女子。因为"吾国顾全女子之廉耻名节，不令以婚姻之事自累，皆由父母主之"。而"西方则不然，女子长成即以求偶为事"，父母全然不管。"是故，堕女子之人格，驱之使自献其身以钓取男子之欢心者，西方婚姻自由之罪也"①。

其后到 1918 年 7 月，因为在《新青年》四卷五号读到周作人所译日人与谢野晶子的反对贞操的《贞操论》，因为在 7 月 23 日北京的《中华新报》上读到海宁朱尔迈的《会葬唐烈妇记》，又因为在上海的报纸上读到上海县知事呈江苏省长请褒扬陈烈女的呈文，使胡适花了好多天的时间写了一篇长文，讨论《贞操问题》。在这篇长文里，胡适对西方国家的自由恋爱已有很高的评价，其言云："在文明国里，男女用自由意志由高尚的恋爱订了婚约，有时男的或女的不幸死了，剩下的那一个因为先时爱情太深，故情愿不再婚嫁，这是合理的事；若在婚姻不自由之国，男女订婚以后，女的还不知男的面长面短，有何爱情可言？"不过，胡适这篇文章，主要是反对没有爱情的贞操、女子对男子单方面的贞操以及政府以法律来褒扬贞操。当时的"褒扬条例"规定未婚夫死不嫁者为"贞女"；夫死不嫁者为"节妇"；夫亡自尽或强暴不从致死或羞忿自尽者，为"烈妇"、"烈女"；都会受到政府的褒扬。胡适认为，寡妇应否再嫁，全是个人问题，如对已死的丈夫有情义不思再嫁、有了孩子不肯再嫁、年纪已大不能再嫁、或不愁衣食不必再嫁，可自然守节不嫁；但如对丈夫无恩义，或无子女，或年轻，或家贫，就没有守节的理由，应该再嫁。至于贞女、烈女、烈妇，是个人恩爱问题，应由个人的自由自志去决定。胡适极力反对以法律褒扬贞操，以免有人沽名钓誉。胡适讨论贞操问题，是抱着实验主义的精神，并不武断。他说："'贞操'这个问题，并不是'天经地义'，是可以澈底研究、可以反复讨论的。"又说："在现代社会，许多贞操问题，如寡妇再嫁、处女守贞等等问题的是非得失，却还有讨论的余地，法律不当以武断的态度，定褒贬的规条。"②

---

① 前引曹伯言、季维龙书，第 55~56 页。
② 胡适：《贞操问题》，《新青年》五卷一号（1918 年 7 月 15 日）。此文发表于 7 月 15 日，却引用了 7 月 23 日的资料，想必该期《新青年》并没有按时出版。

贞操问题是当时言论界讨论女子问题的一个重点。胡适的《贞操问题》一文，蓝志先曾致函胡适表述不同的意见。蓝志先致胡适讨论"贞操问题"的信，刊登在1919年4月15日出版的《新青年》里，蓝志先在信中，不同意胡适所推崇的与谢野晶子的贞操论，因为她把贞操看作一种趣味信仰节癖，认为放任情欲是真实、抑止情欲是虚伪。蓝志先主张贞操是爱情上的道德要求、是节制性欲的道德；夫妇关系，除爱情以外，尚当有一种道德的制裁。他认为爱情是盲目而极易变化的，如果夫妇关系纯是以爱情的问题，那结果便成了一种极不确定的关系；爱情中须经过道德的洗炼，使感情的爱变成人格的爱，方能算是真爱；破坏贞操是道德上一种极大的罪恶，并且还毁损对手的人格，绝不可轻恕。他并指出："妇女解放是解放人格，不是解放性欲。"[1] 蓝志先的信刊出后，曾引起周作人与蓝志先之间的一次辩论，周引西人之说，谓恋爱是两性间的官能的交往的兴味，自由恋爱并不是追求情欲的满足。但蓝人认爱情易变，夫妇间必须有一种道德的制裁。值得特别注意的是胡适对蓝志先的回答。胡适同意蓝志先的地方是：夫妇之间的正常关系，应该以异性的恋爱为主要元素；异性恋爱专注在一个目的，情愿制裁性欲的自由，情愿永久和他所专注的目的共同生活。胡适不同意蓝志先的地方是：①道德的制裁和感情的爱是一件事，不是两件事；无制裁的性欲，不配称恋爱，更不配称自由恋爱；②自由恋爱的离散未必全由性欲的厌倦，也许是因为人格上有不能再同居的理由；③虽不主张共妻和自由恋爱，但应了解其主张的内涵，不可笼统排斥[2]。

在讨论完贞操问题以后，到7月胡适又对"女子解放从那里做起"表达了意见。这个问题是《星期评论》提出来的，胡汉民、廖仲恺、戴季陶等都有具体的主张提出，胡适的意见是："女子解放当从女子解放做起"，不要"先教育、先预备，然后解放"。他说："补救女子教育的失败，就是多给他一点教育；不解放的教育失败了，多给他一点解放的教育。解放的女子教育是：无论中学、大学，男女同校，使他们受同等的预备，使他们有共同的生活。"又说："教育如此，女子社交的解放、生计的解放、婚姻的解放，都是一样的。解放的唯一方法就是实行解放。"[3] 关于大学男女同校，胡适则主张先做些预备工作，循序渐进。这年10月，胡适发表了《大学开女禁的问题》，这是应《少年中国》的要求而写的。他首先声明他"主张大学开女禁"，但应有

---

[1] 见《新青年》六卷四号。
[2] 《周作人答蓝志先书》、《蓝志先答周作人书》、《胡适答蓝志先书》，见《新青年》六卷四号。
[3] 《女子解放从那里做起？其一（胡适）》，《星期评论》1919年7月27日。

进行的次序：第一步，大学当延聘有学问的女教授；第二步，大学当先收旁听生；第三步，女学界的人应研究改革女子中学的课程，使与大学预科的入学程序衔接，若能添办女子大学预科更好。他说："我们主张大学开女禁的人，应该注意这一点，赶紧先把现在的女子学校澈底研究一番，应改革的赶紧改革，方才可以使中国女子有进入大学的资格。有进大学资格的女子多了，大学还能闭门不纳女子吗？"①

在女子解放问题上，1919年的胡适看来比较保守。不过，作为信守实验主义的胡适，从他一生的行事看来，他都是主张点点滴滴地改革的。

六 余论

从1919年一年的行事及其所表达的思想看胡适，这年他将实验主义引介到中国，不仅到处宣扬，而且身体力行。他的一举一动，都是实验主义的化身。是年8月1日，他为数年试写新诗的成果《尝试集》写序，明白地标出："我所以大胆把这本《尝试集》印出来，要想把这本集子所代表的'实验的精神'贡献给全国的文人，请他们大家都来尝试尝试。"胡适并引用《尝试篇》诗作结，诗中有云："我生求师二十年，今得'尝试'两个字，作诗做事要如此，虽未得到颇有志。作'尝试歌'颂吾师，愿大家都来尝试！"②

（作者单位　台北中研院近代史研究所）

---

① 《少年中国》一卷四期，1919年10月15日。
② 胡适：《尝试集》自序，《尝试集》，台北，胡适纪念馆，1971。

战国策学派文化形态学理论述评

——以雷海宗、林同济思想为主的分析

江 沛

受斯宾格勒（Oswald Spengler，1882～1936）文化形态学说的影响，以雷海宗、林同济为代表的战国策学派，把五千年来世界上曾经出现过的高等文化区域划分为七个，在此基础上，雷海宗认为各种文化形态均经历了封建、贵族国家、帝国主义、大一统、政治破裂与文化灭亡的末世五个阶段；林同济则将各种文化形态的发展过程分为封建、列国和大一统帝国三个阶段。两人同时都对中国文化发展的脉络进行了清理，雷海宗还创造性地提出了中国文化独具"两周"的理论。雷、林认为，20世纪30～40年代的世界正处于"战国时代"，只有坚定抗战信心，才能拯救中国文化于覆亡；雷海宗甚至预言：中国文化将进入第三个发展周期。这一理论，不仅具有学术创造的重要意义，而且在中日战争进入最艰苦的时期具有砥砺人心、振奋士气的现实功效。

一 文化形态学的由来

15世纪"地理大发现"后，世界上诸种文化形态逐渐为人所知，它们文明悬殊，风俗迥异，由此博物志、风俗志、民族学、人类学等新的学说逐渐兴起。18世纪末，以发掘地下文明遗物作为研究古代文明手段的考古学在欧洲出现。19世纪，在数百年学术发展基础上，欧洲学人得以对世界上各种文化形态发展过程有所了解，文化形态比较学应运而生。

1918年，德国人斯宾格勒出版了影响深远的《西方的没落》一书，系统阐述了文化形态的比较研究方法，文化形态比较学体系初成端倪。不久，英国史学家汤因比（A. Toynbee）耗费30年心血完成的巨著《历史研究》（12

卷）一书，使文化形态史观更加成形。

斯宾格勒提出，目前世界上还没有一个全人类的历史，只有各个独立文化的历史，因此，研究世界历史实质上就是研究各个文化的发展史。每一种文化都有其独特的表征与精神，彼此沟通非常困难。要研究这个由不同文化构成的世界历史，必须采用全新的研究方法，以共时态的文化横向排列否定历时态各种"社会发展阶段"的纵向演进。这种方法就是文化形态学（Cultural Morphology）。是"把一种文化的各个部门的表现形式内在地联系起来的形态关系"进行比较研究、综合考察的一种学说，是一种崭新的视角[①]。换言之，不论一种文化具有何种特质，它的发展规律都是由盛到衰，因此各个异质文化间是有可比性的，异种文化间没有优劣之分，具有文化相对主义的倾向。

斯宾格勒认为，所有文化形态的发展，均要经历前文化、文化和文明三个阶段，周而复始地循环发展。以这种理论估算，世界上已有的埃及、巴比伦、印度、中国、古典、阿拉伯、墨西哥等七个文化都已死亡，仅余下一种历史的余迹。惟有西方文化尚处于文明的第一时期——战国时期，这个时期的特点是战争不绝，在战争中几个国家最终合并，进入帝国时期，统一的大帝国出现，这个时期要到2000~2200年间出现。显然，在提出各种文化平等发展的概念同时，斯宾格勒并不认为西方文化正在没落，而是从西方中心论出发，试图为西方文化寻求出路。

文化形态史观具有文化相对主义倾向，它以共时态的各种文明横向排列否定了历时态的各种"社会发展阶段"的纵向演进，任何文明都具有相似的生命历程。与进化史观不同的是，这里的文化生命历程不具有"进步"意义，一种旧的文化衰亡与新的文化兴起，并不意味着是由落后向先进的演进，而只是生命周期的新一轮循环。尽管各个文化或"文明"在经验上存在着时序的先后，但"在哲学意义上"，仍可把它们视为共时态。它不强调文明间的所谓优劣差异，在某种程度上也表达出一种反种族主义、反特定文化本位主义的普世人文主义价值观[②]。

20世纪20年代初，西学东渐的浪潮在古老的中国大地波涛汹涌，无数先进的知识分子希冀从西方现代性中找到"强国"的法宝，在学人张荫麟、

---

① 〔德〕斯宾格勒：《西方的没落》，第13~39页，北京，商务印书馆，1963。
② 秦晖：《文明形态史观的兴衰——评汤因比及其〈历史研究〉》，2001年1月17日《中华读书报》。

张君劢和吴宓等人的大力介绍下①，斯宾格勒走进了中国思想界，文化形态学由此进入中国。

战国策派学人多具有留洋经历。雷海宗和林同济先后留美，贺麟与陈铨相继留德，四人于1927~1934年间先后回国。雷、林是阐释、宣扬文化形态学并运用、发挥于中国文化分析的主要人物，陈铨与贺麟则是接受这一主张并在学术上加以运用的。林、雷两人合著的《文化形态史观》，收集了他们在40年代初阐述文化形态史观的代表性论文六篇，集中表达了他们在这一理论指引下对抗战时期中国文化发展走向的思考。

二 雷、林的独特视角

战国策派学人对于文化发展的思考是立足于历史考察的，他们从"全体"的文化形态史观出发，提出了不同于进化史观的历史分期方法，进而创造出了"战国时代的重演"这一全新的时代命题。他们所有关于文化问题的论述，均由这一命题延伸而来。

借用斯格宾勒的文化形态学理论，雷海宗认为每一种独立发展的文化，都有一个勃发—成长—繁荣—凋落的生命周期，都经历了封建、贵族国家、帝国主义、大一统、政治破裂与文化灭亡的末世等五个阶段。

封建时代：时间约为600年。政治主权分化，土地进行逐级分封，阶级划分明确，所有土地都是采地而非私产，极少自由买卖。精神上是宗教的天下。贵族国家时代：约300年。以贵族为中心形成列国并立，诸侯最有势力，地方动乱大大减少，国际间战争的目的，"只求维持国际的均势"。士庶之分仍然维持，平民可以升为贵族。授田制依然存在，承认自由买卖土地。精神上，宗教占据主流，但理性思想开始传播。帝国主义时代：约250年。政治革命推翻了贵族阶级，得到了形式上的全民平等社会。以"占据对方的领土"为目的国际间战争频起。征兵制出现。在连绵战争中，集权干预文化与思想的自由。大一统时代：约为300年。经过帝国主义时代的大战，出现了"整个文化区的大一统局面"。政治上多实行专制独裁，物质改善，但文弱习气风靡，募兵制出现，疆域空前扩大。思想学术与文艺急剧退步，政治与文化冲

---

① 王敦书：《吴宓与斯宾格勒的"文化形态史观"在华之最初传播》，《历史研究》2002年第4期。

突激烈。政治破裂与文化灭亡的末世：时间不定，"这是三百年大一统时代后无从幸免的一个结局"。政治腐败，体制衰退，个人主义严重，内乱外患不断①。

林同济则将文化发展形态分为三个阶段：（1）封建时代，是"'原始人群'与'文化人群'的分界"。贵族是社会中心，政治上是"封君分权"；军事上是"贵士包办"；经济上是"农奴采邑"；宗教上是以祖先崇拜为特征的多神信仰，类似中国的春秋时代。（2）列国时代，"政权集中，军权统一，经济干涉，国教创立"，类似中国的战国时代。（3）大一统时代，战国时代的各国，大兴集权运动，全力进行国际战争，结果是"一强吞诸国，而制出一个大一统帝国，它多少都要囊括那文化体系的整个区域"②。

根据雷、林的理论，1815年后，西方文化进入帝国主义时代即"战国时代"，这一阶段约为250年。至20世纪40年代，这个阶段已有百余年。林同济认为：今天的"天下大势是不可遏止地走入'战国作风'了"③。雷海宗认为，在"欧美文明"主宰命运的时代，大战国的景象相当明显。欧美文化"最后的归宿也必为一个大一统的帝国"。

在雷、林看来，在西方文化主导下的"战国时代"，早已"活力颓萎"的中国文化，应该如何面对征伐无度的战争，如何保持民族生存和文化的薪传呢？这是雷、林等人以文化形态学看待世界历史与现实变化的根本出发点。

林同济认为，战争本是任何一个时代都有的现象，但战国时代的战争却有三个特征，即"战为中心"、"战成全体"、"战在歼灭"，战争不仅是时代的显著标志，而且是一个民族和国家大政方针的出发点。"有没有本领随时可作全体战，可作'战国之战'，乃是任何民族的至上需求、先决条件"。此时的战争，"非到敌国活力全部消灭不止"。战争的本质是非正义性的，"用战的方式来解决民族间、国家间的各种问题，论理是'不道德'，也'不经济'的"，但资本主义体系纳全球文化于一体的扩张性，"乃竟有一种'纯政治'以至'纯武力'的倾向，充满了'非道德''非经济'的冲动"④。

文化形态学是一种考察世界文化发展规律的理论模式，战国策派学人也不是抱残守缺、泥古不化的书痴，他们反复强调新的"战国时代"的到来，

---

① 雷海宗：《历史的形态与例证》，林同济、雷海宗：《文化形态史观》，第20~27页，大东书局，1946。
② 林同济：《形态历史观》，1941年12月3日重庆《大公报·战国副刊》。
③ 林同济：《战国时代的重演》，昆明《战国策》创刊号（1940年4月1日）。
④ 林同济：《战国时代的重演》，昆明《战国策》创刊号（1940年4月1日）。

目的既在探索中国文化发展的规律，也在观照现实，希望国人迅速认清当时形势，坚定地从和平的梦幻中清醒过来，以"战国"的精神应对"战国时代"。面对燃烧着的中日战争烽火，林同济声称："目前的事实，是歼灭战已开始展开"，中华民族"已经置身到人类历史上空前的怒潮狂浪当中了！"当前的中日之战，"不但被侵略的国家（中国）生死在此一举，即是侵略者（日本）的命运也孤注在这一掷中！此所以日本对我们更非全部歼灭不可，而我们的对策，舍'抗战到底'再没有第二途"。他警告道："歼灭战是无和可言的"，企图以和谈、投降的方式了结中日战争的人，必是"妖言误国"。"人类的大运所趋，竟已借手于日本的蛮横行为来迫着我们中国人作最后的决定——不能伟大，便是死亡"①。

战国策派认为，要想使活力尽失的"大一统文化"起死回生，只有吸收"列国酵素"，将之改造为"最活跃、最灿烂、最形紧张而最富创作"的战国文化②，而现在的抗战建国运动，"不是义和团式的不学无术的抗战，不是袁世凯式的不学无术的建国"，就是"建筑在对于新文化、新学术各方面各部门的研究、把握、创造、应用上"③，这样的中国文化，才能迎来文化复兴的第三周。也许，这才是战国策派学人强调"战国时代的重演"的真意。

林、雷的文章发表后，"战国时代的重演"的观点，一时成为知识界极为时髦的话题。

陈清初持赞同观点："今日为'力与快'（force and speed）之时代，任何国家与民族欲求独立存在于今之世，非具备此两种条件不可。"④罗梦册则认为：林同济误解了时代的意义，把现实世界比作中国的战国时代，这是不合史实的。中日之战不是强弱间的对抗，"不是帝国征服的要求而是反帝国、反征服之'解放'浪潮！"⑤柳凝杰不完全赞同林同济的观点，但对林氏提出的人类文明分合过程中战争必然性的认识深以为然。柳文认为，依据"一战"的经验，"帝国主义者的崩溃，并不能如何有助于弱小民族"。仅用"战国时代"解释一切，未免失于简单。他批评，如果林同济的"战国时代"观点成

---

① 林同济：《战国时代的重演》，昆明《战国策》创刊号（1940年4月1日）。
② 林同济：《形态历史观》，1941年12月3日重庆《大公报·战国副刊》。
③ 《抗战建国与学术建国》（1938年8月），贺麟：《文化与人生》，第20~21页，北京，商务印书馆，1988。
④ 陈清初：《"国家至上"的具体表现》，《军事与政治》第3卷第5期（重庆，1942年11月30日）。
⑤ 罗梦册：《不是"战国时代的重演"，而是人类解放时代之来临！》，1941年3月25、27日《大公报》（重庆）。

立,"今日之战已演变为'全体战',故如战争失败,被毁灭者必为'全体'",何来"战国时代的重演"呢?①

笔者以为,雷、林基于文化形态间相互比较进而得出文化发展的特殊或一般规律的思维方式值得赞赏。在其思维框架中,各种文明形态具有同等的精神价值。雷、林从"国际均势"的概念出发,对世界文化历史与现实的审视,更易于跳出感情与政治的束缚认清文明的发展规律。

然而,雷、林的文化形态史观在试图克服唯科学主义之弊同时,常常忽视社会生产力作为根本原动力的作用,似乎人类文化史就是一部征伐无度的战争史。如柯林武德所言:用文化形态学代替历史本身,"那是一种自然主义的科学,它的价值就在于外部的分析、建立一般规律以及(非历史性思想的决定性的标志)自称根据科学的原则预言未来"。它的基本出发点,是要"用自然主义的原则概念来代替相应的历史概念"②。作为一种史学研究方法,雷、林的文化形态史观未免有"主题先行"之嫌,不管文化的来源及影响,一律照搬其模式进行共时态的论说,否定历时态的学说。各个文明的发展具有一定的周期,需要一定时间才能显现出质的转变,因此文明形态的界限应是一个模糊概念,过于精确的划分反而损伤了研究的科学性。

文化形态史观认为,一种文明形态的衰败,常常发生在与适应时代的更高级文化的冲突中;而每一种既有文明形态的再生,同样得益于高级文化因子的融入。雷、林等人以此独特的视角,为近代中国的文化危机找到了一个本体论层次的解释。借此理论,他们要达到三个目的:一是要说服国人"摒弃'大一统型'的骄态与执见",反思中国文化的病态;二是要以开放的心态全面"吸收列国酵素",重建中国文化;三是使国人认识到中日战争的残酷性,不可对"战国时代"抱任何幻想。

三 中国文化独具"两周"

在考察中国文化时,雷海宗惊奇地发现,在公元383年进入政治破裂与文化灭亡的末世后,中国文化不但未亡反而继续生存了下去。面对文化形态

---

① 柳凝杰:《论所谓"战国时代的重演"及所谓"人类解放时代之来临"》,1941年4月15~17日《大公报》(重庆)。
② 〔英〕柯林武德著、何兆武译《历史的观念》,第206~207页,北京,中国社会科学出版社,1986。

史观理论上的局限性，雷海宗进行了创造性发挥。他将中国文化作为一个特例，提出了独具"二周"的新认识，充分表达了雷海宗文化思想的主要成分和强烈的民族主义意识。

雷海宗认为，两千余年的中国历史大致划分为周而复始的两大周期。第一周自殷周至公元383年的淝水之战，可分为封建、春秋、战国、帝国、帝国衰亡与古典文化没落等时代。这一时期是纯粹的华夏民族独立创造文化的时期，外来血统与文化没有重要地位，可称为古典的中国。雷海宗解释道，由于383年后胡人血统的渗入，导致胡汉民族的融合；此外，印度佛教传入为中国文化带来新的生机，从而形成了梵华同化的第二周文化①。

第二周由公元383年至抗日战争时期，是北方各个民族屡次入侵中原，印度佛教深刻影响中国文化的时期，中国民族的个性没有丧失，但外来血统与文化开始据有很重要的地位，胡汉混合，梵华同化，也可视为一个综合的中国。第二周的1500年间，朝代更替频繁，但政治、经济上没有实质性的变化，只是在宗教、哲学、文艺等方面有所演变。因此，第一周内各时代均有专名，而第二周只能以朝代划分了②。

雷海宗认为，惟一在文化上可与中国相比的印度文化，由于缺乏可靠史料而无从比较。"其它任何能比较持久的文化在帝国成立后也没有能与中国第二周相比的伟大事业"，中国在"二千年间大体能维持一个一统帝国的局面，保持文化的特性，并在文化方面能有新的进展与新的建设，这是人类史上绝无仅有的奇事"③。当其他文化在一周后渐次灭绝，中国文化何以一花独放呢？1938年，雷海宗的解释可谓发前人之未发。他认为，之所以有第二周的发展，是由于中国文化由黄河流域扩展到了长江和珠江流域。他从人口数量、行政区域的角度勾画出自南北朝后中国文化南北消长的线索后说："到明清时代，很显然的，中原已成南方的附庸了。富力的增加，文化的提高，人口的繁衍，当然都与此有关。这个发展是我们第二周文化的最大事业。"④

雷海宗的"中国文化独具二周"理论，是从文化形态史观推导而出，提出于20世纪30年代中期，成熟于中日战争相持阶段。他认为，任何一种文化的周期转折，要有外来文化因子的融入。佛教文化的传入，成就了中国文

---

① 《中国文化的两周》，雷海宗：《中国文化与中国的兵》，第184~185页，重庆，商务印书馆，1940。
② 《此次抗战在历史上的作用》，雷海宗：《中国文化与中国的兵》，第208~209页。
③ 《中国文化的两周》，雷海宗：《中国文化与中国的兵》，第198~199页。
④ 《此次抗战在历史上的地位》，雷海宗：《中国文化与中国的兵》，第211页。

化"第二周"的奇迹。而其他文化因缺乏吸收外来文化的机缘归于衰亡。处于衰败期的中国文化，在西方文化冲击下同时也孕育着新的生命。其次，如一些学者所言，雷海宗独特的观点，具有为现实服务的强烈意蕴①。雷、林等人也从不否认此点。雷、林一面激烈抨击中国文化根深蒂固的劣根性，一面也冷静地指出西方文化在强势扩张中的内在矛盾，希望国人坚定文化自信心，"不致再似过去的崇拜盲从，而是自动自主的选择学习"②，在借鉴西方文化优长的同时不断扬弃中国文化，中国文化才有第三周的发展。笔者以为，这种认识具有穿透时空的生命力。

四 "文化重建"第三周

近代中国危机的特殊语境中，固执的文化保守主义不足以得到知识群体的认同，全盘西化的激进主义同样使处于民族性与现代性心理分裂中的知识群体无法接受。事实上，战国策派学人创造出的中国文化独具"两周"的理论，有意无意地朝着既要强调中国文化的生存又要大力引入西方文化精神的方向切入，目的就在于创建一个能超越近代中国知识群体在民族性与现代性间内在紧张的新的文化认同。

雷、林指出，要使中国文化顺利进入第三周的发展，首先应该确立中国文化的地位、认清优长与劣短③，从正处于"战国时代"的西方文化身上汲取营养，即是所谓中国文化重建。林同济认为，中国文化的问题在于"活力颓萎"。相反，西方文化处于活力四射的"战国时代"。"如果要保持自己的存在，而求不被毁灭，势必须决定一个及时自动的'适应'"。"救大一统文化之穷，需要'列国酵素'"，更要"抛弃'大一统型'的骄态与执见"④。

世界文化史的发展规律表明，文化融合是一种文化形态衰而复生的关键所在。雷、林希冀保持中国文化的生存，但对一味强调"民族化"、"中国化"的认识持有异议，这种异议并没有明确的政治意图，因为他们是从文化发展

---

① 黄敏兰：《学术救国——知识分子历史观与中国政治》，第231页，郑州，河南人民出版社，1995；侯云灏：《文化形态史观与中国文化两周说述论》（《史学理论研究》1994年第3期），王敦书：《雷海宗关于文化形态、社会形态和历史分期的看法》（《史学理论》1988年第4期）等。
② 雷海宗：《历史的形态——文化历程的讨论》，1942年2月4日《大公报·战国副刊》（重庆）。
③ 《总论——传统文化之评价》，雷海宗：《中国文化与中国的兵》，第1~2页。
④ 林同济：《卷头语》，林同济、雷海宗：《文化形态史观》，第2~4页。

的整体视角考察问题的。

战国策派对于中国文化重建的倡言，当时即引起一系列的反响。主张生物社会史观的常乃德和提倡生命史观的朱谦之等人，纷纷撰文表态。

常乃德认为，"二战"具有重大的文化意义，"战争的结果不但决定了几个国家的兴亡，也许决定了几种文化体系的成败"，主张通过抗战来动员民众起来改造旧的中国文化。他明确赞同雷海宗的观点，认为从生物学角度看，每一种文化体系的发展都是有生命和有机的，都有一个从幼年、壮年至老年的生长过程，世界上每一个独立的文化体系都是如此。常乃德将中国文化的发展分成秦汉、隋唐、宋元明清三个周期，周期里又分为春夏秋冬四季，以示一个周期内文化的兴衰。他认为：由于西方列强的入侵，中国文化有了吸收西方文化的机遇，从20世纪起，中国文化第四周期的春天已经开始，极盛的夏季将在今后的一个世纪中来临，当务之急是在文化接枝同时进行民族混血工作①。

朱谦之以其对生命史观的探索进而关照文化发展规律，基本认同雷、林的观点。他认为，人类历史上确有几个平行、独立发展的文化体系，有一个生长、壮大、衰老的生命周期，但中国文化例外，这是由其特质决定的。其二，中国文化具有更为长久的文化时间和广大的文化空间，"虽然已'老'，却是不衰"。朱谦之也将中国文化分为三个周期，第一个周期为宗教时期，也称"黄河流域文化时代"，约从公元前3300年至1300年止，历时4600年。第二个周期为哲学时期，也称"长江流域文化时代"，约从宋朝建立至1937年抗战爆发止，历时600余年。第三个周期是科学文化时期，也称"珠江流域文化时代"，即从抗日战争爆发起至今。他将第三个周期视为中国文化第三次独立发展期②。

不管是雷、林，还是常乃德、朱谦之，都较早地意识到"二战"在世界及中国文化发展中的划时代意义。在他们看来，由于工业化后资本主义在全球的扩张及西方文化具有的强势，当时的世界已开始呈现出文化全球化的趋势，任何一种文化都无法回避或独立于其外。

在救亡图存的主题下，他们均发出了中国文化重建的呼吁，特别强调中国文化对以西方文化为主导的新"战国时代"的迅速适应③。应该说，是第二次世界大战激发了他们的学术灵感，应该看到他们把握时代脉络的深刻洞

---

① 黄欣周编《常燕生先生遗集》第1卷，第293、334~335页，台北，文海出版社，1967。
② 朱谦之：《中国文化新时代》，《现代史学》第5卷第3期（1944年）。
③ 林同济：《卷头语》，林同济、雷海宗著《文化形态史观》，第2页。

察力、开放胸襟及复兴中国文化观点的深远意义。其实，在雷、林文化重建主张中，超越民族性与现代性的新的世界文化认同，是一个呼之欲出的话题。

雷、林对于中国文化重建的呼吁，再次提醒后人关注第二次世界大战对现当代国际关系与社会发展的重要影响。1942年6月，就在"二战"最为艰苦的时刻，林同济竟然依据"文化形态史观"准确地预见到战后世界的基本政治格局："不是世界的统一，而乃是两三个超级国家的诞生。这两三个超级国家可是一类压倒性优势的'大力国'（Greatpowers），实际上决定人类命运的前途。配合而来的，也必有一类'大力国主义'，从理论上赋予这两三个大国以公认的地位与特权。"[①] 霸权政治的现实存在及由此带来的经济霸权和文化霸权思潮，成为全球发展中重要的现象。两极化格局的形成，客观上加快了全球一体化的速度。20世纪90年代后，两极化格局终于结束，全球一体化进程世人皆知。

按照雷海宗给出的时间表，西方国家从1815年左右进入"定于一"的帝国主义时代，应在2065年左右完成"大一统"[②]。时下欧盟的组合、欧洲国家间民族及疆界意识的淡化、欧元的产生、欧洲在政治、文化上脱离美国的独立趋势表明，作为一个整体的欧洲，"大一统"的轮廓日益清晰。

文化形态史观，也是一种认识论。在展望中国文化第三周重建时，雷、林声称，在西方现代性主导的"战国时代"，必须吸收"列国酵素"以适应时代，他们从未要中国文化从第一个"封建与宗教时代"重新来过，因为在资本主义扩张后全球性的文化融合中，不可能再有一个文化形态独立生存的环境，也不会再有中国文化悠悠闲闲重新走过的可能，这是值得反复领悟的思想价值之一。以中国文化适应西方现代性为主导的世界文化，这只能看做是一种号召中国文化前进的冲锋号，而不是后退的鸣金令。

（作者单位　南开大学历史系）

---

① 林同济：《民族主义与二十世纪——列国阶段的形态观》（1942年8月），见林同济、雷海宗《文化形态史观》，第68页。
② 雷海宗：《历史的形态与例证》，见林同济、雷海宗《文化形态史观》，第34～36页。

议会思想之进入中国

张朋园

人类在地球上聚居，长久以来，不断寻求一个合理的政治制度，希冀在一起生活而没有贵贱之分，有事共相商量，公平合理，大家感到满意。然而想要得到一个完美的制度，显然很不容易。截至目前，民主政治似乎只是一个比较合理的概念，要在如何能建立有效的运作。为此，人类一直在摸索实验之中，最早是希腊罗马人的试验，他们实行直接民权，用"抓阄"（by lot）或投票的方式选贤任能来管理众人之事。此一制度在小国寡民时代是有效的。及至人口增多了，国家扩大了，直接民权就难于落实，于是专制、威权形态的政治相继出现，大多数人被压迫得喘不过气来，民主政治的理想再度萦回在人们的脑海中。思想家和政治家不断为民主而奋斗，西方在中古时代出现过民主国家，英国的君主让权，议会政治出现。再经过美国和法国的革命，民主政治有全球化的趋势。政治学家 Samuel P. Huntington 谓截至 20 世纪末叶，民主政治曾经三波席卷全球。所谓民主三波，是带一种潮汐的意味，潮来的时候，许多国家纷纷建立民主政治；退潮的时候，有些国家又回复到专制独裁的状态。Huntington 所划分的三波潮汐，大致是这样的：第一波，1828~1926，是一个长波，至 1922~1942 年而反转；第二波，1943~1962 年，是一个短波，至 1958~1975 年反转；第三波，1974 年至今，仍在推进中①。

中国没有在 Huntington 所指的民主潮中，因为其民主政治是失败的。先是清政府预备立宪，建立了资政院（1910~1911），其旨趣在训练人民如何议政，并没有西方议院那样的权力和地位。辛亥革命以后，虽有第一届国会（1912~1914）和第二届国会（1917~1922），不幸碰上袁世凯和段祺瑞两个

---

① Samuel P. Huntington, *The Third Wave: Democratization in the Late Twentieth Century*, Norman: University of Oklahoma Press, 1991; Samuel P. Huntington, "After Twenty Years: The Future of the Third Wave," *Journal of Democracy*. V.8, No.4, (Oct.1997), pp.5~6; Larry Diamond, "Is the Third Wave over?" *Journal of Democracy*, (July 1996), p.23.

大军阀,枪杆子控制之下,国会徒有虚名。1948年国民党建立的国会,一党独大,更是名不副实。中国共产党建立全国性政权已半世纪有余,其人大尚未建立全面普选制度。惟中国虽确实没有真正的民主政治,若以潮汐观念察看,不能忽视潮来潮去的冲击。本书介绍此四次议会选举的过程,正要反映这一个事实。

选举是人民踏上民主政治的第一步,Joseph Schumpeter 曾说,没有选票就没有民主[①]。中国四次国会选举有选票吗?中国的选举制度从何而来?是直接选举,或是间接选举?选民与人口的关系如何?有多少人真正的投下了神圣的一票?……这一连串的问题,明知答案多半是负面的,我们依然有必要加以分析研究和讨论,主要是检讨失败的症结所在。政治学告诉我们,选举的宗旨在:①防止暴政;②付托统治的权力;③人民意志的实现;④达成人民生活的保护与发展[②]。本书即依此四原则来讨论这四次议会选举的经过及结果。我们发现运作不得其法及任意扭曲是其一,精英素质尤其关系民主政治的成败。透视精英分子,可以了解民主政治的标杆虽在,却是可望而不可即。

为了呈现一个比较完整的图像,让我们先回溯议会思想进入中国的概况。

一

议会思想于1840年前后开始进入中国,引进的人大致可以分为三类:传统有功名的绅士、政府官员、西方来华的传教士。我们可以用知识分子(intellectuals)一词概括之。这个名词对传统绅士与传教士尚称妥贴,因为他们的著作目的单纯,原本旨在介绍。惟于政府官员则有矛盾之处,盖既为官员,思想往往受到限制,不能尽情发挥,然早年之介绍西方事物者,政府官员得其机先,尤其是19世纪旅游尚不发达,能至西方者,几全为涉外官员,如沿海官吏、外交官等。无论他们的报道有无扭曲,正因为其言之有物,为中国所需,以知识分子视之,似无不妥。

试一略为归类,19世纪40年代至20世纪初年,约有四十余人的著作提及或多或少的西方议会论。兹将较重要者开列如下。

(1)绅士知识分子:

---

① Joseph A. Schumpeter, *Capitalism, Socialism and Democracy*, New York, Harper, 1950, p.269.
② Richard S. Katz, *Democracy and Elections*, Oxford: Oxford University Press, 1997, p.100.

冯桂芬（1809～1874），《校邠庐抗议》（1876）
王　韬（1828～1897），《弢园文录外编》（1882）
汤　震（1857～1917），《危言》（1890）
陈　炽（？～1899），《庸书》（1892）
陈　虬（1851～1904），《治平通议》（1893）
郑观应（1842～1922），《盛世危言》（1893）
何　启（1859～1914）、胡礼垣（1847～1916），《新政真诠》（1899）
康有为（1858～1927），《七上书》（1884～1898）
梁启超（1873～1929），《中国国会制度私议》（1910）
（2）政府官员：
①沿海官员：
林则徐（1785～1850），《四洲志》（1842）
魏　源（1794～1856），《海国图志》（1844）
徐继畬（1795～1873），《瀛寰志略》（1846）
②外交官员：
斌　椿（1803～？），《乘槎笔记》（1871）
志　刚《初使泰西记》（1872）
郭嵩焘（1818～1891），《郭嵩焘日记》（1980）
张德彝（1847～1919），《海洋述奇》（1870）
黎庶昌（1837～1897），《西洋杂志》（1900）
李　圭（1842～1903），《环游地球新录》（1878）
徐建寅（1845～1901），《欧游杂录》
马建忠（1845～1899），《适可斋纪言纪行》（1896）
曾纪泽（1839～1890），《出使英法俄日记》（1893）
张荫桓（1837～1900），《三洲日记》（1896）
崔国因（1831～1909），《出使美日秘日记》（1894）
薛福成（1838～1894），《出使英法意比四国日记》（1891）
黄遵宪（1848～1905），《日本国志》（1895）
宋育仁（1857～1931），《采风纪》（1896）
戴鸿慈（1853～1910），《出使九国日记》（1906）
端　方（1861～1911），《列国政要》（1907）
载　泽（1868～1930），《考察政治日记》（1909）
（3）传教士：

麦都司（Walter H. Medhust, 1796~1857），墨海书馆（1835~1857）
裨治文（Elijah Coleman Bridgeman, 1801~1861），《亚美理驾合众国志略》（1838）
慕维廉（William Muirhead, 1822~1900），《大英国志》（1856）
林乐知（Young John Allen, 1836~1907），《万国公报》（1874~1906）
傅兰雅（John Fryer, 1839~1928），《佐治刍言》（1885）
金楷理（Carl T. Kreyer），《西国近事汇编》（1873）
谢卫楼（D. Z. Sheffield），《万国通鉴》（1882）
花之安（Ernest Faber, 1839~1899），《自西徂东》（1884）
艾约瑟（Joseph Edkins, 1823~1905），《西学启蒙十六种》（1886）
李提摩太（Timothy Richard, 1845~1919），《泰西新史揽要》（1895）
李佳白（Gilbert Reid），《列国政治异同考》（1902）
兹略述各家论说如下。

二

林则徐是最早注意到西方议会的中国官员。林氏在广东禁烟，面对西洋的坚甲利兵，不得不作"西夷"背景的了解，因此有《四洲志》之编著。我们感到惊讶的是，该书竟然提到了西洋的议会，特别是英、美、法三国的上下议院，颇有相当篇幅。该书叙述英国上下两院的结构时，谓上院议员多王公贵胄，全院约426人；下院议员来自地方，"由各部落议举殷实老成者充之"，共658人。谈到议院的权力，指出"国王虽有权裁夺，但必由'巴里满'〔Parliament〕议允"；国王行事有失，承办官员要交巴里满议处。美国是一个没有国王的国家，军国大事，必"西业"会议而后行。西业即今之参议院（Senate），其议员经由选举产生。选举是将选票"暗书弥封存贮公所"，"以推荐最多者为入选"。法国设"占马阿富"（Les Chambres），其制度与英国相近①。

《四洲志》讨论英、美、法议会的组织、权力关系、选举等。林则徐介绍这些观念时，相关的名称都是音译，例如上院译为"律好司"，下院为"甘文好司"，原来就是 House of Lords 及 House of Commons 的音译，但均未予转

---

① 载王锡祺辑《小方壶斋舆地丛钞再补编》，台北，文海出版社影印，1964，卷12，第20、30、32页。

换,不谙原文者,读之有如丈二金刚,摸不着头脑。林则徐似乎对自己的著作并不满意,加上内容需要进一步充实,因之决定敦请魏源作全面性的补充。

魏源是今文学家,主张经世致用,鸦片战争之前编辑《皇朝经世文编》及《圣武纪》,已是知名学者。魏源不负所托,完成《海国图志》巨著,且一再增补,从初版50卷到四版100卷,约180万字,可谓洋洋大观。但是《海国图志》所传达的西方议会信息,并未超越林则徐的《四洲志》,原因是他的"师夷长技以制夷"思想限制了其个人视野,重点放在了解英人的坚甲利兵,于议会政治甚少措意,大多转抄《四洲志》的内容,没有进一步的发挥。比较突出的一点是,魏源提到了议院多数决的原则,"众好好之,众恶恶之;三占从二,舍独循同",感觉其为一美好制度①。

林、魏之外,徐继畬给了我们一本颇有可读性的著作《瀛寰志略》。徐继畬是魏源同时代的政府官员,鸦片战争初起,徐氏在沿海为官,1842年任广东按察使,旋调福建布政使,1846年升任福建巡抚。他与林则徐、魏源一样,密切注意西洋人东来的问题。《瀛寰志略》着笔于1843年,完成于1846年,于1848年正式出版。相去《四洲志》6年、《海国图志》4年。徐氏无疑读过了林、魏的著作。由于他不以林、魏之著为满足,参考了许多新的资料,果然予人耳目一新。徐继畬称英国的上院为"爵房",下院为"乡绅房",颇为传神。他同样介绍西方议会的结构、权力关系,文字简洁,没有徐、魏的音译缺点,可读性大为提升,兹节录原文一段如下。对英国议会的描写:

> 都城有公会所(即议会),内分两所:一曰爵房(即上院),一曰乡绅房(下院)。爵房者,有爵位贵人及西教师(教士)处之;乡绅房者,由庶民推择有才识学术者处之。国有大事,王谕相,相告爵房,聚众公议,参与条例,决其可否;复专告乡绅房,必乡绅大众允诺而后行,否则寝其事勿论。其民间有利病欲兴除者,先陈说于乡绅房,乡绅酌核,上之爵房,爵房酌议,可行则上之相而闻于王,否则报罢。民间有控诉者,亦赴乡绅房具状,乡绅斟酌拟批,上之爵房核定。乡绅有罪,令众绅议治之,不与庶民同囚禁。大约刑赏、征伐、条例诸事,有爵者主议;增减课税、筹办帑饷,则全由乡绅主议。此制欧罗巴诸国皆从同,不独英吉利也。②

---

① 魏源:《海国图志》,湖南长沙,岳麓书社,1998,卷59,第1611页。
② 徐继畬著,田一平点校《瀛寰志略》,上海,上海书店,2001,第235页。

对于美国议会亦有简明叙述,且特别指出参众两院为华盛顿所建立,因而赞叹:"华盛顿异人也,起事勇于〔陈〕胜、〔吴〕广,割据雄于曹〔操〕、刘〔备〕。既已提三尺剑,开疆万里,仍不僭位,不传子孙,而创为推〔举〕选之法,几于天下为公,骎骎乎三代之遗意。"① 特别提出总统由选举产生,其对美国的好感,甚为明显。

《瀛寰志略》于法国议会也有所讨论,不赘述。总而言之,徐继畬费时五年完成的巨著,所传达的信息,比之《四洲志》、《海国图志》清新可读。魏源看了当亦自叹不如,1852 年将其《海国图志》扩为 100 卷,括引《瀛寰志略》四万余字充实之,由此可见徐著的魅力②。

三

19 世纪 40 年代,林则徐、魏源、徐继畬的著作有开启中国人初步认识议会政治的作用。但不料此后三十余年竟未见继起倡言议会论者,原因是《瀛寰志略》出版后,官方与士绅之间皆对之反应冷淡,批评其内容"颇张大英夷",甚属不当③。这是鸦片战争后的一种情绪反应,造成 1851 年徐继畬从福建巡抚下台。如此后果,谁还敢逆势发言,此所以三十年间知识界噤若寒蝉,鲜见谈论西方议会者。当然此一时期正值自强运动的高潮,朝野倾力建设兵工业,无暇思虑高层次的西方制度,也是议会论不受重视的原因。

但是这一个空档有其填补者,他们是来自西方的传教士。传教士的目的固然在传教,但为了增加东方人对他们的了解,介绍自己所来自的社会,同时也提到了他们的政治特色——议会。传教士来华,大多先在东南亚停留,马六甲、巴达维亚、新加坡是三个前进中国的中途站。针对中国的需要,他们于 1834 年在南洋创设一个名为"中国益智会"(The Society for the Diffusion of Useful Knowledge)的组织,发行杂志印行书籍,先后不下一百三十余种。这些出版品是早年西知的来源。林则徐著《四洲志》时,即依据英人慕瑞(Hugh Muray)所著《世界地理大全》(*The Encyclopedia of Geography*)为蓝本,并参考美国传教士裨治文(Elijah Coleman Bridgeman, 1801~1861)

---

① 《瀛寰志略》,第 277 页。
② 魏源:《海国图志》,详《点校说明》。
③ 曾国藩评语,转见徐继畬著、田一平点校《瀛寰志略》,《点校说明》。

所著《亚美理驾合众国志略》，得到进一步的信息①。魏源节抄西人的著作甚多。徐继畬更直接得到英国驻福州领事的帮助，增加了不少新的资料。由此可知议会知识的传入，传教士的关系不小②。

要特别提出的是麦都司（Walter H. Medhust, 1796～1857）。麦氏其人属英国伦敦会（London Missionary Society）传教士，先在新加坡传教，1835年经广州来到上海。在新加坡时（1819），麦都司出版《地理便童传略》一书，提及英国和美国的国会。他写英国的上院，谓"国内有两大会，一是世代公侯之会，一是百姓间凡乡绅世家大族者之会"③。徐继畬或许就是根据麦氏的这一句话而称上下院为"爵房"和"乡绅房"。《地理便童传略》可能是中国读者最早得悉的西方议会著作。

麦都司是传教士，同时也是一位学者，他在上海的事业形成了一个文化传布站，一个中心枢纽，关系着中国人早期的议会认识。麦氏在上海建有教堂和医院，他更重视的是其一手经营的"墨海书馆"（1835～1857），这是一个图书馆，也是一个印刷出版机构，西方的活字滚筒印刷由其引入，是近代中国的第一家西式印刷厂。上海文教界多来利用，其文化中心不期然而形成④。西方传教士与麦都司有密切往来的，有慕维廉（William Muirhead, 1847～1900）、伟烈亚力（Alexander Wylie, 1847～1860）、艾约瑟（Joseph Edkins, 1848～1861）、韦廉臣（Alexander Williamson, 1855～1857）等，他们的著作多有论及西方议会政治者。

中国文化人亦与麦都司往还，如王韬、冯桂芬等，日后均成为政治思想界的大家。王韬早年曾任职墨海书馆达15年之久（1849～1864），他的早期西方认知可能受到麦都司的启迪。王韬因同情太平天国而遭清廷追捕，麦都司之子麦华陀（Walter H. Medhust）伸予援手，介绍他去香港晤见理雅各（James Legge），成为理雅各翻译中国经典为英文的得力助手。王氏因此而有机会遨游英伦，亲身体认英国议会，其政治思想为之大进⑤。

有一个小故事可以实证墨海书馆的文化中心地位：1859年王韬尚在墨海

---

① 魏源：《海国图志》，《原叙》、《后叙》。
② 徐继畬著、田一平点校《瀛寰志略》，《点校说明》；熊月之：《西学东渐与晚清社会》，上海，上海人民出版社，1994，第251页；Fred W. Drake, *China Charts the World: Hsu Chi-yu and His Geography of 1848*, Cambridge, Mass.: Harvard University Press, 1975, pp. 34～43。
③ 转见熊月之《西学东渐与晚清社会》，第96页。
④ 苏精：《马礼逊与中文印刷出版》，台北，学生书局，2000，第237～238页。
⑤ Arthur W. Hummel ed., *Eminent Chinese of the Ch'ing Period*, 台北，成文影印。Under Wang Tao。

任职时，其友人蒋剑人来访，在图书馆中得晤伟烈亚力。三人聚谈时，伟烈亚力为他们介绍西方男女平等及君民同治的内涵，蒋剑人大加反对，谓绝无可能。王韬则在一旁无言以对。此反映1860年前后的中国，士绅阶级对平等自由观念尚属陌生，王韬等对议会仍无概念。但此类谈话自有其耳濡目染的作用①。

四

沉寂30年的议会论，在19世纪70年代有了转机。清廷逼于大势所趋，先于1861年成立总理衙门，后又派遣使臣驻节西方，由闭关自守而转向开放，官方与民间的观念稍稍有所变动，言论的尺度也放宽了。例如徐继畬的再次起用，其《瀛寰志略》终于获得肯定，成为同文馆教本。这时候受传教士影响的冯桂芬正构思他的《校邠庐抗议》，提出改革建议。另一位受传教士影响的王韬，在英国游历两年之后，于1870年回到香港，他与留学生黄胜创办了《循环日报》，有心将自己的见闻公之于世。

《校邠庐抗议》于1876年正式出版，之前稿本已广为流传，书中有《公黜陟》一章，是不折不扣的选举论。他主张官吏以选举方式产生，谓选举在中国本有由来。《尧典》中的"师赐"就是众人选举的意思。师，众也；赐，举也。孔子也说过："举直错诸枉，则民服。"孟子谓："国人皆曰贤，然后察之，见贤焉然后用之"，都是选举的意思。《新唐书·赵憬传》云："宜采士誉，以举多先用"，意即大家称誉的，举出来公用。历代有会推，是大臣的权利。他建议中书以上的官吏有选举六部长官的权利。地方知府以上的官吏也当用选举产生②。冯桂芬从西人的著作中得到选举观念，在中国的历史里寻找相近的事实，倡言中国亦当采行选举制度。但冯的思想似乎并不成熟。既然"用其举多者"，却又说"候钦定"，或"大吏博采舆论折衷之"。汪荣祖谓"这是演义外来之文化于固有传统架构之上"的矛盾③。

王韬于1882年将10年来在《循环日报》所发表的文字辑为《弢园文录外编》发表问世，此书以西方议会为中心论旨，对英国议会政治印象深刻，认为英国的政治特色为"君民共主"。此一观念发表后，使19世纪80

---

① 王韬：《王韬日记》，北京，中华书局，1987，第112~113页。
② 冯桂芬著、戴扬本评注《校邠庐抗议》，郑州，中州古籍出版社，1998，第72~73页。
③ 汪荣祖：《晚清变法思想论丛》，台北，联经出版社，1983，第85页。

年代的政治论为之一变,有了新的突破。他说:"泰西之国有三,一曰君主之国,一曰民主之国,一曰君民共主之国。"① 前人无此分辨,亦不敢分辨。王韬观察英国议会政治的运作,得此结论。他说英国"所恃者,在上下情通,君民之分亲;本固邦宁,虽久不变"②。所谓上下情通,指的是"国家有大事则集议于上下议院,必众论佥同然后举行"。也就是说:"朝廷有兵、刑、礼、乐、赏、罚诸大政,必集议于上下议院,君可而民否,不可行;民可而君否,亦不可行。必君民意见相同而后可颁之于远近。此君民共主也。"③ 堪称石破天惊之论。

王韬又说"君民共主"则强盛,"君主专制"则腐败。他举普、法两国为例,1870 年普鲁士之所以能战胜法国,即因为前者为"议会君主制",后者为"专制君主制"④。如果中国亦推行君民共主,必定强盛:

  中国欲谋富强,固不必求他术也,能通上下之情,则能地有余利,民有余力,闾阎日饶,尽藏库帑无虞匮乏矣。⑤

1905 年日俄一战,日胜俄败,人谓这是君主立宪国战胜了君主专制国。其实 19 世纪 80 年代王韬已从普法战争得出此一结论,惟未引起共鸣而已。

王韬的"君民共主"论影响甚大,此后的鼓吹议会政治者,无不运用此一论点,企图说服清政府接受⑥。

---

① 王韬:《重民下》,《弢园文录外编》卷 1,上海,1947,第 19 页。
② 《弢园文录外编》卷 4,第 15~16 页。
③ 《弢园文录外编》卷 1,第 19 页;又见王韬《弢园尺牍》卷 2,第 13 页。
④ 王韬:《普法战记》;转见忻平《王韬评传》,上海,华东师大出版社,1990,第 112 页。
⑤ 王韬:《达民情》,《弢园文录外编》卷 3,第 7 页。
⑥ 王韬以后以"君民共主"立论者,包括下列各家著述:
  郑观应(见夏东元编《郑观应集》,上海,上海人民出版社,1982,第 316 页)
  钱德培(见钱德培《欧游随笔》,《小方壶斋舆地丛钞》,卷 11,第 393 页)
  李 圭(见黎庶昌《西洋杂志》,卷 5,第 5 页,收入钟叔河编《走向世界丛书》第一辑,长沙,湖南人民出版社,1985)
  薛福成(见薛福成《出使英、法、意、比四国日记》,第 286、538 页,收入钟叔河编《走向世界丛书》第一辑,长沙,岳麓书社,1986)
  陈 炽(见陈炽《议院》,《庸书外篇》卷下,第 1~2 页)
  张荫桓(见《三洲日记》卷 8,第 601 页,收入《续修四库全书》史部传纪类,第 577 册)
  宋育仁(见钱钟书主编、朱维铮执行主编《郭嵩焘等使西记六种》,北京,三联书店,1998)
  何 启、胡礼垣(见《新政真诠》二编,《新政论议》,第 15 页)

19世纪80年代讨论到议会的知识分子,还有郑观应(1842~1922)。郑是广东香山人,1858年至上海,入传教士傅兰雅(John Fryer)的英华书院攻读,奠定阅读英文的基础。其叔父为洋行买办,随之学习,先后任职洋商富顺公司及太古公司。1878年纳赀为候补道员,在李鸿章幕帮办洋务。此一经历,使郑氏的西洋知识不断增进。据谓郑氏在19世纪60年代即开始关心时势,1873年《申报》创刊之后,即陆续在该报发表时论性文字,旋辑为《救时揭要》一书。1880年扩为《易言》,1893年改名为《盛世危言》,共5卷,1896年扩充为14卷,1900年删定为8卷①。

郑观应,似乎要过了40岁才对议会有比较清晰的概念。1873年的《救时揭要》并无议会论,1880年的《易言》虽有《论议政》一篇,仅得500字,所论上下院与君主的关系甚为简略。1893年的《盛世危言》有《议院》一篇,约2000字,1896年的14卷本增加一篇,合为《议院上下》,较为详尽,且有论点。他说英国因有议会而强盛,海外土地20倍于本土,"议院之明效大验有如此者"。他又说日本"勃然兴起",与设议院有十分密切的关系②。郑观应既讨论议院的组织和结构,亦谈到了选举,力言中国应该设议院,他指出中国官员"畏葸、琐屑、敷衍、颟顸",要消除这些弊病,"非设议院不为功"③。

但郑观应有一个顾虑,中国人民的教育尚未普及,新闻传播亦甚落后,处此情境,"公举议员之法,殆未可施诸今日也"④。人民教育程度不足,智能因而未开,这是中国知识分子最感困惑的问题,因此许多人认为开国会尚非其时,郑观应就是一位典型的代表。郑观应的顾虑何尝没有道理,日后中国的国会确实混乱失序,为野心家所利用。但郑观应不久就改变了他的态度。1900年盛宣怀曾有一函请教郑氏,问"变法何者为先?"郑回答说:"中国病根在于上下不通……今欲除此病根,非顺民情、达民隐、设议院不可。"18省各选派二人为代表,士农工商公举三四人,即可组成国会⑤。

冯桂芬、王韬、郑观应都是19世纪70~80年代的知识分子,他们的议会论受到欢迎;翁同龢曾将冯桂芬的《校邠庐抗议》荐给光绪皇帝阅读,王

---

① 据夏东元的考证,《救时揭要》刊于1873年,而非1862年。详夏东元编《郑观应集》,第932页;易惠莉:《郑观应评传》,南京,南京大学出版社,1998,第75~76页。
② 夏东元编《郑观应集》,第314页。
③ 夏东元编《郑观应集》,第315页。
④ 夏东元编《郑观应集》,第329页。
⑤ 夏东元编《郑观应集》,第322~324页。

韬的《普法战纪》等书畅销中国和日本，郑观应的文字浅近，其《盛世危言》也"销场甚畅"，一般中下层士子亦有阅读者。总而言之，戊戌求变观念的形成，这三个人的影响大有关系①。

五

回过头来看传教士的议论。首先是傅兰雅。傅兰雅（1839～1928）是英国人，一位不在传教士行列的西方人。22岁（1861）来华，长期在江南制造局担任编译工作，他经手翻译的西方著作140余种，大多为有关科技方面的知识，少数属社会科学。在许多译著中，惟《佐治刍言》谈到了国会②。《佐治刍言》半译半著，加进傅氏个人的一些意见。傅虽推崇"〔议会制度〕为各国政令内第一良法"，如果中国仿效，当以英国的君主立宪为模型③。但鉴于选举制度在西方少数国家弊窦丛生，傅氏对之颇不信任，感到不易在中国实行④。他对于民主共和更是有所疑惧，认为当敬而远之。他说了一句令人玩味的话："〔君主〕一人为害有限，终不如民乱之骚扰无穷也。"此言盖受法国革命之影响⑤。

傅兰雅为推广科技观念，特于江南制造局内设立"格致书院"（1876～1914，英文名称为 Shanghai Polytechnic Institution and Reading Room），邀请王韬、郑观应等参与教学，王韬且于1885～1897年间出任山长。傅、王等合作，有许多创意。一个极其有意思的活动称为"四季课考"，是一种论文竞

---

① 关于三人的影响力，见韦政通《中国十九世纪思想史》，台北，东大图书公司，1991，第496页；忻平：《王韬评传》，上海，华东师大出版社，1990，第26、27、115～116页；夏东元编《郑观应集》，第896页；易惠莉：《郑观应评传》，第339～340页；《汪康年师友书札》，上海，上海古籍出版社，1986，第2978页；蒋英豪：《黄遵宪师友记》，上海，上海书店，2002，第259页。
② 《佐治刍言》的英文名称为 Homely Words to Aid Governance，原译自 William and Robert Chambers, Political Economy（1852）一书。见叶斌《点校说明》，傅兰雅《佐治刍言》，上海，上海书店；王杨宗：《傅兰雅与近代中国的科学启蒙》，北京，科学出版社，2000，第65～66页；Jonathan Spence, To Change China: Western Advisors in China, 1620～1960 (N.Y.: Little, Brown, 1969), p.154.
③ 傅兰雅：《佐治刍言》，卷11，节98。
④ 傅兰雅：《佐治刍言》，卷9，节70。
⑤ 傅兰雅：《佐治刍言》，卷10，节78；参看 Edmund Burke, Reflections on the Revolution in France, New York, The Liberal Arts Press, 1955。

赛，邀请名家命题，欢迎年轻士子参加应考。有一次郑观应应邀以议会论为题，人皆称奇，录之如下：

>　　考泰西于近百十年间，各国皆设立上下议院，藉以通君民之情，其风几同于皇古。《书》有之曰："民惟邦本，本固邦宁。"又曰："众心成城。"设使堂廉高远，则下情或不能上达。故说者谓中国亦宜设议院，以达舆情，采清议，有若古者乡校之遗意。苟或行之，其果有利益欤？或有悉其间利害若何？能一一敷陈之欤？①

　　试题力言议会的功能为"下情上达"，正是王韬、郑观应所强调者。参加应考的情形不详，但在《格致书院课艺》一书中，有许庭铨、杨史彬、陈翼为等三人都以《议院利害若何论》为题②，他们亦强调"上情可以下逮，下情可以上达"；又谓"泰西之富强，大都由于议院"。这三篇论文或许就是郑观应考题下的产物。另有王佐才之《中国近日讲求富强以何者为先论》建议"改内阁为公议院"，地方州县"考取一二人来京〔参与〕"，可"通上下之情"，似亦为课考论文③。此一活动明显有助于议院思想的传布。

　　与傅兰雅同时的是林乐知。林乐知（Young John Allen，1836~1907）是美国南方监理会（Methodist Episcopal Church South）传教士，1860年来华，长居上海47年之久。谈林乐知必定要谈《万国公报》（1874~1906），这是传教士在华最有影响力的杂志。该刊出版长达32年，如果加上它的前身《教会新报》（1868~1874）则为40年。两刊从头至尾，几乎完全由林乐知一人主编，内容除了传教消息，还有西方国家的政治社会报道，议会政治亦包括在内。更重要的是《万国公报》在上海发行，报社亦如前此之墨海书馆，是来华传教士的中途歇脚站。广学会成立（1887）之后，《万国公报》正式成为传教士的言论机关。林乐知邀请名家执笔，内容丰富，可谓有声有色。

　　《教会新报》与《万国公报》都有议会论的文字。虽然早期来华的传教士

---

① 转见王尔敏《上海格致书院志略》，香港，香港中文大学出版社，1980，第68页。
② 此或为后人所给予的题目。
③ 《近代中国对西方及列强认识资料汇编》第3辑，台北，中研院近史所，1974，第730~732、829~833、849~851页；《格致书院课艺》（出版时地不详）卷1，第33页。

对政治并无兴趣①，但报道西方的文字不可避免地会提及议会，偶然亦有专题性讨论。早在1868年9、10月间，《教会新报》刊有《换主之国》一文，谓"美国君主，四年换位，皆由民间公众'尊'之"。尊者，选举也。这是早期提及国会选举的文字②。1870～1871年之际，《教会新报》连载斌椿所著《乘槎笔记》，谈到了英国议院议事的情况③。1872年《教会新报》刊载《美国近事》，谓"美国，民主之国也，传贤不传子，凡立君则臣民集议选于众，择贤立之。旧君逊位，退处为凡民。使旧君而众仍爱戴也，可展期再为君四年"④。叙述简洁，读之可对美国总统选举有一清晰印象。

代《教会新报》而起的《万国公报》，其议会论并不多见，但报道性的文字则连续不断，例如金楷理（Carl T. Kreyer）、林乐知主撰《西国近事汇编》（1873～1899）；林乐知著《中西关系略论》（1876）；花之安（Ernest Faber）著《自西徂东》（1879～1884）；李提摩太（Timothy Richard）译《泰西新史揽要》（1894～1895）；林乐知著《中东战纪本末》（1894～1896）；李佳白（Gilbert Reid）著《列国政治异同考》（1902～1903）等，这些著作都提到了西方的议会政治，有的日后印成专书，发生更大的影响。

在此要介绍一些有关议会的篇章：1875年刊载《译民主国及各国章程及公议堂解》，这是一篇论西方民主及英美宪法的短文，以民主为题，而且提及了三权分立。原文说"宽政之国"，三权分立："一曰行权〔行政〕、二曰掌律〔司法〕、三曰议法〔立法〕。"以"宽政"二字形容民主极富深义。"公议堂"即议院。西洋各国皆设议院，以民选议员掌握一国之大政，是谓宽政。文字虽然简短，但传达了三权分立与议院大权的观念，或许是中国最早介绍三权分立的文字⑤。

甲午战争爆发之后，《万国公报》连载《中东战纪》，报道战情变化，中国的弱点暴露无遗。战后林乐知将全文辑成《中东战纪本末》单行本出版。第八章提出了设议院的《变法建议》。林氏很委婉地说：

> 泰西有君民共主之国，更有民主之国，中国势殊可异，断难冒昧仿

---

① 王树槐：《外人与戊戌变法》，台北，中研院近史所，1965，第86页。
② 《教会新报1868～1874》，台北，华文书局影印，1968。由于首页均已略去，期别难于辨认。
③ 《教会新报1868～1874》。
④ 《教会新报1868～1874》，第1662页。
⑤ 《万国公报》，台北，华文书局影印，1968，光绪元年五月初九日（1875年6月12日）。由于影印本略去封面，期别难于辨认，仅录其出版时间。

行。然天之生人，无不付以自主之理，人之待人，独不应略予以自主之权乎？①

为何设议院？他说：

> 民有隐衷，必须上达，宜准民间略仿议局之制，凡读书明理能办事通法律之人，任民公举以入局。②

《中东战纪》出版之后，清廷上下，包括光绪皇帝的师傅孙家鼐在内，都详细阅读，视林乐知为中国的"直谅之友"，一个难得的知己③。

1903年似为《万国公报》转趋积极的一年，林乐知有《中国今日之期望》一文，谓中国革新为不可避免之趋势，而改革之道，在于立宪。他建议中国先召开上议院，逐步实现下议院：

> 更有治本之主义在，从今年起当于北京集十八省大员，定一十八省行政之规则，名曰国会，以为上议院之起点……亦即为立宪法之起点。④

日俄战争胜负不明之际，林乐知于1904年8月间撰《中国立宪之希望》，他指出中国的领土为他国战场，委曲到了极点。为今之计，除了振兴实业，应该立即设立议院。他建议"中国今日之上议院，可以曾任督抚之王大臣为之"。"下院由各行各业，略举〔代表〕一人或二人"。地方亦同时设立议会，实行自治。林氏为中国的议会规划出一套完整可行的办法⑤。

《万国公报》对中国知识界颇有影响。黄遵宪谓一出家门即得读该报，观念为之一变⑥。康有为读《万国公报》连载的《西国近事汇编》，始对世界有所认识；1883年起，自费订阅该报。1894年《万国公报》征文，康氏曾为文

---

① 林乐知：《治安新策》卷8，第31页，见《中东战纪本末》，上海，广学会，光绪二十二年出版，台北，文海书局影印（无影印年代）。
② 林乐知：《治安新策》卷8，第32页。
③ 梁元生：《林乐知在华事业与万国公报》，香港，香港中文大学出版社，1978，第136页。
④ 《万国公报》，第170期，第21页，1903年3月。
⑤ 《万国公报》，第187期，第19～21页，1904年8月。
⑥ 黄遵宪著、钟叔河辑注《黄遵宪日本杂事诗广注》，长沙，湖南人民出版社，1981，第5～22页。

应征而获奖①。梁启超所受的影响更大，其所主持的《时务报》几乎完全以《万国公报》为模型，大谈西洋近代的发展。戊戌变法失败，《时务报》留下的空白，又由《万国公报》填补。传教士对中国的影响，实以《万国公报》独领风骚②。

六

来到 19 世纪 90 年代，知识界的思想为之一变。此一时期的代表人物有何启、胡礼垣、康有为、梁启超等；传教士中则有李提摩太、李佳白等人。他们的议会思想更为积极，甚至于企图有所行动。

何启（1859～1914）与胡礼垣（1847～1916）早年在香港皇仁书院先后同学，以后何在英国取得医学及法律学位，胡在香港《循环日报》担任翻译，不时撰写时论。虽然两人的事业发展各异，关心祖国改革则不约而同。何、胡两人于 1887～1901 年间合作撰写改革论文多篇，辑为《新政真诠》一书出版（1899），轰动一时。

开议院为《新政真诠》的中心论点，他们以"民权"论代替"君民一体"论，提出崭新的理论基础，为清季舆论又一次之大突破。何、胡强调民权为强国之本，西方因重视民权而强，中国因忽视民权而弱，如何重振民权，开国会为不二法门。他们一再的要求说："设议院，立议员，复民权。"③

至于如何设立议院，何、胡主张一院制，设下议院而不设上议院，盖"议院重才德，不重富贵"，有爵位者，如其"才德兼优，人必公举以为政"，可谓真知灼见。

有中央议会，自必亦有地方议会。地方议会分为省、府、县三级，他们所拟定的一套计划是：省、府、县各设 60 位议员组成议会，选举有功名之绅士为议员：

县议员于秀才〔生员〕中选择〔举〕其人〔由人民选举〕；府议员于

---

① 萧公权著、汪荣祖译《康有为思想研究》，台北，联经出版社，1988，第 390 页；朱维铮：《万国公报文选》导言，见《万国公报文选》，北京，三联书店，1998，第 80 页。
② 朱维铮：《求索真文明：晚清学术史论》，上海，上海古籍出版社，1996，第 74 页。
③ 何启、胡礼垣：《新政真诠》五编，不著出版地，1901（1899），第 51 页。

举人中选择其人〔由秀才选举〕；省议员于进士中选择其人〔由举人选举〕。中央议会代表，则由各省议员中选充〔互选产生〕。①

由于中国幅员广大，除了中央议会，可划分全国为东西南北四大区，每区亦设议会，由所属各省之省议会联合组成，讨论本区域之相关事务。

何、胡的议院论以发扬民权为出发点，引起了保守主义者的反对。元老重臣张之洞大不以为然，于戊戌变法前夕发表《劝学篇》驳斥之，否定民权之说，当然也反对国会。张之洞以宋明以来理学家的三纲五常为立足点，指斥倡民权、开国会"无一益而有百害"：

> 知君臣之纲，则民权之说不可行也；知父子之纲，则父子同罪，免丧废祀之说不可行也；知夫妇之纲，则男女平权之说不可行也。②

张之洞否定自由权利之说，谓倡权利必"子不从父，妇不从夫，贱不服贵，弱肉强食，不尽灭人类不止"③；又说"方今朝政清明，果有忠爱之心，治安之策，何患其不能上达，国会绝无必要"④。

何、胡深感张之洞的说词"大累于世"，不得不予反驳。但他们不敢碰触三纲五常的禁忌，不得不仍以"上下一心"去救援其民权观念，他们是这样说的：

> 夫议院之设，所以宣上德，通下情也。
> 民权者，合一国之君民，上下一心者也。
> 人人有权，其国必兴；人人无权，其国必废。
> 苟复民权而设议院，则兴利除弊，雷厉风行，远至迩安，君民惬洽，诚中国之福也。⑤

措词平稳温和，未能掀起波澜，保守主义仍然居于上风。

但我们必须肯定，何、胡以权利与议院相结合，有其划时代的意义，是

---

① 何启、胡礼垣：《新政真诠》二编，第8页。
② 张之洞：《明纲第三》，《劝学篇》，台北，文海书局影印，不著影印年代（1898），第13页。
③ 张之洞：《正权第六》，《劝学篇》，第25页。
④ 《劝学篇》，第26页。
⑤ 何启，胡礼垣：《劝学篇书后》，《新政真诠》，第38、39、44、48页。

议院论的又一次突破。此后之谈议院者,不能不强调权利;谈权利者,必要求开议院,中国之走向议会政治,就显得更有声势。

七

李提摩太为英国浸礼会(Baptist Church)传教士,1870年来中国,先在山西传教,1887年转至北京,1890年任天津《时报》主笔,1891年任上海同文会总干事,翌年该会改称广学会,1895年加入强学会。李氏自谓所任一切都是为了传教事业及推广西学。

李氏的经历显示其活动力甚强。鉴于中国贫弱,颇有心助之现代化,在北京官场中出入,试图有所影响。1895年(光绪二十一年)他与翁同龢见面,提出"教、养、安、新"四大改革建议,翁同龢称其为"豪杰也,说客也"[①]!

李提摩太的著述甚多,《泰西新史揽要》(1895)一书享誉最广。该书译自英国史家Robert Mackenzie(马恳西)的 *The Nineteenth Century*: *A History*《十九世纪史》。柯林伍(R.G.Collingwood)批评马恳西(1823~1881)只是一个三流史家,因为受19世纪流行的社会达尔文主义影响,全书主调推崇19世纪为进步的时代,专制已经过去,自由已经到来[②]。李提摩太翻译该书,或许正是看上了此一主调为中国所需要;中国的专制应该收敛,中国人应该自由。该书尚未正式出版之前,已有部分在《万国公报》刊载。出版之后,行销甚广,一再重印,且有盗印翻刻者[③]。

进化论架构下的《泰西新史揽要》,对西方各国之议会叙述甚为详尽,尤其对英国议会之改革,讨论得很深入,列举1816、1828、1832、1872、1885五次改革,人民之政治参与权力得以逐渐扩大,改革堪称得宜。从前只有贵族与教士有权参与政事,改革之后,凡年满21岁、有识字能力、年纳一定税

[①] Timothy Richard, *Forty-five Years in China*, London, T.Fisher Unwin, 1916, p.256;李提摩太:《泰西新史揽要译本后序》,《万国公报》第76册,1895年5月;翁同龢著、陈义杰整理《翁同龢日记》,北京,中华书局,1992,第2843~2844页。

[②] R.G.Collingwood, *The Idea of History* (Oxford, Oxford University Press, 1956) pp.145~147;按马恳西为一新闻从业员,曾一度从商,晚年对历史发生兴趣,著有 *The United States of America*: *A History* (1870) 等书,详见 *Dictionary of National Biography*, Vol.Ⅶ, p.605。

[③] 据说杭州有6种翻版,四川有19种翻版,湖南有一种节本。见《汪康年师友书札》,第2218页;王树槐:《外人与戊戌变法》,第42页;熊月之:《西学东渐与晚清社会》,第601页。

金之男子，均享有选举权。此后议院中人民代表的声势大壮。原文说：

> 民间所举之新官〔议员〕既入议院，民隐无不上达，英国法律之有大弊者，咸予渐除，且雷厉风行，至为神速。①

又说：

> 旧日私操政柄之章程删除殆尽，民间亦皆视国事如家事，报馆之所持论、里巷之所偶语无非谓君实为民而设，故治国事首宜体民心，议院诸员非但为君主所命，兼为民人所举，故欲为君理事，必先为民陈情，方协乎天理之公、人心之正。且此倡彼和，不啻万口同声，凡膺一命之荣者，欲办一事，类先博考民情，然后顺民情以图国事，治国遂如视诸掌矣。②

《泰西新史揽要》不仅谈君主专制政治之退却，同时畅论民智之大进。著者谓人民参与政治，需要具有丰富之知识与智能，此则非长期的全面教育培殖不可，否则不易提升。英国议会政治之所以成功，正因人民教育大进，议员多为饱学之士。原文说：

> 英国制度既改，而后舍其旧而新是谋，英民各有公举官长之权，不特皆知自重，且共孜孜向学，其关系之重如此，反是以观，人苟无议论国事之权，自觉与禽兽无异，安知自重且亦何必通学问哉？③

李提摩太所以建议清廷采行其"教、养、安、新"四大政策，其观念盖得自《泰西新史揽要》。李氏所见为普世不易之理，代议政治需要品质崇高的精英分子，否则或不免成为误国误民的决策。

《泰西新史揽要》的结论或许正是李提摩太所殷切盼望者：

> 〔十九世纪〕欧洲西半各国不按十数帝王之族随意治民，而按民心以治国。六十年前〔指1820年之前〕各国帝王于百姓之身家性命若为国家

---

① 〔英〕麦肯齐著、李提摩太译《泰西新史揽要》，上海，上海书店，2002，第105页。
② 《泰西新史揽要》，第110页。
③ 《泰西新史揽要》，第80页。

之所固有，随意驱策无人敢抗，又不以教化为重，恐民既受教化，既不易范围也。至于今，则诸国非帝王之所治，而民之所自治，比户几各有举官之权，既有此权，内外大小诸事必将顺民心以治理。从前欧民一百八十兆〔1800万〕皆如奴仆听主人之约束，而不敢违背者，今则悉由自主，但自主而无识见何从措置，职此之故，国家广设学校，俾人人识字、人人明理、人人受益。①

《泰西新史揽要》极有影响力。康有为将之荐给光绪皇帝②。皇帝叫孙家鼐（帝师）为其讲解。民间知道皇帝阅读该书，随着趋之若鹜。据李提摩太之言，李鸿章、张之洞都看过此书。郑观应与李提摩太往还密切，《盛世危言》多处括引李氏的观点。康有为、梁启超与李提摩太非常接近，受其影响更是不小。他们最早的宣传品亦称《万国公报》，经李提摩太的建议而改为《中外公报》③。严复是否因为读了《泰西新史揽要》而想到要翻译《天演论》，则有待考证④。

李提摩太自认其《泰西新史揽要》有更大的影响，影响到汉人要"赶逐"满人下台。他在回忆录中提到俄国驻华公使喀西尼（Count Cassini）与恭亲王奕䜣的谈话。俄使问奕䜣曾否读过《泰西新史揽要》，奕䜣颔首，俄使因问："你对此书有何意见？"奕䜣回答："对中国可谓大有裨益"，俄使则发出了惊人的议论：

> 那么，我恐怕你未明了此书之精神了。它教导人何谓民主，反对专制。如果这种观念一旦成为潮流，你们六百万满洲人在自由选举的情形下，必为四亿多的汉人赶逐下台，而你亦须卷席归田。⑤

李佳白（Gilbert Reid），美国传教士，1883年来华，在山东等地传教，对中国的社会问题极为关心，有心促成改革，曾拜访翁同龢晤谈，提出"养

---

① 《泰西新史揽要》，第407页。
② 《泰西新史揽要》，马军：《点校说明》。
③ Timothy Richard, *Forty-five Years in China*, pp.254~255.
④ 《泰西新史揽要》于1895年出版，严复于1896年译成《天演论》，1898年出版问世。严氏早在1879年即自英学成归国，何以15年后始从事翻译工作，且选择《天演论》为首译，值得追问。
⑤ Timothy Richard, *Forty-five Years in China*, pp.249~250.

民、教民、和睦、武备"四大改革建议①。20世纪之初,谈议会政治的文字时有所见,但各家论著,多委婉含蓄,不受重视。李佳白撰《列国政治比较论》,以比较法说明各国政治制度之异同,浅显易读,极富启发性。兹略举其论点如下。

(1) 论君主与民主之不同,以中美"国主"为比较,中国的皇帝"专制独裁",美国的总统"代民理政":

> 国主之异同,中国之主,终身在位,是为一世;美国之主,四年一易,是为一任。中国之主,出于一氏,世世承袭,乃家也;美国之主,出于众民,贤贤继统,乃官也。中国之主,专制独裁,故曰君主;美国之主,代民理政,故曰民主。中国之主,主权属诸一人,以土地人民为其产业,故谓之大皇帝;美国之主,监理通国政治法律,兼理军务,及一切交涉之事,故谓之大总统(西名曰百里玺天德)。②

(2) 论国会权限,以美国与法国比较,均民主之国,但法国下院权力大于上院:

> 国会者,合上下二议院之谓也。美、法二国皆有国会,而法国国会之权大于美国。……考法国至上之权在下议院,民权、军机权、民主权,皆不及也。……法国以国会为主,因上下二院能随意更改章程〔宪法〕,能合意选举民主〔总统〕。③

(3) 论民权,美国最为发达,中国人民几无权力可言:

> 美国民权之大,甲于天下……官无一非人民所公举。……且人民可以议国政之优劣,可以论官长之贤否,所以政即民政,权即民权,国主即民主〔民选〕。孟子曰:民为贵,君为轻,此之谓也。……至于中国,自宰相而下,至各处地方官,无一非皇帝简派,升降黜陟,亦一听皇帝之意

---

① 李佳白:《上中朝政府书》,《万国公报》,第80册,1895年9月;郭廷以:《中国近代史日志》,1895年1月20日;王树槐:《外人与戊戌变法》,第57~59页。
② 《万国公报》,第169期,第2~3页,1902年2月。
③ 《万国公报》,第169期,第6页,1902年2月。

旨。而人民议〔论〕国政之优劣，论官长之贤否者，以叛乱论。①

(4) 论议员，美国以国会议员代表人民，中国人民无有代表：

> 美国京师之下议院，系代民议事者，故亦曰代民院〔今众议院〕；上议院系代表各邦议事者，故亦曰代邦院〔今参议院〕。……美国谚曰：未得代民权，不食公众禄，良有以矣。中国不第民权小，而且无代民之法，以申民隐。……且此权原出于皇帝，而非出于民。此中美代民之异同也。②

李佳白又比较中、德政治异同，两国均为君主之国，然德国有民选议院，中国无之。李佳白因而叹息道："中国无此制〔度〕，所以民困不苏，上下相隔，稗政莫过于斯。"③

综合李佳白之比较论，旨在说明中国政治制度与西方之不同，明白指出中国不如西方，盼望中国急起改革，采行西方制度。

八

康有为（1858～1927），广东南海人，进士出身。20岁（1878）时因偶然机会游香港，得见"西人宫室之环丽，道路之整洁，巡捕之严密，乃始知西人治国有法度"④，这是他最早对西方文明的直觉感受，留有良好印象。在此（17岁）之前，他读过魏源、徐继畬的著作，知道中国以外尚有西方列国，但没有深入的领悟。

此后康有为搜读可得西书，他自己提及的有林乐知所编《西国近事汇编》，李圭所著《环游地球新录》，傅兰雅的《佐治刍言》等书。苏俄学者齐赫文斯基（Sergei L. Tikhvinsky）说康有为颇受《佐治刍言》的影响。萧公权同意其说，认为康有为的西方知识得自"佐"书不少，甚至于说康氏《大同书》中的"公议院"一词即可能得自"佐"书⑤。传教士中除了林乐知、

---

① 《万国公报》，第169期，第4页，1902年2月。
② 《万国公报》，第169期，第4页，1902年2月。
③ 《万国公报》，第178期，第9页。
④ 康有为：《康有为自订年谱》，台北，文海出版社影印，1972，第11页。
⑤ 萧公权著、汪荣祖译《康有为思想研究》，第475、477页。

傅兰雅之外，李提摩太对康有为的影响也不小。李提摩太在他的回忆录中曾说："举凡余从前所有之建议，〔康有为〕几尽归纳为结晶，若特异之小指南针焉。"①

康有为在1888～1898年间，先后7次上书大谈清廷改革之道，其中关于召开议院者，有第一、第二、第四各次，如果加上他为内阁学士阔普通武所草《请定立宪开国会折》，共4次之多。此4次上书，先是说开国会于皇家有利："皇帝高坐法宫之中，远洞万里之外，何好不照，何法不立哉"；继则说：有国会则"合四万万人之心以为心，天下莫强焉"。第三次仍采前人说法，谓国会有"以通下情"于政治发展为大利。为阔普通武所草的奏折，真伪颇有争议，无论如何，该折从三世之义去说理，谓"春秋大义，据乱之后，进以升平"，中国当"上师尧舜三代，外采东西强国，立行宪法，大开国会"。可见康有为在戊戌变法时期，劝促皇帝召开国会之意，既明显而又积极。

但康自第五书起即不再提国会之当否召开，急转只大谈开制度局。制度局是一个决策机构，只要"妙选天下通才二十人，以王大臣任总裁，每日值内，共同讨论，皇上亲临，折衷一是，将新制新政，斟酌其宜……考覆至当，然后施行"。制度局之下有十二局，为法律、税计、学校、农商、工务、矿政、铁路、邮政、造币、游历、社会、武备等，显然康已将制度局取代原先所拟的国会，十二局为执行机构。他似乎已感到开国会缓不济急，只有制度局可以立竿见影，依靠皇权来改造中国。

为什么会有如此的转变？此应有两个答案：第一，立开国会与康之三世之义说相矛盾；第二，康有为是个寡头主义者。康有为在儒家思想中建立了一套"三世之义"的理论。所谓三世之义，即据乱世、升平世、太平世；据乱世无君，无法律，无礼仪；进入升平世之后，订法律，严礼仪，是小康的局面；太平世则为大同世，《礼记》中的"大道之行也，天下为公……"即是写照。康有为说大同世为"公政府"，是选举产生的，公政府只有议员而无行政官，甚至于无议长，诸事从多数决。他指的就是议会政治的理想，此一观念在阅读西洋典籍时得到，加以诠释发挥。

康有为虽然有如此一套理论，实际上他反对立即召开国会。他在《礼运注》及《孔子改制考》等书中明白地说，三世的演进，需要经过漫长的岁月。中国有尧舜之世的大同想像，实际上禹、汤、文、武、成王、周公都是君主之世，只能说已从据乱世进入了升平世。那尧舜之世，尚在远远的将来，中

---

① Timothy Richard, *Forty-five Years in China*, p.263.

国的历史上不曾存在。康有为在《孔子改制考》中说:"方今为据乱之世,只能言小康,不能言大同。"① 可知康有为是反对立即开国会的。

康有为是一个寡头主义者。论者谓,变法期间康有为畏惧保守势力,不得不放弃开国会的想法,固然言之成理,实际上左右康的,恐怕还是他在性格上是个寡头主义者。1915 年 Robert Michels 著《政党政治:论民主政治中的寡头主义倾向》说得非常清楚:政治行为,以寡头主义为核心②。康有为已看到议会政治的繁重程序。中国急需改革,开议院为缓不济急。Robert Michels 告诉我们,即使是一个民主国家,其决策者不过是少数几个人,余者追随而已。他又说,统治者倾向寡头主义。寡头主义是政治的铁则(iron law)。康有为不开国会但却赞成地方议会,他是要以地方议会"奉宣德意",而不是下情上达。

思想界开国会的观念在 19 世纪 90 年代大致已经成熟,康有为也获得了付诸实现的机会,如果他勇往直前,国会开了,中国的命运又将如何?历史学家不应去臆测,但康有为急转直下,转个弯就放弃了,中国的议会因此而往后延缓,继续走着专制的历史进程。

梁启超(1873~1929),广东新会人,举人出身,17 岁(1890)在上海得读徐继畬的《瀛寰志略》,"始知有五大洲各国",同时获悉江南制造局、同文馆、传教士等所译西书三百余种,一一翻阅,得以进一步了解西方。就在同年,拜康有为为师,康为之讲解"西学之梗概"。甲午年(1894)著《西学书目表》一书,述所读西书甚详。戊戌政变(1898)亡走日本,一年后能读日文,西学更是一日千里,"思想为之大变",这是梁启超建立西学根柢的大略情形③。

1896 年(光绪二十二年)梁启超著《古议院考》,对议会政治倍加推崇,而且心向往之。但由于受康有为"三世之义"理论的影响,谓"今日而开议院,取乱之道也",原因是"人民程度〔尚〕未及格",不能肩负监督政府的责任④。由此可知梁氏在戊戌变法时期对议会的认知,止于向往而已。

提升人民程度的办法是"开明专制",10 年或 20 年之后,人民有了运作议会的能力,便可召开国会。1905 年(光绪三十一年)梁著《开明专制论》

---

① 转见孔祥吉《康有为变法奏议研究》,沈阳,辽宁教育出版社,1988,第 354 页。
② Robert Michels, *Political Parties: A Sociological Study of the Oligarchical Tendencies of Modern Democracy*, New York: The Free Press, 1968, pp.342~356.
③ 梁启超:《三十自述》,《饮冰室文集》,卷 11,台北,中华书局,1960,第 16~17 页。梁启超:《汗漫录》,《新大陆游记节录》附录,第 150 页;梁启超:《西学书目表序例》,《饮冰室文集》,卷 1,第 122 页。
④ 梁启超:《古议院考》,《饮冰室文集》,卷 1,第 94~96 页。

一文说:"开明专制,以发达人民为目的者也","凡国家如欲立宪,必当经过开明专制","今日中国当以开明专制为立宪之预备"①。一言以蔽之,提高人民教育程度是达成开国会的不二法门。

但是就在同年,梁启超转变为积极的议会主义者。他似乎是受到精英主义(elitism)的影响,认为真正运作议会的是少数精英分子,而不是全体的国民。中国千余年来的社会都由绅士阶级(士大夫)所领导,由他们来运作国会,必可得心应手②。此一转变,立即将"开明专制"论置诸脑后,自此走上清季的立宪运动③。

梁启超申论国会掌立法大权,是国家神经中枢所在。他说:"今日之国会,所谓巴力门,立法之业……立国之大本大原"④,"立法权属于多数国民"⑤,"议院所定之国典乃称为宪法"⑥。由此可知,国会并不仅仅是诉苦求情的场合。他推崇英国的议院,谓:"如英国之巴力门,有黜陟政府大臣之权,行政立法二权全归国会之手。故英国之谚有曰:国会之权,无事不可为,除非使男变女,女化男,乃做不到耳。观此可知其权力之大矣。"⑦宪法成于国会,可知其拥有无上大权。"议院为今世最良之制度"⑧。

梁启超论议院功能,已不仅仅是"下情上达"或"君民一体"的旧说法。前人尝谓政体有三:君主之国、民主之国、君民共主之国。梁启超将之改为:"君主专制政体、君主立宪政体、民主立宪政体",且谓君主立宪为"政体之最良者也"。只有君主立宪政体最为合理,适于中国之需要。在君主立宪政体下,以议院掌握国家大政,循宪法运作,国家必日益强盛⑨。

梁启超的议会政治论大大超越前人,1910年(宣统二年)著《中国国会制度私议》,深入讨论如何建立国会,对于议会的组织、选举、投票、政党等均有讨论。他主张二院制。中国虽无贵族,但地方上情况特殊,如蒙古、西藏与内地不同,22省亦互有差异,设上院可以调和冲突,加上元老人物,专

---

① 梁启超:《饮冰室文集》,卷17,第50页;卷18,第89~99页。
② 张朋园:《梁启超的精英主义和议会政治》,《知识分子与近代中国的现代化》,南昌,百花洲文艺出版社,2002,第330~344页。
③ 张朋园:《立宪派与辛亥革命》,台北,中研院近史所,1969,第41~51页。
④ 梁启超:《论立法权》,《饮冰室文集》,卷9,第102页。
⑤ 梁启超:《论立法权》,《饮冰室文集》,卷9,第106页。
⑥ 梁启超:《各国宪法异同论》,《饮冰室文集》,卷4,第71页。
⑦ 梁启超:《各国宪法异同论》,《饮冰室文集》,卷4,第73页。
⑧ 梁启超:《中国国会制度私议》,《饮冰室文集》,卷24,第9、11页。
⑨ 梁启超:《立宪法议》,《饮冰室文集》,卷5,第1页。

业人物,借重其智能,利多于弊,有设立之必要。

下议院按人口比例产生,估计清末中国有 5 亿人口,如以 65 万人产生议员一人计,可得议员 800 人;如以 50 万人与 1 之比,可得议员 1000 人。参考世界先进国家的议院组织,英国 670 人,为 4.5 万与 1 之比;美国众议院 386 人,为 19 万与 1 之比。西方国家议会,大者不超过 700 人,小者在 300 人左右①。

梁氏主张大选区制,如此则议员名额分配比较平均,不至造成太多的不公平②。

选举资格,梁氏仍循西方传统,主张 25 岁以上本籍男子有选举权,同时强调识字及纳税资格。梁氏已获悉澳大利亚、纽西兰及美国四州女性享有参政权,但无意仿效。他认为中国的大环境尚难接受③。

梁氏主张复式选举,即两阶段之投票方式。第一阶段在小区域中选民投票产生一定比例的选举人(electors)(如 3 万人与 1 之比);第二阶段选举人集中一地再次投票,互选定额议员。例如一省额定下议院议员 10 人,公民先在本县选出选举人若干人,全省数十县的选举人集中于省城互选 10 名定额议员。简言之,第一次投票在县,第二次在省;第一次是直接选举,第二次是间接选举。此一制度早年在欧美甚为流行,日本在明治 23~32 年(1890~1899)之间也一度采行,这可能是引起梁启超注意的原因。梁启超说由于人民教育程度尚未提高,"选举人之智能不足,诚不免有缺乏之感","惟有间接制可以略矫此弊"。加之中国幅员辽阔,间接选举比较实用④。

梁启超倡导政党政治,谓议会的成功运作,有两大条件:一是"大多数人有批判政治得失之常识",一是"有发达之政党"。梁十分推崇英国的两党政治,希望中国有朝一日亦能走上此一途径⑤。从政治学的观点言,两党制为"理想型"(ideal type),理想与实际之间,有着难以估计的距离。1906 年清廷宣布预备立宪,梁氏组织政闻社,准备积极参与,中国的政党政治自此萌芽。

---

① 梁启超:《中国国会制度私议》,《饮冰室文集》,卷 74,第 76 页。
② 同注①。
③ 梁启超:《中国国会制度私议》,《饮冰室文集》,卷 74,第 27~73 页。
④ 梁启超:《中国国会制度私议》,《饮冰室文集》,卷 24,第 75 页。
⑤ 梁启超:《开明专制论》,《饮冰室文集》,卷 17,第 65、67 页;《英国政界剧争记》,《饮冰室文集》,卷 25 上,第 4 页。

九

从书本上得来的知识是间接的，1861年清廷设置总理各国事务衙门并派遣使节，才开始直接认识西方。清廷托请两位洋员，海关总税务司赫德（Robert Hart）及美国卸任公使蒲安臣（Anson Burlingame），暂充大清使臣，带同中国随员一同游历西方。百闻不如一见，增广见识，展开了中国人对西方的亲身体验。他们记载了所见所闻，当然也看见了西方的议会。

随着赫德前往西方的是斌椿和张德彝，与蒲安臣同行的是志刚。他们的地位都不很高，但都有笔记，留下了所得的议会印象。斌椿是同文馆学生监督，志刚为总理衙门章京。斌椿对英国议院的古典建筑印象深刻，惊叹其"高峻宏敞"①。志刚看到了法国选举的一些混乱情况，给予负面的批评②。他们的观察都不十分深入，所见多属表面。

张德彝（1847~1919）的情况就不同了。张氏从1866年（19岁）就读同文馆时期即随着赫德、斌椿出洋学习，1868年又随着蒲安臣环游世界，两次出游奠定了他认识西洋的基础。以后21年间（1870~1891）先后以参赞身份随同崇厚、郭嵩焘、洪钧、罗丰禄、那桐等出使法、英、俄、日本等国。1902~1906年晋升为驻英公使，共计8次出洋，每次出游都有笔记，题名《述奇》、《再述奇》……至《八述奇》，其中三次（一、四、八）均有议院记述。例如1868年记美国选举：其举法系众人书其所举之人投诸匦内，毕则启匦，择其多者立之，或官或民，不拘资格③。所述为投票程序，惜未有进一步之观察。及至在英国所见，则详述其选举"苞苴公行"，有"幸进之心"；又说竞选者"设法愚弄其民"。观察颇为深入，十分难得。1876~1878年所记英国的议会更为详细，如分析上下院的结构、政党的竞争、议长的权力，可谓更上一层楼④。张氏早年出洋只是一个随员，不须瞻前顾后，敢于直书所见，以后做了公使，反而不见类似的记载。

对西方议会有深入观察而且又有见解的使节，郭嵩焘是第一人。

---

① 斌椿著、钟叔河辑注《乘槎笔记》，见辑注，长沙，湖南人民出版社，1981。
② 志刚：《初使泰西记》，上海，上海人民出版社，1987，第22、70~71页。
③ 张德彝：《欧美环游记（再述奇）》，长沙，岳麓书社，1982，第74页。
④ 张德彝：《欧美环游记（再述奇）》，第130页；张德彝：《随使英俄记》，长沙，岳麓书社，1986，第363、376、556页。

郭嵩焘（1818～1891），湖南湘阴人，进士出身。以理性观察西方事物，多所称道，甚至于羡慕向往。郭于1876年（光绪二年）受命出使英国，是中国正式驻节西方的官员。郭氏出国之前曾言西方"立国有本有末"，其本在政教，但绝未想到政教的重心在议院①。

出国之前，郭嵩焘虽然读过《海国图志》与《瀛寰志略》，对于西方的议会政治只有粗略的印象。到了英国，他是以学习的心情去了解其巴力门的。1877年2月30日及3月13日先后两次去上下院旁听议事，他在日记中记："下议院洋语曰'好斯曷甫格门斯'〔House of Commons〕，上议院曰'好斯曷甫乐尔知'〔House of Lords〕"，可见他是到了英伦之后才将巴力门两院名称弄清楚。他仔细观察议场的布置，座次的安排，议员人数，辩论规范等等，他惟一的批评是："上院视下院稍静谧"，还没有看出什么门道来②。

郭氏对巴力门有好奇之感，因而进一步了解其历史发展。1877年11月18日有如下记述："略考英国政教原始，议院之设在宋初……距今八百余年，至显理第三〔Charles Ⅲ〕而后有巴力门之称……即今之上议院也。一千二百六十四年，令诸部〔郡〕各择二人，海口择四人入巴力门，为今下议院所自始。"③细细推敲之后，他得出了一个结论，英国立国之本在巴力门：

> 推原其立国本末，所以持久而国势益张者，则在巴力门议政院有维持国是之义。……君民交相维系，迭盛迭衰，而立国千余年终以不敝。人才学问相承以起，而皆有以自效，此其立国之本也。④

这一段本原论可以看出他对巴力门深入探究的用心，也透露出一种向往的心情。接着他与英国驻华公使威妥玛（Thomas Wade，时亦在伦敦）谈到土耳其已经有巴力门，中国无之，不免为之叹息：

> 〔土耳其〕仿行西洋兵制，设立议院，此〔中国〕所以不能及也。⑤

---

① 郭嵩焘著、杨坚校补《郭嵩焘奏稿》，长沙，岳麓书社，1983，第345页；郭嵩焘：《玉池老人自述》，见《中国野史集成》，成都，巴蜀书社，1989，第251页。
② 郭嵩焘：《郭嵩焘日记》第3卷，长沙，湖南人民出版社，1980，第181～182、192～193页。
③ 《郭嵩焘日记》，第3卷，第370页。
④ 《郭嵩焘日记》，第3卷，第373页。
⑤ 《郭嵩焘日记》，第3卷，第373页。

思想家与近代中国思想

不知从何处得悉德国宰相俾斯麦（Bismark）欲限制该国议院权力，曾逮捕议员数人，郭嵩焘批评俾斯麦之举动"不学无术"①，益见其用心深入议会政治。

郭氏注意到了议会政治即政党政治。他说一个国家的政治，必有"爱憎"之分，议院产生"同异"两党，盖属必然。"使各竭其志，推究辩驳，以定是非……问难酬答，直输其情，无有隐避，积之久而亦习为风俗。其民人周旋，一从其实，不为谦退辞让之虚文。"② 显示郭氏对议会政治已有深切的体会。他进一步追溯"铿色尔维谛甫"〔Conservatives〕与"类白拉尔"〔Liberals〕两党的来源为"多里"〔Tory〕及"非克"〔Whigs〕，从历史中得到更多的了解③。

郭嵩焘原先有意将所见所闻一一报道回国，与国人分享他的个人感受，不料所著《使西纪程》（日记的最早部分）出版后即被保守派指为"叹羡西洋国政"，离经叛道，旋被销毁。郭氏再也没有勇气传达个人的见解。他的使英日记直到1980年才公之于世，相去已是百年有余，自然没有发生过任何影响。我们今天来讨论郭的思想，只能以知识分子视之；从了解郭氏可以了解19世纪70年代进取型知识分子的思想趋势。他们希望中国"走向世界"，但所得到的响应却是"挫折"④。

另一位使臣黎庶昌（1837～1897），贵州遵义人，廪贡出身，可以说是一个职业外交官，早年随郭嵩焘使英，随刘锡鸿使德，均为参赞，1881年升任驻日本公使。在欧洲期间，注意各国的社会和文化，有深入的观察，所著《西洋杂志》（1900年出版）是一卷反映19世纪西洋生活的"风俗图"⑤。他也注意到了各国的议会政治，很能认识议会是民主政治的表现，谓在议会中：

众意所可，而后施行，故虽有君主之名，而实民政〔主〕之国也。⑥

民主政治必然有政党竞争，西洋各国都有政党。政党与朋党不同，不要

---

① 《郭嵩焘日记》，第3卷，第738～739页。
② 《郭嵩焘日记》，第3卷，第393页，时在1877年12月18日。
③ 《郭嵩焘日记》，第3卷，第366、469～470、593页。
④ 汪荣祖，《走向世界的挫折——郭嵩焘与道咸同光时代》，台北，三民书局，1993。
⑤ 钟叔河：黎庶昌《西洋杂志》序，收入钟叔河编《走向世界丛书》第1辑，长沙，湖南人民出版社，1981。
⑥ 黎庶昌：《西洋杂志》，载《走向世界丛书》第1辑，第426页。

以为西洋的议场中"人声嘈杂,几如交斗",实际上这是"民政之效也"①。黎氏是继郭嵩焘之后,对西洋议会政治了解甚为透澈的一人。

张荫桓(1837~1900)对西方有进一步的认识。张氏广东南海人,监生,以熟习西方政情知名,在总理衙门行走。1885~1889 年(光绪十一至十五年)派驻美、日、秘公使,著《三洲志》(1896 年出版),甚有内容。张氏十分留意美国、英国的国会运作,一一详为记载。例如记美国参众两院,不仅谈其结构、选举过程,同时注意到妇女参政权在美国四州兴起情形;又谈人口 10 年一调查与选举之关系,此类报道,皆为前此之外交官所未见及。张氏又以长达万言之篇幅录下蔡毅所翻译之美国宪法,谓"美国为民主之国,应译其创国例备览"②。虽然他对民主政治不敢赞一词,但留下了深刻的印象。

张氏对西班牙议会亦有所记载,但不予重视③,而于英国,虽非驻节所在,反多所留意,对上下院之描写,入木三分。如谓:

> 上议院事简,下议院事繁,国之政令皆自下议院议之。议成,上于上议院,视已成,无大更驳。下议院则自朝至于日昃,甚或卜夜。④

又谓:

> 大抵英之国权仍归两党,附君者曰"保党"〔Conservatives〕,乐民政者曰"公党"〔Liberals〕。⑤

张氏之笔法极为谨慎,然字里行间仍可窥得其对议会政治的好感。戊戌变法时期,翁同龢在日记中记其与张荫桓接触密商频仍,虽未透露内容,他们同情变法似无疑问;康有为、梁启超等受其影响,亦属必然⑥。张荫桓因同情变法而充军新疆,拳乱时期竟遭杀害。

崔国因(1831~1909),安徽太平人,进士出身,于 1889~1893 年继张

---

① 黎庶昌:《西洋杂志》,载《走向世界丛书》第 1 辑,第 426 页。
② 张荫桓:《三洲日记》,《续修四库全书》史部传纪类,第 577 册,上海,上海古籍出版社,1995~2002,第 284~287、331 页。
③ 《续修四库全书》史部传纪类,第 577 册,第 405 页。
④ 《续修四库全书》史部传纪类,第 577 册,第 427 页。
⑤ 同注④。
⑥ 详见《翁同龢日记》。

荫桓为美、日、秘公使,亦有日记①,属于"君民共主"论,并无突出之处②。惟其早在1884年即提出请开国会的奏折,令人好奇。崔氏为洋务派,似因此而熟习西方的议会制度,以詹事府佐中允官衔上一折,谓"后患方深,请速筹布置",并附有"设议院、讲洋务二条,请实力实行"片。19世纪80年代仍是兵工业为重的洋务时代,能提出制度革新与技术革新并行之观念,可谓空前。崔论议院,有谓:"设上下议院,凡练兵筹饷各举,使斯民身居局中,悉其原委,而后兵可增,而不以为抽丁,饷可增而不以为重敛。"③ 又说:"设议院则财之不足可集众议以筹"④,充分了解议院的权力与功能。垂帘听政的慈禧太后并没有责备崔氏,折子交给总理衙门各大臣阅看之后,以"毋庸议"而作罢。或许就因为崔国因有此见解而能继张荫桓出使西洋。如果崔的意见被接受了,中国将会是一个什么样的变迁?值得我们思考。

薛福成(1838~1894),江苏无锡人,副贡出身。出使前已官至按察使,以通晓洋务而驻节欧洲,著《出使英、法、意、比四国日记》,所记有关西方议会的讯息甚为丰富,不亚于郭嵩焘日记。薛氏为"君民共主"论者,谓:"君民共主,无君主、民主偏重之弊,最为斟酌得中。"⑤但又谓:君民共主之国,"其政权在议院,大约民权十之七八,君权十之二三"⑥。因此评论说:英国君权,受到议会政治之限制,一时"骤难更张"。他似乎有所顾虑而以此语圆场。

薛甚注意政党政治,能辨别英为两党("公党"及"保守党"),法为三党(左、中、右)。他喜欢英国的两党制,说英人好静,议院中"倾轧之风尚不甚强,两党更替亦不频繁";法国则"负气好争,往往嚣然不靖"⑦。他形容英法议员为一种"体面人",必须才华出众,家道殷富,实系政治学上的"精英分子"(elites),观察相当深入。

惟薛氏未能详论西方的选举。1892年为英之大选年,薛的日记中不见投票情形记载,读者不免失望。选举为西方人的经验,中国人难以体会。

---

① 崔国因:《出使美日秘日记》,合肥,黄山书社,1988。
② 崔国因:《出使美日秘日记》,光绪十五年十一月十日、光绪十九年一月二十四日,《近代中国对西方及列强认识资料汇编》,第3辑(二),第649页。
③ 转见孔祥吉《清廷关于开议院的最早争议》,《中国近代史复印资料》(北京,1988),第24~26页。
④ 同注③。
⑤ 薛福成:《出使英、法、意、比四国日记》,第286页。
⑥ 同注⑤。
⑦ 薛福成:《出使英、法、意、比四国日记》,第197~198、515页。

薛回国后（1894）即病故，三年后（1897）日记出版，对戊戌变法应有所影响①。

黄遵宪（1848~1905），广东嘉应人，有举人功名。自1877~1891年先后出任驻日、美、英等国参赞、领事，深入体会议会政治，尤其对日本明治维新最有心得。著《日本国志》（1895），认为中国可仿效日本，建立议会制度。黄氏谓议会是一种"至巧"的制度：

> 议员由民荐〔选举〕，荐而不当，民自任之；苟害于事，民亦自受。……官为民筹费而民疑，民为民筹费而民信；民以为分官之权，谋己之利，而官无筹费之名，得因民之利以治民之事。其所议当否，官又得操纵取舍于其间，终不至偏菀偏枯，仗豪农富商周利以为民害，故议会者，设法之至巧者也。②

所以在他的观念中，所谓君民共主，是"上下分任事权"，与一般所了解的"下情上达，君民一体"不同。他敦促人民请愿召开国会，民间自组政党以显示民意，是外交官中见解突出的一人，日后成为戊戌变法的有力支持者③。

宋育仁（1857~1931），四川富顺人，进士出身。1894年随龚照瑷出使英、法、意、比四国，任参赞，1896年出版《采风记》，所述西方议会，谓有四大功能：

(1) 国本所在：

> 议院为其国国政之所在，其国国本之所在，其国人才之所在。

(2) 因议院而富强：

> 其变僻陋为富强，全得力于议院。

---

① 薛福成：《出使英、法、意、比四国日记》，第597页。
② 黄遵宪：《日本国志》，卷1《国统志》，卷14《职官志》，上海，上海古籍出版社影印，2001。
③ 黄遵宪：《日本国志》，卷37《礼俗志》；钟叔河辑注《黄遵宪日本杂事诗广注》，第5~22页；张朋园：《黄遵宪的政治思想及其对梁启超的影响》，《知识分子与近代中国的现代化》，第17~39页。

(3) 因议院而人民平等：

> 其〔议院〕尽变旧渐之风，荡然尊卑之分，则由彼教导其源，而议院扬其波。

(4) 因议院而去专制：

> 因议院而大通民隐，君不能黩武、暴敛、逞刑、抑人才、进佞幸；官不能怙权、固位、枉法、营私、病民、蠹国。①

宋氏对议院之组织、地方代表之人数比例，一一详记；又分析议员之出身背景，谓多来自富有之中产家庭，有良好教育，"长于专门才艺，通达事理，优于议论"，中国惟士绅阶级可比类。言下之意，中国有士绅阶级，可以开国会。

十

光绪末年全国舆论呼吁立宪，清廷逼于大势所趋，于1905年6月14日（光绪三十一年七月十六日）派遣五大臣出洋考察宪政，戴鸿慈与端方一组，载泽、尚其亨、李盛铎一组，分途出洋。他们的考察报告有一定的影响。

戴鸿慈（1853～1910），广东南海人，进士出身。先后至美、英、法、德、丹麦、瑞典、挪威、荷兰、比利时等九国考察，著《出使九国日记》（1906），内容甚为丰富，除了宪政，对财政、经济、文化、教育均一并留意。由于想知道的多，政治考察反而不甚深入。对议会政治有三点认识：①下院权力大于上院："凡立一法，在下院议案已成者，贵族院〔上院〕对之虽有修正之权，而无反抗之力。"② ②议院中有政府党与非政府党："政府党与政府同意〔一致〕，非政府党则每事指驳，务使折衷至当，而彼此不得争执。"③ ③复式选举：以德国为例，选民第一次投票，250人可产生选举人一人。由

---

① 宋育仁：《政术》，《采风记》，出版者及城市不详，1896年。
② 戴鸿慈著、钟叔河辑注《戴鸿慈出使九国日记》，长沙，湖南人民出版社，1982，第379页。
③ 《戴鸿慈出使九国日记》，第378～379页。

选举人举行第二次投票，产生定额议员①。

端方（1861～1911），正白旗，举人出身。出国考察归来，著《列国政要》报告（1907 年出版），与戴鸿慈列名，且由戴氏领衔。日后二人又联名合奏《请改官制》及《请设制度局》二折，力挺清廷之预备立宪。《列国政要》应为端方个人的见解，盖其观点与戴鸿慈的《九国日记》多有出入之处。例如《九国日记》推崇英国宪政，《列国政要》则以意大利宪法为最理想。本文视之为端方个人的著作。

《列国政要》凡 132 卷，以宪法 10 卷居首，余为官制、教育、军政、商政、财政、工艺、法律等。端方认识到宪法为立国之本，推崇意大利宪法。他说："意大利宪法颁自国王而就商于议院，是其主权固在君主，与比利时主权在国会，实大悬殊也。"② 如采行意大利宪法，于君主最为有利。

但端方在奏折中所建议的，是仿效日本，而不是意大利，盖日本更重视君上大权之故。《请改官制折》力言日本之集议院可为模型。集议院为明治初年（1874）所设元老院性质之临时议会，清廷于宣统二年（1910）设资政院，似即脱胎于集议院。议员分两类：一为王公勋爵，一为各省推举，集议院有权"建议、条陈、兼通舆情而觇众见"，另有财政预算决算之权，资政院亦一一仿效。

有中央议会，亦应有地方议会，"一省之议会实有参与立法之权"。未开国会之前，可于各省设省议会；在省议会之前，先办府州县议会。议员由选举产生，大州县二人，小州县一人。凡此皆仿效日本。端方强调，地方议会即为地方自治。"在乡者必有乡会，以司立法，有乡长以司行政"。乡长一人，置议员数人至数十人不等，以户口之多寡比例决定③。

从上述可知，端方对议会有相当了解④。端方为满族亲贵中旧学新学皆有根底者，与时俱进，难能可贵。

载泽（1868～1930）为满族宗室，属镶白旗，贝子衔镇国公。五大臣出洋，载泽与尚其亨、李盛铎同组，1905 年 12 月间起程，1906 年 7 月回至上海。载泽所提《考察政治日记》（1909）对预备立宪有推动作用。

---

① 《戴鸿慈出使九国日记》，第 398 页。
② 戴鸿慈、端方：《列国政要》，卷 7，出版地不详，1907，第 4 页。
③ 端方：《端忠敏公奏稿》（台北，文海出版社影印，不著出版年），卷 6，第 51～52、65 页。
④ 据梁启超云，1907 年他曾为满族亲贵草拟预备立宪文字不下 20 万言，所指似即端方。见丁文江编《梁任公年谱长编》（台北，世界，1958），第 205～206 页。无论如何，必须思想与时俱进，否则难于接受外来新知。

思想家与近代中国思想

载泽出国之前可能对君主立宪尚无认识，但半年考察期间，抱着学习心情，进步快速。他的重点考察，包括日本、英国、法国、比利时四国，每至一处，虚心寻访，不耻下问。他在日本、英国、法国都聘请专家为其讲解宪政，更拜谒日相伊藤博文请教，希望学得愈多愈好，所见所闻，一一纳入日记。

他在日本时，有法学大家穗积八束作他的讲师，为其讲解日本二院制的由来，上院贵族，下院百姓，君主有裁夺之权，此予载泽"君上大权"观念，牢不可破。伊藤博文建议中国采行日本宪法，盖该宪法肯定君权神授，不可侵犯①。日后清廷决定仿效日本，载泽的报告甚有关系。

载泽来到英国，得见泰晤士河畔的议会建筑雄伟，为之震撼。他聘请学者埃喜来（原文不详）为其讲解大英宪政，埃喜来讲到英国君主不干预宪政，立法大权在下议院，上议院鲜持反对意见。他在日记中一一记下："〔大英政权〕合君主、贵族、下议院议员三者组织而成……实力归于下议院。君主但据政府大臣批准，君主无不批行"；又说："上议院之权不及下议院……万一两院意见不合，下议院所争执者，上议院不得不从。此虽无定例，但由来已久，为宪法所认可。"②载泽至此对议会政治有进一步之认识，英日宪政差异甚大，颇感迷惑。

载泽在法国，请一位叫金雅士（原文不详）的法官讲解法国宪政，他在日记中说："英之下议院权重，法则两院相埒"，他了解到英之上院为贵族，法国上院多地主。他没有记述法国由君主转变为民主的历史，但回溯"法国未立宪时，君主专制，贵族擅权，政治腐败，人民愁苦"，似有所自我警惕。③

载泽的考察不仅是君民权力问题，对于议会的结构组织亦相当留意，中央议会之外，又述地方议会。对于选举，特别对复式选举有所介绍：

> 选举用"两级递举法"，先于里长处注册，纳正税之数能抵三日工值者，百人内推一人为代表，聚合成会，而后再用"得半加一法"公举议员。④

---

① 载泽著、钟叔河注《考察政治日记》，长沙，岳麓书社，1986，第576、577、579页。
② 载泽：《考察政治日记》，第596~601页。
③ 载泽：《考察政治日记》，第634、636页。
④ 载泽：《考察政治日记》，第631页。

所谓"两级递举法",就是复式选举,"得半加一法"即过半数当选。载泽没有提及投票,此为各家考察之同一缺点。

载泽考察归来,曾经两次上折主张立宪,第一折请"以五年为期改行立宪政体"[①],第二折是一个密折,说实行立宪有三大重要性:"皇位永固,外患减轻,内乱可弭。"希望清廷"破釜沉舟,勇往直前"[②],似乎是综合了日、英、法三国的宪法精神及历史发展而得此结论。

十一

以上从时序先后简略介绍议会思想进入中国的经过,归纳起来,大略可以分为四个时期:第一时期,1840～1870年这30年间,是知识性的介绍时期。中国自古以来,没有议会政治的经验,时人将西方的议会情况介绍过来,经过了此一阶段,中国人对西方的政治结构有所认识,但只是一些初步的了解,并无袭用的意念。林则徐、魏源、徐继畲等官吏的著作属于此类,传教士有麦都司、裨治文、慕维廉、韦烈亚力、艾约瑟、韦廉臣等。第二时期,1871～1895年,这25年间,士人视议会代表"君民一体",内可以团结人心,外可以抗拒强权。王韬是君民一体论的创说者,日后不少人袭用他的说法,如冯桂芬、郑观应、郭嵩焘、黎庶昌、张荫桓、崔国因、薛福成等。传教士则以傅兰雅、林乐知等的著作最有影响力。第三时期,1895～1904年,民权说代起,强调议会表现人民的权力,"不出代议士不纳税"的观念取代"君民一体"而风行。何启与胡礼垣最先提出此一说法,黄遵宪、宋育仁、梁启超等继起发扬。传教士中以傅兰雅、林乐知、李提摩太、李佳白等人的著作较有影响力。第四时期,1905年以后,议会思想根植国内,人民起而要求付诸实现,因此有清廷之派遣五大臣出洋考察宪政,不仅深入理论,同时考求实施的技术。戴鸿慈、端方、载泽等人的著作属于此类,梁启超的议论尤为详尽。至此中国进入锣密鼓紧的实行时期。

议会思想分成四个阶段输入中国,渐渐传布全国。但受到影响的限于知识分子,或教育程度较高的人士。在此以孙宝瑄为代表人物,其国会认识心路历程,在清末民初应是大同小异的。

---

① 《清末筹备立宪档案史料》,北京,中华书局,1979,第110～112页。
② 《辛亥革命前后:盛宣怀档案资料选辑》之一,上海,上海人民出版社,1979;《齐东野语》,第26页。

思想家与近代中国思想

孙宝瑄（1874～1922），浙江钱塘人，荫生，是孙诒经的次子，孙宝琦的胞弟，李瀚章的女婿。在清季，只是个挂名分部主事。到了民国，因其兄的关系，任浙海关监督（1912～1922），殁于任，年48岁。孙氏从19岁（1893年）开始写日记，受时代的影响，一开始便关心时势。他的阅读甚为广泛，中外兼顾，由于不谙西文，西方的知识大多来自翻译作品。19世纪90年代的翻译，几乎由传教士所主导。他常常提到阅读《万国公报》，甚至于提起该报的主持人林乐知，可知他受《万国公报》的影响不小。除了对西方的事物好奇，他对西方的历史亦有很高的兴趣。常常在日记中抄录一些西方所发生的大事和人物。国人的著作，梁启超的《新民丛报》似乎是他最喜欢的，他因读《新民丛报》而了解何谓"解散议会"，何谓"重新选举"[①]，皆一一在日记中抄录。

孙氏自述他的思想演变，从甲午乙未之交（1894～1895）开始关心时势爱谈变法，五年间思想"凡数变"，他的注意力大半集中在议会政治问题上。他自己的一段话这样说：

> 余当甲午〔1894〕乙未〔1895〕之交，始谈变法，初则注意于学堂报馆，继则主张民权，以为非先设议院，许公举〔选举〕，则一切法不可变，变之徒滋扰。卒又偏于民权之不能无弊也，遂主持立宪政体，纳君权民权于法之中，而君民共治，为数年立论之归束。[②]

检视孙氏的日记，对议会有极大的好感，他说"国会及议院，治天下之锅炉也，能镕诸质而成器"；又说议会"如一身之脑髓，聪明智能之所出"。在议院中可以"融洽和合"，形成"一片天境"，在此种情况下，何患"公理有不出哉"。[③] 议会之所以能成为一个完美的机制，是因为"公举〔选举〕有法，辨难有规……意气无所施，私智不得逞……民智日进，公理愈明"[④]。这一类的赞许，随处可见，可以了解他对议会的羡慕和向往。

早先，孙氏并不主张即开国会，亦如时人的一个共同观点，民智未开。但1898年急转直下，要求立即召开国会，是否受了康有为的影响，不得而

---

① 孙宝瑄：《忘山庐日记》，见《续修四库全书》史部传记类，第580册，上海，上海古籍出版社，1995～2000，第565页。
② 孙宝瑄：《忘山庐日记》，见《续修四库全书》史部传记类，第580册，第85页。
③ 孙宝瑄：《忘山庐日记》，见《续修四库全书》史部传记类，第579册，第476页。
④ 孙宝瑄：《忘山庐日记》，见《续修四库全书》史部传记类，第579册，第738页。

知。他指出中国"水旱饥馑,盗贼四起,贫困极矣"。惟有开国会,实行选举,尽去"贪虐之吏",纾解民困,才能起死回生①。

1901年孙氏受立宪思潮的影响,称道选举就是"参政"②,也就是政治学上的"参与"(participation)。选举,"良法也"③。选举胜于禅让。他认为选举创自华盛顿,推崇华盛顿胜过尧舜:

> 五霸不如三王,何也?王以仁义服人,霸假仁义者也。三王不如尧舜,何也?二帝不利其子孙,三王利其子孙者也;尧舜不如华盛顿,何也?尧舜私荐人于天,华盛顿定公举之法者也。④

他所了解的选举,就是中国古代的"投瓶",谓"治平之机出于公议,公议之人由于公举;公举之法决于投瓶〔票〕之为功也。大矣哉!东西各国之兴,皆行斯术也"⑤。因此赋诗赞叹:"觯筒自古非良法,移作欧西选举公;欲破天行千载虐,神机偏在一瓶中。"⑥中国的选举早已失传,西方"凡国之宰相,由议院公举"⑦,令人敬佩。

孙氏进一步认识到与选举相关的一些技术和程序,例如选举必须先办理人口调查,由于中国尚无此措施,不免为之叹息⑧;又认为纳税与选举为权利与义务的关系⑨,实未料到今天已无此要求。对于议院仍会发生流弊,他说:"较诸野蛮专制之国,其百姓苦乐,天渊之隔也。"⑩ 表示容忍。

1905年清廷宣布走向君主立宪,孙宝瑄感到无限欣慰,但此时他已认识到立宪的一些必要条件,以当时中国的环境,走上立宪之路并不容易。他指出:"立宪二字非空言可以塞人望也。必其民体育发达,能任战阵;实业炽盛,能荷赋税;智能充周,能参政谋;财艺精致,能尽职守;道德完全,能循法律。然后聚众多分子,上自宰相,下及平民,组织酝酿而成大立宪社会,

---

① 孙宝瑄:《忘山庐日记》,见《续修四库全书》史部传记类,第579册,第702~703页。
② 孙宝瑄:《忘山庐日记》,见《续修四库全书》史部传记类,第580册,第202~203页。
③ 孙宝瑄:《忘山庐日记》,见《续修四库全书》史部传记类,第580册,第311页。
④ 孙宝瑄:《忘山庐日记》,见《续修四库全书》史部传记类,第579册,第485页。
⑤ 孙宝瑄:《忘山庐日记》,见《续修四库全书》史部传记类,第579页。
⑥ 孙宝瑄:《忘山庐日记》,见《续修四库全书》史部传记类,第579册,第769页。
⑦ 孙宝瑄:《忘山庐日记》,见《续修四库全书》史部传记类,第579册,第769页。
⑧ 孙宝瑄:《忘山庐日记》,见《续修四库全书》史部传记类,第580册,第311页。
⑨ 孙宝瑄:《忘山庐日记》,见《续修四库全书》史部传记类,第580册,第583、590页。
⑩ 孙宝瑄:《忘山庐日记》,见《续修四库全书》史部传记类,第580册,第457~458页。

谈何容易耶，谈何容易耶！"① 他似乎预见中国议会政治的坎坷道路。

无论如何，前有郭嵩焘，后有孙宝瑄，他们的思想反映了1870~1900年代知识分子对议会政治的向往。中国人在知识分子、传教士、外交官的引导下，找到了迎向议会政治的一个方向②。

（作者单位　台北中研院近代史研究所）

---

① 孙宝瑄：《忘山庐日记》，见《续修四库全书》史部传记类，第581册，第378~379页。
② 相关著作，请参考耿云志等著《西方民主在近代中国》，北京，中国青年出版社，2003；熊月之：《中国近代民主思想史》，上海，上海人民出版社，1986。

近代价值观变革与晚清知识分子

高瑞泉

近代以来中国发生了一场旷日持久又十分复杂的价值观念的变革,这已经是思想史上的事实。像任何重大的思想变革一样,它既在一定程度上被客观历史趋势所决定,又是人们的精神应对外在世界和主观创造的结果,更确切些说,是这两者互动的产物。毫无疑问,在近代中国所发生的价值观念的变革中,知识分子起了十分关键的作用。最初,这场变革就是由少数处于异端地位的知识分子发起的思想启蒙运动,追根溯源,可以上推至明清之际王夫之、黄宗羲、顾炎武等[①],甚至可以上推至晚明的王门后学如李贽。但是明末清初诸大家的思想学说,当初只是孤明一线,并没有对中国社会生活产生多少实际的影响。他们真正被后学注意,并产生广泛社会共鸣,是在19世纪下半叶,即进入近代以后的晚清。因为只有到了这时,后来章太炎所说的"因政教而成风俗,因风俗而成心理"的价值观念变革过程才不可逆转地展开了。由此形成了两个高峰:"戊戌"和"五四"。两者几乎都是知识分子运动,或者说是知识分子推动的社会文化运动。"五四"以后,随着政治—军事斗争格局的演变,以及现代民族国家的建立,知识分子渐渐边缘化。少数知识精英转而对价值观念变革作更为形而上的思考,将思想变革的成果做概念化的系统安排使之具备现代学术的形态。

[①] 主张启蒙思潮发诸明清之际或明末的,最早的是侯外庐先生(见《中国思想通史》第五卷),20世纪80年代以来持此主张的有武汉大学教授萧萐夫先生,他以为,中国"从十七世纪起就已经出现了想要冲破封建文化牢笼的启蒙思潮",它既区别于中世纪的异端,又区别于资产阶级革命时期的理论。"严格意义上说,这种启蒙运动仅仅是特定条件下封建主义的自我批判,仅仅与资本主义萌芽经济相适应,只是表现旧思想要崩溃的征兆,新思想快出现之前的先声。"(萧萐夫:《吹沙二集》,成都,巴蜀书社,1999,第39页)日本学者沟口雄三则把晚明及明清之际的新思想称作"中国前近代思想"。他们的研究都是思想史的路径,但是验之于社会史,人们不难发现,这些早期启蒙思想家的创作基本上停留在个人思想和文献中,尚未变成普遍的社会心理或有效的社会规范,即没有真正成为社会认可的价值。

思想家与近代中国思想

本文不能全面地论述知识分子与近代中国价值观念变革的关系，而将着重讨论晚清知识分子与这场观念运动的关系。之所以把"晚清"① 作为一个特殊的时期提起研究，因为这一时期，恰恰是传统型知识分子——士大夫——向现代型知识分子转变的时期，是观念变化与知识阶层自身变化交织在一起的时代。我在这里用"知识阶层"一词，正是因为深深觉察到晚清70年这个阶层的身份和作用的复杂性。从推进价值观念变革的角度看，19世纪中叶以来参与到这场运动的知识阶层中人大致有如下几种身份：1. 最初登场的是对传统作自我批判的传统士大夫，某种意义上是明清之际启蒙运动的延续；2. 随着现代化在中国的起步，通商口岸知识分子作为与现代工商业相联系的新兴阶层，提出了新的价值观念；3. 随着中外交通的扩大和西方文化的入侵，留学生和其他有西方文化背景的知识分子大量传播西方价值观念；4. 随着晚清教育制度的改革、特别是科举制度的废除，大量新型知识分子成为现代价值的信仰者，传统的士大夫渐渐退出了历史舞台。整个过程实际上伴随着由传统士大夫组成的文人集团的分化、没落和新型的知识界的产生。在知识分子这种身份变迁中，有某种历史文化的连续性出现了，那就是围绕着"天人"、"群己"、"义利"三对基本范畴展开的现代价值；同时，现代价值也因为具有知识分子那样的物化承当而获得了社会规范应该具备的有效性。如果说近代以来的价值迷失很大程度是因为传统的价值原则和社会承当的分离造成的，是因为原先应该体现儒家基本价值的官绅和士大夫不再信仰和实行这套规范，反而或明或暗、自觉不自觉地破坏它②；那么经过数十年的变革，虽然并没有最终完成体系性的重构，但是以进步主义为基础、以科学和民主为核心、以人的解放和自由发展为目标的现代价值在知识群体中获得了越来越广泛的确认，表明价值观念的变革产生了积极的成果。

---

① "晚清"的界定是个颇容易引起争议的问题。费正清把1800年到1911年称为"晚清"（Late Ch'ing），见费正清主编的《剑桥中国晚清史》（*The Cambridge History of China*，Volume 10，*Late Ch'ing，1800～1911*）。而魏斐德（Frederic Wakeman）则把1800到1840年称做"盛清"（High Ch'ing）的最后阶段。中国学者比较多的将戊戌以后称为"晚清"，那是在与"清末"相似的意义上用的。我以为道光年间是清朝由盛转弱的时期，1840年由于是一系列战争和变革的开端而凸现了其转折点的意义。因此将1840年到1911年称作晚清。

② 详见拙文《谁应该对近代中国的价值迷失负责》，《二十一世纪》（香港），1994年3月。

一

作为一个历史事件,鸦片战争是中国历史发生重大转折的标志,而且也因为19世纪中叶,在价值观念方面所发生的变化成为后来渐渐形成的现代价值的先驱。

在这一时期,代表性的人物是龚自珍、魏源、俞理初等。他们是典型的传统士大夫而不是现代型的知识分子。在此我们需要厘清某些界限:在什么意义上我们可以称传统士大夫为知识分子?传统的士大夫和近代知识分子的差别是什么?十分明显,在这方面人们的见解不尽相同。余英时和王尔敏对此发表了许多具有启发性的见解①,但是,在我看来两者之间还是有一些本质的差异。传统的士大夫不仅是现实政治体制的直接基础(官员或候补官员即潜在的官员),而且是垄断教化的特殊阶层,在古代中国是为现实政治和社会秩序服务的,而现代知识分子则并不能垄断教化,他们来自各个阶级,虽然他们依然可能和政治有密切的关系,但是他们中的大多数可以在以往"学而优则仕"的正途之外获得生存。他们以知识、思想和文化的生产或传播作

---

① 王尔敏说:"清季知识分子,自然大部分是传统社会中培养出来的人物。……第一,没有政治传统的阶级性,而是在个人凭借各项有利的发展条件下成功为社会领导分子。第二,是受教育的分子;但却限于正统的知识灌输。其他如僧徒的研究佛法,工商的书算技术,优伶乐工的传习技艺,均不被视为知识分子。第三,是传统职性分类中的'士',即传统社会中士农工商四民之一。第四,对于身份立场,他们的自我认识,是有几项原则的条件。认为必然属于知识分子行为的表征。也就是他们身份责行的自省。其一,有开拓并延续民族文化的使命。所谓'为往圣继绝学,为万世开太平'。其二,有担负国家政治的责任和过问政治的兴趣。所谓'学而优则仕'。其三,有谋致全民幸福乐利的抱负,所谓'穷则独善其身,达则兼济天下'。其四,有悲天悯人之情怀,淑世之热肠,所谓'先天下之忧而忧,后天下之乐而乐'。如此这般的有学识修养和思想能力的人,才可以说是传统的知识分子。"(王尔敏:《清季知识分子的自觉》,《中国近代思想史论》,北京,社会科学文献出版社,2003,第81~82页)这样描述传统知识分子有其历史的根据,但是这种描述中似乎过多地掺杂了主观的评价,变成对传统知识分子的正面肯定,而没有充分概括传统士大夫在道德取向上的复杂性。余英时则反对将知识阶层简单地区分为传统型和近代型的、西方型和中国型的。他争论说,Confino所举的近代俄国知识阶层的五项特征:一,深切地关怀一切有关公共利益之事;二,对于国家及一切公益之事,知识分子都视之为他们个人的责任;三,倾向于把政治问题、社会问题视为道德问题;四,有一种义务感,要不顾一切代价追求终极的逻辑结论(ultimate logical conclusions);五,深知事物不合理,须努力加以改正。在这五条中,除了第四条以外,我们都可以在以天下国家为己任的中国传统士大夫身上发现(见余英时《士与中国文化》,上海,上海人民出版社,1987,第3页)。

为职业，在国家权力和意识形态之外，相当多的知识分子实际上更多地服从着市场的法则。因此他们在精神上从世界观到基本政治态度都不必与官方保持一致，被称做公共知识分子的那一类则毋宁以批评主流社会和政治为职志。

在这样的尺度下看上述三人的行状，有如下共同点：第一，都遵循着"学而优则仕"的轨迹，有由科举而仕途的不甚成功的经历。龚自珍38岁中进士，在京历任内阁中书、礼部主事等职。48岁辞官南归，次年就任丹阳云阳书院讲席，同年又任杭州紫阳书院讲席，该年8月因疾暴卒。魏源15岁就考取秀才，后来曾为江苏布政使贺长龄、两江总督陶澍、林则徐等做幕僚，编辑《皇朝经世文编》、《圣武记》等，协助筹划漕运、水利、盐政等，鸦片战争期间曾任江苏东台、兴化知县。俞理初在道光年间中举，晚年主讲江宁惜阴书院，林则徐修两湖通志，曾聘俞理初为总纂，后来又为林则徐参订其先人旧稿，也是林则徐的幕僚。这三人属于林则徐周围的圈子，在官场属于不甚得意的一类士大夫。第二，他们的基本知识训练是经学（虽然龚自珍魏源两人所师从的刘逢禄属于今文经学，某种意义上说是对清代朴学的反动），并且都堪称经学家。他们的社会批评、文化批评及价值观念，大都采取考史、论经的形式出现，基本上都是在解释经史典籍的过程中的发挥，从根本上说，是在注经传统之内对传统的批评。第三，从根本上说，他们都认同现存的社会政治制度，俞理初对清王朝常有歌功颂德之辞，三人中最激烈的龚自珍也不过警告清王朝，时值衰世，必须赶快"自改革"以求长治久安。

显而易见，龚自珍等无疑并未脱离士大夫的传统，不但是因为他们的知识世界从宇宙观到技能训练基本上是传统的和本土的；而且因为他们与现存政治体制和宗法制度根本上没有摆脱依附的关系，尽管可以对现存的制度安排提出批判，但是只是内部的批判，主观所持的只是修正主义的立场。这种身份依附不仅在思想倾向上表现出来，更加重要的是表现在士大夫的生活方式上。传统的士大夫"学而优则仕"，虽然有"耕读传家"、"穷则独善其身，达则兼济天下"等不同的人生境遇，真正自我放逐的"隐士"毕竟是极少数，大部分的人生选择不出"政教"二字，即或者做官，或者从事教化。

然而，鸦片战争前后，价值变革在传统内部悄悄地发生了。通过考经论史、对传统经典的创造性诠释，龚自珍等表达了一系列不同于正统儒家的价值观念。

第一，在"天人之辩"领域。古代儒家以"天人合一"作为其基本的理想，它包含的人与自然的和谐共处的理想，使今天我们可以做多种创造性的诠释。但是，就历史上的儒家信仰而言，无疑包含着天命论的前提。虽然先秦儒家有以德配天（命）之论顺应了春秋时代的趋势，但是从孔子"畏天命"、思孟学派强调"天命之谓性，率性之谓道，修道之谓教"，正统派儒学有一个天命论的前提。它的负面作用是把实践理性绝对化，漠视人道原则和人性的其他方面，并且以权威主义严重地压抑个性①。

面对这样一个价值体系，龚自珍、魏源对"天命论"提出了强烈的异议。龚自珍说："天地，人所造，众人自造，非圣人所造。圣人也者，与众人对立，与众人为无尽。众人之宰，非道非极，自名曰我。"②魏源也呼唤"造命之君子"，主张"人定胜天"，"造化自我"③。

"造命"并非全新的观念，王门后学的泰州学派就有"造命"说。它是古代"力命之争"的近代延续。但是龚自珍魏源将人与天对立起来，表达了新的内容：世界是人创造的，历史的主体是人不是天命。创造历史的主体是与圣人对立的"众人"，决定"众人"活动与存在的，是人的主观精神或自我意识。这里凸现的是近代哲学所特具的主体性，它表明现代性在中国传统价值的自我批判中发生了。

第二，在"群己之辩"的领域。古代儒家在"群己之辩"问题上总体上是强调群体（"公"）和伦常（"礼"和"纲常"）的价值，其得，在于重视维持社会传统和群体生活的秩序；其偏失，在于导致对个人、特别是对个性的忽略甚至压抑。而近代价值观念变革的一个持之以恒的主题，就是个性解放、人格平等。这在龚自珍时代已经有清晰的表现。在龚自珍、魏源那里，"自我"是一个重要的范畴。他们强调"造化自我"，重要的是唤醒"人人灵觉之本明"，"回光返照，则为独知独觉；彻悟心源，万物备我，则为大知大觉"④；反对束缚人性的陈规陋习，强调"各因其性情之近而人才成"⑤；展现为理想人格，不是正统的圣贤，而是"英雄"、"豪杰"。针对传统的轻视商人和男性中心主义，俞理初则强调"士农工商"四民平等的观念，尤其抨击男尊女卑的传统陋习，开近代妇女解放的先声⑥。

第三，在"义利之辩"（"理欲之辩"）的领域。古代儒家在处理"义利之辩"问题时，总体上是道义论或德性论的，换言之，是反对功利主义的，其

---

① 冯契：《人的自由和真善美》，上海，华东师范大学出版社，1996，第120页。
② 龚自珍：《龚自珍全集》，上海，上海人民出版社，1975，第12页。
③ 魏源：《魏源集》，北京，中华书局，1983，第20页。
④ 魏源：《默觚上·学篇二》。
⑤ 《龚自珍全集》，第339页。
⑥ 详见拙文《天下谁人还识君?》，《读书》1994年4月。

得，在于重视培养人内在的德性，养成道德自我；其失，是容易忽略个人利益即"私利"。相应的，在人格结构上，主张理性统制情感、意志、欲望等非理性因素，其得，在于"理欲之辩"方面坚持理性主义传统；其失，是一度走向极端的理性专制主义，最典型的就是出现了招致许多批评的"存天理灭人欲"论。

　　近代前夜，社会价值观念在"义利（理欲）之辩"方面已经发生了变化。黄宗羲关于"人各自私也，人各自利也"的命题，戴震"天下之同情，天下所同欲"就是"理"的观点，都是治中国哲学史的学者们所熟知的。日本学者沟口雄三则试图说明，明清之际相当一部分士人已经有了"欲的肯定和私的主张"①。这被作者称做"中国前近代思想之曲折与展开"。此外，余英时先生也以陈确为代表，论证在明清时代儒家伦理发生了重视个人道德之物质基础的变化②。

　　余氏和沟口雄三都力求为观念史变革寻求其社会史根源。沟口雄三认为"私"的上升，是地主中的"富民"阶层经济实力和政治权力膨胀的观念反映③。这与马克思主义史学家侯外庐不同，侯氏认为明清之际的这种观念变化反映的是新兴市民阶层的利益和愿望④。余英时则发现，与思想史文献中的利欲观的变化相应，从16到18世纪，商人的社会地位在上升，其具体表现就是传统的"四民观"发生了变化，从"士农工商"变为"士商农工"。商人不但从传统价值系统的四民之末，转而"士商相杂"；而且已经自觉到"贾道"也是"道"的一部分⑤。

　　不过，前近代的观念变化并没有最终突破正统的价值观。它们与官方价值之间还保持相当的紧张。它们只是要求在传统的仁义道德（"义"和"理"）

---

① 这个变化的要点在于："欲在理的名义下被承认，这一方面显示了欲的无独立性，从天理来说，由于它包摄了人欲，而得以重建和加强。另一方面，又因为欲是在理的名义下得以确认为正位，所以欲在传统观念中的地位被巩固了。同时由于欲被包摄在理中，并渗透于理，最终使理发生了质变。""个体之私与公并非是对立的，个体之私贯穿于公；而贯穿于个体之私的公，其本质发生了全方位的或是结构上的转变。"沟口雄三：《中国前近代思想之曲折与展开》，上海，上海人民出版社，1997，第17页。

② 余英时认为这可以陈确为代表。他提出了"士必须先有独立的经济生活才能有独立的人格。而且他强调每一个士都必须把'仰事俯育'看作自己最低限度的人生义务，而不能'待养于人'。这确是宋明理学比较忽视的一个层次。因此陈确实可看作儒家伦理的一种最新发展"（余英时：《士与中国文化》，第523页）。

③ 〔日〕沟口雄三：《中国前近代思想之曲折与展开》，第8页。

④ 见侯外庐主编《中国思想通史》第5卷第三章，北京，人民出版社，1956。

⑤ 余英时：《中国近世宗教伦理和商人精神》，载《士与中国文化》。

的框架内，容纳"利"和"欲"，也就是说，依然用"义"作为"利"的合法性来源，而尚未转至以功利或者快乐作为价值。

龚自珍俞理初和魏源与官方认可的道义论价值不同，表达了对利益原则的肯定。俞理初认为"商贾，民之正业"，"四民皆王者之人"①，表明余英时所描写的新四民观已经被俞理初所继承。他对人们追求物质利益的行为，抱十分通达的态度。俞理初不是说追逐利润的商业行为符合"义"，而是说"近人情"。"人情"成为衡量行为的标准，这是非常值得注意的变化②。

魏源更注重经世致用，更多的从政治目标来讨论价值问题。自古及今，政治不断革新，"变古愈尽，便民愈甚"。"履不必同，期于适足；治不必同，期与利民"③。"利民"是衡量政治的基本标准。所以"圣人以名教治天下之君子，以美利利天下之庶人……故于士大夫则开于名而塞之于利，于百姓则开之于利而防之于淫"④。在士大夫的价值之外，而不是像以往的异端那样在正统价值之内，另行安顿利益原则作为百姓的基本价值。

龚自珍认为道德自律必须以物质利益的一定程度的满足为前提。所谓古代圣贤忘其身家，也是因为他们对其身家的物质利益可以泰然无忧。龚自珍大胆地断言，人皆有私，即使圣帝哲后、忠臣孝子、寡妻贞妇实质上都是以"私"为价值标准，以自我的利益为中心的。人可以先公后私、先私后公、公私并举、公私互举，惟独不能大公无私。龚自珍比魏源更进了一步，认为士大夫同样也服从于利益原则，物质利益是人们行动的基本驱力。

上述三人所论之"利"，不同于前辈的地方，在于它们不再是被安置在正统的"义（理）"框架之内了，不再需要从正统价值基础来获得自己的合法性证据。它预示了利益原则正从正统价值系统中分裂而出的趋势。

相应地在理性与非理性的关系上，他们也反对理学家非难人的情感的"无情论"。魏源看重人的"才情"，认为"才生于情，未有无情而有才者也。——无情于民物而能才济民物，自古至今未之有也"⑤。龚自珍则提出了著名的"心力"说和"尊情"论，完全以感情之是否真挚作为评价文学的标准；又接续李贽的"童心"说，认为人的天然情欲就是合理的。

所有这些，明显不同于19世纪中叶中国社会的正统意识形态，但是基本

---

① 《癸巳存稿》卷二。
② 《癸巳存稿》卷四。
③ 《默觚下·治篇五》。
④ 《默觚下·治篇三》。
⑤ 《默觚下·治篇一》。

思想家与近代中国思想

上由于龚自珍等传统士大夫的身份,他们所袭取的主要是古代先哲的思想资料:首先是从激进的今文学派那里获得改革主张的理论解释;其次是从李贽和黄宗羲等明清之际思想家获得人文主义的资源;再次,他们又都喜好被正统理学家视为异端的佛学,常借佛学来论证自己的价值理想。总之,他们代表了原先的异端正在崛起。

二

  在紧接着的第二阶段登场的人物,无论在客观的历史语境,还是主观的知识构成、个人经验和生活方式,都与龚自珍魏源有所不同。历史学家把他们称做"早期改良派":冯桂芬、王韬、薛福成、马建忠、陈炽、郑观应、何启、胡礼垣。他们从事的社会活动大都与19世纪60年代开始的洋务运动有关,遵循的基本思想范式是"中体西用"论。换言之,在所谓的"同治中兴"时代,他们相信在中国传统纲常伦理的基础上,应该大量采用西方的科学技术乃至学术制度,来达到富国强兵的目标。这批人的成分相当复杂,大致是五类:

  第一类比较接近龚自珍那样的传统士大夫,如冯桂芬。冯于1832年中举,也是接近林则徐并得到其赏识和器重的人之一。在龚自珍去世前一年冯成为进士,授翰林院编修,先后做过顺天府乡试同考官和广西乡试正考官,也当过封疆大吏的幕僚,官职最高达五品。后一度辞官回乡,从事教育活动。太平军起,逃至上海,参加江浙官绅与洋人合办的会防局,协助李鸿章镇压太平军。晚年主要从事著述与讲学。

  第二类是与"洋务"有密切关系的官员,如薛福成、马建忠,与他们声气相应的还有像郭嵩焘、曾纪泽等。虽然他们个人的教育背景有所不同,如薛福成是副贡生出身入曾国藩幕府,马建忠则没有参加科举,在李鸿章手下帮办洋务。但是他们的共同之处,都是洋务官员,且都有从事外交活动的经历。郭嵩焘、曾纪泽都是著名的外交官。薛福成因通晓洋务而在1889年被任命为出使英、法、意、比四国钦差大臣;马建忠则曾经随同郭嵩焘出使英国,又任驻法国大使郭嵩焘的翻译。

  第三类是与洋务有关的新型商人,如郑观应。他们有些是在洋人开设的商业机构中的职员,有些是"买办",有些则兼而自己经商。

  第四类则是美国汉学家柯文所谓的"条约口岸知识分子",如王韬和他的朋友——李善兰、蒋敦复。王韬、蔡尔康长期和西人合作从事中西文的翻译工作，王韬后来成为著名的报人。对这类知识分子，柯文如此描述："他们许多人都曾深受儒家经典训练，取得秀才资格，而又起码部分是因西方人在上海的出现所创造的新的就业机会而来到上海的。作为个人而言，他们颇不平常，甚或有些古怪，有时才华横溢。就整体而言，他们代表了中国大地上一种新的社会现象——条约口岸知识分子，他们的重要性将与日俱增。他们在中华世界的边缘活动。起初，他们的工作对中国主流中的事件似乎几无影响，但最终他们所提出的东西却与中国的实际需要渐渐吻合。直到这时，他们才渐次得到一定的社会地位和自尊。"[1]

第五类是何启、胡礼垣，他们基本上受的是西式教育，长期生活在香港。何启任律师和医生，同时从事政治活动；胡礼垣在香港办粤报。大致是后来人们所说的"自由职业者"。从幼年起就接受西式教育，学成归国积极从事政治、文化活动的，还有容闳。

如果从纯粹理论的角度看，这批人的成就并不高，特别是几乎没有多少堪称哲学的新思想。他们是一批信奉"经世致用"原则、主要从事实际事务但又对国家民族有深切关怀的知识者。在"中体西用"的基本框架中，对急迫的社会问题提出了大量改革的建议。他们强调"自立"、"自强"，追求"富国强兵"，这决定了他们在"力命之争"（"天人之辩"的重要内容）中，意识到竞争是不可避免的，因而实际上持重视"力量"的立场[2]。对时局的"三千年未有之大变局"的认识和积极主张推行社会变革的态度，决定他们多少突破了传统的"天不变，道亦不变"的教条：

> 世变至此极矣。中国三千年以来所守之典章法度，至此而几将播荡死灭，可不惧哉。……有心人旷观往古，静验来今，而知天道与时消息，人事与时变通。……盖天道变于上，则人道不得不变于下。《易》曰：穷则变，变则通，此君子所以自强不息也。[3]

---

[1] 〔美〕柯文著《在传统与现代性之间——王韬与晚清改革》，南京，江苏人民出版社，1994，第18页。

[2] 如薛福成说："今有数人并驾于通衢，一人行百里未息；一人望尘追逐，仅至乎中道；一人其他人之我先，不屑碌碌随人后，终不离故地一步。夫其仅至乎中道者，诚宜以不能争先为耻，然犹愈于跬步未移，而自以为高者也。开辟之初，人与万物偕生，所需于世者盖寡。其后不能无以自养，不能不相往来，即不能无争斗。"（见《薛福成选集》，上海，上海人民出版社，1987，第94页）

[3] 王韬：《答强弱论》，《弢园文新编》，北京，三联书店，1998，第101页。

思想家与近代中国思想

    大抵天道数百年小变,数千年大变。自尧舜至今世益远,变益甚。①

  在价值观念变革方面,他们的贡献主要集中在"义利之辩"。

  鸦片战争以后中国社会的剧烈变动,早已为人们熟知。其中之一就是买办和民族资产阶级的诞生,这些新的阶级在"义利之辩"上的立场当然不同于传统儒家。这一时期城乡社会的演变中,不仅出现了新兴的工业资本(19世纪60年代到90年代之间,中国先后出现过300余家新式的工业企业),而且有郝延平所说的商业革命。郝延平认为19世纪20年代到80年代,中国经历了一场资本主义的商业革命。商业在晚清持续发展的基础上,主要在沿海地区终于酝酿起"革命"。19世纪60年代以后,沿海地区(特别如上海和香港)已经出现了兴旺而富有的中国商界,许多人的经营规模超过了西方商人。由于租界的特殊政治制度、资本主义的商业和金融、信用等的制度安排,以及儒家文化的影响力的削弱,"利润制度不论在社会上还是在道义上,都成为可以维护的了"②。

  在此背景下看郑观应所说的,"是商贾具生财之大道,而握四民之纲领也。商之义大矣哉!"③ 就不会觉得他在虚张声势了。现代商人社会地位的上升,必然伴有其身份的自觉和在社会价值系统中位置的调整。在郑观应这样的商界精英眼里,他们理所当然是社会的领袖。

  类似的观点已经不再局限于商人意识,由于中西文化的交流,得风气之先的士人,意识到西方国家强大的原因,除了政治因素外,就是"以商贾为本计"的经济制度。要学习西方,要自强,就不能再实行"重本抑末"的传统国策,而应该"恃商为国本"(王韬)。"盖有商则士可行其所学而学益精,农可通其所植而植益盛,工可售其所作而作益勤。是握四民之纲者,商也"。④ 通商口岸的开放、洋务运动以来中国现代化的最初发展,在上海一类的沿海城市制造了新的生活方式。随着中外贸易的发展,各类新奇的"洋货"越来越广泛地侵入中国人的日常生活。它们提供了转变中的知识阶层的特殊生活场景。

  如果说古代重义轻利的价值观是与旧的四民观联系在一起的话,那么19世纪后期新的四民观必将引起义利观的新变化;如果说与明清之际部分商人

---

① 薛福成:《答友人书》,《薛福成选集》,第94页。
② 〔美〕郝延平著、陈潮等译《中国近代商业革命》,上海,上海人民出版社,1991,第5页。
③ 《盛世危言·商务二》。
④ 薛福成:《庸庵海外文编·英吉利利用商务辟荒地说》。

的身份自觉从四民之末上升到"士商相杂"的变化相适应,是要求在"义"的框架内容纳"利",那么与19世纪的四民观新变化相应的,就是"利"将从传统的"义"的限制中破门而出。

从商人的眼光看,民富而后国强是一个自然的逻辑,所以私利和功利的关系就是互相补充的:"惟人人欲济其私,则无损公家之帑项,而终为公家之大利。"①

> 惟有利而后能知义,亦惟有义而后可以获利。圣人立身行义,舍生取义,而治国平天下之经不讳言利。且日亟亟焉谋所以利者,圣人之仁也,即圣人之义也。盖为天下中人计,公其利于天下,溥其利于万民,即以食其利于国家,享其利于后世。故天下之工于言利者,莫圣人若也。②

> 中国之目商务中人,必曰奸商,不知求利乃人之本心,今有执途人而告之曰我不求利,则人必谓之奸;有执途人而告之曰我欲求利,则人必谓之忠。彼则言不由衷,此在言以明志也。故求利者国家不禁,特求之需有方耳。如有其方,则禁锢所无,尤当乐助。何也?利非一人所能独擅。此理已具于生初,积粟千钟,日食不过数升之米,广厦千万,夜眠不过数尺之床,备物虽多,赡身而止。故晏平仲之禄,惠及乡邻,陶朱公之财,润沾里党,是人之所利于己,必能利于人,必至累于世。通商者求之有道,将欲利己而利人也。③

他们坚决地肯定,追求财富和利益是人的本性,所以商人的活动不过是顺应着人性而利己又利人而已。

三

价值观念变革通常会有一个潜移默化的过程,但是在历史的某个转折点上,又随之将发生一种突变。前节所论早期改良派的新观念,在洋务运动的大多数年份中,并没有占据主流意识的位置。相反,官方意识形态基本上维

---

① 薛福成:《筹洋刍议·商拯》,《薛福成选集》,第541页。
② 陈炽:《续富国策·分建学堂说》。
③ 何启、胡礼垣:《新政真诠》,沈阳,辽宁人民出版社,1994,第131~132页。

思想家与近代中国思想

持着传统未变,社会和朝廷都有强大的"清流",而普通士大夫也仍然拘守"中体西用"的信条。1894年甲午中日战争以后,面临着迫在眉睫的民族危亡,以戊戌运动为标志,价值观念的变革呈现出一个高峰。

从哲学史或者思想史的角度,人们无疑会注意到康有为、严复、梁启超、谭嗣同、章太炎等声名显赫的人物,他们是那个时代思想的旗帜。价值观念的变革,无论是"天人之辩"、"群己之辩",还是"义利之辩",都因为他们而出现了新的局面。对此,已有的研究成果甚多,这里只能简要言之。

在"天人之辩"方面,由于进化论的广泛传播,知识精英普遍地信仰自然界服从着决定论的法则。以经典物理学为代表的近代自然科学使得戊戌时代的思想家形成了新的世界图景,他们看待"天人之辩"时,不再把"天"(自然)理解成超人的主宰(上帝、神),或者终极的道德性存在(天理);以及这两者的混合"天命"。在他们面前的是一幅机械论的宇宙图式,"质力相推"的世界,在自身固有的"动力"作用下的不同展开。这意味着"力量"上升为宇宙的本质,进步主义随之而确立。不过在世纪之交的中国思想界,一个服从决定论法则的宇宙观,和强调人力和竞争的观点解释几乎是并行不悖的。实际上,中国思想家之所以青睐进化论,更多的是用以振作民气,所以强调意志、力量和竞争的论述,在那个时代大量出现。梁启超说:"物竞天择一语,今世稍有新知识者,类能言之矣。曰优胜劣败,曰适者生存。此其事似属自然,谓为命之范围可也。虽然,若何而自勉为优者适者,以求免于劣败淘汰之数,此则纯在力之范围,于命丝毫无与者也。……故明夫天演之公理者,必不肯弃自力不用而惟命是从也。"并且说"故知夫力也者,最后之战胜者也。"[①] 章太炎则说:"物苟有志,强力以与天地竞,此古今万物之所以变。变至于人,遂至不变乎?"[②] 因此,"天人"关系实质是人力与自然力的对抗,是人对盲目的自然力的征服。唯意志论成为社会思潮并且影响非常广泛。

在"群己之辩"领域,19世纪和20世纪之交的情况比"天人之辩"要复杂得多。概括地说,这一时期出现了三种富有代表性的观点:梁启超倾向于"群"高于"己",由此走向国家主义;章太炎主张"团体是幻,个体是真",走向无政府主义和虚无主义;以及这两极之间的严复,他主张"群己平

---

① 梁启超:《饮冰室文集》专集三十七,北京,中华书局,1989,第14~17页。
② 《章太炎全集》第三册,上海,上海人民出版社,1984,第27页。

衡",比较接近自由主义①。不过无论哪种观点,都突破了古代主要局限于"人我关系"的视阈,个人的意识和群体的意识都空前高涨。

这里有些值得仔细分析的东西。我们知道,戊戌前后中国知识分子所表达的个人意识、自我意识或个性解放的要求,可以说是对龚自珍的回应和发展。除了梁启超曾自述的,张之洞也在一首题为《学术》诗后自注说"二十年来,都下经学讲公羊,文章讲龚自珍,经济讲王安石"。不过,无论是梁启超的国家主义、章太炎的无政府主义,还是严复的自由主义,都已经大大超出了单纯中国思想的线索,而明显带有外来理论的烙印。因为前面提及的几位思想家,无一不是大量吸收西方思想并努力以此来解决中国的问题。而且总体上说,在前一个世纪之交的20年里,中国知识分子对个人解放、人格独立的要求,达到了前所未有的高度,它实际上开启了五四启蒙思想家希望建立的个人本位价值的重要源头。

在"义利之辩"(包括"理欲之辩")方面,功利主义成为知识精英的主流意识。利益的原则被视为道德的基础。如康有为就说:

> 人道者,依人以为道。依人之道,苦乐而已。为人谋者,去苦以求乐而已。无他道矣。②

与此相应的,欲望也是合理的。最典型的表现在谭嗣同的《仁学》,他主张自然主义的人性论,所谓"性"就是"形色天性"而已。从感性的自然本质论出发,他认为:

> 言性善,斯情亦善,生与形色,又何莫非善?世俗小儒,以天理为善,以人欲为恶,不知无人欲,尚安得有天理!③

就像利是义的基础一样,现在"人欲"成了"天理"的前提。这是公开地宣布人的感性欲望、感性反应、感性存在(欲、情、形色)的天然合法性。因此,人的欲望——包括物欲和情欲——都应该充分地满足。而且主张"尚奢",即通过大力发展工商业,充分满足人们的物质需要。

---

① 更详细的论证可见拙文《"群己之辩"与近代中国价值观变革》,《中国哲学史研究》2001年4期。
② 康有为:《大同书》,上海,上海古籍出版社,1956,第5页。
③ 谭嗣同:《仁学·九》。

思想家与近代中国思想

尽管主流意识最后大多归结到义利统一的要求，正如在"群己"关系上，更多的人走向"群己和谐"的理想，但是，我们不难发现，在群体意识、个人观念、利益原则，以及对人的感情、意志、欲望等非理性因素的重视上，都绝非50年以前可以比拟的了。

现在需要认真讨论的是，这种变化与知识分子状况的关系。

前面实际上已经提到，由于西学的传播，戊戌前后知识分子的知识谱系已经大大不同于龚自珍时代的士大夫。所以，尽管梁启超说他们曾经崇拜过龚自珍，但"稍进乃嫌其浅薄"，既深感学问饥荒，自然积极"求知识于域外"。至于严复那样留学英国，对西学深研有得的人，其知识更不是旧时困于经学的士大夫所可想像的。严复以翻译西方哲学、经济、社会学等而闻名于世。事实上，翻译西学在19世纪晚期已经成为中国知识分子从事知识生产的重要方式。从知识社会学来说，这是我们区分传统士大夫与新型知识分子的重要标志。以描写晚清知识精英的生活著称、写作于晚清最后数年的《孽海花》，有一段冯桂芬论知识的话很能代表当时人对此问题的看法：

> 我看现在读书，最好能通外国语言文字，晓得他所以富强的缘故，一切声、光、化、电的学问，轮船枪炮的制造，一件件都要学会他，那才算得个经济，我却晓得去年三月，京里开了同文馆，考取聪俊子弟，学习推步及各国语言。论起"一物不知，儒者之耻"的道理，这是正当办法。①

1863年北京设立同文馆，后来上海、广州也仿照设立翻译机构，但是翻译的书籍影响十分有限，而且出书品种大多限于外国历史、地理、政法科技一类。甲午战争以前，基本上没有什么西方哲学被系统译介进中国。后来对中国思想界影响最大的两本书《天演论》和《民约论》，分别是从1895年开始翻译和1901年出版的。1901年，中国留日学生开始翻译哲学社会科学著作，留日学生杨廷栋等励志会会员还创办了《译书汇编》，仿照日本杂志体例，刊载留学生的译作，成为最先出现的哲学社会科学综合类刊物。后来又增添了流亡日本的各党派杂志如《民报》、《新民丛报》，都是宣传新价值观念的重要传媒。

最直观的看，知识分子的这一变化是晚清教育改革的结果。从1863年设

---

① 曾朴：《孽海花》，上海，上海古籍出版社，1985，第10页。

立专门培养外语翻译人才的同文馆开始，洋务运动中出现了一批新式学堂，如江南制造局的机械学校、福建船政学堂、天津电报学堂等。"风气稍开之后，又出现了以西学为主的自强学堂，甚至旧式书院也开设了一部分西学课程，古老的书院制度以其顺乎潮流的变化表现了中国人价值观念的变化。而这一切，又推进了出版、印刷事业的发展。"① 差不多同时（19世纪70年代），清政府就派遣了少量到欧美的留学生，他们中间出现了像严复那样的大思想家。这两项新举与对传统科举制度的抨击呈互相呼应之势。所有这些在甲午战争以后，都迅速增长起来。最终导致清政府1905年明令废止科举、设立学部。此项"新政"，又刺激了留学生和新式学堂的增长。如中国留日学生从1896年的13名猛增到1906年的近万人。1909年，全国各类新式学堂有59000余所，学生多达160万。事实上，他们就是晚清社会所培养的新式知识分子。如果说，从传统的读经应试到以西学为教学的主要内容，已经预示着依附于经典的正统价值观念的有效性将受到怀疑和忽略的话，那么科举制度的废止，打断了千百年来士大夫遵循的工具性连环。知识阶层不再可能像他们的前辈那样，完全在传统的王权体制中讨生活，疏离以"天命"论为中心的传统价值就是自然而然的事情。反过来，随着晚清教育制度的改革、特别是科举制度的废除，大量新型知识分子成为现代价值的信仰者，传统的士大夫也就渐渐退出了历史舞台。

传统士大夫到新式知识分子的上述变化，以及在此过程中价值观念的变迁，并不能完全归结到教育改革的举措，还应该看到政治、经济等更复杂的原因。

我们知道晚清社会的一大特点是普遍的道德沦丧，这是日益加剧的价值迷失在社会生活中的表现。吏治腐败和士风日下，则是其中最触目的两种现象。实际上，在所谓康乾盛世的18世纪中叶，就出现了两部批判上述现象的小说：《儒林外史》和《红楼梦》。前者批判的矛头是儒生，后者描写的中心是贵族，但都包含了对科举制度的和士大夫道德败坏的严厉责难。不过，吴敬梓还能塑造出杜少卿、迟衡山等理想人物，表明他并未放弃"以德化人"、"以礼乐化俗"的传统士大夫担待。曹雪芹则预见到旧贵族"白茫茫大地一片真干净"的结局，只能让贾宝玉走出世之路。20世纪初，出现了一批鲁迅所谓的"谴责小说"，如《官场现形记》、《二十年目睹之怪现状》、《老残游记》、《孽海花》等，"揭发

---

① 陈旭麓：《中国近代社会的新陈代谢》，上海，上海人民出版社，1992，第114页。

伏藏，显其弊端，而于时政，严加纠弹，或更扩充，并及风俗"①。谴责的重点是士林和官场腐败，在作者笔下，几乎是满目魑魅魍魉。鲁迅批评这类小说"辞气浮露，笔无藏锋，甚且过甚其辞，以合时人嗜好"，固然是不刊之论，但是当时人们以读此类书籍为"嗜好"，曲折地反映了士大夫—官吏已经不再保有社会对他们的传统敬意。他们是一个日趋没落的阶层。

晚清"士风"的倾颓，还牵涉到清政府制度安排上的失措。

《剑桥中国晚清史》讨论过晚清"传统统治阶级的膨胀"，即科第名额的增加、买官鬻爵盛行、官绅的膨胀和文人阶层人数的增多，所造成的政治无能和士大夫阶层的分化及没落等后果②。李长莉的研究则进一步说明了，传统统治阶级的膨胀与士风倾颓的关系。她认为由于科举考试内容的程式化越演越烈，应试成为技术；为了从政治上安抚士人，清政府不断加大科第的额度，又由于财政困难，大开纳捐之门，由此导致士阶层的急剧膨胀和仕途拥塞的严重矛盾。晚清士人的增加，甚至使谋馆教读的机会也变得紧缺起来。所有这些就决定了大批读书人事实上不可能在传统的"政教"中维持生存。"士人们为谋生便不得不到传统制度之外去寻求更有利的生存方式。这样做的人多了，便形成了不同于传统的新士风，他们的价值观念也就在这种生存方式的变化中，而渐渐发生了改变。"③

我们知道，从洋务运动开始的现代化，给离开传统体制另谋生计和发展的士人以多种新的空间：一是经商，从郑观应、张謇开始，成功者大有人在；二是转变为科学技术的专门人才，包括从事现代教育事业；三是从事新闻、法律、医疗、文学艺术等行当的"自由职业"。第一种人就是新兴的资产阶级；第二、第三种人，就是最初的现代知识分子。因此，当时人们谴责的士人逐利之风，并非只有负面的意义。它一方面反映了传统义利观解体过程中释放出非道德的力量，另一方面也促成了新的义利观的建构和新的社会阶层的产生。它与启蒙思想家正面肯定私利的正当性，构成了一个硬币的两面。

晚清士大夫转变为知识分子的过程，还有一个值得注意的问题是他们的群体生活和群体意识。19世纪中叶，随着洋务运动、戊戌变法等社会变革，士大夫——传统的文人阶层日益分化了。不同派别之间的分歧，不再是古代

---

① 鲁迅：《中国小说史略》，《鲁迅全集》第九卷，北京，人民出版社，1989，第282页。
② 〔美〕费正清、刘广京编《剑桥中国晚清史》下，北京，中国社会科学出版社，1993，第619页。
③ 李长莉：《晚清士人趋利之风与观念的演变》，薛君度、刘志琴主编《近代中国社会生活与观念变迁》，北京，中国社会科学出版社，2001，第316~317页。

文人阶层在支持同一个政治制度、有共同的信仰和共同的合法特权下具体政见的分歧，而是基本信仰和利益的分歧。追随社会变革的知识分子和新型学堂的学生，有着传统士大夫所没有的群体生活。对于城市知识分子来说，除了他们供职的报馆、学校、医院、公司，还有大量的学会。对于学生来说，则是学校。戊戌时期，维新派为了发动和组织社会力量，除了大办报纸，还大办学会。用梁启超的话说，"今欲振中国，在广人才，欲广人才，在兴学会"[①]。在短短数年时间里，大约有七、八十个各式各样的学会成立起来。学会的活动对于转变中的知识分子培养群体意识，有莫大的作用。另一方面，从"公车上书"开始，学生运动在中国有巨大的社会感召力。与旧时士类倾向注重个人修养不同，新式学校强调学生的纪律和集体生活，因而学生易于注意到团体的力量，以至于有"学生社会"之说，正好说明学生的群体意识是自觉的。当然，无论是城市知识分子的学会，还是"学生社会"，共同的语境是救亡图存，所以新兴的知识分子又较早地形成现代国家意识。总之，新兴的知识阶层的群体生活大大不同于传统士大夫所依附的宗法—王权制度，这也是他们在"群己之辩"方面有不同于传统观念的重要原因。

以上粗略的考察大致可以说明：近代价值观念的变化，从思想资源的动力来说，首先是中国自身问题的一种解决方案，它作为批判性的异端在后来的数十年间逐渐发展为正统，而后的发展是因为接续了西方思想的资源；从价值载体或物化承当的角度看，则是因为原先的士大夫阶层发生了分化——不仅是思想的分化，而且是基本利益和生活方式的分化——凭借着现代技术和与现代科学技术相匹配的社会制度安排方面的强势，新兴的知识阶层产生了，传统士大夫组成的文人集团则分化、衰落，最后消亡了。现代性价值的雏形也就诞生了。

(作者单位　华东师范大学哲学系)

---

① 梁启超：《变法通议·论学会》，《饮冰室合集》文集之一。北京，中华书局，1989年，第33页。

中国旧学纳入近代新知识体系之尝试

左玉河

中国学术纳入近代学科体系及知识系统,是很复杂的过程。接纳西方学科体制,仅仅是将中学纳入近代学术体系的开始;按照西方近代学科分类编目中外典籍,也是中学纳入西方近代知识系统之初步。中国传统学术体系及其知识系统,要完全纳入近代西方分科式之学科体系和知识系统中,必须用近代分科原则及知识分类系统,对中国学术进行重新整合。章太炎、刘师培等人在清末"保存国粹"、"复兴古学"过程中,开始对中国古代学术进行初步整理,尝试用近代学科体系界定"国学",实际上肇始了对中国学术遗产进行发掘、梳理和整合之工作。正是在对中国传统学术不断进行整理和整合过程中,中国传统学术开始转变其固有形态,逐步融入近代西学之新知体系中[①]。本文仅限于对晚清学者整理中国旧学之情况略作梳理与分析,以揭示中国学术纳入近代西方新知体系之历程,而对五四时期"整理国故"运动则留待他文专论。

一 西学大潮下的旧学命运

甲午以后,随着西学之大规模引入,中学面临着巨大冲击。在中国传统

---

① 本课题已有之成果,参见姜义华:《章太炎评传》;郑师渠:《晚清国粹派:文化思想研究》;李帆:《刘师培与中西学术》;王先明:《近代新学:中国传统学术文化的嬗变与重构》;罗志田:《国家与学术:清季民初关于"国学"的思想争论》等。这些著作重点讨论了传统学术向近代学术转变的历史轨迹,并对晚清古学复兴之背景作了深刻揭示。然而,从中国传统学术向近代学术转型之角度看,晚清古学复兴是中国学术转型之关键所在,尤其是清末民初之"整理国故"运动,对近代中国学术转型起了决定性作用。本文在前人研究基础上,重点对晚清"整理国故"情况作深入而详细之分析,从"以中学比附西学"、"以西学框定中学"两条线索,探讨中国传统学术纳入近代新知体系的历史轨迹。

中国旧学纳入近代新知识体系之尝试

学术在逐渐被纳入西方近代学科体系及知识系统的过程中,"中学"之生存成为值得关注的问题。晚清许多人都对西学输入后中学的存亡表示忧虑。

梁启超在重视西学同时,格外强调中国旧学之研习。1897年,他在《湖南时务学堂学约十章》中指出:"今时局变异,外侮交迫,非读万国之书,则不能通一国之书。然西人声、光、化、电、格、算之述作,农、矿、工、商、史、律之纪载,岁出以千万种计,日新月异,应接不暇。惟其然也,则吾愈不能不于数十寒暑之中,划出期限,必能以数年之力,使学者于中国经史大义,悉已通彻。根柢既植,然后以其余日肆力于西籍,夫如是而乃可谓之学。今夫中国之书,他勿具论,即如注疏两《经解》、全史、'九通'及《国朝掌故》官书数种,正经正史,当王之制,承学之士,所宜人人共读者也。"①

梁氏对兴办新式学堂及采纳西方近代学科体系后,中国旧学之命运表示担忧:"夫书之繁博而难读也既如彼,其读之而无用也又如此,苟无人董治而修明之,吾恐十年之后,诵经读史之人,殆将绝也。"为了挽救旧学,他疾呼:"今与诸君子共发大愿,将取中国应读之书,第其诵课之先后,或读全书,或书择其篇焉,或读全篇,或篇择其句焉,专求其有关于圣教,有切于时局者,而杂引外事,旁搜新义以发明之,量中材所能肄习者,定为课分,每日一课,经学、子学、史学与译出西书,四者间日为课焉。度数年之力,中国要籍,一切大义,皆可了达,而旁证远引于西方诸学,亦可以知崖略矣。夫如是,则读书者无望洋之叹,无歧路之迷,而中学或可以不绝。"②

随后,梁启超多次表达了对旧学消亡之忧虑:"启超窃以为此后之中国,风气渐开,议论渐变,非西学不兴之为患,而中学将亡之为患,至其存亡绝续之权,则在于学校。"③ 在他看来,按照西方教育体制兴办新式学校后,新式学堂采自西方分科式的学科体制,中国固有的经史之学难以在这种体制中获得一席之地,人们必然会趋向西学,研习近代学科体制下的西学各学科门类,而对中国旧学不予重视。

对于西学输入后中学之存废问题,严复作了这样的描述:"曩者吾人以西人所知,但商业耳,火器耳,术艺耳,星历耳。自近人稍稍译著,乃恍然见西人之所以立国以致强盛者,实有其盛大之源。而其所为之成绩,又有以丰佐其说,以炫吾精。于是群茶然私忧,以谓西学必日以兴,而中学必日以废。其轻剽者,乃谓旧者既必废矣,何若恝弃一切,以趋于时,尚庶几不至后人,

---

① 梁启超:《湖南时务学堂学约十章》,《时务报》第49册,1897年12月24日。
② 梁启超:《湖南时务学堂学约十章》,《时务报》第49册,1897年12月24日。
③ 梁启超:《与林迪臣太守书》,《饮冰室合集》文集之三,北京,中华书局,1986年。

国以有立;此主于破除者之说也。其长厚者则曰:是先圣王之所留贻,历五千载所仅存之国粹也,奈之何弃之,保持勿坠,脱有不足,求诸新以弥缝匡救之可耳;此主于保持者之说也(往者桐城吴先生汝纶,其用心即如此)。……二者之为说异,而其心谓中国旧学之将废则同。"严复之意见为:"自不佞观之,则他日因果之成,将皆出两家之虑外,而破除保守,皆忧其所不必忧者也。果为国粹,固将长存。西学不兴,其为存也隐;西学大兴,其为存也彰。盖中学之真之发现,与西学之新之输入,有比例为消长者焉。不佞斯言,所以俟百世而不惑者也。百年以往,将有以我为知言者矣。"①

严氏又云:"乃自西学乍兴,今之少年,觉古人之智,尚有所未知,又以号为守先者,往往有末流之弊,乃群然怀鄙薄先祖之思,变本加厉,遂并其必不可畔者,亦取而废之。然而废其旧矣,新者又未立也。急不暇择,则取剿袭皮毛快意一时之议论,而奉之为无以易。此今日后生,其歧趋往往如是。不佞每见其人,辄为芒背者也。"②

清末大儒吴汝纶早在1897年即指出:"中国之学,有益于世者绝少,就其精要者,仍以究心文词为最切。古人文法微妙,不易测识,故必用功深者,乃望多有新得,其出而用世,亦必于大利害大议论,皆可得其深处,不徇流俗为毁誉也。然在今日,强邻棋置,国国以新学致治,吾国士人,但自守其旧学,独善其身则可矣,于国尚恐无分毫补益也。"③ 1898年7月,吴氏对西学输入后中学地位作了这样的预测:"窃恐西学未兴,而中学先废,亦中国之奇变。诸公轻率献议,全不计其利弊,国无转移风气为物望所归之人,愈变必且愈坏,吾辈垂老见此,殊非幸也。"④ 随后,他致函严复曰:"独姚选古文,即西学堂中,亦不能弃去不习,不习,则中学绝矣。世人乃欲编造俚文,以便初学,此废弃中学之渐,某所私忧而大恐者也。"⑤

1901年5月18日,吴氏致函贺松坡,担心西学兴后"中学"之不存:"鄙意西学当世急务,不可不讲,中学则以文为主,文之不存,周孔之教息矣。故必欲兴之于举世不为之会,要不能以一二人之力争胜天下,吾且奈之何哉!"⑥ 4个月后,其《答方伦叔》又曰:"下走又有愚虑,见今患不讲西

---

① 严复:《〈英文汉诂〉卮言》,《严复集》第1册,北京,中华书局,1986,第156页。
② 严复:《论教育与国家之关系》,《东方杂志》第3年第3期,1906年4月18日。
③ 吴汝纶:《答阎鹤泉》,《吴汝纶尺牍》,合肥,黄山书社,1990,第97页。
④ 吴汝纶:《与弓子贞》,《吴汝纶尺牍》,第142页。
⑤ 吴汝纶:《答严几道》,《吴汝纶尺牍》,第161页。
⑥ 吴汝纶:《与贺松坡》,《吴汝纶尺牍》,第240页。

学,西学既行,又患吾国文学废绝。近来谈西学议政策者,多欲弃中国高文改用俚言俗说,后生才力有限,势难中西并进,中文非专心致志,得有途辙,则不能通其微妙。而见谓无足重轻,西学畅行,谁复留心经史旧业,立见吾周、孔遗教,与希腊、巴比伦文学等量而同归澌灭,尤可痛也。独善教之君子,先以中国文字浸灌生徒,乃后使涉西学藩篱,庶不致有所甚有所亡耳。若乃邑子之好学者欲读西书,吾谓西国专门之学,必得师授,不能徒索之书。吾辈所能教者,但欧美历史、公法、政治等门而已。本年新译,多日本之书。西学贵新厌旧,则凡新译之书,不可不一购求也。"①

梁启超、严复、吴汝纶等人看到中学"消亡"之危险,抱定"中学为体、西学为用"观念的张之洞,又何尝没有意识这一问题之严重性?张氏在会同荣庆、张百熙等人制定新学制,仿照西方分科设学原则创建分科大学时,特别注重对中国旧学之强调与保存。在《学务纲要》中,张之洞对大学分科的原则和指导方针作了原则性规定:将"经学"立于各门学术之首,不仅大学分科中专列"经学科"研究经学各门,而且各级中小学也要"注重读经"。他解释曰:"兹臣等现拟各学堂课程,于中学尤为注重。凡中国向有之经学、史学、文学、理学,无不包举靡遗。"②

梁、严、吴、张等人对"废弃中学"之忧虑,逐渐变成了一种冷酷现实。20世纪初,随着西学输入之不可逆转,"中学"与"西学"出现了此消彼长之势。这可以从人们对"西学""新学"所称之名词上反映出来。尽管在明末清初已有"西学"之名,鸦片战后人们对西方输入之学术仍蔑称为"夷学"。1860年以后,一批有识之士开始称其为"西学"。冯桂芬的《采西学议》、郑观应《盛世危言》之《西学》即为代表。到了戊戌时期,"中体西用"说盛行,"西学"之名屡屡见诸报刊。但与此同时,舆论界开始以"新学"之名替代"西学","西学"与"新学"二词并行不悖。林乐知将其编撰刊印的介绍西学之书命名为《新学汇编》,李提摩太则有《七国新学备要》,显然均是以"新学"指代"西学"。张之洞在《劝学篇》中所指称之西学亦用"新学"一词。20世纪初,人们普遍用"新学"之名替代"西学":"居今日而欲尚西学,莫如先变其名曰新学。"③"新学"名称已广为流行,对此,有人描述当时情景曰:"庚子重创而后,上下震动,于是朝廷下维新之诏,以图自强。士大夫惶恐奔走,欲副朝廷需才孔亟之意,莫不曰新学新学。虽然,甲以问诸

---

① 吴汝纶:《答方伦叔》,《吴汝纶尺牍》,第260页。
② 张之洞等:《请试办递减科举折》,《张文襄公全集》奏议六十一,北京,中国书店,1990。
③ 范思祖:《华人宜习西学仍不能废中学论》,《皇朝经世文新编续集》卷十二。

乙，乙以问诸丙，丙还问诸甲，相顾错愕，皆不知新学之实，于意云何。于是联袂城市，徜徉以求其苟合，见夫大书特书曰'时务新书'者，即麇集蚁聚，争购如恐不及。而多财善贾之流，翻刻旧籍以立新名，编纂陈简以树诡号。学人昧然，得鱼目以为骊珠也，朝披夕哦，手指口述，喜相告语：新学在是矣，新学在是矣！"①

伴随着中西学术势力之消长，"醉心欧化"之风愈炽："稍稍耳新学语，则亦引以为愧，翻然思变，言非同西方之理弗道，事非合西方之术弗行，掊击旧物，惟恐不力。"② 黄节在《国粹学报·叙》中称："海波沸腾，宇内士夫痛时事之日亟，以为中国之变，古未有其变，中国之学诚不足以救中国，于是醉心欧化，举一事革一弊，至于风俗习惯之各不相侔者，靡不惟东西之学说是依，慨为吾国固奴隶之国，而学固奴隶之学也。呜乎，不自主其国而奴隶于人之国，谓之国奴；不自主其学，而奴隶于人之学，谓之学奴。"③

以章太炎、刘师培为代表之国粹派对旧学消亡格外担心："自外域之学输入，举世风靡。既见彼学足以致富强，遂诮国学而无用，而不知国之不强，在于无学，而不在于有学。学之有用无用，在乎通大义，知今古，而不在乎新与旧之分。今后生小子，入学肄业，辄束书不观，日惟鹜于功令利禄之途，卤莽灭裂，浅尝辄止。致士风日趋于浅陋，毋有好古博学、通今知时而务为特立有用之学者。由今而降，更三数十年，其孤陋寡闻，视今更何如哉！"④ 与"醉心欧化"同时出现的，是"保存国粹"思潮。"醉心欧化"与"保存国粹"，"开新"与"守旧"之冲突日趋激烈。对此，孙宝瑄在日记中写道："保存国粹主义，为今日一大问题。国粹者何？即本国之文字是也。游学东西归者众矣，其于本国文有不能缀句者，本国经传历史及现今情势有茫乎不知者，如是虽获有他国高等文凭，几于无所用之。何也？彼既不解国学，则于本国数千年来旧社会中组织之现象，以及性质风俗，皆不能详究深考，譬诸医者，不察病情，虽有良药，欲施无繇。况地球万国，未有不诸本国学问文字，而专研究他国者也。盖知有他国，而不知有本国，是国未亡，而先自灭者也。乌乎可！"⑤ 表达了对中国旧学衰亡之忧虑，及对旧学消亡对中国学术文化之影响。

---

① 冯自由：《政治学序言》，《政治学》前附，广智书局，1902年。
② 鲁迅：《文化偏至论》，《鲁迅全集》第1卷，北京，人民文学出版社，1981，第44页。
③ 黄节：《国粹学报叙》，《国粹学报》第1年第1期。
④ 《拟设国粹学堂启》，《国粹学报》第3年第1期。
⑤ 孙宝瑄：《忘山庐日记》（下），上海，上海古籍出版社，1983，第939页。

对于中国旧学趋于危亡之原因，宋恕曰："伏查奏定章程，非不首崇中学，然而中学教员类被轻贱者，虽薄禄之使然，亦斯席之多愧。夫商周《诗》、《礼》、虞夏典谟，故训艰深，通者有几？今以六籍授受之重，付诸八股焚坑之余，宜乎讲者奄奄无聊，听者昏昏欲睡，谬种相续，国粹将亡。"为此，他所倡议创设之粹化学堂，不同于一般学堂："窃以此学堂之办法非与普遍教育之各学堂大异不可！"其不同处在于："宜参用孔门及汉、唐、宋太学之制，而改射御为兵式体操，删习礼课，增万国历史、万国地理、万国哲学三课，又宜参用日本维新前昌平黉及今帝国文科、法科大学、早稻田大学、法政大学、哲学馆等之制，而删西洋语文。"①

既然中国旧学面临消亡之危险，那么就必须谋求挽救。吴汝纶、张之洞等人均提出了一些保存古学之道。保存中国旧学，首先必须保存中国文字，进而保存中国文学。这是当时很多人之共识。早在1899年，吴汝纶指出："因思《古文辞类纂》一书，二千年高文略具于此，以为六经后之第一书。此后必应改习西学，中国浩如烟海之书，行当废去，独留此书，可令周、孔遗文绵延不绝。"②与吴氏主张相似者，还有孙宝瑄："谓《四书》文已废，诚无用之物也。然我国数百年间人之精神，皆聚于此，不可不择其中宏深粹美之作存之，以为将来之纪念。"③在他看来，保存中国旧学，首先是保存"国文"，故其强调曰："惟文章是我国国粹，国文如废，国粹尽矣。今不可不图保存之。习国文不可不以六经为根柢，故教小儿者，未入学校之先，须将六经读完。"④从研习国文入手，进而研习六经，以培植中国旧学之根底。

西学必须研求，但不能废止中国经史之学，两者应该兼顾，也是当时不少学者之看法。1901年秋，吴汝纶在致友人函中提出：学生入大学堂后，除了学习西学外，还要研习经、史、古文等中国旧学："经书读《诗》、《书》、《易》、《周礼》、《仪礼》诸经，资性钝者去《易》、《仪礼》，更钝则去《周礼》。史学选读《史记》、《汉书》，性钝者略读数十篇或数篇，讲授《通鉴辑览》，辅以胡文忠《读史兵略》。国朝政治讲《圣武记》、《先正事略》、《大清通礼》及简本《会典》，选阅《经世文编》、外国历史。古文读姚选序跋、书说、赠序、杂记诸类。诗仍读王、姚二选，五古读二谢、陈、李，七古读黄、陆以下诸公，五律读杜，七律读小李杜并宋诗。"按照吴氏设想，学生入分科

---

① 宋恕：《上东抚请奏创粹化学堂议》，《宋恕集》上册，北京，中华书局，1993，第374页。
② 吴汝纶：《答严几道》，《吴汝纶尺牍》，第158页。
③ 孙宝瑄：《忘山庐日记》（上），第431页。
④ 孙宝瑄：《忘山庐日记》（下），第936页。

大学后，应分别选择中学或西学专科研习，其中研习"中学专门"应读之书籍为："中学专门则熟读之书，六经外如《史记》、《汉书》、《庄子》、《楚辞》、《文选》、韩文、曾选《经史百家杂抄》、《十八家诗抄》，浏览之书则《通典》、《通考》、温公《通鉴》、秦氏《五礼通考》、国朝官修之书、外国已译政治法律之书，备考之书则《艺文类聚》、《初学记》、《北堂书钞》、《太平御览》、《文苑英华》、《文粹》、《文鉴》、唐宋大家文集、国朝名家文集、《碑传集》、《耆献类征》等书，理学则程、朱、陆、王之书，考证则顾、江、段、戴之书，各取性所近者。"他强调指出，"中学门径甚多，要以文学为主，不能文则不能得古文奥义，无以达胸臆，所得言皆俚浅，中学必亡。"①

1903年，张之洞等人在拟定新学制时，对保存经史之学格外重视，并力图将中国旧学纳入新式学堂体制中。《学务纲要》明文规定："中小学尤宜注重读经义存圣教。"他认为，"中国之经书，即是中国之宗教。若学堂不读经书，则是尧舜禹汤文武周公孔子之道，所谓三纲五常者，尽行废绝，中国必不能立国矣。学失其本则无学，政失其本则无政。其本既失，则爱国爱类之心亦随之改易矣，安有富强之望乎？故无论学生将来所执何业，在学堂时，经书必宜诵读讲解。各学堂所读有多少，所讲有浅深，并非强归一致。极之由小学改业者，亦必须曾诵经书之要言，略闻圣教之要义，方足以定其心性，正其本源。"但经学奥博，即使经学大师，也罕有兼精群经者，因此，张氏规定："计中学堂毕业，皆已读过《孝经》《四书》《易》《书》《诗》《左传》，及《礼记》《周礼》《仪礼》节本，共计读过十经（《四书》内有《论语》《孟子》两经），并通大义。较之向来书塾书院所读所解者，已为加多。"他认为，小学中学皆有读经讲经之课，高等学有讲经之课，大学堂、通儒院则以精深经学列为专科，自然会达到"尊崇圣道"、"保存古学"之目的。

1905年，清政府决定废除科举，但仍然特别强调学堂"首以经学根柢为重"。《清帝谕立停科举以广学校》曰："今学堂奏定章程，首以经学根柢为重。小学中学，均限定读经讲经温经咠刻，不准减少；计中学毕业，共需读过十经，并通大义。而大学堂、通儒院，更设有经学专科；余如史学、文学理学诸门，凡旧学所有者皆包括无遗，且较为详备。盖于保存国粹，尤为兢兢。"

张之洞坚持在大学堂分科科目中设置"经学科"，在中小学课程中设置研习经学之课程，以保存中国旧学。但实际状况并不乐观。各种书院改为新式

---

① 吴汝纶：《桐城吴先生日记》（下），石家庄，河北教育出版社，1999，第554～555页。

学堂后，经史之学在新式学堂中所占之比重毕竟有限。更重要的是，此时"趋新"之风日盛，旧学万难引起读书人之兴趣。对此，陈石遗尖锐地指出："大学为各高等学堂卒业生升入之地，惟经文科皆旧学。揆诸今日情形，非变通办法，必知至有学科，无学生。自国家创立学堂以来，为学生者皆注意新学，谓知未知、能未能。学成而有用也。至于旧学，久以为无用，且若已知、已能也者。实则何尝知、何尝能，向者，新学未兴，科举未废，经史子集各学，精者已无几。今更如此废弃，惟有一少一日。以衍所闻，各高等学堂学生视赏给进士、翰林，无以甚异于赏给举人也。多不愿升入大学，其愿升大学者，亦愿升法政、格致、农、工、商、医各科。无愿升文科、经科者。且以今日高等学生言之，文学、经学，平时本非正课，其素知门径者，亦不乏人，而绝未究心者实居七八。愚昧之见，大学经文两科既乏合格学生，惟有变通办法，咨行各省，令不拘举、贡、生、监，考察保送，来京考取派入，其游学随宦在京者，另行保举应考，当此旧学废弃未久，各省士子尚有根柢略优，年岁稍长，未入各种学堂者，其人既堪造就，培之有用。若再迟十年，则并此等学生亦不可得，中国旧学将绝迹于天下矣。"①

清政府亦认识到："惟经科大学所以研究中国本有之学问，自近年学堂改章以来，后生初学，大率皆喜新厌故，相习成风，駸駸乎有荒经蔑古之患。若明习科学，而又研究经学者，甚难其选，诚恐大学经科一项，几无合格升等之人，实与世教学风大有关系。惟从前科举时举人，虽未有高等学堂毕业，而治经有年、学有根柢者，尚不乏人，以之升入经科大学更求深造，庶几坠绪不绝，多得通经致用之才。至拔贡、优贡两项，皆系中学较深之士，与举人事同一律，自应一并选送。拟即如该总监督所请，分咨各省，将从前科举时举人并拔贡、优贡共三项，查其经学根柢素深者，考选送京，以备到京后由臣部复加考试，升入大学堂经学分科之选。"② 正因如此，清学部采行了变通办法，允许获得举人或取得优贡、拔贡资格者直接进入大学经科就读。

为了保存中国旧学，张之洞等人力谋设立存经书院。1906年，湖南巡抚庞鸿书上奏清廷，认为"学堂科目赅括中西，其于经学、史学、理学、词章学，皆未暇专精，窃恐将来中学日微，必至各学堂亦鲜教国文专门之教员，而中师渐绝"，请求将达材、成德、景贤、船山各学堂，改为专门研习中国旧

---

① 陈石遗：《请大学经文两科学生由各省保送议》，《陈石遗集》（上），福州，福建人民出版社，2001，第481~482页。
② 《学部奏拟选科举举人及优拔贡入经科大学肄业片》，潘懋元等编《中国近代教育史资料汇编·高等教育》，上海，上海教育出版社，1993，第40~41页。

学之存古学堂。其章程明确规定:"一、首尊经学。奉钦定诸经为准的,博采历代训诂注疏、诸家经说,以求会通。其研究之法,均恪遵大学堂经学专门办理。一、博览史学。奉钦定《二十四史》、《御批通鉴纲目》、《御批通鉴辑览》为准的,其他史可以证明本史,并经义诸子之可以证明本史,以及关系历代政治之得失、风俗之盛衰、兵农礼乐、嘉言懿行,均应分类采辑。外国史译本典雅者,亦兼涉猎。一、精研理学。奉《御纂朱子全书》为准的,探讨先贤先儒语录及宋、元、明学案、《国朝学案》、《正谊堂全集》等书,均宜切实精求,期有心得,施之实践。一、保存文学。中国文词以为阐理纪事撰述,制诰涵养性情之用,奏定章程学务纲要内言之綦详。学者练习词章,专考古今词章之有益世用者,以能自作为实际,又不徒以雕琢藻丽为工。一、推崇品行。奏停科举折内有崇品行一条,应于言语容止、行礼作事、交际出游随时稽察,第其等差,核定分数。一、兼通舆地学。讲习中国地理,国朝疆域、海陆边界、各省重要城镇、水陆道路、通商口岸、前代历史地理、各国国际地理、地球全体,重要都会、水陆险要、沿革迁变、强弱得失等事,均宜讲核,以扩充耳目,启发其爱国之心思。一、兼通算学。研究国朝各家算术,递溯元、明,历汉、唐以至三代上古算术,以存古法。西算简而易入者,为下手之先著。一、兼通艺学。农、林、渔、牧、工、商各实业,以及此间名物门类、性质、功用,皆宜讲明大意,于治生之法,保利权之计,为有裨益。一、预习政学。凡财政、兵事、交涉、铁路、矿务、警察、外国政法等事,各择一门,加意考习,以储心得。"① 由此可见,存古学堂重点是研习中国固有之经学、史学、文学等,西学门类如算学、艺学、政学仅仅是"兼通"而已。

1907年,张之洞上奏清廷,将经心书院故址改为存古学堂。该学堂同样以研习经学、史学等中国旧学学科为主:"经学为一门,应于群经中认占一部,《说文》、《尔雅》学、音韵亦附此门内。史学为一门,应于二十四史及《通鉴》、《通考》中认占一部,本朝掌故即附此门内。词章为一门,金石学、书法学亦附此门内。以上或经或史,无论认习何门,皆须兼习词章一门。"

为什么要创立存古学堂专门研习经史之学?张之洞解释说:"若中国之经史废,则中国之道德废;中国之文、理、词章废,则中国之经史废;国文既无,而欲望国势之强、人才之盛,不其难乎?今此学堂既以国文为主,即宜

---

① 庞鸿书、支恒荣:《护理湖南巡抚庞学政支会奏改设学堂以保国粹而励真才折》,《东方杂志》第3年(1906年)第3期。

注重研精中学,至外国历史、博物、理化、外国政治、法律、理财、警察、监狱、农林、渔牧、工商各项实业等事,只须令其略知世间有此各种切用学问,即足以开其腐陋,化其虚骄,固不必一人兼擅其长,每一星期各讲习一点钟即可。"他强调:"此项存古学堂,重在保存国粹,且养成传习中学之师,于普通各门止须习其要端。"①

陈石遗对张氏意见深表赞同:"前者张广雅相国既设存古学堂于武昌,旋管学部。衍议请推广各省,省设一区,所以存中国学问于万一,上备大学文科、经科学子之选,下储伦理、国文、史学、舆地教授之材,所操甚约,而收效甚大也。今之议者曰:国之所以不竞者,旧学有余,新学不足也。即曰古矣,焉用存?又曰,吾中国自有之学问皆古也,未尝亡,何待存?夫学无古今,惟问其有用与否。"②他又说:"今存古学堂实一专门文学堂耳,存之之意则是,古之为名则非也。其主课分经学、史学、文学三门。经学者,人伦道德所从出,而兼唐虞三代之上古史也;史学者,治乱兴衰之故,无中外古今而可缺者也;文学则言语文章所以发挥其知识,畅达其纪载,抒写其性情也,名之曰古,侪诸乐器、金石、书画、板本诸古物之列,无怪乎不学者之诟病,百方欲去之矣。"③

1911年4月,清学部在《奏修订存古学堂章程折》中,对存古学堂立学之目的作了规定:"存古学堂以养成初级师范学堂、中学堂及与此同等学堂之经学、国文、中国历史教员为宗旨,并以预备储升入经科、文科大学之选。"它分设中等科、高等科,其学科分经学、史学、词章三门:"经学门为预备升考经科大学者治之,史学门为预备升考文科大学之中国史学门者治之,词章门为预备升考文科大学之中国文学门者治之。"④

清政府采取种种保存中国旧学之措施,无论是各级新式学堂保留经学科,还是设立存古学堂,均是一种面对西学冲击而采取的被动应对之策。虽然这种应对有助于保存中国旧学,但却无益于转化旧学。中国旧学要想获得生存与发展,必须与西方近代学科体系接轨,必须适应近代学术发展之大势。这种大势,就是接受西学新知,以西学之新知、新理、新法来研究中国旧学,通过"援西入中"方式,将中国旧学逐步纳入到近代西方学科体系及知识系统中。

---

① 张之洞:《创立存古学堂折》,《张文襄公全集》奏议六十八。
② 陈石遗:《与唐春卿尚书论存古学堂书》,《陈石遗集》(上),第492页。
③ 陈石遗:《与唐春卿尚书论存古学堂书》,《陈石遗集》(上),第492~493页。
④ 学部:《奏修订存古学堂章程折》,《政治官报》,第1249号,宣统3年3月26日。

二 以西方新理新法治旧学

西学输入中国后,许多有识之士将研究兴趣从中国经史之学转移到西方近代新学上,接受了西方近代新知、新理、新法。当他们用所接受之新知再反观中国旧学时,则会发现,中国学术多局限于孔孟之经学,知识范围始终未能跳出经史子集之"四部"框架,在科学、艺术、哲学诸方面与西方近代学术有着巨大差距。用刚刚接受之新知、新理、新法整理中国传统旧籍,发明中国旧学之新义,以适应近代学术演进之大势,成为晚清学术演进之必然趋势。林白水定《杭州白话报》宗旨曰:"因为是旧学问不好,要想造成那一新学问;因为是旧知识不好,要想造成那一种新知识。"① 故在晚清许多学者看来,中国传统学术是"一半断烂,一半庞杂",主张用西方近代学科分类体系来分割和重新整理古代学术,即将原来以"六艺"为核心,以"四部"框架之分类体系彻底抛弃,转而按照哲学、历史、文学、政治学、法学、经济学、社会学、数学、自然科学等一系列近代学科分类体系来分割和重新归类之。对此,梁启超后来亦云:"社会日复杂,应治之学日多,学者断不能如清儒之专研古典;而固有之遗产,又不可蔑弃,则将来必有一派学者焉,用最新的科学方法,将旧学分科整治,撷其粹,存其真,续清儒未竟之绪,而益加以精严,使后之学者既节省精力,而亦不坠其先业;世界人之治'中华国学'者,亦得有藉焉。"② 用西方近代学科分类体系来"肢解"和重新整理中国固有学术,是清末民初中国学者之历史使命。

严复以西学为坐标来评判中学,对中国学术批评较为严厉。在他看来,若以近代西学之标准审视中学,则中国学问不能称其为"学":"'学'者所以务民义,明民以所可知者也。明民以所可知,故求之吾心而有是非,考之外物而有离合,无所苟焉而已矣。……是故取西学之规矩法戒,以绳吾'学',则凡中国之所有,举不得以'学'名;吾所有者,以彼法观之,特阅历知解积而存焉,如散钱,如委积。此非仅形名象数已也,即所谓道德、政治、礼乐,吾人所举为大道,而诮西人为无所知者,质而言乎,亦仅如是而已

---

① 《谨告阅报诸公》,《杭州白话报》第 33 期,1902 年 6 月 1 日。
② 梁启超:《清代学术概论》,《梁启超论清学史二种》,上海,复旦大学出版社,1985,第 87~88 页。

矣。"① 既然中国传统学术仅仅是"阅历知解而存"之"散钱"、"委积",则有必要根据"西学之规矩法戒",对之进行整理加工,使之演变为近代意义上真正的"学"。这项工作,便是"整理国故"。

提起整理国故,自然会想到五四时期胡适发起之"整理国故运动"。实际上,广义上之"整理国故",或者说以西方新知新理新法整理、研习中国旧学之工作,从清末即已开始。国粹派提出"保存国粹"、"古学复兴"及"昌明国学"之时,中国学术界实际上已经开始大规模之"整理国故"运动。对此,王治心曰:"从西洋学术思想输入以后,中国学术受了很大影响。起初梁启超用很浅显的文字,介绍许多从日本贩来的新思想,一方面又把中国固有的学术加一番整理。他的老师康长素著了《新学伪经考》,以及章太炎著了《国故论衡》,他们的文字虽不像梁氏的通俗,但在中国学术上都有一种掀动人们思想的能力。"②

钱玄同在《刘申叔遗书序》亦云:"最近五十余年以来,为中国学术思想之革新时代。其中对于国故研究之新运动,进步最速,贡献最多,影响于社会政治思想文化者亦最巨。此新运动当分为两期:第一期始于民元前二十八年甲申(一八八四),第二期始于民国六年丁巳(一九一七)……第一期之开始,值清政不纲,丧师蹙地,而标榜洛闽理学之伪儒,矜诩宋元椠刻之横通,方且高踞学界,风靡一世,所谓'天地闭,贤人隐'之时也;于是好学深思之硕彦,慷慨倜傥之奇材,嫉政治之腐败,痛学术之将沦,皆思出其邃密之旧学与夫深沈之新知,以启牖颛蒙,拯救危亡。在此黎明运动中最为卓特者,以余所论,得十二人……虽趋向有殊,持论多异,有壹志于学术之研究者,亦有怀抱经世之志愿而兼从事于政治之活动者,然皆能发舒心得,故创获极多。此黎明运动在当时之学术界,如雷雨作而百果草木皆甲坼,方面广博,波澜壮阔,沾溉来学,实无穷极。"③

钱玄同将"国故研究之新运动"追溯至晚清,称其为"黎明运动",并以康有为、梁启超、宋恕、谭嗣同、严复、夏曾佑、章太炎、刘师培、王国维、蔡元培等人为代表,是颇有见识的,也是符合历史实况的。

西方近代学术知识输入后,崇尚西学、新学之风日盛,中国传统学术面临着严重之生存问题。既然中国旧学面临生死存亡之危机,自然思谋保存与发扬之道。章太炎、刘师培为代表之国粹派对当时思想界之状况作了表述:

---

① 严复:《救亡决论》,《严复集》第1册,第52~53页。
② 王治心:《中国学术体系》,福建协和大学,1934,第4页。
③ 钱玄同:《序》,《刘申叔遗书》(上),南京,江苏古籍出版社,1997,第28页。

思想家与近代中国思想

"乃维今之人,不尚有旧,自外域之学输入,举世风靡,既见彼学足以致富强,遂诮国学而无用,而不知国之不强,在于无学,而不在有学;学之有用无用,在乎通大义,知今古,而不在乎新与旧之分。今后生小子,入学肄业,辄束书不观,日惟骛于功令利禄之途,卤莽灭裂,浅尝辄止。致士风日趋于浅陋,毋有好古博学,通今知时,而务为特立有用之学者。由今而降,更三数十年,其孤陋寡闻,视今更何如哉!"①

有鉴于此,在清廷采取在新式学堂中规定经史等课程、设置存古学堂之同时,以章太炎、刘师培、邓实、黄节等为代表的国粹派,提出了"保存国粹"、复兴古学之主张,掀起了影响深远之国粹主义思潮。

何谓国学?何谓国粹?《礼记》载:"家有塾,党有庠,术有序,国有学",专指国家兴办之学校,并不是近代意义上的"一国特有的学术"。近代意义之"国学"一词,是19世纪末从日本传入的。国粹派所谓"国学",是中国学术文化之总称;其所谓"国粹",指国学所含之精华。在章太炎看来,国粹就是中国历史,"这个历史,是就广义说的,其中可以分为三项:一是语言文字,二是典章制度,三是人物事迹。"②邓实曰:"国学者何?一国所有之学也。有地而人生其上,因以成国焉。有其国者有其学。学也者,则其一国之学以为国用,而自治其一国者也。"③故保存国粹,就是保存与整理中国传统学术文化④。

为保存国粹,邓实等人主张"古学复兴"。其所谓"古学",是指先秦学术,即君主专制建立及"异族"入主之前,未受"君学"、"异学"浸染之"汉族的民主的国家"之学术,即先秦诸子学。章太炎言:"春秋以上,学说未兴,汉武以后,定一尊于孔子,虽欲放言高论,犹必以无碍孔氏为宗。强相援引,妄为皮傅,愈调和愈失其本真,愈附会者愈违其解故。故中国之学,其失不在支离,而在汗漫。"⑤故复兴"古学",就要使诸子百家获得平等的学术地位:"此可见当时学者,惟以师说为宗,小有异同,便不相附,非如后人之忌狭隘、喜宽容、恶门户、矜旷观也。盖观调和独立之殊,而知古今学者

---

① 《拟设国粹学堂启》,《国粹学报》第3年第1号。
② 章太炎:《东京留学生欢迎会演说辞》,汤志钧编《章太炎政论选集》上册,北京,中华书局,1977,第276页。
③ 邓实:《国学讲习记》,《国粹学报》第2年第7号。
④ 详见郑师渠《晚清国粹派文化思想研究》,北京,北京师范大学出版社,1997,第114~120页。
⑤ 章太炎:《诸子学略说》,《章太炎政论选集》上册,第285页。

远不相及。"①

在西学输入成为强势之时，何以通过复兴诸子学就会达到保存中国学术文化之功效？这是因为在国粹派看来，诸子学与近代西学是相通的，通过引入西学，既可以达到复兴诸子学之目的，也可以使西学转化为中国学术之一部分，使诸子学成为中国学术承接西方近代学术之嫁接点。对此，邓实作了较为清楚之解释："夫以诸子之学，而与西来之学，其相因缘而并兴者，是盖有故焉。一则诸子之书，其所含之义理，于西人心理、伦理、名学、社会、历史、政法、一切声光化电之学，无所不包，任举其一端，而皆有冥合之处，互观参考，而所得良多。故治西学者，无不兼治诸子之学。"②

在晚清许多学者看来，保存"国粹"与"欧化"并不矛盾。许守微云："国粹者，精神之学也；欧化者，形质之学也。……国粹也者，助欧化而愈彰，非敌欧化以自防，实为爱国者须臾不可离也云尔。"③宋恕亦曰："大抵国粹愈微，则欧化之阻力愈大，而欧侮之排去愈难；国粹愈盛，则欧化之阻力愈小，而欧侮之排去愈易。"故其将"融国粹、欧化于一炉，专造异材，以备大用"④，作为粹化学堂之宗旨。

对于创设国学保存会之原因，刘师培等人公开宣布："彼东西重译之国，其学士大夫，转以阐明中学为专门。因玄奘《西域记》，以考佛教之起源；因赵氏《诸蕃志》，以证中外之交通。而各国图书楼，竞贮汉文典籍。即日本新出各书报，于支那古学，亦递有发明。乃华夏之民，则数典忘祖，语及雅记故书，至并绝域之民而不若，夫亦可耻之甚矣！同人有鉴于此，故创立国学保存会于沪渎，并刊行学报丛书，建设藏书楼，以延国学一线之传。"⑤

以"保存国粹"、"复兴古学"为宗旨，章太炎、邓实等组织国学保存会，编缉出版《国粹学报》、《国粹丛书》、《国粹丛编》等，在上海设藏书楼、印刷所，并拟设国粹学堂；发表了大量研究中国旧学之论文，编写《伦理教科书》、《经学教科书》、《中国历史教科书》等，掀起了一个以西方新理新法研习中国古学之热潮，产生了诸如章太炎之《诸子学略说》、《齐物论释》、《新方言》、《小学答问》、《中国文化的根源和近代学术的发达》、《国故论衡》，刘师培之《周末学术史序》、《古学出于官守论》、《中国哲学起源考》、《补古学

---

① 章太炎：《诸子学略说》，《章太炎政论选集》上册，第286页。
② 邓实：《古学复兴论》，《国粹学报》第1年第9号。
③ 许守微：《论国粹无阻于欧化》，《国粹学报》第1年第7号。
④ 宋恕：《上东抚请奏创粹化学堂议》，《宋恕集》上册，第372页。
⑤ 《拟设国粹学堂启》，《国粹学报》第3年第1号。

出于史官论》、《孔学真论》、《儒家出于司徒之官说》,邓实之《古学复兴论》,黄节之《黄史》等一批学术研究成果。正是在用西学重新研究中国旧学的过程中,中国旧学逐渐被纳入到近代西方学术体系中,中国学术逐步由传统形态向近代形态转变:"他们将西学新知引入旧学领域,从而开辟了传统学术近代化的新生面。"①

1902年8月,黄遵宪致函梁启超:"今且大门开户,容纳西学。俟新学盛行,以中国固有之学,互相比较,互相竞争,而旧学之真精神乃愈出,真道理乃益明,届时而发挥之,彼新学者或弃或取,或招或拒,或调和或并行,固在我不在人也。"② 这段话说明了黄氏研习、输入西方新学之原因,也表明一种以新学释旧学之策略:新学大规模输入后,接着而来的,是要用西方新学来"发挥"旧学之"真精神"与"真道理"。

藉西学发明古学,是晚清中国有识之士研究中国旧学之基本思路。1902年5月,孙宝瑄在日记中写道:"余数年来,专以新理新法治旧学,故能破除旧时一切窠臼障碍。"③ 林白水在《国民意见书》中公开宣布:"发明中国的古学,考究各国的新学,不管他科举不科举,学堂不学堂",是其"学问上的意见。"④《国粹学报》亦宣称:"于泰西学术其有新理精识,足以证明中学者,皆以阐发。"并曰:"士生今日不能藉西学证明中学,而徒炫皙种之长,是犹有良田而不知辟,徒咎年凶;有甘泉而不知疏,徒虞水竭。"⑤ 主张应该用西方之"新理精识",来"证明中学",发明中国旧学之新义。

以章太炎、刘师培为代表之国粹派,提出了借重西学重新研究古代学术,"以发现种种之新事理,而大增吾神州古代文学之声价"⑥。其所拟国粹学堂之宗旨云:"今拟师颜王启迪后生之法,增益学科,设国粹学堂,以教授国学。夫颜、黄诸儒,生于俗学滋行之日,犹能奋发兴起,修述大业,以昌其学术;今距乾嘉道咸之儒,渊源濡染,近不越数十年,况思想日新,民智日沦,凡国学微言奥义,均可藉皙种之学,参互考验,以观其会通,则施教易而收效远……则二十世纪为中国古学复兴时代,盖无难矣,岂不盛乎!"⑦ 章

---

① 郑师渠:《晚清国粹派:文化思想研究》,第68页。
② 丁文江等:《梁启超年谱长编》,上海,上海人民出版社,1983,第292~293页。
③ 孙宝瑄:《忘山庐日记》(上),第529~530页。
④ 林懈:《国民意见书》,《辛亥革命前十年间时论选集》第1卷下册,北京,三联书店,1960,第896页。
⑤ 《国粹学报发刊辞》,《国粹学报》第1年第1号。
⑥ 邓实:《古学复兴论》,《国粹学报》第1年第9号。
⑦ 《拟设国粹学堂启》,《国粹学报》第3年第1号。

太炎强调说:"今日治史,不专赖域中典籍",西人之"心理、社会、宗教各论,发明天则,悉人所同,于作史尤为要领"①。黄节撰著《黄史》,不仅依赖古籍、野乘,而且"驰心域外",参考当时翻译至中国之西书,认为西学所揭示之新理新法,对研习旧史颇为重要。其云:"抑吾以为西方诸国,繇历史时代进而为哲学时代,故其人多活泼而尚进取。若其心理学、政治学、社会学、宗教学诸编,有足裨吾史科者尤多。此则见所未见,闻所未闻。"②

蔡元培主持之绍兴中西学堂中,马用锡、杜亚泉、寿孝天、何朗轩等学者"笃信进化论,对于旧日尊君卑民、重男轻女的习惯,随时有所纠正",其中以马、杜二人为激烈。马氏"醉心于进化论,博览日文译本,均取大例,用以说明社会的一切,力持民权、女权的重要"。杜氏"先治数学,进而治理化,亦喜研究哲理,对于革新政治、改良社会诸问题,常主急进"。③ 开始自觉地以西学阐释中国旧学之尝试。

晚清"国故研究之新运动"之代表人物,为章太炎、梁启超、刘师培、王国维等。其著述不仅借鉴了西方学术论著之体例,而且运用了西方近代学术研究方法,在内容上颇有创见,成为近代中国最早一批以西方新理新法研究中国旧学所取得之成果。

章太炎自幼"一意治经,文必法古",后入杭州诂经精舍,师从经学大师俞樾,接受古文经学派的严格训练。在俞樾指点下,章氏致力于"稽古之学",撰写了《膏兰室札记》、《春秋左传读》等著。《膏兰室札记》,乃为其用格致新理阐发旧学之最初尝试。他用近代自然科学知识疏证《庄子·天下篇》及《淮南子》中《天文训》、《地形训》、《览冥训》等条目。他撰著《儒术真论》,以疏证和解释《墨子·公孟篇》之方式,发掘儒学中长期为人忽视之无神论思想;他依据近代进化论及西方自然科学知识,撰著《菌说》,均为"援西入中"尝试之明证。

甲午战后,章太炎广泛阅读西书,先后翻译《斯宾塞尔文集》、岸本能武太《社会学》,并采用西学新理新法,研究中国传统学术,颇多创获。章太炎在《訄书》中,所引证之西学知识随处可见。《公言》、《天论》、《原变》、《原人》、《族制》等篇,充满近代自然科学知识和进化论思想;《尊荀》、《儒墨》、《儒道》、《儒法》、《儒侠》、《儒兵》和《独圣》等篇,是打破儒家思想独尊地

---

① 章太炎:《哀清史》附录,《中国通史略例》,《章太炎全集》(三),上海,上海人民出版社,1984,第 330 页。
② 黄节:《黄史·总叙》,《国粹学报》第 1 年第 1 号。
③ 高平叔:《蔡元培年谱长编》第 1 卷,北京,人民教育出版社,1999,第 171 页。

位,倡导复兴诸子学之名作;《平等难》、《喻佾廱》、《明群》、《播种》、《东方盛衰》、《蒙古盛衰》、《东鉴》等,是用社会学理论研究中国古代社会之佳作。这些篇章,开辟了以西学新理新法研究诸子学之新天地,对清末民初学术界影响甚大。

王伯祥等人指出:"到了最近学者,以佛学或西方哲学来治诸子,于是诸子的研究遂成为一时的风尚了。""最早要推章炳麟的以佛理及西学阐发诸子,拿佛学来解老、庄,研究《易》象、《论语》,又拿《庄》来证孔,都有发明。"[1] 20 世纪初,章氏阅读《因明入正理论》、《瑜伽师地论》、《成唯识论》等佛学典籍,发现其哲理,开始用它来阐释诸子学。"援佛入子"成为章氏研究诸子学之新法。对此,梁启超论曰:"既亡命日本,涉猎西籍,以新知附益旧学,日益闳肆。其治小学,以音韵为骨干,谓文字先有声然后有形,字之创造及其孳乳,皆以音衍。所著《文始》及《国故论衡》中论文字音韵诸篇,其精义多乾嘉诸老所未发明。应用正统派之研究法,而廓大其内容延辟其新径,实炳麟一大成功也。炳麟用佛学解老庄,极有理致,所著《齐物论释》,虽间有牵合处,然确能为研究'庄子哲学'者开一新国土。"[2]

章太炎尽管接受了西方近代学术,但其学问根柢及治学兴趣仍在中国经史之学。他曾说:"学术万端,不如说经之乐,心所系著,已成染相。"[3] 他在日本所讲"国学"之内容:"一、中国语言文字制作之原;二、典章制度所以设施之旨趣;三、古来人物事迹之可为法式者。"[4] 章氏发挥章学诚"六经皆史"观点,用近代学术观念对"经学"作了某些新阐释。其曰:"孔子之教,本以历史为宗,宗孔氏者,当沙汰其干禄致用之术,惟取前王成迹可以感怀者,流连弗替。《春秋》而上,则有六经,固孔氏历史之学也。《春秋》而下,则有《史记》、《汉书》以至历代书志、纪传,亦孔氏历史之学也。若局于《公羊》取义之说,徒以三世、三统大言相扇,而视一切历史为刍狗,则违于孔氏远矣!今之夸者,或执斯宾塞尔邻家生猫之说,以识史学。吾不知禹域以内,为邻家乎?抑为我寝食坐作之地乎?人物制度、地理风俗之类,为生猫乎?抑为饮食衣服之必需者乎?"[5]

章太炎对传统典籍有渊博学识,谙熟朴学家考证方法,尤其对文字、训

---

[1] 王伯祥、周振甫著《中国学术思想演进史》,亚细亚书局,1935,第 136 页。
[2] 梁启超:《清代学术概论》,《梁启超论清学史二种》,第 78 页。
[3] 章太炎:《与刘申叔书》,《国粹学报》第 1 年第 1 号。
[4] 《国学讲习会序》,《民报》第 7 号,1906 年 9 月 5 日。
[5] 章太炎:《答铁铮》,《民报》第 14 号,1907 年 6 月 8 日。

诂之学有很高造诣。接触西方新学理后，他更能"以新知附益旧学"，发明古学新义："今既撷拾诸子，旁采远西，用相研究，以明微旨，其诸君子亦有乐乎此欤？"①《订孔》、《清儒》诸文，将孔子放到与诸子平等地位，作客观之历史考察，既肯定孔子对中国学术文化之功绩，也不赞同对孔子之顶礼膜拜："《论语》者晻昧，《三朝记》与诸告饬、通论，多自触击也。"② 他以近代理性眼光，从历史进化的观点论述孔子之功绩："盖孔子之所以为中国斗杓者，在制历史，布文籍，振学术，平阶级而已。"又云："孔氏，古良史也，辅以丘明而次《春秋》，料比百家，若旋机玉斗矣。"③ 中国古典文字学、诸子学，是章太炎所关注之学术热点。他致《国粹学报》云："弟近所与学子讨论者，以音韵训诂为基，以周秦诸子为极，外亦兼讲释典。盖学问以语言为本质，故音韵训诂，其管钥也；以真理为归宿，故周秦诸子，其堂奥也。"④

章氏以西方新知，研究中国古文字学，撰著《文学说例》，对时人产生很大影响。孙宝瑄之日记载："今览《新民报》所登《文学说例》一篇，知太炎于文学，新有进步。"他具体描述曰："苍雅之学，我国文字之根源也。本朝精治此学者，休宁之戴，高邮之王，诸家皆大有功。而近人多以破碎讥之。太炎为之讼冤曰：西方论理，要在解剖，使之破碎而后能完具。金之出矿必杂沙，玉之在璞必衔石……夫如是，则不先以破碎，必不能完具也。破碎而后完具，斯真完具尔。"正因如此，孙氏称赞曰："太炎以新理言旧学，精矣。余则谓破碎与完具，相为用也。昔人多专治破碎之学，今人多专治完具之学。完具不由破碎而来非真完具，破碎不进以完具，适成其为破碎之学而已。"⑤

对于章氏"整理国故"之贡献，侯外庐评曰："太炎对于诸子学术的研究，堪称近代科学整理的导师。其文如《原儒》、《原道》、《原名》、《原墨》、《明见》、《订孔》、《原法》，都是参伍以法相宗而义征严密地分析诸子思想的。他的解析思维力，独立而无援附，故能把一个中国古代的学库，第一步打开了被中古传袭所封闭的神秘堡垒，第二步拆散了被中古偶像所崇拜着的奥堂，第三步根据他自己的判断力，重建了一个近代人眼光之下所看见的古代思维世界。太炎在第一、二步打破传统、拆散偶像上，功绩至大，而在第三步建

---

① 章太炎：《儒术真论》，《章太炎政论选集》上册，第118页。
② 章太炎：《订孔》，《章太炎政论选集》上册，第179页。
③ 章太炎：《订孔》，《章太炎政论选集》上册，第180页。
④ 章太炎：《与国粹学报》，《国粹学报》第5年第10号。
⑤ 孙宝瑄：《忘山庐日记》（上），第566页。

立系统上,只有偶得的天才洞见或断片的理性闪光。"① 这样的评述,是比较公允的。

抱着"欲救今日之中国,莫急于以新学说变其思想"之宗旨,梁启超在清末着力于西方学术之输入与中国旧学之整理。尤其是他流亡日本后,广泛阅读西书,对西方政治学、经济学、法学、宗教学等广为涉猎,并在此基础上整理与研究中国旧学。他所发表之《新史学》,以近代进化论为主旨,对中国旧史学进行全面清理和批判,倡导以"民史"为中心、叙述人类社会进化公理公例、激发爱国思想、直接服务于救亡图强事业之"新史学"。他所撰之《论中国学术思想变迁之大势》,综论中国古今学术思想演化之迹,以其合乎近代科学之方法及批判精神,成为晚清中国学术史研究之开山力作。章太炎称赞此文"真能洞见社会之沿革,种姓之蕃变者"②。

1903年以后,王国维先后发表《哲学辨惑》、《论叔本华之哲学及其教育学说》、《红楼梦评论》、《释理》、《叔本华与尼采》、《论近年之学术界》、《论新学语之输入》、《论哲学家及美术家之天职》、《文学小言》等文,既着力介绍西方近代哲学、美学等西学新知,又尝试用西方哲学和美学来研究中国文学,取得了令人瞩目的成绩。《红楼梦评论》,便是王氏借鉴叔本华哲学对中国古典文学名著《红楼梦》所作之美学论文。在此之前,晚清学界对《红楼梦》的研究,深受考据学影响,造成"读小说者,亦以考证之眼读之"的风气,将活生生之文学作品变成了一种死板之档案材料。王国维不仅对旧红学之研究方法提出有力批评,而且通过援引哲学入文学之新方法,以叔本华之意志论哲学为基础,努力发掘《红楼梦》之悲剧特征及其独特美学价值。他依据叔本华之"悲剧说",大胆提出《红楼梦》是属于那种以"通常之道德,通常之人情,通常之境遇为之"的悲剧:"《红楼梦》一书与一切戏剧相反,彻头彻尾之悲剧也。"又云:"《红楼梦》者,可谓悲剧中之悲剧也。"③ 从而开辟了《红楼梦》研究之新境界。

接受西方新知之晚清学者,当其再用新眼光看待中国旧学,自然会产生一些新见解,诚如孙宝瑄所言:"以新眼读旧书,旧书皆新书也;以旧眼读新书,新书亦旧书也。"④ 正是在这种"以新眼读旧书"、以新理研旧学而不断产生"新见"过程中,中国旧学发生着微妙之嬗变。在此,不妨以孙宝瑄对

---

① 侯外庐:《中国近代启蒙思想史》,第158页。
② 参见钱玄同《序》,《刘申叔遗书》(上),第29页。
③ 王国维:《红楼梦评论》,《王国维文集》第1卷,北京,中国文史出版社,1997,第12页。
④ 孙宝瑄:《忘山庐日记》(上),第526页。

中国史学之编撰为例,略作说明。

孙氏曰:"居今日而欲谈名理,以多读新译书为要。盖新书言理善于剖析,剖析愈精,条理愈密。若旧书,非不能说理,但能包含,不能剖析,故常病其粗。"① 因此,他格外强调研读新译西书,并将这些"新理"运用到史学研习中。1902年5月,孙氏与人谈论编史法曰:"读史所最重者,曰地理,曰职官。不通地理,则于其战守攻伐之形势,懵然坠云雾中。不通职官,则于其人物之贤否优劣,不能论断,盖凡人必有所居之官,官必有所司之事,能尽职则为贤为优,不能尽职为否为劣。苟不明其官所职掌,则何由知之。故余意每编一代之史,必先以地图职官表冠其首,使学者先明此而后可以读史。"又云:"史有二类:曰事史,治乱兴衰是也;曰政史,典章制度是也。事史详于《通鉴》,政史详于《通典》,皆学者所当知也。然二书所以不能合一者,以《通鉴》编年纪月,《通典》类别部居,皆通历朝为一书也。今欲合之,莫如用断代法,每一代为一书,或合数代为一书,而于一书之中,首以编年纪月叙事,继以类别部居纪政。"②

孙氏显然继承了传统之编史方法,注重地理和职官,但也同样接受了近代西方编史法,以进化论探究中国之"治乱兴衰"。尤其是"地图、职官表之前,复宜增一帝王年表,即仿纪元编例,专列纪元及甲子,使读者醒目"③,是其接受西方新史书编撰法之结果。为此,他将编撰史书之体裁列为四种:年史、事史、政史、人史,并按照西洋近代编撰史书惯用之历史分期法,将所编撰之中国"事迹"分为10期:自伏羲起,迄秦为第一期;两汉为第二期;三国为第三期;两晋为第四期;南北朝至隋为第五期;唐一代为第六期;后五代为第七期;宋、辽、金为第八期;元为第九期;明为第十期④。孙宝瑄融合新旧史法编撰新史之例,从一个侧面说明传统史学向近代形态演化之轨迹。

三 以西方学科来框定中国旧学

相对于西方近代学科分类体系而言,中国有自己一套独特的学术分类体

---

① 孙宝瑄:《忘山庐日记》(上),第755页。
② 孙宝瑄:《忘山庐日记》(上),第528页。
③ 孙宝瑄:《忘山庐日记》(上),第528页。
④ 孙宝瑄:《忘山庐日记》(上),第533页。

系及知识系统。中西学术分属两种形态迥异之知识系统。在中国传统学术分类体系中，有经学、诸子学、文学、小学、理学、心学、禅学、道学、格物之学、训诂之学、心性之学、义理之学等名目，但却缺乏哲学、伦理学、历史学、文学、天文学、地理学等近代西方学科门类。当近代西方学科体系为代表之新知识系统输入中国后，势必使中国传统"四部之学"知识系统面临分化与解体。

在西潮澎湃之强势下，抛弃"中学"所特有的以"六艺"为核心、以"四部之学"为框架的学术分类体系，采用了哲学、伦理学、政治学、经济学、历史学、社会学等近代西方学科分类体系，并将经、史、子、集典籍分类体系及其包含之知识系统拆散，按照近代西方学科分类系统所划定的领域，将其重新归类，纳入到文、史、哲、政治、经济、法律、社会、教育等学科体系及知识系统中，成为清末学术演进之大势。这既是清末以来"整理国故运动"之主要任务，也是晚清许多学者努力之方向。

经学为主导的传统学术格局解体后，按照近代学术分科创建或转化一些新学科，迫使中国传统学术按照新"学科"标准重新划定并取得独立地位，成为整理国故"复兴古学"之重要使命。

西方分科原则及学科体系伴随着废除科举、确定新学制而为晚清学者接受后，因为经学在新学制中无对应之位置，在近代学科体系中亦无对应之学科，故"废经"呼声日渐高涨。经学之存废，成为清末学界争论之重大问题。有人坚决主张废除旧学科，将经学内容归并到近代学科体制中。有人则认为，《六经》不仅是探讨中国史学发展所不可或缺之史料，而且对于研究整个人类文化之演化，均具有不容忽视的价值：其"政体也，教育也，学术也，皆于世界有绝大之关系"①。林白水指出，研究中国政治史，不能不看《周礼》；研究历史地理，不能不看《左传》；研究哲学史，不能不看《周易》，经书"很有可以增长新智的地方"②。

无论是否赞同废除"经科"，必须用近代学科体系对"经部"所含知识体系进行重新界定与整理，是很多新派学者之共识。因此，晚清学者在审视中国旧学时，力争将"四部"分类体系中之知识分类，从形式上改称"学"，以与近代学科相对应。如"经部"之四书五经变成"经学"，子部之先秦诸子、宋明清儒家，均变成了"哲学"，史部之正史、野史都属于"史学"，小说诗

---

① 马叙伦：《史学总论》，《新世界学报》第1号，1902年9月2日。
② 白话道人：《新儒林外史》，《中国白话报》第21～24期合刊，1904年10月8日。

词均为"文学",典籍考证成为"版本学",中文字音义是"文字学",等等。在"学"之名义下,依据西方学术观念及知识体系,对于中国传统知识之内涵进行整理,创建近代意义上之中国新学科体系,是与西方学术接轨之必然趋势。

孙宝瑄接受西方近代学科体系后,尝试将"经学"归并到近代西方学科体系之中。他自称:"余数年来,专以新理新法治旧学,故能破除旧时一切窠臼障碍。"① 正因如此,他对中国旧学典籍之阐释颇具新意。1907年10月23日之日记载:"今于经,又别为二类:一曰哲学类,一曰史学类。《尚书》载言,《春秋》(三传附)载事,《周礼》载制度,《仪礼》载典礼,《毛诗》载乐章,皆史学也。《周易》发明阴阳消息,刚柔进退存亡原理,为哲学正宗。《论》、《孟》、《孝经》乃圣贤语录,其于人伦道德及治国平天下之术,三致意焉,故亦为哲学。《礼记》,丛书也,半哲半史,析而分之,各有附丽,若《大学》、《中庸》、《礼运》及《内则》、《曲礼》等篇,皆哲学也;其他《王制》、《玉藻》、《丧大记》之类,乃史学中典制一门,宜附于《周礼》、《仪礼》。此外尚有《尔雅》一书,古训诂也,学者通是,乃可以读群经;顾其释语言,释名称,释规制、器物,皆三代以前者,考古家有所取资,当附于史学焉。"② 这是将"经部"分解开来,分别归并到"哲学"与"史学"两大学科门类中。

马叙伦根据近代分科原则及学科体系,提出"析史"主张。他认为,史乃群籍之总称,可析史之名于万殊,以求史界之开拓。其曰:"若是推史,则何必二十四史而为史?何必三通、六通、九通而为史?更何必六经而为史宗?凡四库之所有、四库之未藏、通人著述、野叟感言,上如老庄墨翟之书,迄于水浒诸传奇,而皆得名之为史。于其间而万其名,则饮者饮史,食者食史,文者文史,学者学史,立一说成一理者,莫非史。若是观史,中国之史亦夥矣,而史界始大同。"他指出:"有政治史,而复析为法律史、理财史;有学术史,而复析为哲学史、科学史;美词有史,修文有史,盖骎骎乎能析史而万其名矣,此欧美之所以为欧美欤?"③ 因此,应该按照西方近代史学分类法,将中国史学进行分门别类的整理,析之以政治史、法律史、理财史、学术史、哲学史、科学史等门类,重建中国近代新史学体系。

持同样主张者,尚有宋恕。其曰:"经、史、子、集之分起于近世藏书

---

① 孙宝瑄:《忘山庐日记》(上),第529~530页。
② 孙宝瑄:《忘山庐日记》(下),第1107页。
③ 马叙伦:《史学大同说》,《政艺通报》第2年第16号。

家，非学者之所分也。然若用九流等古名词分课，恐太不谐俗，姑用此尚不甚俗之俗名词分课为便。"又云："史为记事之书，经、子、集虽杂记事，而要皆为论事之书。……今海外望国莫不注重史学，有一学必有一学之史，有一史必有一史之学，数万里之原案咸被调查，数千年之各断悉加研究，史学极盛，而经、子、集中之精理名言亦大发其光矣！"①

1907年，国学保存会拟设国粹学堂，并草拟《国粹学堂学科预算表》（课程表）。该学堂章程规定："略仿各国文科大学及优级师范之例，分科讲授，惟均以国学为主。"②学堂课程分经学、文字学、社会学、实业学、博物学、哲学、伦理学、考古学、史学、宗教学、译学等21门学科，各学科又分为若干种课程，如"社会学"分古代社会状态、中古社会状态、近代社会状态；"哲学"分古代哲学、佛教哲学、宋明哲学、近儒哲学；"史学"分年代学、古事年表、历代兴亡史、外患史、政体史、外交史、内乱史、史学研究法等；"典制学"分历代行政之机关、官制、法制、典礼、兵制、田制、制度杂考等。此21门学科及其所属之具体课程，总数竟达百门之多。这既是国粹派接受西方近代"学科"体系之明证，也是其以近代"学科"界定中国旧学之尝试。

刘师培自幼受经史之学之严格训练，接受西学新知后，着力以西学新知发明旧学新理。但他并不主张因此废除经学。他认为，经学作为中国学术及知识系统之重要组成部分，仍然有裨益中国近代学术，无须废除："夫六经浩博，虽不合于教科，然观于嘉言懿行，有助于修身，考究政治典章，有资于读史，治文学者可以审文体之变迁，治地理者可以识方舆之沿革。是经学所该甚广，岂可废乎？"但传统治经之法显然已不适用，必须改用新法，将汉儒之解经办法，加以整理，纳入近代学科体制中："汉儒去古未远，说有本源，故汉学明则经诂亦明，欲明汉学，当治近儒说经之书。盖汉学者六经之译也，近儒者又汉儒之译也。若夫六朝隋唐之注疏，两宋元明之经说，其可供参考之资者亦颇不乏，是在择而用之耳。"③其所著《经学教科书》，即是根据近代学科体系对"经学"加以整理与解释之作。

刘师培《经学教科书》云："盖六经之中，或为讲义，或为课本。《易经》者，哲理之讲义也；《诗经》者，唱歌之课本也；《书经》者，国文之课本也（兼政治学）；《春秋》者，本国近世史之课本也；《礼经》者，修身之课本也；

---

① 宋恕：《粹化学堂办法》，《宋恕集》上册，第380页。
② 《拟设国粹学堂简章》，《国粹学报》第3年第1号。
③ 刘师培：《经学教科书·序例》，第2页，宁武南氏校刊本。

《乐经》者,唱歌课本以及体操之模范也。又孔子教人以雅言为主(《论语》),故用《尔雅》以辨言(《大戴礼·小辨篇》),则《尔雅》者,又即孔门之文典也。此孔子所由言'述而不作'。"他认为,"特孔门之授六经,以诗、书、礼、乐为寻常学科;以易、春秋为特别学科"。① 这是以近代"学科"范畴来界定"六经"之必然结果。

刘师培认为,《易经》是中国古代学术之宝库,从中可以发掘古代自然科学和社会科学,找到"社会进化之秩序,于野蛮进于文明之状态"。故刘氏集中较大精力,对《易经》进行了详细研究。《经学教科书》第二册《弁言》云:"《易经》一书,所该之学最广,惟必先明其例,然后于所该之学,分类以求,则知《易经》非仅空言,实古代致用之学。惜汉儒言象、言数,宋儒言理,均得易学之一端。若观其会通,其惟近儒焦氏之书乎?故今编此书,多用焦氏之说刺旧说者十之二,参臆解者十之三。如《易》于象传之外,兼有象经,则系前人所未言。……体例虽与前册稍殊,然均以发明《易》例为主,揭重要之义为纲,而引申之语、参考之词,皆列为目,以教科书应以简明为主也。然《易经》全书之义例,粗备于此矣。"② 可见,刘师培撰著该书,意在"发明《易》例"。而其发明之法,就是以近代学科体系来界定《易经》,将其蕴涵之知识,分门别类地归并到近代学科体系中。

《经学教科书》中最值得注意者,当数第二册之第22～29课。其标题依次为《论易经与文字之关系》、《论易学与数学之关系》、《论易学与科学之关系》、《论易学与史学之关系》、《论易学与政治学之关系》、《论易学与社会学之关系》、《论易学与伦理学之关系》、《论易学与哲学之关系》、《论易经与礼典之关系》、《论易词》、《论易韵》等。

《经学教科书》之第22课,刘氏专论"易经与古文字之关系"。他大胆断定《易经》乃上古时之字典:"一曰八卦为象形文字之鼻祖";"二曰卦名之字仅有右旁之声,为字母之鼻祖";"三曰字义寓于卦名,即以卦名代字义,为后世训诂学之鼻祖"③。刘氏在他处也多次申明此观点:"吾观焦理堂先生《易话》论易经假借之例最详……而西人拉克伯里著《支那太古文明论》,以易卦为古文,于一字之中包含众多之义……以证《周易》为古文之字典。"④

《经学教科书》之第23课,刘氏专论"易学与数学之关系"。他认为,

---

① 刘师培:《经学教科书》第1册,第4页。
② 刘师培:《经学教科书》第2册,《弁言》。
③ 刘师培:《经学教科书》第2册,第33～34页。
④ 刘师培:《小学发微补》,《刘申叔遗书》(上),南京,江苏古籍出版社,1997,第430页。

"易经为数学所从生,上古之时数学未明,即以卦爻代数学之用,如卦有阳爻阴爻,阳卦为奇,阴卦为偶,易爻之分阴阳,犹代数之分正数负数也"①。接着,刘氏便以近代数学来反观《易经》,寻找出《易经》之中有言加法、减法、乘除各法之例证,从而得出结论:"此皆数学出于周易之义,实与数学相通矣。"②

《经学教科书》之第24课,刘氏专论"易学与科学之关系"。他认为《易经》阐明"物理大旨"有二:一曰有裨于化学,二曰有裨于博物。"有裨于化学者,盖以地气水火为四行,即化学所谓元素"。"有裨于博物者,盖于众物之繁,悉该以阴阳二大类,以立其纲"。他所得出之结论为:"《周易》之言科学,非仅裨研究学术之用也。盖以科学为实业之基因,以备物利用,故《系辞》言以制器者尚其象,又言立成器以为天下利,此皆研究科学之功也。则《周易》一书,非仅蹈空之学矣。"③

《经学教科书》之第25课,刘氏专论"易学与史学之关系"。他继承了章学诚"六经皆史"观点,将《易经》视为周公之旧典,有裨考史之用者有四:一曰周代之政多记于《易经》,故《易经》可以考周代之制度;一曰古代之事多存于《易经》,故《易经》可以补古史之缺遗;三曰古代之礼俗多见于《易经》,故《易经》可以考宗法社会之状态;四曰社会进化之秩序,事物发明之次第,多见于《易经》,故《易经》可以考古代社会之变迁④。《经学教科书》之第26课,刘师培专论"易学与政治学之关系"。他断言,《易经》论政治,均为古代圣贤之微言,其"大义"有三:一曰内中国而外夷狄,二曰进君子而退小人,三曰损君主易益人民。他断言:"《易经》之论政治,均就立国之本以立言,则《易经》兼为道政事之书矣。"⑤

《经学教科书》之第27课,刘氏专论"易学与社会学之关系"。他以《周易》来"比附"近代社会学,视《周易》为中国社会学之祖:"今即《周易》全书观之,则《周易》之有象辞,即所谓现象也。"在刘氏看来,《周易·系辞》"均言社会学之作用"。其解释曰:"一曰藏往察来,《系辞》曰'藏往而来',又曰'往来不穷谓之通',又曰'神以察来,智以藏往'。焦循《易话》曰:学易者,必先知伏羲作八卦前,是何世界。一曰探赜索隐,《系辞》又言

---

① 刘师培:《经学教科书》第2册,第36页。
② 刘师培:《经学教科书》第2册,第38页。
③ 刘师培:《经学教科书》第2册,第38~39页。
④ 刘师培:《经学教科书》第2册,第40页。
⑤ 刘师培:《经学教科书》第2册,第42页。

'极深研几，钩深致远'，均即'索隐'二字之义也。藏往基于探赜，以事为主；察来基于索隐，以心为主。以事为主，即西人之动社会学；以理为主，即西人之静社会学。"① 可见，刘氏将《周易》视之为社会学著作，并用近代社会学对《周易》作了"类比式"研究："吾观《周易》各卦，首列象象，继列爻词。象训为材，即事物也。象训为像，即现象也。爻训为效，即条例也。今西儒社会学必搜集人世之现象，发见人群之秩序，以求事物之总归。……而《大易》之道，不外藏往察来，探赜索隐。"②

《经学教科书》之第28课，专论"易学与伦理学之关系"。他断言："周易为古代伦理之书，其言伦理也，一曰寡过，二曰恒德。"其解释云："《易·象传》所言之君子，即言君子当法易道，以作事耳。故所言之伦理，有对于个人者，有对于家族者，有对于社会者，有对于国家者。观于《易经》之象传，而伦理之学备乎此矣。"③

《经学教科书》之第29课，专论"易经与哲学之关系"。他指出："易经又为言哲理之书。其言哲理也，大抵谓太古之初，万物同出于一源，由一本而万殊，是为哲学一元论。"通过分析《易经》中之"隐"、"微"、"潜"、"几"、"深"、"远"等字义，断定"此皆《易经》形容道本之词，所以形容道体浑沌未分前之情状也。故知《易经》所言之哲理，皆从一元论而生，此即中国玄学滥觞也。一元者，即《易经》所谓太极纬书，所谓太易、太初、太始也"。他还强调："《易经》之言哲理也，首持一元论，复由二元论之说，易为二元论。"④ 这是以西方哲学观念来考察《易经》之结论。他指出："易经之言哲理也，其最精之义蕴犹有三端，均至高至尚之哲理也。"即：一曰不生不灭之说；二曰效实储能之说；三曰进化之说。他强调云："《易经》一书言进化而不言退化，彰彰明矣。此皆《易经》言哲理之最精者也。汇而观之，而《周易》之大义可得矣。"⑤

刘师培将《易经》视为"易学"，并与近代"学科"体系中之数学、物理学、化学、博物学、文字学、哲学、史学、政治学、社会学对应起来，逐门发掘其中所包含之具有近代意义上之学科思想，虽然有明显之比附倾向，但其将《易经》所包含之思想，归并到近代学科体系中之意向，是非常明显的。

---

① 刘师培：《经学教科书》第2册，第42页。
② 刘光汉：《周末学术史叙·社会学史叙》，《国粹学报》第1年第1号。
③ 刘师培：《经学教科书》第2册，第43页。
④ 刘师培：《经学教科书》第2册，第47页。
⑤ 刘师培：《经学教科书》第2册，第47~48页。

思想家与近代中国思想

用近代学科界定中国传统学术,乃刘师培"类比式"研究之一大特征。如果将刘氏文著略加分析,便会发现,《古政原论》、《古政原始论》是其阐述古代社会学之作,《两汉学术发微论》是其阐述汉代政治学、民族学和伦理学之作,《伦理教科书》是其阐述中国古代伦理学之作,《中国地理教科书》是其阐述中国古代地理学之作,《中国文字教科书》是其阐述中国文字学之作,《中国古代文学史讲义》是其阐述汉魏南北朝文学史之作,《中国历史教科书》是其阐述中国古代历史之作。这些论著,均是按照近代"学科"观念及学科体系,界定、阐释与整理中国旧学之作,亦可视为创建近代意义之中国"学科化"学术体系之尝试。

以"人"为本位,以"人"为分类标准,是中国传统学术之重要特征。而近代西方学术则是以"学科"为分类标准。晚清学者在接受西方分科观念及学科体系后,便开始在研究和撰著中国学术史时,打破传统"学案体",尝试用"学科"来框定中国传统学术。皮锡瑞之《经学历史》、章太炎之《訄书》、梁启超之《中国学术思想之大势》,均作了有益尝试。而完全以西方近代"学科"分类体系界定中国传统学术,当以刘师培为典型代表。

刘师培认为,以"人"为标准类分学术之"学案体",难以对中国学术进行义理分析,故在其研习学术史之文著中,"采集诸家之言,依类排列,较前儒学案之例,稍有别矣(学案之体,以人为主;兹书之体,拟以学为主,义主分析,故稍变前人著作之体也)"[①]。故其所撰著之《周末学术史叙》、《两汉学术发微论》等,即改变此种体裁,以近代西方学科体系来框定中国古代学术,力争将中国旧学纳入到近代学科体系中。

《周末学术史叙》乃刘师培拟著之《周末学术史》序目。全书将周末学术史分为16类:心理学史、伦理学史、论理学史(逻辑学史)、社会学史、宗教学史、政法学史、计学史(财政学史)、兵学史、教育学史、理科学史、哲理学史、术数学(天文、历谱、五行、蓍龟、杂占、形法等)史、文字学史、工艺学史、法律学史、文章学史。它突破了中国传统学术门类,完全按近代西方学科门类重组和分类,既是一种完全是以西方学科概念界定中国传统学术的代表作,也是将以"人"为主撰写学术史之旧例,改为以"学科"为主分类撰著新体裁的尝试之作,体现了近代西方学术专门化特色。其意图是非常显明的:将中国旧学纳入近代学科体系。

在《周末学术史叙》中,刘师培试图从心理学、伦理学、论理学(名

---

① 刘光汉:《周末学术史叙·总叙》,《国粹学报》第1年第1号。

学)、社会学、宗教学、政法学、计学（经济学）、兵学（军事学）、教育学、理科学、哲理学、术数学、文字学、工艺学、法律学、文章学等各个方面加以条分缕析，对先秦诸子进行分类整理、诠释和评价。在这种分类整理过程中，"比附式"理解与"类比式"研究的倾向格外明显。如刘氏《心理学史叙》云："吾尝观泰西学术史矣。泰西古国以十计，以希腊为最著。希腊古初有爱阿尼学派，立论皆基于物理（以形而下为主），及伊大利学派兴，立说始基于心理（以形而上为主），此学术变迁之秩序也（见西人《学术沿革史》及日本人《哲学大观》、《哲学要领》诸书）……吾观炎黄之时，学术渐备，然趋重实际，崇尚实行，殆与爱阿尼学派相近。夏商以还，学者始言心理。"①刘师培所撰著之《两汉学术发微论》，也采取了同样做法。该文以西方政治学、种族学、伦理学概念，来界定两汉学术，并分科论述，同样是以近代学科观念及学科体系框定中国旧学之尝试。

值得注意的是，当晚清学者接受西方学科体系后，力图在这种学科体系中找到自己所研究学问之位置。西方"哲学"与中国"义理之学"相通，因而孙宝瑄很快便找到了自己在近代学科体系中的位置："余平素治各种学问，皆深究其原理，则余所治实哲学也。西人谓哲学与理学有别。理学是实验有形质者，哲学是论究无形质者。理学为事物中一部分之学，哲学为事物中全体之学。"②宋恕在近代学科体系中，对自己之定位为："最精古今中外哲学、古今中外史学、古今中外政治学、古今中外法律学、周汉唐宋词章学、古音学，次则演说学、教育学、理财学、日本文学、地理学，粗涉物理学、博物学、几何学，此外未学。"③这种以近代学科为标准，对自己所研习之学问重新定位之现象，从一个侧面说明西方学科体系对晚清学者影响之深刻。

四　对中西学术之比附式会通

中国近代学术及知识系统，是从西方移植而来的，具有明显的"移植"特征。中国传统学术向近代学术过渡转型的过程，既是中学如何吸纳西学而发生嬗变的过程，也是如何将中学纳入近代西方学术体系的过程。近代中国学术转型，既是学术体系之转型，也是知识系统之转型，是旧的四部知识系

---

① 刘光汉：《周末学术史叙·心理学史叙》，《国粹学报》第1年第1号。
② 孙宝瑄：《忘山庐日记》（上），第744页。
③ 宋恕：《履历与专长》，《宋恕集》上册，第417页。

统瓦解，新的近代知识系统重建之过程。这样两个过程，其表现集中于近代学科化体系之引入与中西学术之会通。

宋恕在《粹化学堂办法》中，提出了"内国四部之学"与"外国四部之学"两个名词，并呼吁："今若不急将内国四部、外国四部之学融于一冶，而犹于学界存拒外之见，窃恐再逾十年，所谓齐、晋、燕、秦之彦、三江五湖之英者，且将对于台湾、桦太之岛民而自惭其陋矣！"[①] 孙宝瑄、严复、梁启超、王国维等人均提出了中西学术会通之问题。

孙宝瑄认为："居今世而言学问，无所谓中学也，西学也，新学也，旧学也，今学也，古学也，皆偏于一者也。惟能贯古今，化新旧，浑然于中西，是谓之通学，通则无不通矣。……号之曰新，斯有旧矣。新实非新，旧亦非旧。惟其是耳，非者去之。惟其实耳，虚者去之。惟其益耳，损者去之。是地球之公理通矣，而何有中西，何有古今？"[②] 这段耐人寻味之言，强调必须将中西、新旧、古今之学融会贯通；而古今中西学术会通之过程，即为中国旧学纳入新知体系之过程。

晚清学者在吸纳西学、研习中国旧学之时，多以中学"比附"西学，对中国旧学进行"类比式"研究，并以此会通中西学术。所谓类比式研究，指在研究中国古代学术思想时，以近代西方学科概念与学术体系为参照，找出中国传统学术中与西方近代学术类似之思想。这种类比式研究，是中西学术交流中必然出现的现象，其附会肤浅之弊端显而易见，但对于中西学术之接轨，是有益的。究其动机，是借助中西学术之类比，寻求中西学术会通之道，从而将中国旧学纳入西学新知系统之中。

这种"类比式"研究之体现，是晚清学者多强调中国旧学渊博高深，包含着西方近代学术，并认为周末诸子颇与西方学术相符："如墨荀之名学，管商之法学，老庄之神学，计然白圭之计学，扁鹊之医学，孙吴之兵学，皆卓然自成一家之言，可与西方哲儒并驾齐驱者也"。"诸子之书，所含之义理，于西人心理、伦理、名学、社会历史、政法，一切声化光电之学，无所不包"。[③] 他们甚至把荀子、孟子、子思、邓析等人说成是中国之卢梭、苏格拉第、孟德斯鸠、斯宾塞，比附之意甚为明显。至于其盛赞孔子是学习外来文化之楷模，程朱是吸收佛学之典范，更属牵强附会，其意在证明中学是可以用"西学"阐释的。

---

① 宋恕：《粹化学堂办法》，《宋恕集》上册，第381页。
② 孙宝瑄：《忘山庐日记》（上），第80页。
③ 邓实：《古学复兴论》，《国粹学报》第1年第9号。

中国旧学纳入近代新知识体系之尝试

在中国传统典籍中发掘适合近代新学之义理,并对其作"比附式"理解,是晚清许多学者会通中西学术时采用之方法。1901年9月17日,吴汝纶致函陆伯奎:"且'九通',制度之书,固非政治之学也。求政治之学,无过《通鉴》,而毕氏'续编'及国朝儒臣所编《明纪》,又不逮涑水元书远甚。今不以《通鉴》试士,而用《御批通鉴辑览》,岂不以《通鉴》繁重,学者难读,不如'辑览'之简约而易竟哉!……其政治之学当以国朝为主,国家纪载流传者稀,无已,则于皇朝'三通'择用其一,使习国家掌故,庶亦可也。"① 这显然是将《通鉴》视为中国自己的"政治之学",是用西方"政治学"学科观念,从中国典籍中寻找学术资源之努力。

蔡元培在1902年所撰《群学说》中,在解释斯宾塞社会学原理时,大量引用中国典籍加以"比附式"理解。他指出:"群学者,所以明人与人合力之道,而以其力与外之压力相抵者也。外力有二:一,自然之力;一,人为之力。生民以来,未有不与此两力相抵而能生存者也。"他认为群学上之"合其力以抵自然之压力,而无不胜,于是灾疠不作,民无夭折,则《孟子》所谓性善,而《春秋》所谓大一统、所谓太平,而《礼运》所谓大同者也。"② 他在解释"群之分合,视爱之厚薄"时,将其视为《孟子》所谓"得道者多助,失道者寡助",比附之意向甚明。不仅如此,蔡氏以孔子"己欲立而立人,己欲达而达人",比附斯宾塞"人各自由,而易他人之自由为界";以墨子所谓"养老之政"、"穷民无告之政",比附西方近代之"慈善事业";以孔子"杀身成仁",孟子"舍生取义",比附斯宾塞所谓"群己并重,舍己为群"③。

梁启超采用近代西方科学方法及观念,对中国旧学进行了较为系统的整理。其中对《墨经》之研究颇有新意,也最具"比附"特色。《墨子》是先秦时期包蕴逻辑思想最为丰富之典籍,长期以来受到冷落。晚清大儒孙诒让不仅博采清中叶以来诸家之长,撰著《墨子闲诂》,而且用他所接受之西方逻辑学"复事审校",予以增订。孙氏在肯定《墨经》"揭举精理","为周名家言之宗"之后,将它与西方逻辑进行"类比",认为《墨经》中之"微言大义"有如"亚里大得勒之演绎法,培根之归纳法,及佛氏之因明论者"。④ 章太炎对该著评价甚高,曾赞曰:"《墨子闲诂》,新义纷纶,仍能平实,实近世

---

① 吴汝纶:《与陆伯奎学使》,《吴汝纶尺牍》,第255页。
② 蔡元培:《群学说》,《蔡元培全集》第1卷,杭州,浙江教育出版社,1997,第394页。
③ 蔡元培:《群学说》,《蔡元培全集》第1卷,第397页。
④ 孙诒让:《墨子闲诂》,《诸子集成》刊印本,上海,上海书店,1986。

奇作"。①

受孙氏启发，梁启超着力研究《墨经》中之思想，先后撰写了《子墨子学说》、《墨子学案》、《墨子校释》等著。其所用方法就是"以欧西新理比附中国旧学"，以西方近代学术"比附"先秦墨学。其曰："凡天下事，必比较然后见其真。无比较则非惟不能知己之所短，并不能知己之所长。"又云："《墨子》全书，殆无一处不用论理学之法则，至专言其法则之所以成立者，则惟《经说上》、《经说下》、《大取》、《小取》、《非命》诸篇为特详。今引而释之，与泰西治此学者相印证焉。"这显然是梁氏研究《墨子》之指导思想。其释《墨经》，"引申触类，借材于域外之学以相发，亦可有意外创获"。梁氏列举先秦所论之范畴，用西方近代逻辑术语对比解释。其云："墨子所谓辩者，即论理学也。""墨子所谓名者，即论理学所谓名词也。""西语的逻辑，墨家叫做'辩'。""'墨辩'两字，用现在的通行语翻出来，就是'墨家论理学'。"梁氏将"以名举实，以辞抒意，以说出故"，分别解释为西方逻辑之概念、判断、推论。他用"论理学"译 Logic，认为"辩"即"论理学"，"名"即"名词"，"辞"即"命题"，"名"是概念；"实"是对境（对象）；"意"含判断之意。"以辞抒意"意为用命题形式表判断；"说"是证明所以然之"故"，"故"即原因；"或"为特称命题；"假"为假言命题；"效"即"法式"，兼西语 Form（形式）、Law（规律）二意；"譬"为譬喻；"侔"即"比较"等。②

梁氏将《墨经》逻辑义理与西方逻辑学"类比"后断定："《墨经》论理学的特长，在于发明原理及法则，若论到方式，自不能如西洋和印度的精密。但相同之处亦甚多。"《墨经》之推论方式，与印度之"因明"也有相类似处。在梁氏看来，《墨经》之演绎论证式，相当于因明三支式、亚氏三段论之省略式；《墨经》所列举之论据，既有一般理由，又有典型事例，特别注意列举事实例证，与"因明"论证式颇为相似。其又云："墨子之论理学，其不能如今世欧美治此学者之完备，固无待言。虽然，彼土之亚里士多德（论理学鼻祖也），其缺点亦多矣，宁独墨子？故我国有墨子，其亦足以豪也。若夫惠施公孙龙之徒，以名家标宗，其实乃如希腊之诡辩派。其论理学盖下于墨子数等也。"正因如此，他称墨子为"东方之培根"、"全世界论理学一大祖师"。梁氏以西学为比照，潜心发掘中国古代逻辑之近代价值，对晚清"墨学"复兴

---

① 章太炎：《章太炎致谭献书》，汤志钧编《章太炎政论选集》上册，第15页。
② 梁启超：《子墨子学说：附墨子之论理学》，《饮冰室合集》专集之三十七。

起了重要作用。尽管梁氏声称"吾草此篇,吾自信未尝有所丝毫缘饰附会,以诬我先圣墨子"①,但其解读《墨经》时以中学附会西学之倾向还是较为明显的。梁氏自称"每一复阅,觉武断凿解",即为真实体悟。将先秦"名辩学"与西方"逻辑"之名词逐一对照,实为梁启超研究《墨经》之主要贡献。对此,有人评价曰:梁启超"从日文里窥见西方学术的大要,也猎涉佛学,用来治诸子,对墨学时有创获"②。

刘师培是清末以西学阐释中国旧学,并用旧学"比附"西学以"发明"新理之典型代表。

以新知阐释旧学,以中学比附西学,是刘氏研究中国旧学之基本思路。刘氏"内典道藏旁及东西洋哲学,无不涉猎及之"③。从1903年开始,刘师培将所接受之西学新知,引入中国旧学研究领域,取得了丰硕成果,这主要体现在《小学发微》、《中国民约精义》、《中国民族志》、《攘书》、《新史篇》、《论小学与社会学之关系》、《国学发微》、《周末学术史序》、《论文杂记》、《南北学派不同论》、《古政原始论》、《汉宋学术异同论》、《两汉学术发微论》、《中国哲学起原考》、《伦理教科书》、《经学教科书》、《中国历史教科书》、《中国地理教科书》、《近儒学术统系论》、《清儒得失论》、《近代汉学变迁论》、《论中土文字有益于世界》等论著中。

社会进化论经严复介绍到中国接受后,晚清学者纷纷将此种观念引入旧学研究,并力图发掘中国旧学资源中"进化之理"。这种寻找及发掘,便带有很明显之"比附"色彩。刘师培认为,《论语》所言"岁寒然后知松柏之后凋也",最能体现近代"天择物竞之精理"。松柏后凋,说明"存其最宜";但这并非得天独厚,而在松柏本身具有"傲岁寒之能力"。④ 这种对《论语》词句之新解,旨在论证《论语》中暗含"进化之理"。刘氏还认为,《山海经》所记之时代,人兽之争未息,后来奇禽怪兽灭于无形,而人类得以繁衍,即是"优胜劣败之公例"⑤。这显然也是以进化论观察中国上古社会所得之结论,其"比附"之意甚为显明。

刘师培对西方社会学极为重视,自称"予于社会学研究最深",用社会学阐释中国旧学亦颇多心得。他曾作诗云:"西籍东来迹已陈,年来穷理倍翻

---

① 梁启超:《子墨子学说:附墨子之论理学》,《饮冰室合集》专集之三十七。
② 王伯祥、周振甫:《中国学术思想演进史》,第137页,亚细亚书局1935年版。
③ 冯自由:《刘光汉事略补述》,《革命逸史》第3集,北京,中华书局,1987。
④ 刘光汉:《周末学术史叙·哲理学史叙》,《国粹学报》第1年第1号。
⑤ 刘光汉:《读书随笔》,《国粹学报》第1年第10号。

新，只缘未识佉卢字，绝学何由作解人。道教阴阳学派异，彰往察来理不殊，试证西方社会学，胪陈事物信非诬。"① 故此，刘氏对西方社会学作了较为详细之介绍："察来之用，首贵藏往；舍睹往轨，奚知来辙。中土史编，记事述制，明晰便章。惟群治之进，礼俗之源，探颐索隐，鲜有专家。斯学之兴，肇端皙种。英人称为 Sociology，移以汉字，则为社会学，与 humanism 之为群学者，所述略符。大抵集人世之现象，求事物之总归，以静观而得其真，由统计而徵其实。凡治化进退之由来，民体合离之端委，均执一以验百，援始以验终，使治其学者，克推记古今迁变，穷会通之理，以征宇宙所同然。斯学既昌，而载籍所诠列，均克推见其隐，一制一物，并穷其源，即墨守故俗之风，气数循环之说，亦失其依据，不复为学者所遵，可谓精微之学矣。皙种治斯术者，书籍浩博，以予所见，则斯宾塞尔氏，因格尔斯氏之书为最精。"②

刘师培以此种"精微之学"分析中国文字，从中国文字由简趋繁之变化轨迹中，考察中国古代社会演化之历程。其云："予旧作《小学发微》，以为文字繁简，足窥治化之浅深，而中土之文，以形为纲，察其偏旁，而往古民群之状况，昭然毕呈。故治小学者，必与社会学相证明。"将西方社会学引入"文字学"，开辟了传统"小学"研究之新天地。刘氏将社会学引入小学研究，其动机在于通过对中国文字之研究，不仅使其在中国"得所折衷"，而且进一步昌明近代社会学："今欲斯学之得所折衷，必以中土文字为根据。"又云："故欲社会学之昌明，必以中土之文为左验。"如何运用社会学来研究中国文字？他提出了这样的研究思路："然欲治斯学，厥有数例：察文字所从之形，一也；穷文字得训之始，二也；一字数义，求其引伸之故，三也。三例既明，而中土文字，古谊毕呈，用以证明社会学，则言皆有物，迥异蹈虚。此则中土学术之有益于世者也。"③

1904 年 11 月，刘师培在《警钟日报》上发表《论小学与社会学之关系》，尝试用西方近代社会学之理论及方法，"考中国造字之原"④。在这篇将社会学引入中国"小学"研究的典范之作中，刘氏考证了舅、姑、妇、赋、君、林、田、尊、酉、社、牧、贸、民等 33 则字义，对这些字义作了近代意义之阐释。他不仅通过阐发《社会通诠》、《群学肄言》有关社会进化之理，

---

① 光汉：《甲辰年自述诗》，1904 年 9 月 12 日《警钟日报》。
② 师培：《论中土文字有益于世界》，《国粹学报》第 4 年第 9 号。
③ 师培：《论中土文字有益于世界》，《国粹学报》第 4 年第 9 号。
④ 刘师培：《论小学与社会学之关系》，1904 年 11 月 21 日《警钟日报》。

探讨中国文字之来源及引申之义,而且运用《泰西新史揽要》、《希腊志略》等书提供之史实,佐证中国文字演化之迹。

在《理学字义通释》中,刘师培进一步以西方哲学、心理学、伦理学所述之理,对中国传统学术范畴之"理"、"性"、"情"、"志"、"意"、"欲"、"仁"、"惠"、"恕"、"命"、"心"、"德"、"义"、"敬"等字义,重新作了诠释。按照西方学科理念,刘氏将传统之"理"分为心理与物理,并在先秦思想中寻找相似之点:"在物在心,总名曰理。盖物之可区别者,谓之理,而具区别之能者,亦谓之理(是犹孟子所谓长者义乎,长之者义乎也)。故晳种析心理物理为二科。孟子曰,心之所同然者,谓理也义也。又曰,是非之心智之端也(又曰,是非之心人皆有之。人有是非之心,则理即具于人心中可知矣)。此就在心之理言之也。"① 刘师培对用西方社会学治"小学"之成绩颇为自信:"余著《小学发微》,以文字证明社会进化之理,又拟编《中国文典》,以探古人造字之原。"并作诗云:"古人制字寓精义,周秦而降渺不存,试从苍颉溯初祖,卓识能穷文字原。"②

不仅如此,刘师培还以西方近代伦理学与心理学之关系,阐释汉宋诸儒所言之义。他指出:"西人伦理学多与心理学相辅,心理学者,就思之作用而求其原理者也;伦理学者,论思之作用而使之守一定之轨范者也。"③ 他进而说明中国所谓之"心理"与西方知识系统对应范畴之关系:"盖中国之言心理也,咸分体用为二端。《中庸》言喜怒哀乐之未发,此指心之体言之也;又言发而皆中节,此就心之用言之也。……故朱子之释《大学》也,以心为人之灵明,所以聚众理应万事。聚众理之说,近于西人之储能(即禽以合质之说也),所谓默而存之也……应万事之说,近于西人之效实(所谓辟以出力也),所谓拓而充之也。"④ 比附之意较为明显。他还认为:"西汉之时,凡国有大政大狱,必下博士等官会议,此即上议院之制度也。"⑤这显然是以两汉政治"比附"西方政治学。至于他所强调之汉儒伦理学"与西洋伦理学其秩序大约相符"⑥,更是以汉儒所讲伦理附会西方伦理学之明证。

刘氏阐述《古政原始论》撰写旨趣云:"造字之初,始于苍颉。然文字之

---

① 刘师培:《理学字义通释》,《刘申叔遗书》(上),第462页。
② 光汉:《甲辰年自述诗》,1904年9月7~12日《警钟日报》。
③ 刘师培:《理学字义通释》,《刘申叔遗书》(上),第469页。
④ 刘师培:《理学字义通释》,《刘申叔遗书》(上),第469页。
⑤ 刘师培:《两汉学术发微论》,《刘申叔遗书》(上),第530页。
⑥ 刘师培:《两汉学术发微论》,《刘申叔遗书》(上),第535页。

繁简，足窥治化浅深（中国形声各字，观其偏旁，可以知古代人群之情况，予旧著《小学与社会学之关系》即本此义者也）。……惜中国不知掘地之学，使仿西人之法行之，必能得古初之遗物。况近代以来社会之学大明，察来彰往皆有定例之可循，则考迹皇古，岂迂诞之辞所能拟哉！此《古政原始》所由作也。"① 故《古政原始论》乃刘氏以近代社会学研究中国古史之力作。如果说《小学与社会学之关系》是运用社会学考察中国文字变迁，进而阐述中国古代社会进化的话，那么《古政原始论》则是用社会学阐述古代中国社会起源与演进之典范。

刘师培对西方逻辑学有所涉猎，并将其引入中国传统之"小学"研究中。其介绍云："论理学即名学，西人视为求真理之要法，所谓科学之科学也，而其法有二：一为归纳法，即由万殊求一本之法也；一为演绎法，即由一本赅万殊之法也。其书之传入中土者，有《名理探》、《辨学启蒙》诸书，而以穆勒《名学》为最要。"② 刘氏撰著《国文问答》、《国文杂记》、《正名篇》及《中国文字流弊论》等文，便是用西方逻辑学研究先秦"名学"之成果。对于自己在这些论著中发掘出之"新理"新义，他作诗赞云："正名大义无人识，俗训流传故训湮，析字我师荀子说，新名制作旧名循。高邮王氏锥山刘，解字知从辞气求，试证西方名理学，训辞显著则余休。"③

1903年，刘师培编撰《国文典问答》，其附录《国文杂记》颇具新意。其云："中国国文所以无规则者，由于不明论理学故也。论理学之用始于正名，终于推定，盖于字类之分析，文辞之缀系，非此不能明也。吾中国之儒但有兴论理学之思想，未有用论理学之实际，观孔子言必也正名，又言名不正则言不顺，盖知论理学之益矣。而董仲舒亦曰名生于真，非其真弗以为名，则亦知正名为要务矣。而《荀子·正名篇》则又能解明论理学之用及用论理学之规则，然中国上古之著其能纯用论理学之规则者有几人哉！若夫我国古时之名家在公孙龙、尹文之流亦多合于论理，然近于希腊诡辩学派，非穆勒氏所谓求诚之学也，而儒家又多屏弃之，此论理学所以消亡也。今欲正中国国文，宜先修中国固有之论理学，而以西国之论理学参益之，亦循名责实之一道也。"④ 这是用西方逻辑学改造中国文法之较早尝试，也是用西方文法检视中国语言文字之初步结论。其所云"先修中国固有之论理学，而以西国之论

---

① 刘光汉：《古政原始论》，《国粹学报》第1年第4号。
② 刘师培：《攘书》，《刘申叔遗书》（上），第646页。
③ 光汉：《甲辰年自述诗》，1904年9月7～12日《警钟日报》。
④ 刘师培：《国文杂记》，《刘申叔遗书》（下），第1660页。

理学参益之",将以"比附式"理解来沟通中西学术之意向,表述得格外清晰。

刘氏还用西方逻辑学来说明中国"名学"之发源:"西儒之言曰,名学者非论思之学,乃求诚之学(见穆勒《名学》首卷)。故古之圣人有作名以辨物者,黄帝名百物(见《礼记》,又《聘礼》云百物以上,《国语·楚语》云,陈百物以献敗于寡君),大禹名山川(见《书·吕刑》及《尔雅·释水》)是也。"① 在用西学阐释中国旧学之时,刘氏往往以中学来"比附"西学,认为中学有与西学所言之理相合者。以西方之心理学、社会学,来重新解释中国传统"心体",即为典型一例:"春秋以降名之不正也久矣!惟《荀子·正名》一篇,由命物之初推而至于心体之感觉。"他断言《荀子》之说合乎西方逻辑学,"与穆勒《名学》合。名理精诣,赖此仅存"。对于先秦逻辑学,他同样作了"比附式"理解:"盖周末之名家最与西人诡辩之学近"。② 刘氏还断言:"墨之经上下篇,多论理学"③,较早看到先秦诸子中暗含有与西方逻辑学相似之观念。

刘师培《伦理教科书》云:"西人之治伦理学者,析为五种:一曰对于己身之伦理,二曰对家族之伦理,三曰对于社会之伦理,四曰对于国家之伦理,五曰对于万有之伦理,与中国《大学》所言相合。"④ 该著既是刘氏以伦理学观念阐释中国伦理思想之作,也同样是以中国伦理思想"比附"西方伦理之作。

《中国民约精义》,是刘师培以卢梭《民约论》思想阐释中国典籍之作。他从《周易》、《诗经》等先秦典籍直至清人文集中,辑录出与"民约之义"相关文字,加以案语,力图发掘中国典籍中之"民约精义"。在释《春秋谷梁传》时,刘氏案曰:"《谷梁》以称魏人立晋为得众之辞,得众者,即众意佥同之谓也,此民约遗意仅见于周代者。"⑤ 他在释《杨子》时云:"杨子此说,近于卢氏之平等,而其实不同。"认为《墨子》之说,"最近于西人之神权,而著书之旨则在于称天制君";认为《管子》所行之政治,"以立宪为主";许行之说"近于民权,亦近于平等"。他断定《民约论》与王阳明之良知说同样有相似之处:"皆以自由为秉于生初。盖自由权秉于天,良知亦秉于天;自由

---

① 刘师培:《攘书》,《刘申叔遗书》(上),第 644~645 页。
② 刘师培:《攘书》,《刘申叔遗书》(上),第 645 页。
③ 刘师培:《攘书》,《刘申叔遗书》(上),第 645 页。
④ 刘师培:《伦理教科书》,《刘申叔遗书》(下),第 645 页。
⑤ 刘师培:《中国民约精义》,《刘申叔遗书》(上),第 567 页。

无所凭藉，良知亦无所凭藉，则谓良知即自由权可也。阳明著书，虽未发明民权之理，然即良知之说推之，可得平等自由之精理。今欲振中国之学风，其惟发明良知之说乎。"① 其又云：章学诚"知立国之本，始于合群，合群之用，在于分职，而分职既定，然后立君"，故"章氏所言，殆能识君由民立之意欤"②。诸如此类的案语，是既可视为刘氏以《民约论》思想解释中国旧籍之作，也可视为以中国思想附会卢梭"民约经义"之作。这种"援西入经"之解读方式，固属牵强附会，与中国典籍之本义有相当差距，但刘师培这种"比附"式努力之基本点，在于使中国旧典籍能够表达出近代学术之观念，从中国旧典籍中找到与西方近代学术之相似处，既便于西学在中国思想土壤中扎根，又促使中国传统学术取得近代形态。

刘师培以西学阐释诸子学，以诸子学比附西学，牵强附会之处甚多，既开启了诸子学研究之新思路，也使西学在中国旧学中找到了某些根基。刘师培以西学阐释中国旧学之尝试，力争将中国旧学纳入到西方学科体系及知识系统中之尝试，牵强附会之"比附"倾向是明显的，始终未能逃离梁启超、章太炎所批评之"好依傍"痼疾。但其所取得之成绩并不因此而抹杀。有人评价曰："在中国古典学术逐步与西学融合从而迈向现代形态的过程中，刘之简单、肤浅的中西学比附因具有代表性和较易为人接受的特质，可能恰恰发挥了更重要的作用。在这方面，他的'援西入经'和从小学入手接纳西学的方式，即能促使经学分化瓦解，有助于学术转型。"③

梁启超在《清代学术概论》中，对中国旧学研究中之"比附"现象作了揭示和批评。其云："撷古书片词单语以傅会今义，最易发生两种流弊：一，倘所印证之义，其表里适相吻合，善已；若稍有牵合附会，则最易导国民以不正确之观念，而缘'郢书燕说'以滋弊。例如畴昔谈立宪谈共和者，偶见经典中某字某句与立宪共和等字义略相近，辄撷拾以沾沾自喜，谓此制为我所固有。其实今世共和、立宪制度之为物，即泰西亦不过起于近百年，求诸彼古代之希腊罗马且不可得，遑论我国。而比附之言传播既广，则能使多数人之眼光之思想，见局见缚于所比附之文句。以为所谓立宪共和者不过如是，而不复追求其真义之所存……此等结习，最易为国民研究实学之魔障。二，劝人行此制，告之曰，吾先哲所尝治也；劝人治此学，告之曰，吾先哲所尝治也；其势较易入，固也。然频以此相诏，则人于先哲未尝行之制，辄疑其

---

① 刘师培：《中国民约精义》，《刘申叔遗书》（上），第 588 页。
② 刘师培：《中国民约精义》，《刘申叔遗书》（上），第 599 页。
③ 李帆：《刘师培与中西学术》，北京，北京师范大学出版社，2003，第 189 页。

不可行；于先哲未尝治之学，辄疑其不当治。无形之中，恒足以增其故见自满之习，而障其择善服从之明。"正因如此，梁氏深恶痛绝地说："吾所恶乎舞文贱儒，动以西学缘附中学，以其名为开新，实则保守，煽思想界之奴性而益滋之也。"他还严厉批评道："中国思想之痼疾，确在'好依傍'与'名实混淆'。若援佛入儒也，若好造伪书也，皆原本于此等精神。"①

　　章太炎在早年以西学新理、新法研究中国旧学时，也有"比附"倾向，如其云："管子之言，兴时化者，莫善于《侈靡》，斯可谓知天地之际会，而为《轻重》诸篇之本，亦泰西商业所自出矣。"其将《管子》篇末所言"妇人为政，铁之重反旅金"，引申为："维多利亚之霸欧洲，而权力及于中国，与一切械器轨道之必藉于炼钢精铁者"，并断言："中西之事，管子见之矣。"②但章氏很快便意识到这种附会之弊病，并对"比附式"解释作了严厉批评："今乃远引泰西以征经说，宁异宋人之以禅学说经耶！夫验实则西长而中短，谈理则佛是而孔非。九流诸子自名其家，无妨随义抑扬，以意取舍。若以疏证《六经》之作，而强相比傅，以为调人，则只形其穿凿耳。稽古之道，略如写真，修短黑白，期于肖形而止。使立者倚，则失矣，使倚者立，亦未得也。"③

　　应该看到，对西学之"比附式"理解、"附会式"会通及"类比式"研究，虽非科学，但却是中西学术交流过程中必然出现之现象。对于"比附式"理解盛行之原因，姜义华之论颇具慧眼："对于中国传统学术，没有来得及从其自身内部生长出批判和创新的力量，来独立地进行疏浚清理、发展转化；对于西方新学，也没有足够的基础与时间去加以咀嚼、消化、吸收。急迫的形势，驱使他们中间许多人匆匆地将两者简单地加以比附、黏合合，结果，造成传统的旧学和舶来的新学双双变了形。"④

　　传统之旧学与舶来之新学，"双双变了形"，乃是晚清时期中西学术交流之必然趋势。正是在这种不断"变形"过程中，中国旧学向西方学术体系转轨，逐渐取得了近代形态；正是在这种不断"变形"过程中，传入中国之西学开始其"中国化"历程，逐渐取得了中国之民族形态。近代中国之学术转型，正是在这种"变形"中开始、演进并逐步完成的。

　　需要指出的是，中国学术纳入近代学科体系及知识系统是很复杂的过程，

---

① 梁启超：《清代学术概论》，《梁启超论清学史二种》，第72页。
② 章太炎：《读管子书后》，《章太炎政论选集》上册，第33、35页。
③ 章太炎：《某君与某论朴学报书》，《国粹学报》第2年第11号。
④ 姜义华：《章太炎评传》，南昌，百花洲文艺出版社，1995，第19页。

接纳西方学科体制，仅仅是将中学纳入近代学术体系的开始；按照西方近代学科分类编目中外典籍，也是中学纳入西方近代知识系统的初步。中国传统学术体系及其知识系统，要完全纳入近代西方分科式的学科体系和知识系统之中，必须用近代分科原则及知识分类系统，按照近代科学方法对中国学术体系进行肢解和重新整合，对中国四部名目下的古代典籍进行重新类分。这项工程，便是所谓"整理国故"。尽管章太炎、刘师培等人在清末"保存国粹"过程中开始对中国古代学术进行初步整理，并尝试用西方学科体系界定中国旧学；尽管梁启超等人在研究先秦诸子学时开始尝试用西方近代科学观念及科学方法阐释中国古代思想，但这仅仅是开端，是中国旧学纳入近代新知体系之初步尝试。真正大规模地对中国学术遗产进行发掘、梳理、研究和整合，则是"五四"以后的事。1920年代胡适等人发起的"整理国故"运动①，便是这项工作之具体表现。

(作者单位　中国社会科学院近代史研究所)

---

① 本文讨论之时段限于晚清时期，故不对五四时期"整理国故"运动进行评述，留待他文专论。

李鸿章与左宗棠战和观之比较

贾小叶

在晚清，李鸿章与左宗棠都是能够左右朝廷决策的封疆大吏，他们的言行都曾深刻地影响过晚清的政局，在战和问题上即是如此。全面、客观地比较两人战和观之异同，不仅有助于深入理解其个人思想，而且有助于加深我们对近代中国战和问题的认识。长期以来，学界对二人的战和观有所关注，但缺乏深入的比较研究，一般只是笼统地强调李鸿章主和、左宗棠主战，而对其之所以主战与主和的原因缺乏深入地探讨，对其各自战和观的历史演变缺乏阶段性的分析。因此，所得结论往往流于简单化，道德评判往往多于事实考辨。本文无意于重新评判李鸿章与左宗棠主和、主战的道德是非，只想对二人战和观之演变与异同做一梳理，剖析其主战主和的深层原因，以期对二人的战和观有一个更为全面、客观的认识。

一 共识：外须和戎内要自强

第二次鸦片战争后，基于对当时特定条件下敌强我弱现实的深刻体认，洋务派在外须和戎、内要自强的问题上达成了共识。作为其领袖人物，李鸿章、左宗棠概莫能外。

李鸿章关注洋务始于1861年沪上镇压太平天国之时。因与洋人多有接触，李鸿章很快认识到敌我实力悬殊，主张外要和戎、内要自强。到上海不久，他曾致信曾国藩表示："与洋人交际，以吾师忠信笃敬四字为把握……当与委屈周旋，但求外敦和好，内要自强，以副荩念。"① 在他看来，中外实力相差悬殊，中国根本无法与之抗衡，"彼之军械强于我，技艺精于我，即暂胜

---

① 《李文忠公全集》朋僚函稿，卷一，第26页。

而终败"①,"有贝之财,无贝之才,均未易与数强敌争较,祗有隐忍徐图"②。既然"势"不如敌,只好"和戎"。李鸿章既是和戎的倡导者,也是和戎的忠实实践者。

与李鸿章相比,左宗棠留心洋务较早。第一次鸦片战争时期,他就十分关注战事的进展,曾多次致信贺熙龄询问战况:"洋事不知近如何说,兵心涣散,实出意外,岂彼族别有蛊厌之术邪!"③南京条约缔结后,左宗棠痛心不已,悲叹道:"洋事卒成和局,实意念所不到。市不可绝,则鸦片不可得禁。自此,亿万斯年之天下,其如之何?"④值得注意的是,此时左宗棠是主战而反对言和的。对于林则徐的被革职,他愤懑不已,感叹"是非颠倒如此,可为太息"!当琦善被拿问后,他认为"非严主和玩寇之诛,诘纵兵失律之罪,则人心末由震动"⑤。中国的战败给左宗棠以极大的打击,自此以后,洋务成了他留心的时务。经过多年的关注、思考,当第二次鸦片战争再起之时,左宗棠在战和问题上有了一套较为系统的主张。

1858年《天津条约》签订后,左宗棠致函曾国藩,表达了自己的战和主张。他说:"弟于道光十九年后,即留心此事(指洋务——作者)。以现在局势而论,非款不可,然款亦非战不可,必然之理。今舍战而言款,则亦不过暂时苟且之图而已。"⑥左宗棠的这段话包含了两层意思:其一,认同和戎。在他看来,就现在的中外局势而言,中国无法与西方抗衡,故只能言和。其二,和戎是暂时的,最终目的是要卧薪尝胆,图谋自强,战胜西方。可见,尽管左宗棠认定将来"非战不可",但他更强调了当时中外局势下和戎的必要性。此后,在相当长的时期内,左宗棠是主张和戎而非决战,并因此在诸多中外交涉中与李鸿章态度一致。1870年(同治九年)天津教案发生后,曾国藩在"和戎"宗旨之下,"曲全邻好",苛求津民,并因办理过柔而横遭清议苛责。然而,左宗棠、李鸿章却对曾国藩表示了极大的认同。左宗棠在论及案津时,说:"津门事暂作了局,曾侯之奏,尚为得宜。外人犹以为软,不知其中亦具苦心也。"⑦李鸿章更是对曾国藩的处境深表同情,曾致信同僚说:

---

① 《李文忠公全集》奏稿,卷二十四,第13页。
② 《李文忠公全集》朋僚函稿,卷十一,第7页。
③ 《上贺庶农先生》,《左宗棠全集》书信(一),第29页。
④ 《上贺庶农先生》,《左宗棠全集》书信(一),第30页。
⑤ 《与周夫人》,《左宗棠全集》附册,第251页。
⑥ 《致曾涤生》,《左宗棠全集》书信(一),第307页。
⑦ 《与夏小涛》,《左宗棠全集》书信(二),第203页。

"侯相为教案获谤,今日局面岂可遽议翻腾? 老成谋国,究非卤莽灭裂者比。"① 1874年(同治十三年),日本侵台之时,李鸿章、左宗棠虽都主张积极备战,但二人对开战都有所顾虑。在李鸿章看来,尽管"中土良将劲兵,非不足以摧强敌",但他还是强调"边衅一开,以后乘危蹈瑕,防不胜防"②。因此,他多次告诫沈葆桢,"但扎堵境内,不遽开仗挑衅"③。左宗棠同样表示,尽管目前"轮船已成十五号,洋防可固。更得劲卒余万,以次航海继进,陆路亦有把握","惟此事肇端虽在一隅,而事体实关全局",而不可轻举④。日本吞并琉球后,清议纷纷请战,主张东征。李鸿章则强调"东征之事不必有,东征之志不可无,中国添练水师实不容一日稍缓"⑤;左宗棠同样"言防而不言战",他致信同僚表示:"日本废琉球为郡县,廷议主用兵。弟于总署商询之初,只言防而不言战,并本在闽时见闻所及言之。闻沈幼帅入觐,有主战之议,料谟谋者或不谓然。"⑥ 即使是同治十年(1871年)俄国侵占伊犁后,左宗棠也反对急于与俄开战,他分析中俄形势说:

  现在陇右兵事方殷,固难舍近求远,即令河、湟、甘、凉、肃一律肃清,苟非衅端自彼先开,亦未可横挑肇衅……越勾践之于吴,先屈意下之,汉文之于南粤,卑此畏之,反弱为强,诎以求伸,此智谋之士所优为,黄老之术所以通于兵也。古云"圣人将动,必有愚色,图自强者,必不轻试其锋",不其然乎!⑦

"图自强者,不轻试其锋",而要"屈意"和戎,"苟非衅端自彼先开,亦未可横挑肇衅"。这里,左宗棠充分表达了其和戎以图自强的主张。应当说,"和戎"是第二次鸦片战争后左宗棠的一贯主张。

  如何"和戎"? 在这一问题上,左宗棠与李鸿章同样有着共识。

  其一,在"势"不如人的情势下,他们开始接受体现西方国家意志的外交原则,即接受条约制度和遵循国际公法。第二次鸦片战争后,守定和约成

---

① 《复冯景亭中允》,《李文忠公全集》朋僚函稿,卷十,第34页。
② 《复郭子美军门》,《李文忠公全集》朋僚函稿,卷十四,第27页。
③ 《复沈幼丹节帅》,《李文忠公全集》朋僚函稿,卷十四,第20页。
④ 《上总理各国事务衙门》,《左宗棠全集》书信(二),第454页。
⑤ 《北洋大臣李鸿章奏自强要图宜先练水师再图东征折》,见《清季外交史料》卷二十九,第24页。
⑥ 《答杨石泉》,《左文襄公全集》书牍,卷二十三,第1页。
⑦ 《上总理各国事务衙门》,《左宗棠全集》书信(二),第243页。

为左、李等人的共识。李鸿章强调："各国条约已定，断难更改。"① 左宗棠也认为"从前和约，迫于形势，不得不然。条约既定，自无逾越之理。然若于定约之外，更议通融，恐我愈谦则彼愈亢，我愈俯则彼愈仰，无所底极。惟有遇事守定条约，礼以行之，逊以出之，冀相安无事而已"②。可见，左宗棠守约的目的是为了实现中外相安无事。和戎是有代价的，它必须承认条约所规定的列强在中国的特权，包含着屈辱的一面。但另一方面，守定条约的主张也包含了"制夷"的思想。在此后的外交实践中，守定条约是督抚维护主权的重要途径。从民族主义视角来看，守定不平等条约无疑是一种屈辱。以往论者往往据此，斥李鸿章等人为"卖国贼"。但人们却忽略了具体的历史场景：强权在握的西方侵略者，并不满足于已有的不平等条约，骄焉思逞，希图越出条约范围，夺取更大的侵略权益。在此情况下，处于弱势一方的地方督抚力主"执约拒之"，就不能简单斥之为"卖国"之举了。此外，万国公法亦是他们所接受的另一个近代外交原则。

其二，"洋人论势不论理"，欲要和戎，必先自强。弱肉强食、惟力是视，这是近代外交的本质。在各国列强的坚船利炮面前，无论是条约还是万国公法，都无济于事。要真正实现和戎，必须自强。因此，李鸿章、左宗棠在强调"外须和戎"的同时，提出了"内要自强"的主张。李鸿章始终将"自强"与"和戎"视为一体，在他看来，驭夷之根本在于自强，否则"战、守皆不足恃，而和亦不可久也"。他强调自强与驭夷之间的辩证关系说："外交之道与自强之谋相为表里"，"我能自强，则彼族尚不至妄生觊觎，否则，后患不可思议也"。他认为，"洋人论势不论理，彼以兵势相压而我第欲以笔舌胜之，此必不得之数"，因此，"明是和局而必阴为战备，庶和可速成而经久"③。左宗棠多次强调："以实在情形言之，还看自己强弱何如。我实在能强，则无理亦说成有理；我不能强，则有理亦说成无理，古今同然，国之所以废兴存亡者，在势而不尽在理也。"④ 因此，自强成了问题的关键。这里，李鸿章、左宗棠超越天朝观念的虚骄、懵懂和自欺，认识到近代国际关系的深层内涵，即国家间的和平、平等是以实力为基础的，在强势面前，无理亦能说成有理。基于此，他们强调发展自己、增强实力、实现自强的必要性和急迫性。在如何自强的问题上，他们提出了超越传统的新内容，从求强到求富、从练兵制

---

① 《筹议海防折》，《李文忠公全集》奏稿，卷二十四，第10页。
② 《上总理各国事务衙门》，《左文襄公全集》书牍，卷八，第50页。
③ 《李文忠公全集》译署函稿，卷二，第33~34页。
④ 《答杨石泉》，《左文襄公全集》书牍，卷二十三，第41页。

器到发展工商,无一不是他们为增强国势所做的努力。

由此可见,在第二次鸦片战争后十几年的时间里,李鸿章与左宗棠在"和戎"与"自强"问题上曾经有过共识。这一共识是基于二人对此时敌强我弱现实的深刻体认。这一点不容否认。但同样不能否认的是,随着自强运动的推进,当面临19世纪70年代末的边疆危机时,左、李在战和问题上出现了严重的分歧。这种分歧的出现既有派系之争的成分,更与二人对特定历史条件下敌我势理强弱分析的歧异有关。对于前者,以往的研究关注较多,本文不再赘述,而是重点从理势之辨的角度探讨二人战和之争的缘由。

二 理势之辨与战和之争

19世纪70年代末期,左、李在战和问题上出现纷争,其"战和之争"是以各自对敌我双方的"理势之辨"为依据展开的。这集中反映在伊犁交涉问题上。

1879年(光绪五年),为了收回俄占伊犁,清政府派崇厚使俄交涉,结果崇厚与俄国签订了丧权辱国的《里瓦基亚条约》。消息传回国内,舆论哗然。清廷谕令北洋大臣李鸿章与陕甘总督左宗棠议覆。李鸿章奏上,从三方面阐述了他对崇约及与之相关问题的看法。

首先,就崇约利弊而言,他认为纰缪多端,有弊无利,并对条约内容关系重大者逐条驳斥。他说,关系商务诸条"在彼获益不少,在我耗损已多",而与商务相较,界务损失尤重,"伊犁割去南界数百里,跨距天山之脊,隔我南八城往来要道……扼我咽喉,使新疆南北生气中梗。……中国所以必收伊犁者,以其居高临下,足以控制南八城,谈形势者谓'欲守回疆,必先守伊犁也'。今三面临敌,将成孤注,自守方不易图,岂足控制南路?"

其次,就理之曲直而言,他认为崇约虽有弊无利,但如翻约,则理曲在我。在李鸿章看来,此次崇厚出使,奉有全权便宜行事之权。因此条约"先允后翻,其曲在我。自古交邻之道,先论曲直。曲在我而悔必自招。用兵之道,亦论曲直。曲在我而师必不壮。今日中外交涉,尤不可不自处于有直无曲之地。我既失伊犁,而复居不直之名为各国讪笑,则所失更多"。

最后,李鸿章认为翻约与否,关键要视双方势之强弱而定:"中国必自度果能始终坚持不至受人挤逼,且必自度边备完固、军饷充裕,足够资控御,乃可毅然为之。否则踌躇审顾,只能随宜设法,徐图补救,并宜稍示含容,免使他国闻之，张其效尤"①。李鸿章的意思是，如果中国势力强于俄国，则约可翻；否则只能尽力补救。这里，他并未明言中俄两国孰强孰弱，但他在与同僚的信函中曾经多次对中俄的实力做过比较。李鸿章论敌我实力说："俄在西国为最强，其与中土沿海沿边交界三万余里，更非英美德法可比"，而中国"粤捻平后，遣将裁勇，而饷源愈竭"，"无饷则无精兵无利器。淮军协饷亦十去其四。上年奉部议饬裁一万余人，又分防南北两洋，势可谓强耶？"②不但南北洋兵势不足，"黑吉两省，既乏将帅，更乏劲兵巨饷，断难与俄抵敌"③。即使是左宗棠最为得意的西北军队，"不过尔尔，把握何在？将来俄人不必遽动大兵，止令所属哈萨克布鲁特、安集延及白彦虎之众入境肆扰，数十万人，可一呼而至，左公即首尾不能自顾"④。

基于对敌我理势的此种认识，李鸿章尽管认为崇约纰缪多端，却反对废约开衅，而主张"徐图补救"；如若不能补救，则只能隐忍接受。否则，衅端一开，中国势力不抵俄国，俄国势必"变本加厉"，"有条约外之事"。他并因此对左宗棠等人的主战大加抨击，"左帅主战，倡率一班书生腐官大言高论，不顾国家之安危"⑤，认为"左公意在主战，未免不知彼己、不顾后艰"⑥。可以说，在伊犁改约问题上，李鸿章的主和态度是明显的，在明知崇约有弊无利的条件下，仍然反对废约，这与其对敌我双方势理的分析不无关系。但综观李鸿章对中俄双方势理的分析，可知，他做出敌强我弱、我曲俄直的判断是偏颇、甚至错误的。

首先，就敌我势之强弱而言，李鸿章敌强我弱的认识是片面的，他过分强调了中国的虚弱而对俄国内部的情况缺乏应有的了解与分析。晚清，中国之国防固然虚弱，但其对左宗棠西北军队不堪一击的描述，也未免搀杂了太多的个人偏见。至于对俄国的情况，李鸿章关注较多的是其向中国派兵之动静，而对其内部虚实缺乏分析。如他多次了解到俄国"于伊犁、黑、吉两路添重兵，调铁甲及兵船十数只来华，有藉端开衅之势"⑦，俄"先派海部尚书黑沙土几来华统率师船，又令布策赴京会议，显欲以兵胁制，情殊叵

---

① 《议覆交收伊犁事宜折》，《李文忠公全集》奏稿，卷三十五，第17~18页。
② 《复刘省三军门》，《李文忠公全集》朋僚函稿，卷十九，第33~34页。
③ 《复曾劼刚星使》，《李文忠公全集》朋僚函稿，卷十九，第17页。
④ 《复丁稚璜宫保》，《李文忠公全集》朋僚函稿，卷十九，第14页。
⑤ 《复丁稚璜宫保》，《李文忠公全集》朋僚函稿，卷十九，第14页。
⑥ 《复曾劼刚星使》，《李文忠公全集》朋僚函稿，卷十九，第6页。
⑦ 《复丁稚璜宫保》，《李文忠公全集》朋僚函稿，卷十九，第26页。

测。……其兵船大队集吉林海滨之摩阔威严"① 等情况。但他对俄之虚实缺乏分析，因此仅从这些现象出发而认定中国如不接受条约，俄国必与中国决裂。当曾纪泽被派往俄国再度交涉时，李鸿章疑虑重重，惟恐条约改动过多俄方不能接受而导致决裂。李鸿章的这些主张都因过于畏惧敌强我弱之势而走向屈辱。事实上，当时的俄国内部矛盾重重，君主并非决意欲战。对此，曾纪泽与左宗棠的认识较为深入。曾纪泽致函李鸿章称："与俄决裂不至大有伤害。俄人内惧民乱，外防英侵，未敢更与吾华大开边衅。"② 左宗棠也多次提及俄国的困境（详见下文）。

其次，就中俄理之曲直而言，李鸿章的分析可以说是完全错误的。伊犁本为中国领土，俄国乘机侵占，久假不归，已经理曲。中国索还伊犁，虽订条约，却未经皇帝御批，因此虽中国不认条约，也不为理曲。总之，由于李鸿章对敌我势理分析的诸多错误，因此他反对废约甚至为保和局不惜接受条约的主张，也多所纰缪。也正因如此，李鸿章"主和非战"的主张在群情激愤的场景下，未能起主导作用。

与李鸿章不同，在议覆伊犁交涉事宜的奏折中，左宗棠首先指出了伊犁条约的危害："武事不竞之秋，有割地求和者矣。兹一矢未闻加遗乃遽议捐弃要地，餍其所欲，譬犹投犬以骨，骨尽而噬仍不止。目前之患既然，异日之尤何极，可为叹息痛恨者矣。"进而明确表示了自己的态度："就事势次第而言，先之以议论，委婉而用机；次决之以战阵，坚忍而求胜。"③ "先之以议论"、"决之以战阵"，这是左宗棠在伊犁问题上的一贯主张。敢于"决之以战阵"，这是左宗棠与李鸿章最大的不同。在左宗棠看来，中国不但应该为改约而战，而且具备战的条件，他从势与理两个方面论证了武力改约的可能性，即"论理固我所长，论势亦非我所短"④。具体而言：

首先，从中俄势力来看，左宗棠认为中国有实力与俄国决一胜负。如前所说，第二次鸦片战争后，鉴于中外实力对比强弱悬殊，左宗棠不得不主张苟且和戎，卧薪尝胆，隐忍图强。即使是俄国侵占伊犁之初，左宗棠也反对急于与俄开战，他分析中俄势理说："自古盛衰与强弱之分，在理亦在势。以现在情形言之，中国兵威，且未能加于已定复叛之回，更何能禁俄人之不乘

---

① 《复刘岘庄制军》，《李文忠公全集》朋僚函稿，卷十九，第31页。
② 转引自李鸿章《复曾劼刚星使》，《李文忠公全集》朋僚函稿，卷十九，第17页。
③ 《复陈交收伊犁事宜折》，《左文襄公全集》奏稿，卷五十五，第35、38页。
④ 《上总理各国事务衙门》，《左文襄公全集》书牍，卷二十三，第44页。

机窃据？虽泰西诸国亦知此为不韪，不敢遽肇兵端。"① 但随着新疆战事的顺利进展，左宗棠对自己的军事势力越来越有信心。光绪五年（1879年），他在给同僚的信中写道："此次平定南疆，声威之盛度越寻常，而布置精详，尤令远人钦服。不但海上用兵以来仅见之事，即周、秦以来驭边怀远之略实鲜其比。观俄、英各国议论，无复从前嚣凌气志……以势理观之，彼人固无词可以借口。"② 之后，他又致信胡雪岩，表示："中国戡定齐州，人才辈出，兵力视昔为强，船炮亦与泰西相埒。以之战于海外，胜负尚未可知；若以之固疆宇而张挞伐之威，则主客劳逸之分，自操胜算。"③ 在左宗棠看来，不但中国的兵力可与俄国对抗，而且俄国国内问题重重，"难与中国并论"。他说："俄虽国大兵强，而土旷民少，究难与中国并论。频年黩武不已，仇衅四结。英德各雄邦均不义其所为。土耳其一役，勉以和议，敷衍了局，而衅端仍在。彼此相猜。近复与奥亚里加构兵，法助俄而德助亚。……彼方务于西又肇衅于东，似难逞其毒。今日附近各部苦其征敛横暴，颇有急盼大兵之意。"④ 俄国内部问题重重，这在客观上有利于中国。这可以说是左宗棠主战的主要原因。

其次，就中俄理之曲直而言，左宗棠认为理曲在俄。在他看来，"地山（指崇厚——作者按）虽以全权出使，而所议约章均须候御笔批准，是先无所谓允也。……且俄自踞伊犁，堕我九城，久假不归；纳我叛逆，屡索不与；四纵逋寇，扰我边境。……是俄先已启衅。曲本在俄。"⑤

基于对敌我势理的此种分析，左宗棠认为，就目前边事言之，"以言乎理，则兵以义动也；以言乎势，则盘马弯弓，惜不发也"⑥。可见，左宗棠对战胜俄国信心十足。

应当承认，左宗棠对中俄理之曲直的判断是正确的。而且，他对俄国当时形势的分析也比李鸿章更为深入。后来的事实证明，俄国并不像李鸿章所言强大无比，正如左宗棠所言"频年黩武、仇衅四结"而未能在伊犁问题上再开衅端。

但需要指出的是，由于左宗棠多年用兵西北，与外部世界接触较少，其

---

① 《上总理各国事务衙门》，《左宗棠全集》书信（二），第375页。
② 《左宗棠全集》书信（三），第455页。
③ 《与胡雪岩》，《左宗棠全集》书信（三），第651页。
④ 《答刘毅斋》，《左文襄公全集》书牍，卷二十四，第4页。
⑤ 《上总理各国事务衙门》，《左文襄公全集》书牍，卷二十三，第43页。
⑥ 《答杨石泉》，《左文襄公全集》书牍，卷二十三，第41页。

西学知识远远落后于沿海督抚,而与其当年在闽浙总督位上引领时代潮流、开风气之先的辉煌更不可同日而语。这从同僚对他的评价中即可见及。在伊犁问题上,左宗棠多次表示,俄国外强中干,虚声恫吓,认为俄船为英人所扼,不能出黑海,船政局所造之船足以与俄鏖战,并多次强调水雷的重要性,以中国无此物为憾。对此,刘坤一不以为然,并致信彭雪琴逐一驳斥:"谓俄船为英人所扼,不能出黑海,则大谬不然。张香涛之折亦有此论,为外洋所笑,乃左相复踵其说耶?查从前英人惮俄人之强,合纵德、法等大国与俄人立约,不准俄船出黑海;及同治九年,德、法之战,俄人乘机布告各国,将此约作为废纸,俄船随意出入黑海,英人无可如何。左相近在西陲,何于此节毫无闻见?水雷一事,沿海沿江各省早经购置,并自能制办,而左相犹以为独得之奇。此两层恐总署与合肥嗤其为门外汉也。至谓船政局之船可以与俄鏖战大洋,则未免护前。"① 在当时,刘坤一只不过是一位普通的沿海督抚而已,他的这番话有力说明,当时左宗棠的西学知识与沿海督抚差距很大。而李鸿章对左宗棠更是大加讥讽,说:左相"于近日洋务尚多隔膜,即如奏称船政造成各船可敌俄人东来铁甲,可为笑柄"②。从上述分析可知,第一,左宗棠在伊犁问题上主战,是以对敌我势理强弱的分析为基础的。这与那些盲目逞忿的局外人有所不同。第二,左宗棠在分析敌我势理之时,对俄方的情况隔膜较多,因此得出所谓"自操胜算"的结论未必客观。

不过,与李鸿章"主和非战"的态度不同,左宗棠虽主战,却不反对言和。"先之以议论"即表明左宗棠不但不排斥以和谈方式解决伊犁问题,而且将其作为首选的途径,"决之以战阵"乃是不得已而为之。当清廷决议派崇厚出使俄国交涉伊犁时,左宗棠致信总理衙门说:"地山侍郎此去,当得其要领。惟刚柔之间最宜斟酌,过刚固虑做不到,过柔亦恐了不了。"③ 之后,他又在给同僚的信函中表示:"崇使此去,能否收不战之功,尚不可知,恐其势必至用武。而用武必无了期,此所为长虑却顾、不敢取快一时者也。"④ 可见,左宗棠并不希望通过武力收回伊犁,而是期盼能"收不战之功",即使"以重犒酬之"也在所不惜。崇约签订之后,左宗棠大失所望,但他仍然主张"先之以议论",改定条约。当曾纪泽通过谈判改定条约后,左宗棠欣喜不已,在给同僚的信函中多次提及此事,对条约改订颇为满意,"中俄和议,伊犁全

---

① 《复彭雪琴》,《刘坤一遗集》(四),第1910页。
② 《复黎召民廉访》,《李文忠公全集》朋僚函稿,卷二十,第3页。
③ 《上总理各国事务衙门》,《左文襄公全集》书牍,卷二十一,第30页。
④ 《答张朗斋》,《左文襄公全集》书牍,卷二十一,第31页。

还，界务无损。领事只设嘉峪关、吐鲁番两处，此外均作罢论，则商务亦尚相安。吉林俄船撤还，松花江不许俄船来往"①，而对曾纪泽也颇多嘉许："劼刚此行，于时局大有裨益，中外倾心，差强人意也。"②

总之，在伊犁问题上，李鸿章因过于畏惧俄国的兵"势"而积极"主和非战"，左宗棠却"主战而不反对言和"，其对中俄势理强弱的分析也较李鸿章更为全面。可以说，在伊犁改约的过程中，由于受制于清议，以李鸿章为首的主和者未能起主导作用，左宗棠主战又不反对言和的主张，不仅引领了当时的舆论，而且在军事上积极备战。对此，左宗棠颇为得意，他曾致信同僚，表示："伊犁事，非先之议论，继以兵威，实难望有归束。幸朝廷主之，亲贤辅之，天定人諴，得不为异议所惑，诚数十年未有之盛轨，臣工复疏，力持正论，天下事大有可为。"③ 应当说，左宗棠主战而不反对言和的主张导致了清政府的积极备战，并为曾纪泽的谈判提供了武力支持。伊犁条约得以改定，左宗棠功不可没。

三 "暂胜必终败"与"败局中亦非无胜著"

对如何最终改变中国被动局面的不同思考是导致李鸿章与左宗棠战和观出现分歧的又一原因。诚然，二人在自强与和戎问题上一度达成了共识，但这是以第二次鸦片战争后中国的绝对弱势为条件的。那么，当中国自强之后，如何改变被动挨打的局面，是战还是和？改变中国被动局面的时机何在，是中国完全自强之后，还是只要局部占据优势？对这诸多问题的不同回答导致了李、左战和观的严重分歧。

在左宗棠看来，中国问题的根本解决，必将通过"决战"。如前所述，早在第二次鸦片战争时期，他就明确表示，"和"是暂时的，"和"的目的是为了卧薪尝胆，图谋自强，而"将来"必须通过"决战"来改变中国被动挨打的局面。烟台条约签订后，他又重申了这一主张："泰西维英吉利人狡黠持甚，时论专务包荒，烟台定议，国势日卑，将来非决战不可。"④ 这里，左宗棠所说的"将来"，并非指中国绝对强大之后，而是指局部占据优势之时，正

---

① 《答杨石泉》，《左文襄公全集》书牍，卷二十五，第4页。
② 《答杨石泉》，《左文襄公全集》书牍，卷二十五，第13页。
③ 《与朱茗生侍郎》，《左文襄公全集》书牍，卷二十四，第9页。
④ 《答刘荫渠》，《左宗棠全集》书信（三），第125页。

如他所说：中外对抗"譬之围棋，败局中亦非无胜著。惟心有恐惧，则举棋不定，不胜其耦矣"①。"败局中亦非无胜著"正是左宗棠敢于"决战"的思想基础。尽管与左宗棠一样，李鸿章和戎也是为了卧薪尝胆，图谋自强，但他的观念中缺乏主动改变命运的"决战"成分，而只有被动应战的思想。李鸿章之所以不敢"决战"，根源在于，在他看来，"彼之军械强于我，技艺精于我，即暂胜必终败"②。"暂胜必终败"构成了李鸿章主和基调的思想基础。李鸿章不但不敢于在局部占优势的条件下"决战"，而且在"器精防固"的"将来"也主张"力保和局"，诚如他所说："目前固须力保和局，即将来器精防固，亦不宜自我开衅。彼族或以万分无礼相加，不得已而一应之耳。"③"暂胜必终败"与"败局中亦非无胜著"构成了李鸿章与左宗棠战和分歧的思想根源，这在中法战争中得到了充分的体现。

　　对中法强弱之势的分析，李鸿章与左宗棠颇为接近，但二人所出的战和结论却大相径庭。李鸿章虽然认识到："越如为法所并，凡我属国咸有戒心，而滇粤三省先失屏蔽。红江为滇越相共矿物，尤彼族垂涎，将来划疆拒守，口舌必多，边患固无已时"，但在分析敌我实力之后并未得出"决战"的结论。李鸿章承认中法在越南的对抗中，中国并非一无是处，而是具有局部的优势。首先，他看到中国在陆路方面的优势："北圻沿边诸地，本最瘠，万山丛杂，险阻易守……法兵非轮船不行，而轮船至三江口以上，水浅难进……彼族用兵，素极稳慎，断不敢大队离船冒险深入，若以零队入山进剿，则刘永福所部，及滇粤防军尚可设法困之"④，因此，就陆路而言"则我众敌寡，我主敌客，苟能器械精良，饷糈充备，未始不可战"。其次，就海防而言，他认为北洋海防"较有把握"："筹办有年，限于经费，船舰不齐，尚未练成，难遽与西国兵船决胜大洋，至于口内设防，较有把握……目下法之战舰在越，其势不能全离越境舍而之他。倘或分军来犯，虚声固无足畏，彼如再由本国济师，海道辽远，究难多调陆军"⑤。局部的优势并没有改变李鸿章主和的基调，因为在他看来，中国整体实力不如法国。他对比中法实力说：

　　　　查海疆自广东以迄奉天，口岸林立。惟天津北塘等口，臣驻守十余

---

① 《上总理各国事务衙门》，《左文襄公全集》书牍，卷二十四，第66页。
② 《筹议海防折》，《李文忠公全集》奏稿，卷二十四，第11~12页。
③ 《李文忠公全集》奏稿，卷二十四，第11~12页。
④ 《北洋大臣李鸿章奏豫筹越南边防事宜折》，《清季外交史料》卷三十二，第11~12页。
⑤ 《北洋大臣李鸿章奏与法使会议及筹办北洋防务折》，《清季外交史料》卷三十四，第50页。

年，炮台营垒水雷炮船逐渐筹布，虽未自诩完全，但就现有水陆各军船械兵力，当可自守，然兵力未可少分，饷糈尚待添拨。其他牛庄、烟台及北洋不通商各口，实未能处处布置。至江南之江浙闽粤各口，罅隙更多。泰西各国战局一开，往往数年不解，必至胜负显判而后已。中国兵轮本少，又未经战阵。法国海部铁甲新船四十余号，旧者在外。快船根驳各项战船四百余号，装运陆兵，则另有轮船。其船械之精、操演之熟，海上实未可与争锋。

在中弱法强的态势下，他认为即使陆路方面具有优势，也只能"一时战胜，未必历久不败，一处战胜，未必各口皆守"①。在"暂胜必终败"思想的指导下，李鸿章态度谨慎，不敢公然与法国对抗，而是积极主和。他多次主持和谈，先与宝海议约，后有《中法简明条约》，最后提出了"乘胜即收"的主张。

与李鸿章不同，左宗棠虽然也认识到中国整体实力不及法国，认为"外海与战，难言遽有把握"，对开战之后中国"船炮不利，办理棘手"的现实也早有考虑②，但是他仍然主张与法国"决战"。因为，在他看来，"败局中亦非无胜著"，就中法之兵力而言，中国虽然不足于与之角胜外海，但"筹边固圉，则尚力所能为"③；就法国方面而言，也并非天时地利人和，他认为法国"倾国出师，亦难持久，再衰三竭……劫刚在法都既久，觇其势不能大举犯越，自非无所见而云然"④，而且"泰西诸邦多以法为不然，逆料其与中国不协，必致事无结果，悔不可追，即法人亦何尝不虑及衅端一开，危险日甚，不过势成骑虎，进退两难，姑张虚声，以相摇撼，觇我所以处之者何如，别作区处耳"⑤。更重要的是，越南之于中国，唇齿相连，倘若"藩篱一撤"，后患不可胜言："越南地势南滨大海，被阻崇山，与中国连接，隘口林立，实中土藩篱，非琉球隔在外洋、距日本较近，可以度外置之也。法人所以图越南者，盖垂涎滇黔五金并产，意在假道于越南以开矿取利。"有鉴于此，左宗棠坚决主战，表示："默查时局，惟主战于正义有合，而于事势攸宜，即中外

---

① 《北洋大臣李鸿章奏法越交涉统筹全局折》，《清季外交史料》卷三十三，第5~6页。
② 《左宗棠全集》奏稿（八），第576页。
③ 《筹办海防会商布置机宜折》，《左文襄公全集》奏稿，卷六十，第36页。
④ 《答李少泉相傅》，《左文襄公全集》书牍，卷二十六，第34页。
⑤ 《上总理各国事务衙门》，《左文襄公全集》书牍，卷二十六，第41页。

人情亦无不顺。"① 在他看来"外人反复无常,得步进步,是其惯技",中国"似非示武不足以杜彼蚕食之谋,而纾吾剥肤之急"②,并将"决战"视为"一劳永逸之策"。对于左宗棠之"决战",郭嵩焘作如是观:

> 往与左相书,辨其"一劳永逸"之说,以为值水旱频仍、民穷才竭之时而倡为此论,以急开边衅歆动朝廷。西洋极强已数百年,而慎言战,创定万国公法以互相禁制,每一用兵,或数年,或十数年,必分胜负乃已。故可以理折,而不可以力争也。御之得其道,足与共享其逸。一劳则恐永不能逸。左相老臣,在军借用洋款千余万,创设船局及机器,糜之洋人者亦数百万,于洋务为最习,而有此言,非其智之不足也,趋时之念胜也。③

这里的"一劳永逸"之说,即指左宗棠的主战思想,将左宗棠的这一主张说成是"趋时之念",我认为搀杂了郭嵩焘的个人感情,有失客观。其实,如前所说,左宗棠在战和问题上态度一直很谨慎。天津教案时,左宗棠对曾国藩的处理表示认同;日本侵中国台湾问题上,他虽主张备战,却认为事关大局,不易轻启兵端;即使在伊犁问题上,他开始也不主张用兵。这里,他之所以主战,是以其"败局中亦非无胜著"的思想为基础的。随着自强运动的推进,左宗棠认为中国在中外对抗中不再是全然落后,而在某些局部可与列强较量。因此,在面对侵略时,他放弃了此前"守约"、"和戎"的主张,强调利用局部的优势与之"决战",以改变中国屈辱的现状。正是凭借着"决战"的决心,左宗棠在西北威慑了俄国,收复了伊犁。之后,他又将中法战争视为扭转中国局势的契机,认为"此次越南和战,实中国强弱一大关键",但由于清政府举棋不定,忽战忽和,最终不败而败。左宗棠未能"决战",以至于"遗恨平生,不能瞑目"④。由此可见,左宗棠之主战似与"以战为名高"之清议者不可同日而语。与之相反,李鸿章在"暂胜必终败"思想的主导下,必然是屈辱媾和,不敢抗争。两相比较,左宗棠敢于利用局部优势与列强"决战"的思想似较李鸿章一味妥协的主张更为可取。

---

① 《上总理各国事务衙门》,《左文襄公全集》书牍,卷二十六,第41~42页。
② 《上总理各国事务衙门》,《左文襄公全集》书牍,卷二十六,第46页。
③ 《再致李傅相》,《郭嵩焘诗文集》,长沙,岳麓书社,1984,第219页。
④ 《遗折》,《左宗棠全集》奏稿(八),第604页。

四　结语

综观1860~1885年间，李鸿章、左宗棠的战和主张，可以说二人的战和观"异中有同"。据此，可以得出如下认识：

第一，尽管李、左二人的战和观念"异中有同"，但比较而言，"同"是短暂的，"异"却是根本的。"暂胜必终败"与"败局中亦非无胜著"是二人战和观出现分歧的思想根源。正是在这不同思想的指导下，李鸿章一味主和。当崇约签订之后，李鸿章明知条约纰缪，却不敢翻约，主张屈辱接受；在中法战争中，李鸿章明知中国具有局部的优势，却不敢主战，而是力主签订不平等条约。这种屈辱苟和的主张显然是错误的。相反，左宗棠则能根据敌我势理强弱的变化不断调整自己的战和主张。第二次鸦片战争后，鉴于敌我势力悬殊，他主张"和戎"；而在伊犁问题上，他却力主改约且不惜武力解决，现在看来，这不但是必要的而且是可行的。由此可见，长期以来所形成的李鸿章因主和遭受贬斥、左宗棠因主战受到褒扬的历史评价，并非无根之谈。但如果对主战与主和加以爱国与卖国的道德评判，则未免失之浅薄。事实上，在西方的强势进逼下，无论是左宗棠还是李鸿章在战和问题上都颇费心绪，甚至于矛盾重重，窘迫不已。用卖国与爱国来评判主战与主和，是不科学、不客观的。

第二，无论主战还是主和，二人的内心都充满着矛盾与困惑。这是近代中国半殖民地条件下理为势抑、势不能伸理的现实矛盾在其内心的反映，也是半殖民地条件下中国人常有的心态。当天津教案发生后，曾国藩有鉴于敌强我弱的现实，屈辱主和。但之后他却在一片清议谴责声中"内疚神明、外惭清议"，陷入了深深的矛盾与痛苦之中。这是正义之"理"为强权之"势"裁抑后的痛苦。对此中的无奈，李鸿章与左宗棠感同身受。因此，他们一致认为，此后中国要想不为强势所抑，惟有自强。李鸿章在参办津案时奏称："目前天津之案，必为拿获赔偿，日后自强之策，必求练兵制器，理与势两不偏废，庶与大局有裨。"[①] 此后，李鸿章因主和而多次为清议所诟病，且不说其因甲午战败遭受清议苛责后之狼狈，即使在中法战争中，他也同样为清议所诟病。主和者固然要忍受清议责难之痛，而主战者也往往要承受战败之苦。

---

① 《筹办夷务始末》（同治朝），卷七十六，第2~3页。

中法战后，积极主战的左宗棠感慨良多，在遗折中痛陈："此次越南和战，实中国强弱一大关键。臣督师南下，迄未大伸挞伐，张我国威，遗恨平生，不能瞑目"，并告诫朝廷"并力补牢，先期求艾"①。这其中所透露的是"势"不能伸"理"的悲痛。

第三，自强流于空谈成为李鸿章、左宗棠等人战和两难的根源。只有强势，方能伸理。因此，自第二次鸦片战争后，无论主战还是主和，他们都将"内要自强"视为当务之急，并积极推行洋务运动。但是，他们推行洋务的路上，阻力重重。在当时"朝士皆耻言西学，有谈者皆诋为汉奸"的环境中，其前行的每一步都饱蘸着心血。左宗棠"思之十余年"才有创办船政局之请。李鸿章"于军火机器，注意数年"而后有铁厂之设。但行之不到十年，顽固派便以"糜费太重"为由，奏请停造轮船。由曾国藩、李鸿章发端的幼童留美事业，终因顽固派的阻挠而中辍。李鸿章为在中国修建铁路，费尽心思，却知音难觅，津通铁路终于搁浅。对此，李鸿章哀叹道：

> 鸿章老矣，报国之日短矣！即使事事顺手，亦复何补涓埃！所愿当路诸大君子务引君父以洞悉天下中外真情，勿使务虚名而忘实际，狃常见而忽远图，天下幸甚！大局幸甚！②

无奈与痛惜之情溢于言表。这不只是李鸿章一人的感受，左宗棠也曾面临着同样的困境。然而，每当战争来临的时候，国人以主战相期，清议以主战名高，而他们却因受制于敌强我弱之"势"战和两难。此中的无奈，他们言之屡屡。天津教案后，左宗棠慨叹道："数年以来，空言自强，稍有变态，即不免为所震撼，洵可忧也。此次或无他虑。然事过若忘，当如之何？"③李鸿章更是时时以自强告诫清廷、告诫国人："师彼之长，去我所短，及今为之，而已迟矣。若再因循不办，或旋作旋辍，后患殆不忍言。"④但日迫一日的外患未能扭转朝野苟且因循之习，自强流于空谈，每遇战事，他们只能在战和间游移徘徊。

（作者单位　中国社会科学院近代史研究所）

---

① 《遗折》，《左宗棠全集》奏稿（八），第604页。
② 中国近代史资料丛刊：《洋务运动》（六），上海，上海人民出版社，1961，第234～236页。
③ 《复沈幼丹中丞》，《左宗棠全集》书信（一），第204页。
④ 《筹议海防折》，《李文忠公全集》奏稿，卷二十四，第12页。

甲午前后中日官绅之间的
认知与交往

郑匡民

甲午战争后中日关系的发展,似乎有些令人惶惑不解。战时不共戴天的敌意经过短短的三年,至戊戌变法时竟烟消云散,化为一种令人难以置信的友谊。这确是一个十分复杂的问题。本文认为,造成这一变化的一个重要原因,是两国官僚士绅的思想与行动,可以说是两国知识精英的思想与行动使中日两国各自为了自己的不同利益在极短的时间里由仇敌迅速地变成了盟友。本文对甲午战争至戊戌变法期间中日两国官僚士绅的所作所为做了系统的考察,以解答此项研究中的一些疑问。

对于此一课题,早已受到学术界的持续关注,很多研究中日关系、甲午战争、戊戌变法的著作,都或多或少地涉及此课题。对于一些重要的论著,在茅海建先生与本文作者共同发表的《日本政府对戊戌变法的观察与反应》一文中已做过介绍①。这里不再赘述,仅再补充一些与本文有关的论著。1961年冈义武先生发表论文《国民的独立与国家理性》②;1966年志村寿子先生发表论文《戊戌变法と日本——日清战争后の新闻を中心として》③;1981年野村浩一先生发表专著《近代日本の中国认识——アジアへの航迹》④;1986年石锦

---

① 参阅茅海建、郑匡民《日本政府对于戊戌变法的观察与反应》,《历史研究》2004年第3期。
② 该文最初发表于《近代日本思想史讲座》第8卷《世界のなかの日本》,东京,筑摩书房刊,1961年6月。本文作者所据为《冈义武著作集》第8卷《国民的独立与国家理性》,东京,岩波书店,1993。
③ 东京都立大学《法学会杂志》第6卷,昭和四十一年。
④ 研文出版社(东京),1981年4月25日。

先生发表论文《甲午战后日本在华的活动》[1]；1997年王晓秋先生发表专著《近代中日关系史研究》[2]；2003年葛兆光先生发表《想象的和实际的：谁认同"亚洲"？——关于晚清至民初日本与中国的"亚洲主义"言说》[3]。此外增田涉先生的专著《西学东渐と中国事情——〈杂书〉〈札记〉》[4]、山室信一先生《思想课题としてのアジア——基轴、连锁、投企》[5]、谭汝谦先生的专著《近代中日文化关系研究》[6]、任达先生的专著 China, 1998-1912 The xin zheng revolution and Japan[7] 等专著中也披露了大量的史料。这些先行的研究已勾画出本课题所关注的历史轮廓，其中很多研究相当出色，为本课题的研究奠定了坚实的基础，但仍有很多重要的问题还有待挖掘。为此，本文作者在诸位先进的基础上继续努力。如有不妥之处，还望方家指正。

本文作者曾在日本外务省外交史料馆、国会图书馆、东京大学图书馆等处查阅史料，故本文尽量多发表一些以前未曾用过的新史料，在此同时也从日文论著中转引一些中国研究者尚未利用的日本资料，以供各位参考。本文中所引用的日文资料均由本人译自日文，限于学力，自知错误之处，在所难免，如得方家教正，不胜感谢。

一　日本古之弹丸今之雄国

19世纪中叶以后，中国内忧外患，交相煎迫，国运江河日下，万分危急。咸丰八年（1858）英法联军经大沽进攻天津，威胁北京，迫清政府订立中英、中法天津条约，除索大量军费外，条约中有一条款规定，自今以后不得对英法等国以"夷狄"称之[8]。条约订后，英、法两国分派普鲁斯（Frederick William Adolphus Bruce 1814～1867）和布尔布隆（Alphonse de

---

[1] 该文最初发表于台北《大陆杂志》第31卷第8期。本文作者所据为台北中华文化复兴运动推行委员会主编《中国近代现代史论集》第十一编《中日甲午战争》，台北，商务印书馆，1986，第809～824页。
[2] 北京，中国社会科学出版社，1997。
[3] 载王中江主编《新哲学》第1辑，郑州，大象出版社，2003。
[4] 岩波书店，1979年2月22日。
[5] 岩波书店，2001年12月14日。
[6] 香港日本学研究所，1988。
[7] 作者所据为中译本《新政革命与日本——中国1898～1912》，江苏人民出版社，1998。
[8] 参阅（中美）《天津条约》第五十一款。

思想家与近代中国思想

Bourboulon 1809~?）为驻华公使来北京换约,至大沽口时为大沽守军所拒,双方发生战斗,联军受创后不得不退回上海。咸丰十年（1860年）英法联军整军再战,攻占大沽,随后进攻天津,旋进逼北京。咸丰帝仓皇出奔热河,留恭亲王与英法联军谈判。英法联军至北京后,焚掠圆明园等地,九月始订中英、中法北京条约,十二月,清政府设置总理各国通商事务衙门。其对于西洋各国之事务此后均废除"夷狄"之称,而改用"洋务"。翌年（咸丰十一年,1861年2月）法国公使布尔布隆偕英国公使普鲁斯由天津来到北京,此即为各国公使驻京之始①。此时,清帝国好大自尊的面纱被进一步撕开,迫于西洋列强的军事压力,清政府在与欧美诸国的交往中,不得不依据条约而行。但是对东亚一带各国,依然以传统之藩属纳贡关系视之。

当时,虽有先觉之士认识到中国不变法不足以自强,但多数士大夫尚依然持"夷夏之论",以为"中国政教之美,世无其匹,历史上唯有用夏变夷,未有用夷变夏者也。采用夷法,则非圣人之道。非圣则为不道,变法则为不孝"②。

至甲午战前,中国多数士大夫并没有对日本加以足够的注意,而仅视之为东夷的岛国。然而这个东夷的岛国,早已通过其明治维新而迅速崛起,至19世纪90年代,日本的综合国力已达到其天皇诏敕所希望的"与万国对峙"的水平,并以此实力为后盾,加入了西方列强的行列,对中国发起了咄咄逼人的挑战③。康有为说:"东事将兴,举国上下,咸昧日事,若视他星,臣曾上书,言日本变法已强,将窥辽东,先谋高丽,大臣不信,狠以疏贱,九门深远,格不上达。及东事之兴,举国人皆轻日本之小,贸然与戎,遂致败辱,则太不察邻国,轻视小邦之所由也。"④ 甲午战争爆发后,中国陆军望风披靡,不堪一击,海军虽曾与日军对抗,但终也落得全军覆没。中国败给东洋小国日本,创深痛剧,莫此为大,天朝腐败,暴露无遗。战败的结果就是

---

① 参阅《清史稿》卷154,志129,邦交二,《英吉利》,邦交三,《法兰西》。
② 陈恭录:《甲午战后庚子乱前中国变法运动之研究》,台北中华文化复兴运动推行委员会主编《中国近代现代史论集》第二十一编《戊戌变法》,台北,商务印书馆,1986,第216页。
③ 萧功秦先生认为,甲午战争前,在国内政治舆论上占优势地位的激进的"清流党"影响了清王朝最高层对日关系的决策,使中国与日本过早地"摊牌",甲午战争终于爆发。参阅萧功秦《危机中的变革——清末现代化进程中的激进与保守》,上海,上海三联书店,1999,第24页。
④ 康有为:光绪二十四年正月《进呈日本明治变政考序》,中国史学会主编《戊戌变法》第3册,神州国光社,1953,第4页。

《马关条约》的签订。条约规定了中国割让辽东半岛、台湾全岛、澎湖列岛给日本；赔偿军费白银二万万两；开放重庆、沙市、苏州、杭州为通商口岸等一系列不平等之条款。面对这宰割中国的条文，真是"四万万人齐下泪，天涯何处是神州"。一时举国上下，感愤之深，震动之大达到极点，民族觉醒意识空前高涨。梁启超说：

> 唤起吾国四千年之大梦，实自甲午一役始也。①

又说：

> 甲午以前，吾国之士夫，忧国难，谈国事者，几绝焉。自中东一役，我师败绩，割地偿款，创钜痛深，于是慷慨爱国之士渐起，谋保国之策者，所在多有。②

诚如梁启超所言，甲午战争以后，中国的官僚士绅，开始产生一种前所未有的强烈的危机感。为了挽救民族危亡，他们急迫地寻找一条能迅速地给中国带来效益的富强之路。在迫不及待的找寻中，他们的目光转向刚刚战胜中国的小国日本。在中国天朝上国的朝贡体制的历史记忆中，"莅中国而抚四夷"的观念是根深蒂固的。故日本在中国官僚士绅中的印象一直是"蕞尔三岛"中的"倭寇"。然而就是这个其"明治维新"还稍迟于中国"自强运动"的岛夷之国，在短短不到30年的时间里，已一跃成为一个现代化强国，并一举击败了所谓的天朝上国。这种强烈对比所带来的震撼，自然是空前的。

康有为说："夫以中国二万里地，四万万之民，比于日本，过之十倍，而为小夷慢侮，侵削若刲羊缚豚，坐受剥削，耻即甚矣，理亦难解。"③ 为了寻找失败的原因，中国知识分子开始把注意力移到自己的东邻日本，据康有为自述说，他自光绪十二年丙戌（1886年）初即开始研究日本，甲午以后，为了寻求失败之由，引为借鉴，他更加大了研究近邻日本的力度。经过研究，他发现，日本之所以强盛，全在于修其政治，改弦更张，而不在国之大小，

---

① 梁启超：《戊戌政变记》之附录1《改革起源》，《饮冰室合集》专集一，中华书局，1989，第113页。
② 梁启超：《爱国论》，《饮冰室合集》文集之三，中华书局，1989，第67页。
③ 康有为：光绪二十一年五月十一日《上清帝第三书》，《戊戌变法》第2册，第167页。

所以，中国要改变以往的观念，对其不能再以东夷岛国视之。他在《进呈日本明治变政考序》中说："国无大小，民无众寡，能修其政则强，不修其政则弱。"① 又说：

> 日本地域，比我四川，人民仅吾十之一，而赫然变法，遂歼吾大国之师，割我辽、台，偿二万万。若夫印度，突厥，岂非古有名万里大国哉？然今则夷为奴属，或割为病夫。听诸欧蹂躏焉。②

在康有为看来，国无分大小，民无论众寡，只有顺乎世界之大势，赫然变法，走近代化之路，才能达至富强。换句话说，只有通过对近代性的追求，才能彰显民族的存在，才能重现以往煌煌天朝的气象。在康有为的思想中，那种追求民族与国家富强，重振民族雄风的情绪十分强烈，他热切地希望到那时中国"以二千万之练兵，加数百艘之铁舰，扬威海外，谁能御之"③。而且，"中国地大物博，若水陆并练，则饮马南洋，秣兵欧土而有余，何日本之有哉"④。

十分明显，在康有为的变法图强追求近代化的言说下面，潜藏着更多的通过富强来彰显民族与国家的情绪。

然而，不幸的是，清政府顽固愚鄙，根本不能洞悉世界大势，无推进现代化运动之见识与能力，致被列国视为野蛮之邦，见拒于国际社会大门之外。康有为指出：

> 夫自东师辱后，泰西蔑视，以野蛮待我，以顽愚鄙我，昔视我为半教之国者，今等我于非洲黑奴矣；昔憎我为倨傲自尊者，今则侮我为聋瞽蠢冥矣。按其公法均势保护诸例，只为文明之国，不为野蛮，且谓剪灭无政教之野蛮，为救民水火，故十年前吾幸无事者，泰西专以分非洲为事耳。今非洲剖讫，三年来泰西专以分中国为说，报章论议，公托义声，其分割之图，遍传大地，掌画详明，绝无隐讳。⑤

---

① 康有为：光绪二十四年正月《进呈日本明治变政考序》，《戊戌变法》第3册，第2页。
② 康有为：光绪二十四年正月《进呈日本明治变政考序》，《戊戌变法》第3册，第3页。
③ 康有为：光绪二十一年闰五月初八日《上清帝第四书》，《戊戌变法》第2册，第186页。
④ 康有为：光绪二十一年五月十一日《上清帝第三书》，《戊戌变法》第2册，第171页。
⑤ 康有为：光绪二十三年十二月《上清帝第五书》，《戊戌变法》第2册，第189页。

这种深刻的危机使得康有为和他的变法同志们产生了一种极度的焦虑感。这种焦虑感促使他们认为局部的改革远不足以解决民族生存危机，只有"大变、全变、快变"，才能富国强兵，于是他们在变法方式上使用了更简捷的方式，即直接效法日本。在康有为看来，"泰西讲求三百年而治，日本施行三十年而强，吾中国国土之大，人民之众，变法三年可以自立，此后则蒸蒸日上，富强可驾万国"①；而且"彼（日本）与我同文，则转译辑其成书，比其译欧美之文，事一而功万矣。彼与我同俗，则考其政变之次第，鉴其行事之得失，去其弊误，取其精华，在一转移间，而欧美之新法，日法之良规，悉发现于我神州大陆矣"②。

康有为乐观地认为："今我有日本为乡导之卒，为测水之竿，为探险之队，为尝药之神农，为识途之老马，我尽收其利而去其害，何乐如之。"③ 他声称，这样做"譬如作室，欧美绘型，日本为匠，而我居之也。譬如耕田，欧美觅种灌溉，日本锄艾，而我食之也"④。康有为认为，"大抵欧美以三百年而造成治体，日本效欧美，以三十年而举成治体。若以中国之广土众民，进采日本"，那结果将是"三年而宏规成，五年而条理备，八年而成效举，十年而霸图定矣"⑤。

康有为等变法人士所提出的"以俄国彼得改革为心法"，"以日本明治为政法"的改革方案，是处于积弱积贫状态下的中国知识分子在严峻的民族危机形势下做出的不得已的功利性选择。因为在他们看来，只有实现国家与民族的富强，才能达到抵抗西洋帝国主义侵略，挽救民族危亡的目的，而日本又是亚洲中因学习西方而最先富强的国家，所以学习日本自然是顺理成章之事了。这正像有的研究者指出的那样："在晚清一直到民国初年间，相当多的中国知识人对于日本是相当佩服的，日本明治维新给中国的刺激，现在怎么估量都不过分，它激起了传统中国的自强心情，特别是在甲午一战之后，尽管战败耻辱的感情始终纠缠着中国人的理智的思索，但似乎很多人都从此意识到这一点，就是日本比中国更接近西洋式的'文明'，而西洋式的'文明'就等于是近代国家和民族的'富强'。所以，步日本的后尘，追求文明进步，

---

① 康有为：《康有为自编年谱》，《戊戌变法》第4册，第145页。
② 康有为：《进呈日本明治变政考序》，《戊戌变法》第3册，第3~4页。
③ 康有为：《进呈日本明治变政考序》，《戊戌变法》第3册，第4页。
④ 康有为：《进呈日本明治变政考序》，《戊戌变法》第3册，第4页。
⑤ 康有为：《进呈日本明治变政考序》，《戊戌变法》第3册，第4~5页。

在这方面，很少有人提出疑问。"①

既然从变革纲领上提出了要"不妨以强敌为师资"，即要以"岛夷"或"倭寇"为榜样，而且这种主张又得到了当时知识界大部分人的认同，那么传统的华夷观念的堤防自然也要受到这种观念的侵蚀，而渐趋解体。从传统的观点来看，中国自古颇严华夷之辨，"闻用夏变夷者，未闻变于夷者也"②。这些理论被晚清的一部分官僚士大夫接受下来，作为反对变法的一种理由。此种华夷意识，在倡导变法者中，也是大有人在。他们虽然主张学习外国之长，但中国与夷狄的对称常出于他们之口。例如王韬说："哲人取法于夷狄，孔子学在四裔，亦视其法如何耳。去其不可行者，而择起可行者，则始为得失。"③ 这里，王韬虽主张学习外国，但外国相对于中国而言还是"夷"，中国向外国学习，不是"用夷变夏"而是"用夏变夷"。这虽然是用他们自己所创造的理论反驳了保守势力，但他们的理论还是根据传统的理论立说的。就连提出学习日本的康有为，在其历次给光绪帝的上书中仍称日本为"蕞尔岛国"，而相对日本则称中国"地大物博"，"二万万膏腴之地"。传统的"华"、"夷"等尊己卑人的观念，在其言论中不时可见。所以日本学者评论说：彼时的康有为还没有从华夷秩序意识中解脱出来④。

然而，随着民族危机的日益加深，国人近代自觉性逐渐觉醒，他们对国家富强的追求越来越迫切。一些士绅知识分子也发现天下四夷的观念实在与当时局势不符，于是发表言论，对这种华夷观念加以批判。当时对这种华夷观念抨击最力的要算万木草堂的弟子们⑤。徐勤曾作《春秋中国夷狄辨》，从

---

① 葛兆光：《想象的和实际的：谁认同"亚洲"？——关于晚清至民初日本与中国的"亚洲主义"言说》，载王中江主编《新哲学》第 1 辑，郑州，大象出版社，2003，第 227 页。
② 参阅《孟子·滕文公上》。
③ 王韬：《与周韬甫徵君》，《韬园尺牍》卷四，第 153~154 页。
④ 村田雄二郎：《康有为と"东学"——〈日本书目志〉をめぐって》，东京大学教养学部外语科编，外国语科研究纪要，中国语教室论文集，第 30 页，1992 年第四十卷第五号。
⑤ 当时，提出同一主张的还有很多人，比如易鼐便在《湘学新报》的第 35 册中说："中土之谈风俗者，于同洲各国，率鄙之曰四夷，或曰四裔，或曰异域，依然以华夏自居。小者以藩属待之，大者以夷狄视之。然不知春秋之义，夷狄不以地而以人。风俗不善，无礼无义，乃曰夷狄。是故中国而类乎夷狄，则降而夷狄之，夷狄合乎中国，则进而中国之。斯义既昧，于己国之风俗，美者益夸大而张皇，劣者弥缝而掩盖，虽其极陋而甚弊者，亦举国习以为然。沈锢蛰于其内，莫能冲破其藩篱。一言及他国之风俗，较胜于己者，嫉之忌之，而不宣于口，恶者则援之以为谭柄，且过当其实。近者海禁宏开，万方辐辏，无识者仍以其夷狄其同洲各国之故伎，夷狄他洲也。"参阅王尔敏《中国近代思想史论》，台北，商务印书馆，1995，第 456~457 页。

历史的角度上区分中国与夷狄的本意。梁启超则为徐书作序,提出自己的主张。

梁启超认为当此万国并立之时,当时的区分华夷,尊己卑人之说毫无理论根据。他认为,中国、夷狄本无定名,在国际社会中,各国都应当根据本国的行为,或被称为夷狄,或被称为中国。他说:"自宋以后,儒者持攘夷之论日益盛,而夷患而日益烈,情见势绌,极于今日,而彼嚣然自大者,且日哓哓而未有止也。叩其所自出,则曰:'是实春秋之义'。"但是为什么越"攘夷"而夷患日益烈呢?梁启超认为是这些人不懂得春秋三世之义。他说:

> 孔子之作春秋,治天下也,非治一国也,治万世也,非治一时也。故首张三世之义、所传闻世、治尚麤觕,则内其国而外诸夏,所闻世,治进升平,则内诸夏而外夷狄。所见世,治致太平,则天下远近大小若一,夷狄进至于爵。故曰有教无类。又曰洋溢乎中国,施及蛮貊。凡有血气,莫不尊亲,其治之也,有先后之殊,其视之也,无爱憎之异,故闻有用夏以变夷者矣,未闻其攘绝而弃之也。今论者持升平世之义,而谓春秋为攘夷狄也,则亦何不持据乱世之义,而谓春秋为攘诸夏也?且春秋之号夷狄也,与后世特异,后世之号夷狄,谓其地与其种族,春秋之号夷狄,谓其政俗与其行事。①

梁启超指出,"中国"与"夷狄"因"三世"不同,只有治之先后的区别,而没有视之爱憎的差异。春秋时所谓的"夷狄"与后世的"夷狄"也有不同,春秋时判断其是否为"夷狄"的标准是根据其政俗和其行事。后世判断其是否为"夷狄"的标准是根据其地域与种族。按梁启超的理论,保守势力所谓的攘夷之论实际上并不符合孔子的原意,如果要说"攘"则应当攘那些不符合"中国"之行的政治风俗及其不符合世界大势的行事。他进一步指出:

> 夫晋郑邾卫,中原之名国也,鲁者尤春秋所托焉,以明王法者也,而其为夷狄,又何以称焉?董子云:春秋之常辞也,不予夷狄而与中国为礼。至泌之战,偏然反之,何也?曰:春秋无通辞,从变而移。今晋变而为夷狄,楚变而为君子,故移其辞以从其事。大哉言乎。然则春秋

---

① 梁启超:《春秋中国夷狄辨序》,《饮冰室合集》文集之二,第48页。

思想家与近代中国思想

之中国夷狄本无定名,其有夷狄之行者,虽中国也,靦然而夷狄矣,其无夷狄之行者,虽夷狄也,彬然而君子矣。然则籍曰攘夷焉云尔,其必攘其有夷狄之行者,而不得以其号为中国而恕之,号为夷狄而弃之,昭昭然矣。何谓夷狄之行?春秋之治天下也,天下为公,选贤与能,讲信修睦,禁攻寝兵,勤政爱民,劝商惠工,土地辟,田野治,学校昌,人伦明,道路修,游民少,废疾养,盗贼息。由是乎此者,谓之中国,反乎此者,谓之夷狄。痛乎哉,传之言也。曰:然则曷为不使中国主之,中国亦新夷狄也。①

依梁启超的理论,"中国"与"夷狄"不是一成不变的而是互相变化的,只要有夷狄之行的国家,虽然为"中国",也会成为"夷狄";而那些无夷狄之行的国家,虽"夷狄",也会彬然君子,而变为"中国"。所谓攘夷,是攘那些有夷狄之行者,不论这些行为发生在中国或国外。这样,梁启超根据春秋之义,把区别夷夏的标准从强调民族与地域方面,转换到强调政俗与行事的方面。易言之,梁启超是用能否推行近代化这样的标准来区分"中国"与"夷狄",能推进近代化,融入世界,则被视为"文明",被视为"中国",反之,抱残守缺,顽固不化,则被视为"野蛮",被视为"夷狄"。他在《论中国宜讲求法律之学》中进一步阐明这个观点:

泰西自西腊罗马间,治法家之学者,继轨并作,赓续不衰。百年以来,斯义益畅。乃至以十数布衣,主持天下之是非,使数十百暴主戢戢受绳墨,不敢恣所欲。而举国君民上下,权限划然,部寺省署,议事办事,章程日讲日密,使世界渐进於文明大同之域。……有礼义者谓中国,无礼义者谓之夷狄。礼者何?公理而已。义者何?权限而已。今吾中国聚四万万不明公理不讲权限之人,以与西国相处,即使高城深池,坚革多粟,亦不过如猛虎之遇猎人,犹无幸焉矣,乃以如此之国势,如此之政体,如此之人心风俗,犹嚣嚣然自居中国而夷狄人,无怪乎西人以我为三等野番之国,谓天地间不容有此等人也。②

梁启超认为泰西各国自希腊、罗马以来即重法律之学,以法律规定君民

---

① 梁启超:《春秋中国夷狄辨序》,《饮冰室合集》文集之二,第49页。
② 梁启超:《论中国宜讲求法律之学》,《饮冰室合集》文集之一,第93～94页。

上下之权限,限制暴君专制,所以使世界日趋文明,而清政府不明公理,不讲权限,依然是一种野蛮的政体。在此万国竞争的时代,自称是"中国"而实际属于"夷狄"之行的国家,不能见容于国际社会。

梁启超利用《春秋》中的微言大义,反驳了保守势力的攘夷理论,同时提出了"中国亦新夷狄也"的观点,指出值此千邦并列、万国荟萃的世局中,清政府如不纡尊降贵,革故鼎新,那么此三等野番之国将不容许存在乎天地之间也,从而成为其变法理论的张本。

可见,甲午战争后,随着列强侵略的加剧,以及西方文明的刺激,中国的民族主义开始觉醒,学习外国以求富强成为有识之士的追求。他们重新揭示夷狄华夏之别,其根本的意图是打破中国老大自尊的偏见,要人们虚心承认别人的长处,认清自己已然为夷狄,必须发愤向别人学习。由于日本比中国学习西方文明更卓有成效,所以日本成为中国追求富强目标所效法的榜样。

当时的士绅知识分子眼中的日本,充满了理想主义的色彩。宋恕称赞日本说:"今之日本,文明之度胜中国,非但亿兆与一比例也。"[1] 康有为称赞日本山水:"日本三岛为昆仑东干,尽处渡海,由库页虾夷而成岛。如茶芽,如花芯,嫩枝葱叶,英英溢出,故其山水秀绝寰区,西人亦以为过于瑞士。其士女裙屐翩翩,歌舞谣詠,冶游美术皆自南洋诸岛有由也。又有热水自赤道来环之,与英国同,故激力益大,雕山镂水,尽成金碧,宫阙渐皆白矣。"[2] 黄遵宪称日本乃是"法界楼台米家画,总输三岛小仙山"[3]。

对日本宣传最力的要数梁启超,他笔下的日本更是具有一种理想主义的色彩,他说:"西方全盛之国,莫美国若,东方新兴之国,莫日本若。"[4] 在梁启超看来,日本"富强"的原因全在于明治维新,而明治维新成功,又全在于维新志士。他认为明治维新开始之时,"不过起于数藩士之议论",随后则"一夫倡,百夫和,一夫死,百夫继",以至使维新声浪遍于全国,至"安政庆应之间,日本举国甚嚣尘上矣"[5]。他对日本的维新志士充满了景仰之情。他在读过冈千仞的《尊攘纪事》和蒲生重章的《伟人传》后,浮想联翩,不能自已。志士们的言论丰采,一一映印耳目。他认为当时日本不仅有吉田

---

[1] 宋恕:《宋恕集》下册,北京,中华书局,1993,第697页。
[2] 康有为:《日本书目志》,蒋贵麟主编《康南海先生遗著汇编》第11册,宏业书局,1986,第171页。
[3] 黄遵宪:《人境庐诗草·己亥杂诗》卷四十四,第295页,转引自王德昭《黄遵宪所见之日本》,《从改革到革命》,北京,中华书局,1987,第16页。
[4] 梁启超:《变法通议》,《饮冰室合集》文集之一,第43页。
[5] 梁启超:《记东侠》,《饮冰室合集》文集之二,第29页。

松阴、佐久间象山、青川八郎、牟田尚平、中山忠爱、平野国臣、真木保臣、小河一敏等声名赫赫、建功立业的志士,"乃至僧而亦侠,医而亦侠,妇女而亦侠"。在他的眼里,明治维新之前日本举国不论老弱妇孺,都是维新志士。他这样描写道:

> 日本荆、聂肩比,朱、郭斗量,攘夷之刀,纵横于腰间,脱藩之绔,络绎于足下。呜乎,何其盛欤!龙蛇起陆,惊前劫之杀机,燕雀处堂,哀尸居之余气,书其微者,而显者可以概矣。①

他认为日本的明治维新之所以成功,乃是由于日本民族具有这种豪侠之气。他分析道:

> 中国日本,同立国于震旦,划境而治,各成大一统之势,盖为永静之国者,千年于兹矣。日本自劫盟事起,一二侠者,激于国耻,倡大义以号召天下,机掭一动,万弩齐鸣,转圜之间,遂有今日。后之论者,悼诸君所志之未成,而不知其所成盖已多矣。我国自广州之役,而天津,而越南,而马关,一耻再耻,一殆再殆,而积薪厝火,鼾声彻外,万牛回首,丘山不移。呜呼,岂外加之力犹未大耶?抑内体之所以受力者,有所不任也。②

看着邻国的昌盛,对照自己政府的腐败,梁启超发出了"抚王室之蠢蠢,念天地之悠悠"的叹息。此时此地,他心目中的日本,虽然面积只是区区三岛,但已丝毫无"东夷"的意思,而是使"西方之雄者,若俄,若英,若法,若德,若美,咸屏息重足,莫敢藐视"的"豪杰之国"③。后来,梁启超在读了黄遵宪的《日本国志》后说:

> (日本)三十年间以祸为福,以弱为强,一举而夺琉球,再举而割台湾。此土学子鼾睡未起,睹此异状,挢口咋舌,莫知其由。故吾政府宿昔靡得而戒焉。以吾所读日本国志,其于日本之政事人民土地及维新变

---

① 梁启超:《记东侠》,《饮冰室合集》文集之二,第29页。
② 梁启超:《记东侠》,《饮冰室合集》文集之二,第31页。
③ 梁启超:《记东侠》,《饮冰室合集》文集之二,第29页。

政之由，若入其闾阎而数米盐，别白黑而诵昭穆也。①

字里行间，流露着对日本明治维新的仰慕之情，正是由于变法维新使日本由"古之弹丸"而变成"今之雄国"②。他希望中国人学习日本，特别是日本人的侠义精神，鼓励中国人效法明治维新，而不再仅仅认为它是"小夷"。他认为中国只要变法图强，也会像日本那样，实现民族与国家的富强。

可以说，当时在维新志士眼中，日本已经脱却了"岛夷"的色彩，而变成了亚洲诸国学习西洋的先驱，西洋文明在亚洲的代表和中国近代化的榜样。

二 明治前期日本大陆观的演变

上节我们论述了甲午战后中国士绅知识分子日本观的变化。那么，日本的知识分子在甲午战后又是如何看待中国的呢？为了搞清这个问题，我们不妨追溯至明治初年。

明治二年（1869）二月，岩仓具视在给三条实美的意见书中的《外交之事》条下这样写道："虽然不得不与外国建交，但海外万国毕竟皆我皇国之公敌也。公敌者，何谓也，彼海外万国日日研究文学，日日磨练技术，以谋富强……海外万国各自皆欲立于他国之上，甲国对乙国，乙国对丙国，皆莫不然。故曰，海外万国，皆我皇国之公敌也。"因而，新政府成立之后所坚持的对外和亲政策并非采取国际主义的观点，一方面，岩仓所谓的"海外万国皆我皇国之敌"的观念深深地隐藏在背后，而随着"神选之国"（指日本——作者）的生存本身成为课题之时，梦想着膨胀的国家理性（reason of state）也同时在黑暗里跃动③。

明治维新以后，西洋列强的沉重压力虽未直接地加在日本头上，然而，"西力东渐"的滔滔大势，在以中国为中心的舞台上的不断蔓延，对日本来说，无论如何也不能说是毫不相干。幕府末期，日本的有识之人士即对西方帝国主义势力不断向近邻中国渗透一事，抱有强烈的不安。他们认为，这种渗透，对日本的民族独立，无疑存在着巨大的危险。到维新以后，这种观点也未发生变化。于是，西方帝国主义对中国的侵略以及中国的命运，引起了

---

① 梁启超：《日本国志后序》，《饮冰室合集》文集之二，第50页。
② 同注①。
③ 冈義武：《国民的独立与国家理性》，第243页。

日本的统治层及知识层强烈的关注。在他们看来，这种事情，绝不仅仅是隔岸之火，而是应深切关心之事。不唯如此，他们甚至因此对中国产生一种连带的感情。于是，在日本国中，中日两国有着"唇齿辅车"关系论调，则被人频频提起，而"日清提携论"也经常由不同的人所提倡。这部分人主张，中日两国应当互相提携，共同抵抗西方帝国主义的压力，以保卫两国的民族独立。有时，他们也将韩国加进来，而提倡"日清韩三国提携论"①。例如，幕末由佐藤信渊、平野国臣、胜海舟等所提倡的"日清提携论"，到维新以后，也为不少人所继承。明治三年（1870年，清同治九年）日本因"西人强逼该国通商，心怀不服，而力难独抗，欲与中国通好，以冀同心协力"②。故遣差官柳原前光等人来华接洽，中国方面虽许与日本订约，但因柳原前光官阶太低③须改派大员来华，方允与其订约。翌年，明治四年（1871年，清同治十年）旧历四月，日本政府派出大藏卿伊达宗城为钦差大臣、外务大丞柳原前光、津田真道为副使、郑永宁（郑芝龙后裔）为翻译，一行20人于旧历六月初九日到达天津，与中国订立了中日修好条规18条，通商章程33条。条约的第二条中即规定："两国既经通好，必互相关切，若他国偶有不公及轻藐之事，一经知照，必须彼此相助，或从中善为调处，以互敦友谊。"从这里面即可反映出"日中提携论"的精神④。

明治政府的决策人中岩仓具视即是热心提倡"日清提携论"的一人。明治八年（1875）他在奏折中向天皇建议说："诸外国中唯罗西亚最为可怖，如清国为罗西亚所吞并，则我国之独立即陷于危境，故对我国而言，应与清国谋求亲善，互相援助，合而共谋两立两全之策。"在其后的明治十五年（1882）十月，当朝鲜壬午事变中日关系日呈紧张时，岩仓在给井上馨的意见书中还是坚持他的"日清提携论"。他写道：今日于亚洲保持独立者，唯日清两国而已，此两国若不能互相提携，则终将不能阻止"西力东渐"之势力⑤。

当然，提倡"日清提携论"的人不仅限于明治政府的决策层中，在社会

---

① 冈义武，前揭书，第248页。
② 参见《李文忠公全书》奏稿卷70，第53～54页。转引自蒋廷黻编《近代中国外交史资料辑要》中卷，商务印书馆，1934，第55页。
③ 从四位外务署理大丞，相当司长地位。
④ 梁嘉彬：《李鸿章与中日甲午战争》，中华文化复兴运动推行委员会主编《中国近代现代史论集》第十一编，《中日甲午战争》，台北，商务印书馆，1986，第273～274页；冈义武，前揭书，第248页。
⑤ 冈义武，前揭书，第249页。

上也大有人在，他们的主张散见于明治前期民间的评论及意见书中。即使是到了明治20年代，志贺重昂也仍在其所著的《南洋时事》中极力提倡"日中提携论"。这在当时只不过是普通的一例。又比如明治二十三年十月三日《朝日新闻》登载了题为《国防私论》的文章，文章作者也在大力宣扬"日中提携论"。这位作者认为，今日之东洋，当欧洲侵略主义之冲，若想抵抗欧洲之侵略，则非用日中两国之"合纵同盟"不可。自古以来，日本与中国之关系虽或亲或仇交错而行，然若从世界大势来考虑，值此"东洋之危局"之际，欲谋各自永久之独立，则应"互相于恩仇两相忘"，而互结"同盟和约"，以对处此重大之变局。像这样的例子还有很多。它们广泛地存在于当时及以后的日本社会中[①]。

然而，随着国际与国内环境的急剧变化，在日本的决策统治层与知识层中产生了一种早日赶超西方先进水平的焦急心态，这种焦急心态使得原有的"日清提携论"一步步向极端倾斜，于是又从"日清提携论"中派生出一种"清韩改造论"。

这种主张，大约产生于明治六年以后。当时，明治政府因征韩论发生分裂，西乡隆盛等辞职返回故里，而留下的决策层则加大了推进现代化的力度。在这期间他们虽遇到了巨大的困难，但却未能挡住其前进的脚步。在他们的努力下，日本的现代化运动得到了长足的发展。然而，与此相反，清韩两国在摄取西方文明上却显得步履蹒跚。这种结果使得日本与清韩两国在近代化道路上的落差与日俱增。按日本的逻辑，对近代化的追求，乃是发扬民族主义，保持民族独立的必要条件。而在西方帝国主义的重压下中国的近代化进程却如此地缓慢。如此看来，中国能否维持其民族独立的问题在日本的统治层和知识层中逐渐地引起强烈的不安，当然，日本的这种担心绝非是为了中国，因为，在日本看来，中国的民族独立与日本有密不可分的关系，中国若亡，日本将失其藩篱。于是，日本的一部分知识分子对以往的那种单纯在中国的现状基础上与中国互相提携的理论做了修正，提出了一种促进中国国内改革，帮助中国近代化的理论，这种越俎代庖的理论便是所谓的"清韩改造论"。

福泽谕吉应当说是"清韩改造论"的代表人物。他在明治十四年（1881年）的《时事小言》中曾提出过这种理论。他说：像我国这样摄取西洋文明而使文明进步之国于东洋实属绝无仅有，值清国开化迟迟未前之际，东洋诸

[①] 冈義武，前揭书，第249页。

国中应称为"文明之中心",而立于先头与西洋抗衡者,除日本国民之外而无他,我们不能不认识到,保护我亚细亚之东方,乃我日本之责任。世间虽有只谋自国独立,而不管他国的主张存在,但这种观点大谬不然。例如,自家房屋虽为石造,而近邻房屋为木造,火灾发生时也不能安心。为了防止火灾,应在考虑自家措施的基础上也考虑近邻的措施。万一有事,应援自然是应有之事,重要的是即使是无事之时,也要与近邻进行交涉,使其也按照我家式样造成石屋。视不同情况,甚至强令其改造也无妨。而且当形势紧张之时,也可以毫不客气地占领其土地而用我的手来重建。这样做的目的当然不是为了邻居,这乃是怕其家的火灾殃及于我。当前西洋诸国向东洋的扩张势力的情景犹如火势之蔓延。东洋诸国,特别是与我国邻近的清韩等国因"迟钝"而不能与之相抗,这就犹如不堪火势的木造房屋一样。故而,我国应不为他国而为自国,以武来保护之,以文来诱导之,使之速速仿行我之成例,不达近时文明之境而不止,于不得已之场合,"以力胁迫其进步"也行之无妨。"唇齿相连,辅车相依"虽可用于国力相当之国,然今欲与清韩互相依赖之主张,乃极为迂阔之论①。

这里应该注意的是,明治维新以后,在"西力东渐"的背景下,日本虽存在着"日清提携论"的主张,然而,现实中的日清关系,却时常呈现紧张的情况。明治七年日本对台湾的征讨,明治十七年朝鲜发生的甲申事变,都使两国走到了战争的边缘。而随后,两国间终于爆发了甲午战争。说起来也很奇怪,差不多每隔十年,两国关系便发生一次巨大的危机,而最后终于导致了悲惨的结局。

如此一来,中日关系的这种动荡不安的险恶的现实,则不能不与"日清提携论"发生冲突,尽管当时日本朝野中主张"日清提携论"的大有人在②。

然而,中日关系中所呈现的尖锐对立与潜在的战争危险,强烈地刺激了日本的民族主义,并且使之更加昂进。明治维新以后,日本政府将其军事能力的扩充与加强当成日本现代化的重要部分而倾注了巨大的力量。在上述的

---

① 福泽谕吉:《时事小言》第四编《国权之事》,转引自冈义武,前揭书,第250~251页。
② 如前文所提到的岩仓具视在其奏折中有"若日清不互相提携则不能扼制西力东渐之大势,为区区一朝鲜而与清国发生战争实于我国不利,徒使狡猾之欧洲人坐食渔翁之利"的话,而且这种所谓的应将朝鲜的宗属问题搁置起来而避免与清国对立的观点也并非岩仓具视一人,在社会上其他人也不时地发表"日清提携论"。例如明治十四年,中江兆民的《吾侪不欲议论时事》(《东洋自由新闻》第一一号),明治十五年小野梓的《论外交》《东洋论策》明治十八年),志贺重昂《南洋时事》(明治二十年),末广重恭(铁肠)之《东亚之大势》(明治二十六年)等文章中都可以看到"日清提携论"的主张。参阅冈义武,前揭书,第255页。

历史背景下,明治政府在其明治十五年的军备扩张计划中,已将中国定为假想敌国。更应注意的是,在"西力东渐"大势的蔓延过程中,清朝国内的改革却始终未见成效,如此下来,在日本知识层中,瓜分中国的忧虑与日俱增。然而,正如上文已经谈到的那样,日本的这种恐怖与不安,乃是因为中国逐渐被西方列强分割一事直接威胁到日本的民族独立缘故①。

于是,在以上的形势下,日本出现了一种"日本应向清韩扩展势力,如果瓜分中国成为现实,则应前进一步,且在瓜分前参加瓜分者的行列"的主张。这种"参加瓜分中国论"的主要企图是,在列强瓜分中国前,抢先一步从中国攫取部分权益,并以此为筹码,在与西方帝国主义的角逐中取得相对的势力均衡,并试图以此来达到日本民族独立的目的。这种主张,乃是在"日清提携论"未见成效的情况下,为确保其民族独立的另一种构想②。

这样的例子有很多,例如杉田定一于明治十七年怀着改造中国的目的来到中国,但是来到中国后他发现清朝的"腐败实在想象之上,不能用语言来形容"③。清朝上下"固陋顽冥,不知宇内之大势",而西洋列强于东亚互相竞争,都企图获得其支配的地位。如此一来,清朝逐渐成为西洋帝国主义之争夺地,值此之际,日本与其坐视西洋帝国主义侵入东亚而成其"俎上肉",不如进一步而成其"膳上客",在他看来,这种方法乃是处此"优胜劣败之活世界之法则"④。

最有代表性的例子还要属福泽谕吉,明治十八年,他在《时事新报》上发表了一篇题为《脱亚论》的文章。这篇文章并不太长,其主要的意思是想让日本脱离亚洲,参加到西方列强的队伍中去。他认为,当今之世,若不吸收西洋文明则不能保持国家的独立,故日本所做万端之事均是摄取西洋文明而从古风中脱出,其结果终于使日本成为全亚洲之中心。日本所做的一切,其宗旨用"脱亚"二字可尽其义。与此相反清韩两国却固守古之传统,如此下去,其维持独立则全然无望,这样的国家若实行日本明治维新那样的改革则另当别论,如若不然,则肯定于数年之内亡国,其领土为世界文明诸国所瓜分,此一点应毫无异议。辅车唇齿虽属邻国间互相帮助之语,然今日清韩两国对日本而言,不唯无丝毫之帮助,西洋文明诸国将日本与清韩同样视为未开化之国,为此则使日本于外交上蒙受不少困难,故而日本应取之策乃是:

---

① 参阅冈义武,前揭书,第254~255页。
② 冈义武,前揭书,第256页。
③ 富永重编著《杉田定一翁小传》,昭和九年,转引自冈义武,前揭书,第256页。
④ 杉田定一:《游清余感》,转引自冈义武,前揭书,第256页。

不应再犹豫,等待邻国的开明,而毋宁脱离其伍而与西洋文明国共进退,待中国及朝鲜之法也不能因其是邻国而对其有特别的照顾,而唯应随西人待其之法而处置之,与恶友亲近者不免与之共担恶名,故日本应从心中谢绝东亚之恶友①。

在他们的影响下,日本又逐渐地出现了各式各样的"入侵大陆论"。

中日甲午战争时期,日本的思潮又发生了变化,战争刚一开始,顺利发展的形势使日本朝野上下欣喜若狂,据当时的外务大臣陆奥宗光的《蹇蹇录》载:

> 于平壤、黄海胜利之前暗中为战争胜负而焦思苦虑的国民现在却早早对胜利毫不怀疑,所余唯有我旭日旗何时进入北京城而已。于是乎国中之气象乃壮心快意之情狂跃,骄肆高慢之气横流,国民到处如泥醉于喊声凯歌之场,将来之欲望与日俱增。②

然而,好景不长,日本国民这种狂喜的情绪,没有多久即被三国干涉的冷酷现实所打破,日本朝野上下从极度兴奋的高峰,跌至异常愤懑的深谷:

> 明治二十八年四月二十三日,俄、德、法三国干涉之事突来。翌日,天皇于广岛行宫举行御前会议。庙议确定,与第三国之和亲断不能破,再树新敌亦断非得策。而就当时国中一般状况而言,社会恰如一种政治恐慌袭来,从惊愕之极,陷入沉郁之中,忧心忡忡皆有我国要塞将受三国炮击之虞。高谈匡救大难者,几无一人。③

人人胸中郁积不平不满之念一时勃发,昨日还抱有过分之骄慢,今日却生终日蒙受屈辱之感,各人之骄慢因其所受挫折之程度均觉异常之不快。彼之不满与此之不快,早晚若不向何处泄之则不能自慰④。

三国干涉还辽事件对日本产生了多重影响。首先是朝野上下对西方列强

---

① 福泽谕吉:《脱亚论》,《福泽谕吉全集》第10卷,东京,岩波书店,昭和三十三年,第238页。
② 陆奥宗光:《蹇蹇录》,东京,岩波书店,昭和十六年,第128页。
③ 陆奥宗光:《蹇蹇录》,第255页上。荻原延寿编《陆奥宗光》中公バックス《日本の名著》第35册,中央公论社,昭和五十九年七月二十日。
④ 同注③。

尤其是俄国的仇恨。《太阳》杂志明治二十八年（1895年）在一篇题为《卧薪尝胆》的文章中用愤懑的笔触写道："三国之善意，一定会酬谢，吾帝国国民绝非忘恩负义之国民也。"① 其次是三国干涉还辽使日本国民的一等国的幻想被无情地打破，他们清醒地认识到，日本于国际政治中，尚处于低下的位置②。日本若不想为西洋列强所制，唯有增强国力不可。陆羯南在日本决定返还辽东半岛时写道："有时国际上的事务应以力来裁决，而不唯以理争也。"③

德富苏峰在其日后的回忆中也写到了他当时的心情：

> 日本人作为国民而言，长久以来，自癸丑到甲寅，饮下了三斗苦酒，此即是三国干涉还附辽东半岛之事，当时予获知辽东半岛为日本新领土时，即从旅顺口、营口、海城、大石桥、盖平等地踏查，将还旅顺口之时，忽接此报，即上归途，携之而还之物，仅有旅顺口海滨沙砾一掬，曰：是尚为日本领土之一片也。后又有诗曰：
> 谁下天书泣万民，辽东复见竟荆榛。
> 诸公谋国襟怀大，百战山河举附人。
> 恐怕当时之志士，皆与予有同感也。④

他又说：

> 若说辽东半岛归还一事几乎支配了我一生的命运则毫不过分，自闻此事以来，予于精神上几乎变成另外一人，而此事若论其究竟，力不足之故也。力若不足，则确信无论如何正义公道亦半文不值也。⑤

毫无疑问，三国干涉的苦涩经历，使得日本在痛切地意识到其国际地位低下的同时，用强权政治来理解国际政治的倾向进一步加强⑥。

日本在马关条约中，迫使中国承认朝鲜的独立地位，从而达到了其开战

---

① 隅谷三喜男：《大日本帝国の试炼》，中央文库1991年第十九版，第41页。
② 志村寿子，前揭书，第263页。
③ 陆羯南：《辽东还地の事局に对する私议》，载《日本》明治二十八年五月二十七日。
④ 德富苏峰：《昭和国民读本》，东京日日新闻社，昭和十四年二月十一日，第196页。
⑤ 德富苏峰：《苏峰自传》，昭和十年，第310页，转引冈义武，前揭书，第264页。
⑥ 冈義武，前揭书，第263页。

当初的目的,然而战后由于俄国对朝鲜的渗透,使得日本不得不陷入新的恐惧之中,这就是俄国将取代中国的地位而对朝鲜进行支配。不单如此,正如甲午战争中日本一部分人所预料的那样,西方帝国主义在甲午战争之后对中国侵略的图谋则逐渐强化起来,形势呈现出一种"瓜分中国"即将提到历史日程上的局面[1]。

这种对俄国仇恨,以及中国被瓜分后,日本的民族独立将失去藩篱的恐惧,使得日本思想界又出现了新的情况。当然,这种新的论点与主张和以往的思潮并非是毫无关系,而只是以往的主张在新的情况下的延续与发展。

第一种是"日英同盟论"。这种主张乃是为了对付俄国而从"侵入大陆论"发展而来的。

甲午战争以中国的割地赔款而告终,天朝上国的面纱被无情地撕去,中国的内幕也随着战争而呈现于世界面前。这使日本的一部分人士认为,中国被分割乃是迟早之事。所以,日本从现在起就要做好准备,不能落在西洋帝国主义之后。持这种主张的人在日本的知识层中应首推福泽谕吉,他在《时事新报》上提出了为了维护日本在远东权益而必须与西方强国互相提携的"日英同盟论"。而在政府内部,也有持这种意见的人,其代表便是山县有朋,山县的"日英同盟论"主要是针对俄国。在山县看来,中国被瓜分乃必然之事,所以围绕着中国的满洲,日俄间必然会爆发一场大的冲突,为了防止冲突的发生,所以必须得到其他强国的支援,山县所谓的强国,乃是指的英国。[2]

上面所谈的"日英同盟论"在日本的舆论界中仅代表一部分人的意见,而另一部分人虽然也担心中国被西洋列强的瓜分,但他们的外交主张却与"日英同盟论"者有很大的不同,他们主张黄种人联合起来,共同抵抗西方白种人的扩张。他们是从"日清提携论"发展而来的。

高山樗牛(1871~1902年)即为其中有代表性的一人。他毫不掩饰其对异种人之间的同盟(日英、日法同盟等)所表现出深切的怀疑。他强烈非难美国占领菲律宾,认为世界之大势,"呈现出一种人种竞争逐渐激化的趋势,即亚利安人与非亚利安人之角逐,乃至亚利安人在世界上逐渐征服非亚利安人"。甲午战争的胜利对他来说虽然也很高兴,但他同时认为,"打击支那帝国,使之一蹶不振,这乃是鞑靼人种最大不幸和悲哀"[3],认为甲午战争是黄种人的自相残杀。高山樗牛的思想,人种帝国主义倾向十分强烈,呈现出一

---

[1] 冈義武,前揭书,第263页。
[2] 志村寿子,前揭书,第263页。
[3] 铃木正节:《博文馆〈太阳〉の研究》,アジア经济研究所,1979,第18页。

种与帝国主义列强对抗的姿势①。

　　荒尾精也于明治二十八年（1895）在其题为《对清辨妄》的文章中说"清国民足与之共谋东洋之大事"；又说"东洋之大事，唯日清两国协心戮力经营一途而已，若失此一途，茫茫大陆不归于欧西诸国之割宰分食者几稀也"②。特别是在三国干涉辽东以后，日本更加仇视以俄国为首的白人，一些人士如安驷寿等在政教社杂志《日本人》上发表《日清韩国同盟论》，主张黄种人联合起来共同对付西洋。当时日本驻清朝特命全权大使大鸟圭介曾于明治三十二年（1899）在《太阳》杂志上发表《对清国古今感情之变迁》一文。他认为："古来日本一直认为中国是其文化之渊源国。习中国文字，读中国书籍，朝野上下对中国制度文物无不尊崇，视之为无上之先进国而尊之敬之。"明治十五年七月汉城之乱（壬午之乱）后，日本对中国由古来尊崇之心变为危惧之心。甲午战争之时，又由对中国的危惧心而变为敌忾心。战争中，经丰岛海战、牙山陆战、平壤陷落、黄海海战、辽东战争之全局，目睹清军软弱无能，毫无节制，轻侮之念渐生。而战后，又见中国上下人心沮丧，财政紊乱，而西洋一二国竟乘中国善后之策未成之际，乘机占领其要地，日本作为邻国闻之，于愕然之中渐生悯恻之心。而此后，又见中国戊戌变法诸举，于是又由悯恻之心变为协和之心③。此说虽未能代表日本当时全部之舆论界，但代表当时日本相当一部分人的意见，道出了当时日本人对华的感情变化。《太阳》杂志称其文"极其明晰地论述了日本人对清朝感情的变化，鉴往知来，其中不乏东洋之经伦策，是大鸟氏得意之支那论"④。在这些人的宣传下，日本朝野上下兴起了一股研究中国的热潮，据石锦《甲午战后日本在华的活动》载：当时早稻田专门学校的部分学生设立时局研究会，讨论中国问题，并招请参谋本部的田村怡与造、福岛安正、宇都宫太郎等，作有关中国时事的演讲⑤。

　　政府方面，则派出可倪长一、平山周、宫崎寅藏三人，以外务省咨议名

---

① 鹿野政直：《国家主义の抬头》，桥川文三、松本三之介编《近代日本政治思想史》第 1 册，第 294 页。宫泽俊义、大河内一男监修《近代日本思想史大系》。
② 荒尾精：《对清辨妄》，第 33～39 页，明治二十八年。转引自志村寿子，前揭书，第 263～264 页。
③ 大鸟圭介：《对清国古今感情之变迁》《太阳》第 5 卷第 10 号，东京博文馆，明治三十二年五月五日。
④ 参阅《太阳》第 5 卷第 10 号卷首。
⑤ 石锦，前揭书，第 810 页。

义前往华南,调查革命党的实际情形①。

光绪二十三年(1897年),东亚会和同文会相继成立。而到了光绪二十四年,两会在双方的努力下合并,定名为东亚同文会,合并后提出了"保全支那"与"助成中国与朝鲜的改善"等纲领。展开了对中国亲日势力的联络工作②。

明治政府也为了报三国干涉还辽这一箭之仇提出了"卧薪尝胆"的口号,所以甲午战后用"慎重"一词便可囊括日本全部的对外方针③。他们将"充实国力"作为当时最重要的课题。努力发展日本的综合国力,准备将来与俄国大战一场。在这种形势下,日本朝野各界人士纷纷来华,希望与中国的亲日势力联合,以共同抵抗欧洲人,而中国的一部官绅知识分子,也与这种形势相呼应,提出了"联英日以拒强俄"的外交主张,企图用联合英日两国的办法来对付俄国,挽救民族的危亡,并希望借鉴日本的经验来走现代化的道路,用富国强兵的办法来彰显民族的存在④。有关这些方面的详细情况,我们放在下一节中分析。

三　甲午战后中日两国官僚士绅知识分子的交往

甲午战争给中国的影响是巨大的,战后中国民族危机益加严重。马关议和时,日本政府气焰万丈,使中国代表张荫桓、邵友濂、李鸿章等备受凌辱,充分暴露出其帝国主义的贪婪面目。其蛮横的勒索的态度,益发加深了中国人仇日的心理。此时一直在旁待机而动的俄国乘时而出,联合德法两国,迫使日本退还中国辽东半岛。其实,俄国联合德法干涉日本还辽,实际上是为了换取日后俄国的在华之特权。这一点梁启超在其后所写的《中国四十年来大事记》中说得十分透彻:"俄人代我取辽,非为我计,自为计也。彼其视此地为己之势力范围,匪伊朝夕。故绝不欲令日本得鼾睡于卧榻之侧也。故使我以三十兆两代彼购还辽东于日本之手,先市大恩于我,然后徐收其成,俄

---

① 石锦,前揭书,第810~811页。
② 石锦,前揭书,第811页。
③ 山县有朋文书,宪政资料宝藏《清国の特使に関する意见书》,明治三十二年五月二十七日。转引自志村寿子,前揭书,第264页。
④ 梁启超、麦孟华:《呈请代奏乞拒俄请众公保疏》,翦伯赞等编《戊戌变法》,神州国光社,1953,第33页。

人外交手段之巧，真不可思议。"① 但是当时处在孤立无援状态中的国人对俄国之狠毒用心毫无察觉。三国干涉还辽一事，使中国上下大为感动。为了报答俄国，对付日本，几有不惜任何代价之势。这种现象，可以从两江总督刘坤一和湖广总督张之洞的态度上看得十分清楚②。而1896年《中俄密约》的签订，实乃当时联俄政策之巅顶。李国祁认为："在俄德法三国之中，俄国居于领导地位，辽东又与俄国利益最深，故中国举国上下在欣喜若狂的感情作用下，一致盲目亲俄，于是亲俄外交政策乃成为甲午战后中国主要的外交路线。"③

但是其后不久，这种情况逐渐发生了变化。导致这种变化的直接原因，乃是因为德国与俄国对中国的侵略。1897年年底，德国以山东教案为由强占了胶州湾，当时北京政府希望俄国出面调停，不料俄国竟趁火打劫，顺势占领了旅顺、大连。据《康有为自编年谱》载：自十一月十二日"德人发炮据胶州，掳去提督章高元，朝廷托俄使言和，德使甚桀黠，翁常熟及张樵野日与议和未就。日人参谋本部神尾（光臣）宇都宫（太郎）来觅鄂督张之洞，请助联英拒德，时经割台湾后未知日情，朝士亦多猜疑日本，恭邸更主倚俄，乃却日本之请"④。

事情确如康有为所说的那样，当时朝士中之对日本多持猜疑态度。故当神尾光臣为中日联交一事访问张之洞时，张之洞竟"惧其妄事要胁，故借查勘堤工为由，避而不见"⑤。而清廷也不相信英日真援助中国，而主张向德国低头⑥。

在这种形势下，主张与日本联合最力的应推维新派人士，当时，维新派领袖康有为乃拜访翁同龢，"言日本之可信"，并访问了当时的日本驻清大使矢野文雄，商量"请将偿款再摊十年，并减息"。据康有为说，当时"矢野君极有意，而吾政府终不信是议"。面对这种形势，康有为仍不灰心，他"为御

---

① 梁启超：《中国四十年来大事记》，《饮冰室合集》专集之三，第60页。
② 石锦：《甲午战后日本在华的活动》，中华文化复兴运动推行委员会主编《中国近代现代史论集》第十一编，《中日甲午战争》，第809～810页。
③ 李国祁：《中国近代现代历史的演进》，《中国近代现代史论集》，第一编《鸦片战争与英法联军》第43～44页。
④ 康有为：《康南海自编年谱》，见蒋贵麟主编《康南海先生遗著汇刊》，宏业书局有限公司，1986，第40页。
⑤ 李国祁：《张之洞的外交政策》，台北，中研院近代史研究所专刊第二十七号，1970，第809～810页。
⑥ 李国祁，同上书，第101页。

史杨深秀草疏请联英日",清廷未予采纳。康有为"又为御史陈其璋草疏,再请联英日"。康有为在为陈其璋草之书中,先列举历史事实,指出英国是守信义的"救人之国",然后又指出日本与中国关系和与俄、德间的矛盾:"日本与我唇齿,俄德得志东方,非彼之利者,昔东事之役,彼以小国变法自强已久,欲奋扬威武,以求自立,既得胜,得辽东而不得,其势不得不恨俄、德,其来请联助,乃真情也。英海军甲地球,又扼苏彝士运河之权利,若英不欲战,欧西各国不能飞渡,若联英、日,则东西南三面如环,皆可晏然,今地球大势东流,皆以我为土耳奇,若我与联,英人必出。"当时此疏上于翁同龢,请其主持,于是"作联英日策,遍告朝士"。李端棻十分赞成,"持之以示廖仲山(寿恒)尚书",但李鸿章不以为然,加之张荫桓犹豫不决,"迟疑不敢发,遂割胶州"①。

光绪二十三年十一月,俄国以德占胶州湾为口实,命西伯利亚舰队入旅顺口,要求租借旅顺、大连二港,且要求哈尔滨至旅顺铁道之筑造权。光绪二十四年二月,清政府命许景澄与俄谈判。据《清史稿》载:"俄以德既占胶州,各国均有所索,俄未便不租旅、大。又铁路请中国许东省公司自鸭绿江至牛庄一带水口择宜通接,限三月初六日订约,过期俄即自行办理,词甚决绝。既而俄提督率兵登岸,张接管旅、大示,限中国官吏交金州城。"清政府无奈,"遂定约"②。

俄国的这种卑鄙行径,给那些先前对俄国抱有幻想的人兜头浇了一盆冷水,原来赞成联俄亲俄者态度也开始发生变化。张之洞、刘坤一等的态度来了个一百八十度的大转弯,提出了"以兼联英日为要策"。而康有为等维新派也积极利用有利时机,提出了他的联日主张。三月初三日(1898年3月24日)③,康有为上《为胁割旅大,覆亡在即,乞密联英日坚拒勿许,以保疆土而存国祚折》,为光绪帝提出三条办法对付沙俄之胁割:"密联英日,赫怒而战,上策也。不允画押,听其来攻,徐待英日之解难,中策也。布告万国,遍地通商,下策也。"④ 康有为认为此"三策皆可图存",但是若许俄国割地,那么各国纷纷效尤,则英必割长江,法割两粤,诸国纷来,思得分地,鱼烂

---

① 康有为:《康南海自编年谱》,见蒋贵麟主编《康南海先生遗著汇刊》第22册,宏业书局有限公司,1986,第40~41页。
② 《清史稿》卷153,志128,邦交志一《俄罗斯》,北京,中华书局,第4508页。
③ 参阅《杰士上书汇录》第1册。
④ 康有为:《为胁割旅大,覆亡在即,乞密联英日坚拒勿许,以保疆土而存国祚折》,《杰士上书汇录》第1册。

瓦解，一旦尽亡，是为无策①。

这时正值梁启超在颇通医术的康广仁的照护下来到北京，于是康有为口述一折，令麦孟华、梁启超等缮写后，于光绪二十四年三月初六日（1898年3月27日）联合两广、云贵、山陕、江浙等有志者百数十人，上书都察院，主张联英日以拒强俄。康广仁则撰《联英策》、唐才常则撰《中国宜与英日联盟》等文章，大力主张联日制俄②。此外，康有为还授意洪如冲，由他提出建议中国与日本合为一邦③。在他们的带动下，"朝士渐知英日之可信而知俄之叵测，自此众议咸知联英日矣"④。而康有为也趁热打铁，向光绪帝上呈《日本明治政变考》，提出了以日本为楷模的变法主张。至此，中日两国关系开始发生变化，由仇敌变成盟友的条件开始形成。

造成中日这种关系的原因十分复杂，但是其中的重要一条是与日本方面的态度分不开的，上节已经谈到，日本政府在三国干涉还辽事件之后，为了对付俄国而采取了"用日清同盟来抵抗欧洲"的外交政策⑤。在这种形势下，日本国中那部分提倡"日清同盟论"的人士纷纷来华，展开对中国各界的联络工作。

明治二十九年（1896），松隈内阁成立之际，平山周、宫崎寅藏、可倪长一三人接受大隈外相的密令，去探听中国南方革命派的内幕，当他们赴清时，宇都宫太郎少佐（后为大将）对平山周说："孙逸仙为中国南方革命党之首脑，到上海后宜设法与之订交。"此即平山知孙逸仙之名之始。于是平山、宫崎、可倪先赴上海，经张寿波介绍向住在香港的欧凤墀打听孙文的下落。欧凤墀乃基督教道济堂之牧师，昔与孙文订交。开始时欧不愿吐露实情。平山乃持"孙文已在自利物浦归国途中"消息之外文报纸见示，又以手中有孙文发来将回国之电报相告。欧凤墀始不再隐瞒，乃说："孙君即使归国，也恐难以在华居住，希望贵国能加以庇护。"平山听后，爽快地承诺下来，自此日本志士与中国革命党员开始订交⑥。

日本在与中国革命党人联络的同时也比较注意接触维新派的人士，讨论

---

① 康有为：《为胁割旅大，覆亡在即，乞密联英日坚拒勿许，以保疆土而存国祚折》，《杰士上书汇录》第1册。
② 彭泽周：《论梁启超与伊藤侯——以戊戌政变为中心》，《大陆杂志》第90卷第4期。
③ 萧功秦：《危机中的变革》，第66页。
④ 康有为：《康南海自编年谱》，第40页。
⑤ 志村寿子：《戊戌变法と日本——日清战争后の新闻を中心として》，第264页。
⑥ 东亚同文会编《对支回顾录》下卷，《犬养毅传》，原书房，1981，第1283～1284页。又见石锦前揭书，第813～814页。

对东亚时局的看法。

光绪二十三年到二十四年间,胶澳事件谈判之际,日本人士到北京南海会馆拜访康有为,归国后把笔谈记录以千山万水楼主人的笔名[①]发表在明治三十一年(1898)十月二十日的《太阳》杂志上,从他们的笔谈记录中,可以窥见当时中日两国部分士绅知识分子的思想倾向。现将他们的笔谈(略去寒暄套语)摘译于下:

余(千山万水主人):仆七、八年前,曾论贵我之关系。谓:贵我之人士拘於小见而遗其大计,猜疑相攻而不密交谊,其势则不一战势不能止,不一战而势不能和,和而后方能定东邦恢隆之计。前已有甲午之役与三国干涉之患。我国人始知贵我势不得不相联合,贵邦人士始知国势势不得不改革。是方乃东邦人士应讲大计之时也。

康:俄人铁路一成,并吞辽东,吾国既并区区一衣带水三岛之地,亦何能御彼,利害相切则有,岂得谓利害相反耶?……吾两国同种,同文,同俗,同聪明,于地球中其势至亲,于亚洲之中有辅车之义。前事则不必言,以今观之,吾国之士气人心似未应全灭,吾两国唇齿之义,宜应益固。但不知贵国相待,追悔之心存耶?抑亦不尔也,仆固与政府言,贵国之至近至亲理应与我相依,其情可用,但政府似未忘以前之事,此即在贵国如何为之耳。贵国中知两国势不得不联合,敢问,此谁人之论耶?

从他们的谈话来看,日本方面为了其本国利益与中国联合之意甚为强烈。康有为则持其一贯之论,认为中日同文同种,其势至亲,利害攸关,理应联合,但是由于甲午之战,政府并未释前嫌,两国关系如何,这完全要看日本方面如何处理了。康有为言外之意是希望日本政府进一步做出对中国友好的行动,以取得中国的信任。但是也可以看出他对当时日本国内要求和中国联合形势还不是很清楚,他希望从日本人士那里得到更多这方面的情况,所以他问起了日本国内谁主和中国联合之论。日本人回答说:"此国论也,留心东邦大计之人,谁人不持同论耶?"日本人接着说:

---

① 日本思想家河上肇(1879~1946),笔名为千山万水楼主人,但从各方面分析来看,此文章似乎不是河上肇所写。今暂付阙如,望知者教之。

仆闻，胶澳事件之谈判即将妥协，聊为贵邦贺也，然胶澳地形雄阔，当南北之要会，德人夺必不返，敷铁路，兴矿务，其利权之垄断，则有骎骎然不可制之势。当路者何疏大局之谋耶？

康：呜乎！是何可贺耶？但唯昊天不吊也。吾曾有万言书谏之，并上变法图存之条陈，奈何其不被纳。惟白种欺吾黄种，吾与足下皆黄种，唇亡齿寒之忧，吾既自危，亦复唯念及贵国，足下为我国如此谋之，此不惟仁人之用心，亦与自身大有关系也。①

胶澳事件之时，康有为曾从广州"万里浮海，再诣阙廷"，上书要求清帝，"以俄国大彼得之心为心法，以日本明治之政为政法"来变法强国。但由于工部尚书淞桂扣压不送，未能到达光绪帝手里。康有为的爱国热情再受挫折。此时正好日本人来谈日中联合之事，于谈话中，康有为感到，日本人所谈，比较近情近理，从当时的形势来看，中日联合，无论对中国对日本都是有利的，从而使他更觉"日本之可信"②。此后，他们又从胶州事件，讨论到甲午之战。日本人抓住中国士绅知识分子焦急求变的心理，多方劝说，从而使他们效法日本，变法维新的愿望更加强烈。

余：无敌国外患者，国恒亡，古人岂欺我哉。贵国人口之众，幅员之广居世界之冠，而动辄为欧洲强国乘其衅，纵其蚕食之欲。抑唯亦不反其本。今德人之横道，取人之土地，如探囊中之物，何其甚耶？然制其势自有其策，岂空谈之能成事哉？苟贵邦能反其本，一变旧法，力破积弊，鼓舞振作天下之人心，求善后之策，则可转祸为福，岂其难哉，而今日则极好之机会也。

康：敝邦以大一统之故，向来守旧。如贵邦明治前锁国之情形。幸甲午之岁，贵国当头棒喝（此意应谢，但罚之太甚），举国皆醒。今举国士大夫略明白，皆言奋起变法。侠党（指改革党——原注）渐出，颇如贵国浪人言尊攘之时，但火候未至。而柄国之亲，当地位之尊，未能深通中外之故，遂有胶警。然敝国有识之人，睹此情形，忧之弥甚，亦欲以外患警其内心，顷有胶事，士气更愤，火力又加数十度耳。

余：我国幕府之末，当路者无其人，纪纲废颓，积衰积弱之极，其

---

① 千山万水楼主人：《康有為との筆談》，《太陽》第四卷第二十一号，东京博文馆，明治三十一年十月二十日。

② 康有为：《康南海自编年谱》，第40页。

对外国也，一意柔懦，恐失其欢心。藤田东湖曾曰："闻二三只军舰来，满朝皆破胆，何犹可言战耶？"实乃尊攘党志士兴起而启革命之运也。

康：吾今亦犹如贵国武门柄政之时，虽无大将军，但压力甚大。故今吾中国人皆分开新守旧二党，守旧之人虽皆据高位而庸谨无气力，近亦率知开新，守旧党不多。吾党以下有志之人数十万，皆成开新党。近各省皆募侠党，仆游各省，所在人士风动，足下睹敝国之将来如何乎。各国民权皆自下起，贵国尊攘之名号甚好，故动力极速也。吾无大将军之祸，若比贵国火力稍足，或恐尤速耳。

在双方看来中日联合虽对双方有利，但是，甲午战后中国对日本怀有怨心，故联合并非简单之事，于是他们又谈起了联合的具体问题。康有为说：

吾国既弱，虽欲与贵国和，是亦难也，且贵国罚之太重，人有怨心，无肯言之者。然而侠党於福建、广东、湖南尤甚，若大势一变，与贵国犹未及亲交，报复之心，必未能忘。今乘俄路（指俄国西伯利亚铁路——原注）未及修成之际，共相缔交，患难与共，是其时也。想深识之士当知之。

余：此真然也，我国有志士民与贵国有志士民相团结，文武相救相济，从事东方维新事业，是乃今日之急务也，余将游鄂闽粤之地，与有志之士订交。

康：足下欲见之，不得以缙绅之士限之。现所要变法之人，布衣之士耳，其愈贱，其要求愈烈。贵国既立威名于地球，又与敝国亲交，心协东土，欲保黄种以拒强俄，不胜仰佩。

余：仆来燕京，多接中外诸名士，然其议论概无超乘之见，今与足下相会，一见如旧，披沥肝膈，真乃快事。①

从他们的谈话来看，中日联合对双方都是有利的，于日本可以借日清同盟而对付俄国，报三国干涉之仇；于中国，则可通过学习因效法西方而"文明""富强"的日本，迅速走上近代化的道路。而双方联合的关键，则取决于日本的态度，用康有为的话来说"即在贵国如何为之耳"。

在与中国联合的工作上，日本方面是积极的。在民族利益的驱使下，无

---

① 千山万水楼主人，前揭书。

论是政府官方，还是民间团体，日本都在努力地开展对华的联络工作。1897年末至1898年前后，日本陆军参谋本部的神尾光臣、梶川重太郎、宇都宫太郎等人，轮流于汉口会见谭嗣同，双方密商中日联盟。神尾光臣又至湖南联络唐才常。此外日本驻华公使矢野文雄也往说御史杨深秀，而日本驻沪总领事小田切万寿之助则与郑观应、郑孝胥、文廷式、张謇、汪康年等人在上海组织"上海亚细亚协会"，由上海三井、三菱等财阀出资，由小田切任会长，郑观应任副会长①。东亚同文会的井上雅二，早在其组织"同人会"时便与康有为的弟子徐勤、罗孝高相友善，通过徐罗二人，使他对康有为及中国的变法运动有了更深入的了解，随后他在组织"东亚会"时，便提出了"准许辅助光绪帝担当变法自强之局的康有为、梁启超入会"的主张。

明治三十一年（1898）七月，井上雅二在上海至北京的船中与欲要去北京上书的毕永年同行。到北京时他与康有为就当时的政局交换了意见。不久他恰巧赶上了西太后发动的戊戌政变，井上掩护改革派待讲王照从北京逃出，并将其平安地送到停泊在大沽的日舰大岛号上②。1897年2月，同文会的宗方小太郎来到上海，与李盛铎、罗诚伯、梁启超、汪康年等往来，共商兴亚之策。据宗方日记载："二月二十八日至广东路之新和洋行，与名士李盛铎、罗诚伯议兴亚之策，李乃江西名家，出身榜眼而为翰林名流，容貌颇伟，品学兼优，有经营天下之志。夜与时务报主笔梁启超、麦某会饮于四马路一品香，畅论东方时事，梁时年二十四岁，弱冠中举，学术文章冠于一时。李罗诸人谓：清政府依赖俄国，非符国民舆望者也，乃出于庙堂一二权臣之妄为，即奉承皇太后之意者。皇上与皇太后之不合，确实无疑。现在清朝在上者全腐败，居下者皆无识愚蠢而不足与言，惟中间之士君子足与共事，他日动天下者必此辈也。故日清联合之事，为在野志士所热望，无论两国政府之方针如何，志士间互相提携，实乃当前之急务。梁谓，中国之天下为满人所破坏，若要挽回国运，非脱满人之羁绊不可。"③ 从宗方小太郎的日记可以看出，当

---

① 参阅许介麟《戊戌变法与梁启超在日的"启蒙"活动》，台北中研院近代史研究所编《近代中国历史人物论集》，第676页，1994年；又见永山算巳《清末における在日康梁の政治动静（その一）》，2页，载于信州大学《人文科学论集》创刊号，信州大学人文学部文学科，昭和41年12月。
② 参阅中下正治《新闻にみゐ日中关系史》，研文出版社，2001，第128页。关于王照出逃日本的情况，学界说法不一，详细情况请参阅永见七郎《世界を股にかけこ——井上雅二氏の前半生》，日本殖民通讯社，1932，及前揭《续对支回顾录·平山周传》。
③ 东亚同文会编《对支回顾录》下，明治百年史丛书之七十，原书房，1981，第375页。又见石锦前揭书，第814页。

思想家与近代中国思想

时清政府中虽有一二权臣主张联俄，但大部分士绅知识分子，却渴望与日本联合，并把日清联合之事当成当时之急务。毫无疑问，这种从仇敌到盟友的变化也许令人感到太突然，然而仔细地分析起来，这种突然的变化却非常近情近理。当时中国先进的士绅知识分子在甲午战败的刺激下，民族意识开始觉醒，在他们看来，日本之所以战胜中国，完全是因为其成功地效法西方所致。中国若想富强，最理智的选择只有学习和效法日本，在他们的眼中，日本是一个因学习西方文明而成功的亚洲骄子，由于同文同种故，中国可以更迅速地从日本那里学到西洋的新知，从而走上富强之路。在这种迫切心情驱动下，那个曾打败中国并给其带来耻辱的日本，便顺理成章地成了中国先进知识分子联合与亲近的对象。

当时中国国内的这种亲日情绪，不仅限于维新人士，在清政府的封疆大吏中，也有不少人主张与日本联合，刘坤一与张之洞就是大家十分熟悉的例子①。

这种从官僚到士绅亲日的状态，到伊藤博文访华时则达到高潮。伊藤博文（1841～1909）出身于日本长州（今山口县），父林十藏，后为长州藩下级武士伊藤家的养子，乃改姓伊藤，幼名利助，后称俊辅，号春亩。甲午战争时曾任日本首相。甲午战后，伊藤又曾担任了一届首相，但时间相当短，仅仅6个月的时间，伊藤便又下野。1898年伊藤访问中国时，他的身份仅是一位未为清政府所邀请的漫游观光客。然而中国各界给他的待遇，却是空前的。

1898年7月14日，伊藤去皇宫向天皇辞行。26日由大矶出发，8月16日由神户前往仁川，9月11日到达中国的天津，在天津受到了直隶总督荣禄的盛大欢迎。据日本外务省的报告载，在伊藤未到中国之前，荣禄即委派接

---

① 1897年，日本参谋本部派神尾光臣与宇都宫太郎来华与张之洞等联系，转达参谋部川上操六大将之意："前年之战，彼此俱误，今日西洋白人日炽，中东日危，中东系同种同文同教之国，深愿与中国联络。请中国派人到日本，入武备及各种学堂。"张之洞对此颇为动心，向总署报告了他对此事的看法："故今，日急欲联英联中以抗俄，德而图自保，彼既愿助我，乐得用之。"

　　1899年3月，神尾光臣来南京，交换日清两国军事上的意见，劝说刘坤一聘用日本武官。刘对其见识极为推服，答道："若阁下答应来任，愿意即刻聘请"云云。后来就聘于南京的步兵中佐坂田虎之助即为神尾所推荐。参阅石锦前揭书第814～817页。桑兵：《清末新知识界的社团与活动》，北京，三联书店，1995，第144页。《对支回顾录》下卷，《神尾光臣传》，第258页。〔美〕任达著、李仲贤译《新政革命与日本——中国1898～1912》，南京，江苏人民出版社，1998，第24～25页。

待委员，负责接待伊藤一行①。

10日乃伊藤预定抵达天津之日，因气候恶劣，未能上岸。荣禄及清政府官员白白忙碌一天，演出了一场闹剧，据日本外务省的记录载：

> 伊藤侯逗留天津期间，荣中堂为了尽最大努力周到而郑重地款待伊藤侯，特专派了委员。着卑职（日本驻天津领事馆官员——作者）于肥后丸预期抵达大沽的前一日，即9月9日下午5时伴随总督派来的接待委员王修植、陶大钧，以及日本侨民代表数人乘列车前往塘沽伺候，大家在该地住了一晚后，于10日早晨7时乘大沽镇守府为迎接伊藤侯而备下的飞龙号和另一艘小汽艇驶出大沽口外恭候伊藤侯的到达。但当时极不凑巧，自9日上午起，狂风大作，巨浪滔天，泡沫飞扬，天气极为险恶。肥后丸一如所期，於10日上午抵达大沽，但因风急浪高，小艇无法靠近大船，此时，又传来俟风浪平静再行出迎的命令，不得已，卑职等一行只得返回大沽。
>
> 10日乃是伊藤侯预定抵达天津之日，从早晨起，天津车站中一室装修一新，酒果齐备。海关道李大人、天津道任大人、天津县吕大人、水师营务处总办潘大人、招商局总办黄大人、总督衙门之文武官员及天津附近各衙门之官吏数十人齐到车站迎接，但直等至下午5时左右，终因

---

① 据日本外务省记录载，荣禄在伊藤未到中国之前即委派李珉琛、王修植等为接待委员，负责接待伊藤一行，同时又派王修植等去日本领事馆商洽有关事宜，并作了若干条规定：此次伊藤侯访问清国的消息传来时，正值清国改革之气运旺盛，上下共同仰视日本，而欲将其作为清朝文明先导者之议论甚嚣尘上之际。清朝政府对东方之贵宾则更应该盛情款待，为此，直隶总督荣禄特委派海关道李珉琛、北洋大学总办候补道王修植，以及日文翻译官陶大钧为接待委员。遂确定了以下诸条：
    一、计算伊藤侯抵达大沽口的时间，派遣二艘大沽镇守府的小汽艇去伊藤侯所乘的肥后丸上迎接侯爵。
    二、伊藤侯转乘上述小汽艇，经过大沽炮台时，该炮台鸣礼炮致敬。由总督下达特别命令，礼炮不依国际惯例发射，此是为了表示荣中堂对伊藤侯的敬意。
    三、伊藤侯在塘沽码头上陆后，立即由该处乘专车前往天津。
    四、海关道李大人，以及总督衙门官员前往车站出迎。
    五、伊藤侯与荣中堂互访结束后，荣中堂于北洋医学堂，设宴招待伊藤侯一行。原来天津素无宴请外宾之所，故上述北洋医学堂之一室常充款待贵宾之宴会厅。
    六、天津至北京间亦备有专车，为伊藤侯入京提供方便。
    七、伊藤侯逗留天津期间，以水师营务处为其下榻，曩者，德意志与俄国皇室来津之际，亦以水师营务处为其下榻。
《松本记录·伊藤公爵清国巡回一件》6-4-4-21。

思想家与近代中国思想

大沽口外风浪大,伊藤侯无法上岸,上述欢迎人员不得不原地解散。①

伊藤从塘沽去天津的欢迎场面也十分盛大,据日本外务省报告称:

> 翌日(11日),去塘沽欢迎伊藤侯的一行,于清晨6时再度出迎,时风平浪静,我等自肥后丸中将伊藤侯迎出。
>
> 当时,大岛舰长荒木中佐亲自乘坐第一艘汽艇前往迎接伊藤侯,当伊藤侯所乘之船经过大沽炮台前时,炮台上数十面旗帜翻飞,数百名兵士整列出迎致敬,鸣礼炮十九响。
>
> 预计上午10时左右伊藤侯将抵达塘沽码头。为了方便伊藤侯乘车,特将事前准备的专车驶到码头的栈桥附近。中午12时,由塘沽发车,车中备有茶点以款待伊藤侯。下午1时,列车到达天津车站,昨日出迎之文武官员又全部到车站欢迎。彼等立刻将伊藤侯迎至车站上事先准备下的一室,献上茶点,着伊藤侯暂事休息。随后,伊藤侯一行坐上总督衙门为其特意准备的轿子前往水师营务处下榻。海关道李大人为了祝贺伊藤侯平安抵达天津,特于该处设午宴。伊藤侯下榻于水师营务处期间,总督衙门派出了轿子及马车以供伊藤侯利用。又有兵士十名下士一名驻於水师营务处负责护卫,彼等与伊藤侯共同出入,前后警卫。10日晚间7时,日本侨民为了表示欢迎和祝贺伊藤侯的平安到达。于日本领事馆内设盛筵招待伊藤侯一行。②

伊藤到达天津时受到直隶总督荣禄的热情接待,荣禄请伊藤为中国的改革提出建议,伊藤也慷慨地表示愿为中国的改革尽力。直隶总督所辖的各级官吏也将伊藤奉若上宾,并轮流宴请伊藤及其随员,在宴会上,他们用赋诗的形式表明了中国官僚士绅学习日本的愿望,而伊藤的随员也用诗表明了日本愿与中国联盟的心情。可见当时,不单是清朝一般士绅官僚甚至像荣禄那样保守的封疆大吏也存在着一种共识,那就是中国只有效法日本,通过更积极、更广泛的变革才能求得生存,而当时的日本,也为着本民族的利益,愿意为中国的变革提供帮助。这种局面,无疑是中国当时体

---

① 《松本记录·伊藤公爵清国巡回一件》6-4-4-21。
② 同注①。

制改革的有利条件①。

伊藤到达北京之时，正是维新派与保守派斗争达到白热化的时候，实力不足的维新派为了摆脱困境，对内寄希望于驻扎在天津附近握有兵权之袁世凯，对外则求助于其改革榜样——明治维新的功臣伊藤博文②。当时，李提摩太曾建议由中国政府请伊藤为外国顾问，康有为授意杨深秀、宋伯鲁推毂，近朝官员亦有请德宗留伊藤在京，用为顾问官之议③。康有为抓紧时机，于9月19日至日本公使馆与伊藤密谈，请求伊藤帮助。伊藤虽对中国的维新运动采取同情和支持的态度，但是他能否答应康有为的要求，还要根据其

---

① 据日本外务省的报告载：
  当伊藤侯抵达医学堂时，清兵百余名于该医学堂门前持洋枪整队出迎。清国军乐队奏军乐。出席宴会的官吏有荣中堂、海关道李大人、天津道任大人、聂士成大人、袁世凯大人、天津府李大人、天津县吕大人、招商局总办黄大人、开平矿务局总办黄大人、水师营务处总办潘大人、北洋大学堂总办王大人、电信学堂总办及其他文武官员三十余名。宴会上，伊藤侯与荣中堂并肩而坐，相互亲切交谈，气氛十分融洽。席上虽无演讲等事，但不断地相互为两国皇帝万岁而举杯。席间，荣中堂谈起了伊藤侯的此次访问，这对清朝而言，将是一个极好的机会，故请伊藤侯毫不客气地对清朝的改革提出建议。伊藤侯回答的大意是：为了大清国将尽自己之所能，提出建议，此对自己而言，乃义不容辞之举。晚间9时半左右，宴会结束，伊藤侯步出医学堂时，士兵复持枪，军乐队复奏乐致敬。
  12日中午12时，天津知县吕增祥，日文翻译官陶大钧二人作东，于天津居留地，郊外之李花园内设便宴招待伊藤侯一行。晚间7时30分，北洋大学堂总办王修植于"阿斯托尔豪斯"招待上述一行。
  13日上午11时30分，伊藤侯乘从天津发车的专车前往北京，此列车内也准备了茶点及午餐，接待十分周到，其用心无微不至，当初伊藤侯抵达天津时前来欢迎的清朝官员，此日悉集车站欢送，而北洋大学堂总办王修植，与日文翻译官陶大钧则陪同伊藤侯同车前往北京。
  《松本记录·伊藤公爵清国巡回一件》6-4-4-21。
  此外，据光绪二十四年七月二十九日《国闻报》载：二十七日荣中堂在北洋学堂设筵款待伊藤，曾志昨报。倾悉天津县吕秋樵明府于二十八日午一点钟特设筵宴于梁园门外李氏荣园，请伊侯暨随员时冈、头本诸君少伸杯酒之欢，快撷林亭之胜，际此秋高气爽，即景赋诗，定饶雅兴。说者谓明府前随李钦使在日本与时冈诸君甚为契合，故此次来津颇有论启予之乐也。并闻王宛生观察亦于是晚七点钟，在西洋饭店旅顺德款待伊侯并随员诸君，暨代理公使林君，驻津领事郑君。陪坐者为吕秋樵明府、夏君穗卿、陶君笛南、江君伯虞。酒数巡，王观察即席赋诗一章，其诗曰："元老宾王国，知非汗漫游。阋墙余旧痛，错壤动新愁。往事怀尊攘，雄图展亚欧。吾皇求直谏，前箸谁为筹？"随员森泰君和韵一首云："纵目津门阔，高楼倚上游。江山尚余恨，花鸟亦矣愁。势岂三分国，洲唯半壁欧。淮防未然祸，尔我慎边筹。"
② 廖隆幹：《戊戌变法期における日本の対清外交》，第69页，载《日本歴史》第四七一号，1987年8月。
③ 汤志钧：《戊戌变法人物传稿》增订本下册，北京，中华书局，1961，第643页。

要求能否符合日本的国家与民族的利益。我们在第二节中已经讨论过，日本无论是支配层还是知识层，都将中国问题视为与日本的民族独立密不可分的问题。在他们看来，中国若出现动荡和混乱，则极有可能遭致西洋列强的瓜分。一旦出现这种结果，不但有损日本现有的利益，也使日本的民族独立失去一层重要的屏障。对伊藤来说，当时日本正处在"卧薪尝胆"准备报三国干涉之仇的时期，作为政治家的伊藤特别需要中国这样一个对日本极度钦慕的亚洲盟友。所以他一方面同情和支持中国的政治体制改革，另一方面又极不愿意康有为等激进的做法使中国出现混乱，以至波及日本。故伊藤尚在未离日之前，就已宣称："此次若谒见光绪帝，将告之改革不可急图，应徐徐为之。"而当其抵达北京，听到驻北京使馆秘书中岛雄二的报告后，更感到康有为等维新派的做法"轻率"，而且极有引起混乱的可能性①。伊藤在去总署时便将他的意见向总署王大臣表明，伊藤说："我到贵国，正是贵国朝廷改法之时，甚为欣幸。变法用年少人固可，但必须才识胆三者兼备之年少人方有用，否则未有不败，尚不如用老成人而以年少者佐之，且改法很有轻重，有次序，若杂乱无章，则必不可。"伊藤并具体指出："关税不过财政之一端，而其本原则在农工商，农能尽地利，工能制物品，则商务自然兴旺，国日以富。然欲兴农工商，尤非广设学校不为功。"② 显而易见，作为日本大政治家的伊藤，对中国的改革措施并不认同，其所做的一切，完全是从其国家与民族的利益出发的。所以当康有为访问伊藤时，伊藤对康有为的来访表示了冷淡的态度③。

---

① 廖隆幹，前揭书，第69页。
② 汤志钧，前揭书，第641页。
③ 康有为去使馆访问伊藤博文时曾向伊藤表示："侯爵游历敝国，正值敝国锐意变法之时，敝国志士，深属望侯爵有以惠教敝国，维持东方时局。"又曰："我皇上锐意图变法，固因贵国与敝邦，同洲、同种、同文、同俗，特见亲睦，欲据以为师法，草泽士民，亦同此志，愿侯爵幸进而教之。"而伊藤博文却对康有为的问题加以回避，答道："此番敝人来到贵国，亦不过游山玩水，观赏风景而已，不欲与闻国家之事。"继而伊藤有说："贵国欲变法，当先除自尊自大之陋习。"又曰："上而学士，不可妄发议论，排斥外国，当知外国亦有好处，至于小民尤不可以轻易闹教，暴忽外人，是贵国紧要之务也。"康曰："侯爵轻蔑敝国甚矣！此种议论，在三年前发之可也，向老耄各大臣言之可也，敝邦近年之士大夫，年齿在三十以下，无不深知斯义，各省学堂学会，新闻杂志，纷纷并起，民间知识大开，明斯义者，十得之六七。"伊藤闻曰："然则贵国数月以来，着意变法，而未见推进之效，何哉？"康答以慈禧之掣肘，德宗之无权，顽固守旧大臣之阻挠，并请伊藤觐见慈禧，"剀切陈说"，以使"回心转意"。伊藤曰："既如此，仆谒见皇太后，谨当竭忠尽言。"由于伊藤的这种冷淡态度，使得康有为到底未能说出求援的话，便结束这次会谈。参阅汤志钧前揭书，第641~642页。廖隆幹前揭书，第69页。

伊藤博文在北京除了会见总署王大臣、李鸿章、张荫桓等，也与康有为等维新人士交换了意见，9月20日谒见光绪帝，而次日政变发生，伊藤在布置好营救张荫桓与梁启超等人的任务后，便于9月29日，从北京出发经天津前往上海访问①。

当时，政变发生，清政府急于捉拿维新人士，气氛十分紧张，然而清政府对伊藤下天津的欢送礼节，比起先前，却毫不减色②。这也可以从另一个方面说明，尽管发生了戊戌政变，清政府的上上下下并没有改变对日本的态度。

伊藤10月5～10日在上海进行访问，因政变刚刚发生，上海的官僚士大夫将伊藤与改革相连，唯恐有所牵连，仅礼节性地接待了伊藤，态度显得颇为冷淡③。但当伊藤到达汉口时，张之洞却不顾政变的紧张局势，为伊藤举行了盛大的欢迎仪式。日本外务省记录写道：

---

① 有关伊藤与大隈重信营救张荫桓、梁启超等详细情况请参阅茅海建、郑匡民《日本政府对于戊戌变法的观察与反应》，《历史研究》2004年第3期。
② 9月29日特意为伊藤侯下天津而准备的专列，上午11时半自北京发车，下午3时抵达天津。随同伊藤侯前往的有日文翻译官陶大钧，顺天府尹的两名属官及数名武官。前往车站迎接的有：海关道的李大人、天津道的任大人、天津府的李大人、天津县的吕大人、招商局总办黄大人及其他数十名官员。车站中特备一室，作为伊藤侯的休息处。休息处中备有茶点，供伊藤侯到达天津后的15分钟左右的休息时间里品尝。此时海关道李大人等恳请伊藤侯下榻于水师营务处，但伊藤侯因时值捉拿康有为，西太后摄政，地方官十分繁忙之际，乃谢绝其盛情，下榻于领事馆内。
　　30日下午2时，海关道、天津道、招商局总办、英文翻译官等前来拜访。北洋大臣代理袁世凯本来也约定好一同前来，但因临时有要事而不能分身。故仅呈上名片，而中止了访问。
　　为了办理伊藤侯离津事宜，总督特委任招商局总办黄建芜、总督衙门英文翻译官蔡绍基为接待委员。
　　10月2日上午9时半，伊藤侯一行从天津乘专车前往塘沽，列车内备有茶点及酒类。上午11时抵达塘沽车站。车站内一如既往为伊藤侯准备了茶点与休息的处所。同车欢送伊藤侯前往塘沽的清朝官吏有；招商局总办黄大人、英文翻译官蔡大人、吴大人、日文翻译官陶大人等数人。招商局轮船新济号停泊在塘沽铁路局的栈桥旁等待着伊藤侯。从塘沽车站到上述新济号的一町（日本旧时距离单位，约合109米）余的路上都铺设了芦席，伊藤侯在车站稍事休息后，乘上事先准备好的桥子，从车站出发登上了轮船。
　　为了伊藤侯此次乘坐新济号，招商局特意不卖头等舱船票，头等船舱悉为伊藤侯一行专用。而且轮船抵达芝罘及逗留的时间，也——听从伊藤侯随意吩咐，又招商局已拒收船票钱，看来，此船几乎可以说是为伊藤侯专派而来。
③ 上海代理领事诸井六郎致外务次官鸠山和夫，机密第50号信，1898年10月10日，外务省记录1-6-1-4-2-2，第1册。

思想家与近代中国思想

伊藤侯爵此次游历本地,湖广总督张之洞表现出极大的热情,他派武昌武备学堂提调姚锡光前往上海,负责伊藤侯从上海到汉口旅途中的诸般事宜。此外,伊藤侯爵一行刚从上海出发,电报即发往汉口,为了伊藤侯爵一行之到来,自强学堂总办张斯枸被派往九江出迎。并将汉口之熙泰昌,武昌之纺纱局作为伊藤侯一行的下榻。伊藤侯爵从汉口渡扬子江赴武昌时,湖广总督衙门所属炮舰楚材号曾作为其乘用船。伊藤侯爵上陆时,同舰鸣礼炮十九发,向侯爵表示敬意。张总督于16日下午为伊藤侯爵在武昌黄鹤楼大张盛筵。召集了驻汉口的各国领事和武昌、汉口两地的中国文武官吏。英、德、美、法等国领事及下级官吏也一同出席了宴会。①

张之洞在与伊藤会晤时,尽管当时形势十分不利,依然向伊藤请教政治上的问题②。而当张之洞与伊藤告别之时,张之洞则委婉地表达了愿与日本联合办事的愿望。据日本外务省档案载:

17日下午伊藤侯爵赴总督府告别之际,张总督微微叹息,托付伊藤侯爵说:先前小田切领事来汉口时,曾与其有过相同的商议,而且小田切领事回东京后,又有多次书信往来。但是仅停留在自己与小田切领事间的商议之上,具体实行时,不得不一一奏闻,以求得到皇帝陛下的恩准。即该国地方长官总督之权限范围亦甚狭隘,无论欲为何事,亦不能不得到北京政府之许可,尤其是近来国用多端,些微之事亦得受户部之检束,实在不无遗憾,还愿谅察微衷。他自己也叫小田切领事将此事转告给贵国的有关部门。另外对贵国的外务省及参谋本部于诸般事情上的诚挚帮助,致以深深的谢意,希望侯爵归国之际,代他转达谢意云云。③

伊藤自访问张之洞后,便回到上海,直至11月5日归国前,都滞留在上海。随着当时政治形势的逐渐明朗,上海等地的官僚士绅对伊藤的态度也发生了变化,从冷淡又恢复了原来的热情。据日本驻上海的总领事代理小田切万寿之助给外务次官鸠山和夫的报告载:

---

① 日本驻汉口二等领事濑川浅之进给外务次官鸠山和夫的报告,1898年10月17日,《松本记录·伊藤公爵清国巡回一件》6-4-4-21。
② 同注①
③ 《松本记录·伊藤公爵清国巡回一件》6-4-4-21。

8月22日,伊藤侯搭乘招商局轮船安庆号再次回到当地(上海),下榻于三井物产会社之支店。伊藤侯逗留期间,本邦侨民无不前来欢迎。当然,铁路大臣盛宣怀、道台蔡钧等也对伊藤侯一行表达了友好的盛情。如蔡道台即表示了假如伊藤侯有意去苏州的话,自己愿为向导陪同前往的意思,而且连乘用船都已准备妥当。又杭州巡抚廖寿丰派在苏州的候补道许某来到当地,也表示侯爵去杭州巡游时该人将以向导和接待者的身份随行的意思。此次伊藤侯来中国所受的待遇,正如卑职欣喜地报告那样,可谓无细小毫发之遗憾,然而侯爵从有关部门接到了火速归国的电报,未能去苏杭两地巡游,于本月5日,由众多本邦人及清国官吏的欢送,在一片伊藤侯万岁的欢呼声中,登上神户丸。下午2时半,自当地解缆,踏上归国之途。据说,伊藤侯自汉口经当地返回东京的途中,顺便会见了两江总督刘坤一。总督不仅极恳诚地接待了侯爵,还派了道员钱怀培将侯爵送到了上海。①

　　显而易见,尽管在戊戌政变期间,中国的一部分士绅官僚怕牵连到自己而对伊藤持冷淡的态度,然而等政治风头一过,他们又恢复了以往那种对日本钦慕的态度,而主张学习效法日本。

四　简单的结语

　　甲午战后,民族危机日趋严重,中国的民族主义在战败的刺激下逐渐变得高昂起来,一部分先进的士绅知识分子认为,只有实现国家与民族的富强,才能有效地抵抗西洋帝国主义的侵略,挽救国家与民族的危亡。易言之,即通过追求现代化来解救民族危机。中日甲午战争的事实,成为他们宣传这种主张的最有力的素材,"岛夷"因学习西方而战胜"天朝","天朝"因顽固守旧而败给"岛夷"。在他们看来,只有通过现代性的追求才能彰显民族的存在,才能挽救民族的危亡。为了追求潜藏在日本"文明"与"富强"背后的西洋的现代性,区分华夷的标准也被重新诠释,地域与种族的传统华夷观念被"文明"与"野蛮"的新华夷观念替代,于是在他们的解释

---

① 上海总领事代理小田切万寿之助给外务次官鸠山和夫的报告,1898年11月10日,《松本记录·伊藤公爵清国巡回一件》6-4-4-21。

下,"古之弹丸"的日本,则变成"今之雄国",刚刚打败自己的仇敌,也顺理成章地成了学习与效法的对象。在这种理论的冲击下,传统的"华夷观念"逐渐解体,对现代性的追求逐渐成为不言而喻的真理。

毫无疑问,日本的近代化也是在西洋列强的重压下逐步实现的,国家的独立与统一始终是日本国民追求的主要目标,如何实现这个目标,则是他们的主要课题。在日本统治阶层和知识阶层看来,西洋帝国主义列强对中国的侵略与渗透,直接威胁着日本的国家与民族的独立与统一,于是,中国问题成为日本思想界普遍关注的问题之一。在强烈的民族危机的刺激下,其主要思潮从"日清提携论"、"清韩改造论"逐渐演变为"入侵大陆论"。在这种理论鼓动下,日本的民族主义过度地昂进,最后终于导致了中日甲午战争。由此可见,追求国家的独立与统一虽无可非议,但若对外危机意识过分强烈,民族主义经扭曲变型后,极易走上对外扩张的道路。

甲午战后,由于三国干涉还辽事件的发生,使得日本侵略扩张之锋暂时受挫,日本国民的一等国的幻想化为泡影,他们在痛苦地意识到其低下的国际地位的同时,遂决心"卧薪尝胆",用增强综合国力的办法来切实地改变其国际地位,报三国干涉之仇。

于是,日本的政治精英与知识精英中提倡"日清提携论"的那部分人又重新提起以往的"日清提携"的主张,主张黄种人联合起来,共同抵抗白种人的扩张与侵略。他们纷纷来到中国,与中国的官僚层和士绅层进行了广泛的接触,这部分人表示,愿意帮助中国改革,使中国迅速"富强""文明"以共同抵抗白种人的侵略。更有甚者,他们在对中国战争表示遗憾后,便建议中日结成联盟或联邦,日本向中国提供援助。他们强调,日本这样做仅是为了自身的最佳利益[①]。

日本的这种做法,在中国的官僚层和士绅层中,引起了强烈的反应,他们纷纷主张联日联英以对付俄国,并主张效法日本的明治维新,走现代化的道路。于是,中日两国在各自利益的基础上形成一种默契,中日由仇敌变成盟友的局面开始形成。这正像有的研究者指出的那样:在1898年末至1899年初,日本为了自利的原因,积极寻求扩大对中国的帮助;中

---

① 理查·霍华德:《日本在康有为改革计划中的作用》(Howard Richard C., "Japan's Role in the Reform Program of k'ang yu–Wei"),载罗荣邦编《康有为:传记及论丛》(K'ang yu–Wei: A Biography and a Symposium, jung–pang Lo, ed), pp.280~312,转引自〔美〕任达著、李仲贤译《新政革命与日本,中国 1898~1912》,第30页。

国也为了自利的原因,热衷地响应。"黄金十年开始了"①。

应当着重指出的是,中日双方虽然都有互相联合的要求,但是他们的目的与心情却是不同的。对中国很多的官僚士绅来说,日本是亚洲学习西方文明的冠军,是中国实现"富强"与"文明"的榜样,所以为了早日摆脱帝国主义的侵略,使自己的国家"富强"起来,成为日本那样使"西方之雄者,若俄,若美,若法,若德",咸屏息重足,莫敢藐视的"豪杰之国"②,就"不妨以强敌为师资",走日本已成功的现代化道路。这种向日本学习乃是处于民族危机下的中国士绅层的权宜之计,其背后的真正目的乃是学习西方文明,追求富强的现代化道路。当时,中国的官僚士绅层的绝大部分人,都对日本怀有极度钦慕的心情,这种心情到伊藤博文访华时达到了高潮,尽管在戊戌政变期间,因政治原因,这股高潮曾稍稍减弱,然而没过多久,中国的官僚士绅又恢复了以前的态度,主张效法日本的明治维新,追求国家的富强与进步。

而对日本而言,其与中国联合的目的则完全出于其国家理性(reason of state),为了达到其国家独立与统一并进一步实现其民族扩张的目的,在甲午战后,日本最策略的办法是"卧薪尝胆"并与中国联合,帮助中国改革,以报三国干涉之仇。在这种目的的驱使下,日本的那部分提倡"日清提携论"的官僚和知识分子都纷纷来到中国,以各式各样的方式参与中国的改革活动。而另一方面,又"由于文明在被一元化地收缩在'近代的西洋'之中,因此,'近代东洋'则被视为非文明的地域。西洋与东洋,在单纯地被地理、人种等尺度区别开来的同时,更被'文明'与'非文明'这个尺度划分开来"③。作为亚洲学习西方文明的冠军的日本,其对于西方来说,乃是东方文明之代表者,而其对于东方来说,乃是"西方文明之介绍者"④,所以这部分来到中国的日本人,虽然也愿意帮助中国改革,甚至积极营救维新志士,但他们经常用"文明"与"进步"等近代性话语来品评中国,其态度也是居高临下的,甚至是越俎代庖的。其所做的一切,完全是与日本的国家与民族利益分不开的。

(作者单位　中国社会科学院近代史研究所)

---

① 〔美〕任达前揭书,第40页。
② 梁启超:《记东侠》,《饮冰室合集》文集之二,第29页。
③ 野村浩一:《近代日本的中国认识》,第13~14页。
④ 大隈重信语,见野村浩一,前揭书,第7页。

民初宪法争衡中的几个问题

邹小站

　　制定一部善良的宪法，确立良好的政制，是民国初年追求民主政治人士的真诚的追求。本来，南京临时参议院曾制定《中华民国临时约法》，参议院北迁后又制定《国会组织法》以及参议院、众议院议员选举法，应该说宪法的大体内容是齐备的。按理，可以在施行若干年、积累相当的经验后，经过相当时间的酝酿、商讨，从容制定一部正式的宪法，用不着亟亟制定一部完备的正式的宪法。但"约法"存在诸多问题，"约法"施行后，政局动荡，内阁更迭频繁，行政立法关系紧张，固与民初各主要政治势力缺乏调和精神有关，也与约法在政制设计上存在的一些问题有不可脱离之关系。民初的主要政治势力如袁世凯一派、同盟会—国民党、进步党一派均对约法表示不满。各派政治势力都有制定新宪法的要求。袁世凯一派攻击《临时约法》对于袁大总统限制过严，使袁大总统不能大展其雄才大略，为国为民谋福利，实乃"弱国宪法"，主张制定一部所谓的"强国宪法"。统一、共和、民主以及进步诸党，亦攻击《临时约法》不合理之处甚多，尤其是"约法"对于总统任命国务员必须经参议院同意以及总统不能解散参议院，表示不满，主张重订宪法。而同盟会—国民党也希望制定新宪法，将自己对于政制的主张确定下来，以进一步限制袁世凯。同时，时当革命之后，旧的政治权威被推翻，新的政治权威尚未确立，国内各派政治势力之间争斗不已，一些法律救国主义者希望有正式宪法以纳政治于正轨。一时间，从速制定正式宪法，成立正式政府的呼声甚高，而关于宪法问题的讨论也十分热烈。各政党组织了政务研究会、宪法讨论会研讨宪法问题，国民、统一、共和、民主四党并且组织了"四党宪法讨论会"，一些民间学会如法学会也组织宪法研讨会，稍具宪法学知识的人士则纷纷发表对于宪法问题的主张，当时的报刊上就登载了不少民间人士拟定的宪法草案。随着宪法讨论的进行，各省都督也相继发表宪法主张，袁世凯及其身边的策士们也不甘寂寞,以各种渠道表示对于宪法问题的主张。民初关于宪法问题的讨论,其内容涉及诸多方面,比如宪法制定机关问题、领土规定问题、人民权利的规定办法问题、宪法取国权主义还是取民权主义、主权及其所在问题、国会组织问题、两院权力分配问题、总统选举办法问题、总统权限问题、平政院问题、审计院问题、地方政制是否入宪问题、孔教问题等等。其中意见之分合,主张之异同,亦可谓蔚为大观。对于此期宪法争衡,有关民初历史的著作,大都会涉及。本文试图在前人研究的基础上,择几个比较重要的问题,对于各方主张进行梳理,一以明当时宪法争衡中的一些情况以及天坛宪草流产的技术性原因,一以了解民初政治思想中的某些倾向性问题。

一 围绕宪法起草机关的争论

对于宪法如何制定,《临时约法》第五十三条规定:"本约法施行后,限十个月内由临时大总统召集国会,其国会之组织及选举法,由参议院定之。"第五十四条规定:"中华民国宪法由国会制定,宪法未施行以前,本约法之效力与宪法等。"这里,"约法"的规定稍有不周密之处。因为国会如何组织,采一院制,还是两院制,如采两院制,两院权力如何分配,这些问题本身是宪法的内容。而按"约法"第五十四条的规定,宪法应由正式的国会制定,但是"约法"第五十三条又明明规定国会组织法由参议院制定,也就是说宪法的一部分内容要由临时参议院来定。这显然有矛盾。还在南京临时参议院时期,参议院在讨论国会组织法和选举法大纲时,议员们就发现了这一点。临时参议院北迁后,第二次会议继续讨论国会组织法及选举法大纲,议员们又发生争论:一些议员认为国会组织法与选举法根源于宪法,宪法不定,则国会无从出,国会组织法和选举法亦无从出,故主张先起草一宪法草案。但多数议员认为不能固执法理,根据现实情况,可以由参议院先定国会组织法,且参议院起草宪法草案,于法无据[①]。这里临时参议院陷入了两难,一方面宪法由国会制定,不开国会,宪法无从产出;另一方面,国会如何组织又关涉宪法问题,没有相关的规定,国会又无法召开。虽然临时参议院经过争论后决定据《临时约法》之规定由

---

① 参议院第二次会议速记录(北京临时参议院),民国二年参议院印行。

参议院制定国会组织法,但是国会组织法势必涉及诸如院制、两院权限分配等一些本应属于宪法内容的问题,故对于国会组织法所可以确定的内容,一些参议员仍心存疑虑,对于参议院越权表示担心①。而参议院外,一些颇具政法知识的人如章士钊、张东荪等,对于参议院决定制定国会组织法的做法提出质疑,认为临时参议院乃立法机关,非造法机关,无权议决具有宪法意义的问题②。

宪法之制定包含起草、议决、颁布三步。《临时约法》只笼统规定宪法由国会制定,而《国会组织法》第二十、二十一条则明确规定:"民国宪法之起草,由两院于议员内各选出同数之委员行之。""民国宪法之议定,由两院合会行之。"也就是说宪法之起草、议定之权皆由国会行之。在某种意义上可以说,《国会组织法》关于宪法由国会起草的规定,有逾越《临时约法》的嫌疑。《国会组织法》的这一规定引起袁世凯一派势力的疑忌。大约在1912年10月下旬,受袁世凯的旨意,杨度等人就试图在北京组织"宪法研究会",随即又改名为"宪法起草预备会"③。1912年11月11日的《大自由报》以《大总统慎重宪法》为题对该组织的情况做了报道④。此后不久,南方的程德全、张謇、应德闳等也谋"为宪法研究之结集"⑤。程德全对于宪法问题并无真知灼见,他发起这一活动,其中"跃跃欲试,为之主动者"⑥就是章士钊。1912年11月22日,程德全即据章士钊起草之稿致电大总统及各省都督,提出宪法由国会起草,"其弊甚大",主张仿照美国制宪之例,由各省都督各推举"学高行修,识宏才俊"之士二人,在国会之外另组织宪法起草委员会。为使该起草委员会合法,他提出先由大总统向参议院提议修改《国会组织法》第二十条,并通过宪法起草委员会法案,然后组织宪法起草委员会⑦。程电发出后,云南、江西、广东、浙江等省都督首先响应,虽彼此主张不无异同,但对于另设起草机关,大都同意。其后,为扩大声势,袁世凯又通电各省都督要求就此

---

① 参议院第二十三次会议速记录(北京临时参议院)。
② 行严:《告参议员》,1912年5月1日《民立报》;张东荪:《国会性质之疑问》,经世文社编译部编《民国经世文编》正编第十三册,上海,上海鸿宝斋,1914,第9、16页。
③ 参见秋桐《宪法起草问题》,《独立周报》第6期。
④ 见胡绳武、金冲及《辛亥革命史稿》第4卷,上海,上海人民出版社,1991,第495页。
⑤ 见秋桐《宪法起草问题》,《独立周报》第6期。
⑥ 《宪法起草问题》,《民国汇报》第1期,第92页。
⑦ 同注⑥。

问题"各抒己见"①。先后通电表示赞同者有十七省都督，声势颇不小。而在舆论界，则有梁启超、章士钊以及一些支持袁世凯的报刊为程德全等人的主张摇旗呐喊。而国民党一派的报刊则坚持宪法应由国会起草。由此，出现了关于宪法起草机关问题的争论。

主张国会外另设宪法起草机关者，其言论以章士钊和梁启超为代表。其主要理由是：第一，起草宪法需要特别的学识，国会议员虽不乏才识之士，但多数议员来自田间，法律之学素未讲求，无起草宪法之才识；同时不少有宪法学修养，有实际政治经验、了解国情的人士，不必尽在国会之中。因此于国会外另设起草机关，可以网罗真正有识之士参与宪法起草。第二，宪法起草需要极冷静之头脑，而国会为党争漩涡，宪法由国会起草或者会导致激烈的党争，而致时日迁延，宪草难产；或者使宪法带有浓厚的党派气味，使国内主要政党之外的政治派别和政治力量不能接受宪草，导致将来宪法实行的障碍；或者会出现国会在制宪过程中一意扩充自己的权限，导致政制设计中立法、行政权力关系失衡，造成政制不良，危害将来政治之平稳开展。第三，宪法起草需要极专一之心志，而国会为普通立法机关，所涉立法范围过广，头脑易乱，心志不专，法律颇难入细；且普通立法机关之立法事务节节与行政相连，制宪过程易为政府之提案打断，难以专心议宪。第四，宪法起草人数不能太多，且须守机密，而国会人数太多，人多口杂，机密难守。第五，在国会外另立宪法起草机关，为美洲各国宪法起草之成例，其中尤以1787年的美国费城宪法会议为典型，中国宜取法美国之制②。此外，主张专设宪草机关者还有一层理由，这就是云南都督蔡锷所提出的，"宪法者，国会所从出也。未有宪法，则国会何由发生？"也就是说，宪法应由主权者制定，国会只是普通立法机关，不是拥有主权的造法机关，其职权来自于宪法的规定。因此专设宪草机关，"匪但与中国国情不背，亦且与共和之原理无违"③。张东荪则从理论上对蔡锷的这一说法进行了阐述，认为议会并非国民代表机关，而只是国家机关，无权议定宪法，故临时参议院议定《国会组织法》"全属乖谬"④。主

---

① 《民国宪法起草大问题之争论》，1913年1月14日《申报》。
② 秋桐：《宪法会议之主张》，《独立周报》第15期；梁启超：《专设宪法案起草机关议》，原载《庸言》第1卷第3期，收入《饮冰室合集》文集之二十八。
③ 《致袁世凯等电》（1912年12月28日），见曾业英编《蔡松坡集》，上海，上海人民出版社，1984，第630页。
④ 张东荪：《国会性质之疑问》，《民国经世文编》第13册，第17页。

张专设宪草机关者反复论述的就是上述几点理由。对于此宪法起草机关如何组织,各人的主张并不一致,或主张由各省都督推举,或主张分别由大总统、国会、各省都督(经过省议会)、各主要政党分别推举若干人组成。

反对于国会之外另立宪法起草机关的人士提出的主要理由是:第一,"政法学之通理,制定宪法之权,必归之国家主权者,而民主国之主权在国民全体,而议会者,又代表国民之机关也。故民国宪法必由国民代表机关之议会起草并议决之"①。这是说国会有权起草、制定宪法。此系对蔡锷、张东荪等国会无权起草宪法论的回应,而其立论的依据是国会为国民代表说。第二,《临时约法》正是根据主权在民的原则,规定宪法由将来之国会制定。而此"制定"的含义实含有起草、议决之义,制者,起草之义,定者,议决之义。故《国会组织法》第二十条规定宪法由国会起草,乃极为正当之规定,若于国会外另设宪法起草机关,就违背了《临时约法》与《国会组织法》②。第三,对主张另立宪法起草机关者对于宪法由国会起草的种种疑问,提出了批评意见。他们指出:"选举与派遣,均可以得人之希望,而不必其尽优。国会议员虽未必人人皆贤,然而一国之优秀者,固未尝无人焉出于其中,或不能如今日参议院之整齐者,即议员之额,或浮于国中人才之数,虽由他法以求之,其结果将无不同。"主张另设宪法起草机关者,于人民选举之国会议员则疑其偏于党见、短于才识,于都督、总统推举之人则信其具公正之心,信其学高行修识宏才俊,此实不能成立。他们并尖锐地指出:"今日之大患在优秀人物大半承苟且偷安之余习,而甘为权力金钱之奴隶,依附末光以遂其私愿,则为人所愚弄,而声光乃以坠,志行薄弱,不足以语成己成物,则指导国民之责,莫之谁属,而相率为愚民之计者,乃以日多,则宪法虽善,无救于亡矣。"③ 对于由各方派遣之所谓优秀分子之依附权力金钱而为愚民之计的可能性甚为担心。应该说这种担心并非多余。第四,如果担心国会不必尽收天下人才于其中,事务烦琐,不能专心议宪,则国会完全可以另辟途径吸取各方优秀人士的意见,比如可以让各政党、各级议会、各法学会组织宪法草案预备会,网罗贤俊,于短时期内造成一有价值之宪法蓝本,交参议院及未

---

① 《制定宪法问题》,原载《民权报》,见《民国汇报》第1期,第29页。
② 参议院第二次会议速记录。关于《临时约法》所规定的宪法由国会制定一语中的"制定"的法律解释问题,参议院内即有两种解释,一种认为制定包含起草,一种认为不包含起草。见(北京临时)参议院第一百二十七次会议速记录。
③ 《专设宪法起草机关问题》,《民国汇报》第2期,第250页。

来的国会作为参考,完全不必于国会外专设一宪草机关。总之,国会之外的势力,可以研究宪草,但绝不能"攫取"国会之宪法起草权①。

按,各国宪法从其制定来分类,有所谓钦定宪法和民定宪法。在民定宪法中,宪法之制定,大体可以分作两种情况,一是宪法会议起草并议决之;二是宪法会议起草,决定则付之全民公决或者是各邦议会或者各最高级的地方议会。而宪法会议则或者由国会组织,或者在国会之外另行组织机关。但有一点,起草机关人数不能太多,参与起草之人应有专门的学识,这是共通的;而决定则由拥有法律上之主权的机关或国民直接执行。

在民初关于宪法起草的争论中,无论是主张由国会起草者,还是在国会外另立宪法起草机关者,对于宪法最后由国会决定,彼此并无异议。争论之由起,实与民初政情有不可分离之关系。一国宪法,本质上是一定国家内占优势地位的社会政治势力的意志的反映。为着宪法能为社会内不同的社会政治势力所接受,宪法应尽可能反映不同社会政治势力的意见、利益。否则,宪法不可能长久。

民初制宪,存在一个重大问题:议会主要是由追求民主政治的新式政治精英组成,而袁世凯为首的军阀势力虽掌握国家大部分的军政实权,但在议会内势力较弱。而照《临时约法》的规定,宪法由国会制定,这就在一定程度上造成了占优势地位的政治势力不能直接参与制宪的问题。袁世凯对于国会制宪可能出现的结果,有比较清楚的估计。《申报》的一篇社论说:"自政府一面言之,则以为国民党占多数于国会,若以国会起草、制定宪法,则必从国民党之所希望以创立宪案,以力杀中央政府之权力为宗旨,不待言矣。中央政府虑之也切,其所谓选学识丰富之士,澄静以调查起草云云,苦心预防者也。"② 而章士钊、梁启超等人也担心完全将袁世凯一派势力排除在制宪进程之外可能会产生十分严重的后果。章士钊晚年回忆此事:民国元年冬,他赴北京,道经天津,"一夕访梁启超于《庸言》报馆,值熊希龄、杨度在座。启超怼曰:'国民党锐意起内阁制扼袁世凯,而手控宪法起草权,张弛惟意,世凯恨焉。吾党诚不知何道之从,君其无意解斯厄乎'。"章士钊遂提出可以参考美国费城制宪会议之例,宪法起草与宪法议决分行。此一主张为梁

---

① 海鸣:《斥专设宪法起草机关之非——驳庸言报》,1913 年 1 月 10 日《民权报》;露生:《论宪法起草委员会》,1912 年 12 月 29 日《民权报》;元冲:《异哉所谓宪法起草委员会》,1913 年 1 月 11 日《民权报》。
② 《正式国会召集后之难题》,1913 年 3 月 4 日《申报》。

启超接纳,梁启超此后即为文主张专设宪法起草机关①。章士钊、梁启超等人提出国会外另立起草机关,网罗各方优秀人士起草宪法,最后由国会议定,主观的意图是,一方面不违背《临时约法》关于宪法由国会制定的规定,一方面又能够给袁世凯一派势力直接参与制宪的机会,以使宪法能顺利产生并为各方所接受,以解宪法制定与占优势地位的政治力量相脱离的困厄。

应该说,章士钊、梁启超等人的主观意图是不错的,也有学理的依据和实际成例可循。以前的论著对他们的这一主张多持否定意见,甚至说他们提出此主张是刻意迎合袁世凯。其实他们的主张自有存立的价值,而说他们迎合袁世凯,也似乎证据不足。国民党及其占多数的临时参议院和国会试图将袁世凯一派势力完全排除在宪法制定过程之外,并不十分妥当。专设宪草机关的主张实际发自章士钊,而章士钊在民初比较强调中国移植民主之客观条件不太成熟,需要政治精英的"匠心",也就是政治精英的理性的作用。他提出专设宪草机关的目的,除了调和袁派势力和国民党在宪法问题上的冲突之外,另一层用心"在搜集国中才智之士,以不偏不倚之论调,为根本法造一间架"②,希望这些精英分子排除党派偏见,以不偏不倚之心,从学理与国情两方面考量,起草一良好宪法。但实际上,这些精英是否能排除党派偏见,是否能排除外界的种种诱惑、干扰,真正以大公无私之心起草宪法,是不无疑问的。而即便是他们能壹秉公心,起草一部既合学理又符合中国实情的宪法草案,这个宪法草案能否为各方接受,在当时的情况下,其实也是很成问题的。因为宪法问题在学理上本有种种的主张,而对于国情的认识,更是仁者见仁智者见智,难有一致的认识,更何况国内的主要政治实力派即袁世凯一派力量,所希望的宪法与民主力量所期望的宪法有着重大的差距。因此,要使专家起草的宪法能在国会通过,并得到各派政治势力的认同,而能够实行,就要求国内各主要政治势力具有妥协的精神,具有服从法律的诚心。

专家起草、国会议定的制宪主张,由袁世凯操作起来,完全背离了梁启超、章士钊等人的主观设计。袁世凯是一个智识"不能与新社会相接","公心太少而自扶植势力之意太多",且精于权术的人物③。所谓于国会外另设宪草机关的主张,真正由袁世凯实行起来,就变了样,变成了违背法律的蛮干。

---

① 章士钊:《与黄克强相交始末》,《辛亥革命回忆录》第 2 集,北京,文史资料出版社,1981,第 143~144 页。
② 《都督协商宪法之反响》,1913 年 2 月 25 日《民立报》。
③ 《社会心理变迁中之袁总统》,《少年中国之自白》,均见《远生遗著》卷 1,北京,商务印书馆,1984。

按理，要在国会之外另设宪草机关，应首先咨请参议院修改《国会组织法》，并决定该起草机关的组织办法，然后组织宪法起草机关。而袁世凯在尚未咨请参议院修改《国会组织法》之前，就组织所谓"宪法起草委员会"，根本违法。且该委员会之组织办法与人选也未经参议院议决，其人选中多为总统府、国务院、各省都督派遣之人，甚至总统府、国务院秘书亦厕身其中。在该宪草委员会组织的过程中，袁世凯于1913年年1月下旬就为该委员会拟定大纲八条[1]；而云南都督蔡锷、贵州都督唐继尧、四川都督胡景伊、直隶都督冯国璋、山东都督周自齐、河南都督张镇芳、陕西都督张凤翔等八都督又于1913年2月间先后通电，为该宪法起草委员会讨论宪法草案提出要求。蔡锷提出，大总统不可不有解散议会之权，任命国务员不必求国会之同意[2]。而张凤翔则提出：大总统有解散议会权、制定官制官规权、法律案裁可权，总统任命国务员无须国会同意以及总统任期七年，应当写入宪法[3]。其他都督意见大体相似。也就是说，袁世凯及上述都督又为该宪法起草委员会预设了宪法草案的基本原则，要求该起草委员会遵循。章士钊、梁启超等人的主张由袁世凯实行起来完全走了样，因此不仅宋教仁、张耀曾等坚辞委员之职，连梁启超也坚辞不就，章士钊也表示该委员会偏党之嫌过甚，不愿参与。照袁世凯这样的操作，国会之外成立的宪法起草机构，极有可能成为由行政机关主导，在宪法主张上听从袁世凯及各都督意见的机构，而不可能以不偏不倚之心，独立起草宪法。由于此机构的成立及活动遭到国民党的反对，袁世凯身边的幕僚们又希图将于国会外成立宪法起草委员会的议案提交临时参议院讨论，从而使它合法化。但因为他们事先没有提出修改《国会组织法》的议案，专设宪法起草委员会的主张根本不能成立。临时参议院讨论该案时，不仅国民党议员表示反对，而且共和党、民主党的议员也明确表示对于此案"绝对不敢赞成"。最后讨论的结果，参议院决定不将此案列入法律审查，根本否定此案[4]。4月初，心有不甘的袁世凯又将参议院否决的宪法起草委员会大纲咨复参议院，要求重议[5]。此后，国会召开，再次否决了该案。由于参议院、国民党的反对，袁世凯只好将该委员会改名为研究宪法委员会，该委员会此后陆续开了若干次会议，就宪法问题发表意见。但这种机关对于宪法

---

[1] 1913年1月26日《申报》"专电"。
[2] 《致各省都督电》(1913年2月7日)，《蔡松坡集》，第646~647页。
[3] 《宪法编纂纷争记》，1913年3月1日《申报》。
[4] 参议院第一百二十七次速记录（北京临时参议院）。
[5] 《国会与宪法杂记》，1913年4月5日《申报》"要闻一"。

313

问题的意见并无法律效力,国会在制定宪法时也没有考虑此机构的意见。这样国会外专设宪法起草机关的主张被否定了,宪法起草之权遂由国会行使。

民初围绕宪法起草问题的争论,已经表明了宪法起草的困境:排除袁世凯一派势力,固可以起草一个民主的宪法,但这宪法难以为袁派势力接受;要让袁世凯一派参与制宪,则宪法草案将可能遂袁世凯之意而成为一个准钦定的总统独裁的宪法草案,这从袁世凯以及他的顾问、策士们发表的对于宪法问题的主张以及袁世凯此后对于国会制宪的种种非法干预可以看得很清楚。在这种情况下,需要民主势力、尤其是其领袖人物对于国情和中国实行民主政治的艰巨性有清醒的认识,对实行民主的策略有高远的见识,在制宪时,一面确立民主宪法的大体原则,一面适当容纳袁世凯一派的宪法主张,制定一部并非"最民主"、"最先进",而是大体具备民主政治的基本原则而可为袁派势力接受的宪法。但民初的民主势力中具此认识的人很少。

二 关于主权、国权与民权的争论

主权这一概念最早是由法国政治思想家让·博丹提出的。让·博丹生当由宗教改革而引起的宗教战争时期,他期望出现超越于宗教权力和贵族权力之上的强大有力的王权,以实现国家的团结和统一,因此他提出了主权的概念,以为王权的至高无上辩护。他在1576年出版的《国家六论》中提出,国家区别于家庭和其他公共团体的根本标志是国家具有"主权"。所谓主权,照他的定义就是"不受法律约束的,对公民和臣民进行统治的最高权力"。据他的分析,主权具有以下几个特点,一是绝对性,也就是主权是一国中最高的权力,它不受法律的约束,相反,它是法律的来源,主权的主要特点是不经上级、同级或下级同意可以制定法律。二是永久性,所谓永久,一是指国家永久拥有主权,二是指主权者的权力不是委托的或临时的。三是不可分割性。让·博丹一面讲主权具有最高性、无限性,一面主张主权者应受自然法或上帝的法律的限制。这是他的矛盾之处[①]。

自让·博丹提出主权概念后,主权逐渐成为政治学界普遍接受的概念。但关于主权是否有限制、主权是否可以分割、主权所在等问题,学界的争论从

---

① 参阅萨拜因《政治学说史》,第二十一章,北京,商务印书馆,1986;邹永贤主编《国家学说史》上册,福州,福建人民出版社,1999,第308~318页。

未停息过。关于主权是否有限制，即有主权无限说、主权自限说、主权有限说。关于主权是否可以分割，有可以分割和不可分割之说。关于主权所在，有主权在君、主权在民、主权在国、主权在宪法团体说、主权在立法机关说等等①。中国人最早接受"主权"的观念系从翻译的国际法著作中得来的，《万国公法》应是最早使用"主权"这一名词的中文译著。国人在清末即曾陆续讨论主权问题，尤其是预备立宪时期即曾就主权问题发生过争论。

民初关于主权的争论系由制宪问题而起。《临时约法》第二条规定"中华民国之主权属于国民全体"，第四条又规定"中华民国以参议院、临时大总统、国务员、法院行使其统治权"。这两条规定初并未引起学者们的讨论。到1912年9月，也就是在临时参议院通过《国会组织法》和参众两院议员选举法，议员选举即将进行，制宪问题逐渐引起舆论关注的时候，章士钊主办的《独立周报》甫一发刊，就在第一期同时发表了卢尚同的《临时约法驳议》、朱芰裳的《国家主权论》以及章士钊的《约法与统治权》三篇文章，对于《临时约法》第二条、第四条的规定提出批评，认为约法第二条规定"主权属于国民全体"不当，第四条所说之统治权就是主权，约法将统治权分配于四机关，割裂不可分之主权，违背法理。

这三篇文章发表后，首先引起《时事新报》的老圃和《民立报》的重民的讨论，而《时报》的忠甲也曾发表意见。章士钊对这些讨论也有回应，曾任临时参议员的陈承泽亦对各家意见发表了评论。此后马质、张东荪也在《庸言报》上发表文章讨论主权问题。一时理论界对于主权问题的讨论似颇热烈，"主权之说，腾于谈士……极攻守之殊观，建论坛之宏标"②。起初讨论主要集中在三个问题：主权与统治权是否有区别，主权有限还是无限，统治权是否可以有总揽者。后来，讨论又扩展到国权与民权的关系，而讨论的焦点则变成了主权在民还是主权在国，中国制宪取国权主义还是取民权主义。参与讨论的人越来越多，不少人就宪法问题发表意见时都对此发表了意见。

以下即分问题评述各家之意见。

第一，关于主权与统治权是否有区别。这是讨论最初集中探讨的问题。大体而言，章士钊依据英美学者的意见，认为主权与统治权是一物之两面，都是sovereignty。而老圃和重民则依据德国学者的意见，主张主权和统治权应当分开。其中老圃和重民的观念又有区别。老圃认为，统治权是国家对国

---

① 具体情形可参阅王世杰、钱端升《比较宪法》，北京，中国政法大学出版社，2000，第28~46页。
② 卷曲：《主权评议》，《独立周报》第14期。

民施行强制命令的权利,其中又分无限统治权和有限统治权。在单一国,统治权为无限统治权,也可以说就是最高权或者说是主权;而在联邦国,各邦虽具有统治权,但这种统治权并非最高权,而联邦具有的统治权,虽是最高权,但并非无限的统治权,因其统治权受到各邦权力的制约①。重民则不同意用"主权"一词翻译 sovereignty,认为这个词只可直称为"苏威棱帖",或者说是至尊无上,国权、统治权、最高机关皆非其本义。"苏威棱帖"非国家权力,乃国家权力之一种性质②。因此,他不用主权一词,而用最高权的概念。所谓最高权,即一国中至尊无上之权力;而统治权则是国家各种权利的总称。他认为,最高权在法律之上,产生法;而统治权则在法律之下,受法律的制约,行使统治权的机关亦必须依法行使权利③。老圃和重民,各据学理,往来辩难,问题之细,"辨析毫厘"④,而文字亦复繁冗拖沓,细叙其主张,非本篇所能;辩难所及的问题虽于中国政治学说史有相当的参考价值,但于研究民初政治思想并无太大价值,故本篇亦不必于此多费笔墨。大体而言,所谓统治权与主权是否有区别,其所指为何,上述各家所言,如陈承泽所说,只是术语问题⑤。从辩论的内容看,各家都承认,国家应有一至高无上的权力,无此权力,则国家不成为国家,至于这一权力的名称,各家主张不一而已。

第二,主权是否有限的问题。这也是初期讨论比较集中的问题。重民主张最高权有限说(重民不用主权一词,而用最高权的概念),他认为,国家虽有最高权,但此最高权并非毫无限制。博丹所说的最高权无限制之说乃极端君主专制之说,随着近代立宪制度的发达以及各国交往的日渐频繁,"主权无限制说不适用于近世国家",国家最高权不受限制的说法受到越来越多学者的怀疑。"至尊无上云者,非无限制之谓,不为他力所限制之谓也"。所谓限制乃"本乎国家自身意思以自限制,不为他力限制焉耳。自加限制与他力限制,限制者虽不同,其为有限制则一"⑥。显然重民主张主权自限说。而老圃和章士钊则主张主权无限说。老圃一面承认所谓统治权无限,"本有形式上之说,固非谓实质上之万能也。统治权无论如何强大,无论如何至尊无上,固不能

---

① 老圃:《约法与统治权》,《统治权余论》,1912 年 9 月 29 日、30 日、10 月 2 日、3 日、6 日、7 日、12 日、14 日、16 日《时事新报》。
② 重民:《统治权余论》(四),1912 年 10 月 19 日《民立报》。
③ 重民:《统治权余论》(二),1912 年 10 月 12 日《民立报》。
④ 秋桐:《主权与统治权》,《独立周报》第 3 期。
⑤ 陈承泽:《论萨威棱帖——致〈独立周报〉记者》,《独立周报》第 4 期。
⑥ 重民:《统治权余论》(二),1912 年 10 月 12 日《民立报》。

如宗教家所谓上帝,有创造万物之能力"。在对外方面而言,国家之统治权受国际法和国际条约的限制,对内而言,"国家之目的有一定之限制,即国家行动之范围,亦有一定之限制"①。另一方面他又认为,这些限制"固非法律上之制限,亦不过为上帝之法则、自然之法则、道理之法则或国际法所制限耳",因此从本质而言,不过是主权自加限制。既为自加限制,其实就并非真限制②。章士钊同意老圃的说法,认为对内而言,确定国家与人民权利界限的是宪法,而宪法系由主权者制定,也就是宪法由国家产生,因此主权不受宪法的限制。对外而言,国家之遵守国际法和国际条约系据其自身意志,一旦国家不认国际法或国际条约有效,则国际法对于国家即失效。因此主权在法律上是无限的。章士钊同时认为持主权有限之说者,并未区分国家与政府,也未区分主权与政权。他引用美国学者柏哲士的话说,主张主权有限说者不过是"曾见政府拥有无限之权,颇侵害人民之自由,因决论国家拥有无限之权,人民当同受同一之侵害。欧洲大陆之作者,类怀此见,而德意志作者为尤甚。盖欧陆所有国家,悉组织于政府以内,彼辈仅见此种组织,故思想力虽亦甚高,而终为物质界之现象所欺,不能自拔。至若美利坚,则解决本问题,颇占绝大之利益。盖美之政府,非国家之最高机构,立于政府之后有宪法,立于宪法之后有最初萨威棱之国家,是政府与国家,吾人已得实质上之区别。"因此所谓主权无限,并非政府权无限,大可不必担心主权无限说会导致政府的专横③。

  按:主权是否有限,有三层意思,一是事实上是否有限,一是道义上是否有限,三是法律上是否有限。所谓事实上是否有限,是指主权者客观上是否有实质上的完全贯彻自己意思的能力,主观上是否顾及自己的政治行为的后果。所谓道义上是否有限指主权在道义上是否有限。于此有三说:一是以黑格尔为代表的国家主义派,认为国家是一集成人格,有自己的意思与目的,国家为了自己的生存或发达自己的能力,可以无限制地要求国民为国家做出牺牲,个人没有反抗国家的权利。一是主权自限说,指国家应受自己颁布的法律的限制。一是主权有限说,指国家主权的行使在道义上应当有所限制,比如西方资产阶级革命时期的人权说即认为人具有某些天赋的自由权利,这些自由权利是国家主权不能侵犯的。所谓法律上的限制,指在国家主权之上是否还有造法机关为国家主权设立限制,也就是国家主权的所有者在制定宪

---

① 老圃:《统治权余论》(二),1912年10月7日《时事新报》。
② 老圃:《统治权余论》(四),1912年10月14日《时事新报》。
③ 秋桐:《主权无限说》,《独立周报》第3期。

法或法律时是否受到外力的限制①。

　　从上文所述章士钊、老圃、重民三人的争论看，他们争论的重点是主权在法律上是否有限，而争论的实质其实是主权自限是否是真限制。应该说，参与争论的人在学理上都有自己的依据，所说也都有相当的道理。国家本是一极端抽象的概念，而主权本身也是个玄之又玄的问题。但既然存在国家主权的概念，则国家的主权以及行使国家权力的机关，其权力是否有限制的问题，就涉及国家权力与人民权利之间的关系问题，涉及国家是否有绝对的要求人民服从牺牲的权力的问题。重民区分统治权与最高权，认为最高权为国家权力，而统治权则只是国家法律所承认的国家权利，强调国家权力机关行使统治权必须依照法律进行。他反对统治权无限的说法，其出发点是为人民之自由权利考虑，"苟有国焉，具有无限统治权，从老圃君之说，则其国家对其国民可任意命令强制之，其国民之生命财产自由，国家可任意剥夺，其国必为极端专制国后可"②。但实际上，重民所说的主权自限实质上并非真正的限制。因为法律既为国家所定，则国家完全可以通过修订或制定法律而扩充自己的权力，侵犯人民的权利。故重民的最高权自限说实不足以为人民权利的不可侵犯提供确定的保障。同时，重民采德国学者的说法，认为国家是一集成人格，其最高权为国家所固有，法律为国家所造，统治权之范围由国家自己确定③，而对于基于人权说的主权在民的说法，重民也并不赞同，认为主权在民在理论上不能成立④。从其一系列文章看，重民实际上取主权在国说。一个为人民权利辩护的政论家取国家集成人格说（国家法人说）和主权在国说，而不取主权在民说，只能说重民受德国学者的影响太深。

　　老圃在主权与统治权的问题上，所取的理论其实与重民相同。老圃认为，从形式上说，统治权之主体也就是国家，"当无事不可为"，但行使统治权之机构则必须依法行动，只是在权限范围内活动⑤。也就是说，国家主权无限，而国家机关权力有限。老圃主张主权无限，根本的目的是为国家权力张目。这从他发表的《国权与民权》一文可以清楚地看出来。老圃在该文中称："国之所以自立，以其有国权，非以其有民权也，设有聚合之众，人人皆有平等之权力，人人皆有绝对之自由，而绝无权力可以强制全体之人众，则仍为乌

---

① 参阅王世杰、钱端升《比较宪法》，第30～40页。
② 重民：《再论统治权》，1912年10月7日《民立报》。
③ 重民：《统治权余论》（三），1912年10月15日《民立报》。
④ 重民：《主权与统治权之区别》，1912年10月1日《民立报》。
⑤ 老圃：《约法与统治权》（续）、（再续），1912年9月30日、10月2日《时事新报》。

合之众，而不能谓之国，以其无国权故也。故舍民权而言国权，虽曰暴政，犹不失为专制之国，若舍国权而言民权，则成为弱肉强食之生番"，所谓民主国只是统治权之总揽机关由一人而移于合议机关而已，至于国家应有强迫人民服从之权力，与专制国并无区别①。他沿用德国学者的意见，将主权与统治权区分开来，认为主权是国家的权力，即国家所固有的、不必经任何国家法律确认的强制人民服从的权力，而统治权则是经国家法律所确认的国家的权利，行使统治权的国家机关必须依照国家法律行动。老圃持此说的目的是要限制国家机关的权力，以保障人民权利。也正是在这一点上，老圃自称他也"主张民权论"②。不过，国家权力本是抽象之物，落实到政治生活中，就不可避免地表现为国家机关的权力，国家权力无限和国家机关权力无限并无不可逾越的鸿沟。国家对于人民的无限制的强制命令之权，落实到现实中，就难免变成国家机关对于人民的绝对权力，而人民的权利也就变成了国家机关可以予取予求的东西了。

章士钊是民初对于人民自由权利给予较多关注的一位政论家，但是他主张主权无限说。对于天赋人权说，他认为是"十八世纪不可通之旧说"，至于人民权利究竟来自何处，他认为系来自国家。他认为国家拥有主权即所谓绝对、无限、普及之权力，政府与人民皆立于国家之下。"政府无权，不足以行政也。人民无权，亦不足以自防也。于是国家赍政府以权，号曰政权。赍人民以权，号曰民权。政权与民权，同以国家为渊源"③。这实际是说，政权、民权都来源于宪法，而宪法是拥有主权的国家通过主权机关制定的。至于国家为何拥有主权，主权为何是最初、绝对、普及的权力，他并未能给出理由。在抛弃天赋人权说的同时，他还否定了由天赋人权说所产生的主权在民的理论，而用英国功利主义的理论，主张主权在宪法团体。对于人权说所主张的主权有限说，他也不予采纳，而主张主权无限说。这样看来，章士钊实际主张拥有主权的宪法团体，可以制定任何法律，对于人民之自由权利可以侵犯。他曾批评《临时约法》只规定人民享有的种种自由权利，而对于侵犯自由权的行为未设救济方法，故其所定之人民自由权只是"猫口之鼠之自由"，并主张实行"出廷状"（即人身保护令，Writ of Habeas Corpus）以对非法侵犯人身自由的事件进行救济④。但是从他在主权问题上的看法来说，他此时所主

---

① 老圃：《国权与民权》，1912年11月30日《时事新报》。
② 同注①。
③ 秋桐：《国权与民权》，《独立周报》第10期。
④ 行严：《约法与人民自由权》，1912年3月1日《民立报》。

张的国家赋予人民之自由权利，其实也只是"猫口之鼠之自由"。他说："国家者，皆多少含有专制之性者也。国体尽属共和，而一言国权（此所谓国权即主权——引注），则非专制不立"。对于人民之自由权利，拥有主权的国家可以要求国民做出牺牲①。他并没有为人民的自由权利在法理上设置不可侵犯的界限。

国民党似乎主张主权有限说，该党在其公布的对于宪法问题的主张中说："宪法上首先规定者，即国权行使之限度是也。国家对于个人权力，决非纵横无限，个人必应有回翔余地，为国权所不能至，此余地即所谓人权，亦即所谓自由。制限国权，保护自由，此宪法第一本领也。"② 这大体是取人权说，即认为人有某些天赋的权利，为国家所不能侵犯。这在民初是颇为少见的，因为当时的政论对于天赋人权说，颇多非议。但是实际上，国民党对于人民自由权利的主张是有限度的，它将限制人民自由权利的权力交给了国会。其宪法主张全案对此有这样的说明：各国宪法对人民自由权利规定有两种，一种是美国宪法，宪法上明确宣告人权范围，立法部不得伸缩之；一种是宪法上之宣告人权之种类，其范围之广狭，则委任立法部定之。中国不能效美国的做法，美国对于个人自由的限制往往以州法律实行，单一国效之，则壁垒太严，应因之机能全失，扦格之弊丛生。美国个人自治力最发达，故能运用此制而不贻巨祸。我国个人自治力尚极薄弱，骤取此制，决非所宜。第二法，则于个人自由理论上不能谓之确固，盖个人自由既许以法律制限，推其极，立法部可制限个人自由至最小限度，使宪法赋与自由之效力，几于消灭。然事实上，亦视立法部之组织如何耳，立法部之组织果足完全代表民意，决不至有任意剥削自由之虞，且可得因时得宜之效。故主张"宪法上列举个人自由及国民权利，但许以法律制限之"③。这就是说，国民党将人民自由权利的保障放在"完全代表民意"的立法部身上了。完全代表民意的立法部可能保障人民权利，可能不会任意剥夺人民之自由权利，但若没有为人民自由权利设置不可侵犯的界限，一旦国会组织不良，一旦国会任意剥削人民之自由权利，人民连批判立法部侵权的法律的、道德的基础都没有了。

第三，关于主权所在以及国权、民权之关系问题。

对于这一问题，国民党一派的人士多主张主权在民，认为"共和国家之主

---

① 秋桐：《国权与民权》，《独立周报》第10期。
② 《国民党宪法主张全案》，《宪法新闻》第13期。
③ 《国民党宪法主张全案》，《宪法新闻》第13期。

权,当然属诸国民毫无疑义"①,甚至认为此问题实无讨论的必要和价值②。而主张扩张国家权力的国权党人(即统一、共和、民主以及后来的进步党)则否定主权在民说,而鼓吹主权在国说,认为19世纪中叶以后,主权在民说已"成为历史上之传说","惟主权在国之说,颠扑不磨,殆为全世界学者所公认"③。吴贯因、康有为等都在所拟的宪法草案中明确提出宪法应规定主权在国④,太一所拟的宪法草案,开篇说"中华民国……以神圣国权昭垂宪法如左"⑤。这是主张主权在国的另一种说法。原革命党人,民初以中立身份论政的王侃叔在其《宪法问题答问》中也明确主张"主权在于国家,应以明文规定"⑥。

两派各据学理,往来辩难。前者主要依据西方资产阶级革命时期的思想家卢梭、洛克、孟德斯鸠等人的理论。后者则主要依据主张国家主权说的德国学者的意见。此外,当时以独立论政相标榜的章士钊则依据19世纪英美学者的意见,提倡主权在宪法团体说⑦。主权所在,学理上本有多种说法,民初人士在此问题上不过是复述了西方学者的意见,这些意见在许多宪法学的著作里都会谈及,本文就不再复述了。

民初人士在主权所在问题上的分歧,其现实的意义主要表现在以下几点。

第一,国家权力和人民权利的来源问题。主张主权在民的人士认为国家权力来源于人民的委托,"国权所从来,实以民权为其根本,苟无民,何有国,国不能离人民而独立,则国权亦未有不从民权发生者"⑧。"(离)国民不足以言国,离民权则无以言国权"⑨。而主张主权在国的人士则认为民权来源于国权,而非相反。朱芝裳在《独立周报》发表文章说"国民之有参政权,有种种自由权,实乃国家所赋予,天赋人权之说,实乃大谬"⑩。而《时事新报》的亚雨则引柏哲士"国家为个人自由之母"之语,认为"穷原究本,人

---

① 出岫:《主权所在论》,《国民月刊》第1卷第2号。
② 匪石:《国权与民权》,1913年6月29日《民权报》;宗良:《民主国之主权在民说》,1913年4月10日《民立报》。
③ 吴贯因:《政府与国会之权限》,《宪法问题之商榷》,《拟中华民国宪法草案》,《民国经世文编》正编第8、9、11册。
④ 吴贯因:《拟中华民国宪法草案》,《民国经世文编》正编,第11册,第2页;康有为:《拟中华民国宪法草案》,《民国经世文编》正编,第10册,第29页。
⑤ 太一:《谨拟中华民国宪法全文及说明》,《震旦》第2期。
⑥ 《民国经世文编》正编,第12册,第22页。
⑦ 秋桐:《约法与统治权》,《独立周报》第1期。
⑧ 匪石:《国权与民权》,1913年6月29日《民权报》。
⑨ 戴季陶:《民国政治论》,《戴季陶集》,武汉,华中师范大学出版社,1991,第617页。
⑩ 朱芝裳:《国家主权论》,《独立周报》第1期。

权由国家定之,而国家之设政府,非特与人权原理不相叛,且实与之相济。人民享有之自由,乃由国家之承诺而得之,非别有所寄也"①。诸如此类的言论在主张主权在国人士的言论中几乎是随处可见。此外,主张主权在宪法团体说的章士钊在人民权利来源问题上,与主权在国论者如出一辙,认为民权来源于国家。而民初的另一重要的政论家张东荪则持民权法定说,他认为权利来源有自然说和法创说,"以历史的眼光观之,自然法派实毫无成立之理,夫权利乃法律所产出"。"国权为固有的,民权为赋予的"②。实际也就是主张民权由国家赋予。这里有一个问题颇值得注意,由于天赋人权说,在民初为多数论者所排斥,故主张主权在民者,没有能为人民权利的来源做出令人信服的说明。而主张主权在国的人士,对于国家所具的主权究竟来自何处,也不能做出说明,只能说此权为国家所固有,为国家所不可缺。这样,在主张主权在国的人士那里,国家成了一个颇具神秘色彩的天生即具备某种特殊权力的组织。

第二,主张主权在民的人士,主张主权在民说而反对主权在国说,其根本的考虑是,他们认为鼓吹主权在国,必造成"国家万能"说,而国家万能说必转换成政府万能说,由此又必造成专制之局③,其结果则是国家机关可以随意违背民意,牺牲多数人之利益以谋少数人之利益④。他们又指出,中国有长期的专制传统,国家虽名共和,而专制习惯难改,鼓吹主权在国,必为复辟专制的强权人物所利用:"凡元首之欲谋专制,则必藉口于拥护国家,以国家为虚空之物。"⑤ 而主张主权在国的人士,大多有某种国家主义的倾向,因为主权在国实际就是以为国家为一抽象的绝对之物,有其自身的目的和意志,而人民只是国家之一要素,并非国家本身,此说否定了人民抵抗国家的权利,否定了人民反抗国家的合理性。民初主张主权在国的人士亦然。他们说,中国是个贫弱之国,面临着严重的民族危机与剧烈的国际竞争,故"政治之目的,其第一义在谋国家自身之生存发达"⑥,只有国家强大了,民权才有保障,用他们的话说就是"国苟不保,民安有权"⑦。而主权在国的理论正好适合了他们强调国家生存第一的要求。他们从主权在国论出发,提出

---

① 亚雨:《释民权》,1912年12月23日《时事新报》。
② 张东荪:《余之民权观》,《民国经世文编》第7册,第77、79页。
③ 匪石:《国权与民权》,1913年6月29日《民权报》。
④ 出岫:《主权所在论》,《国民月刊》第1卷第2号。
⑤ 林学衡:《〈庸言报〉主权所在说驳议》,《国民月刊》第1卷第2号。
⑥ 梁启超:《宪法之三大精神》,《饮冰室合集》文集之二十九。
⑦ 吴贯因:《国会与政府之权限》,《宪法问题之商榷》,《民国经世文编》正编第8、9册。

人民权利既然为国家所赋予,则国家可以随时收回。"人民之自由全赖国家制成,全赖政府保持,然国家之设,其目的不必全在保存自由,行动举止不必限于阻止人民干预他人,质言之,则国家苟信有益于公众,非特不保存之,即割弃之亦可也"①。这是比较典型的为国家的绝对权力张目的言论。他们之所以反对主权在民,是认为鼓吹主权在民,则"人民可以牺牲国家,而国家不能牺牲人民",国家无对人民强制之权,则亡国之祸就在眼前②。后来的事实证明,这种主权在国的论调被袁世凯利用,为其专制独裁造就了舆论。

  第三,主权所在的争论还与有关政府体制问题的争论有密切的关系。国民党人对于政府体制主张"国会政府主义",其理论依据之一是,主权属于国民全体,而国会为国民之代表机关,故国家机关之权力应以国会为渊源。吴贯因即明白分析了国民党主张"主权在民"的此层用意:"主张主权在民者,又别有用意焉。彼以为国家不可无最高之机关,其在君主国,以君主为最高机关。其在民主国,则以国会为最高机关。而国会为人民之代表,规定主权属于人民,即不啻属于国会,于是以国会为最高之机关,可不言而喻矣。"③而进步党人主张强有力之政府,反对国会权力独大,主张行政机关应有相当的活动余地。因为"主权在民"说"易使人引起主权在国会之感想",从而倾向于国会大权④,故反对国会大权的人士不取主权在民说。对于国会,他们不认为是国民之代表机关,当然更不是主权所在之机关,而只是与行政机构一样的国家机关⑤。

  上述关于主权问题的争论,从根本上讲,就是两个问题,一是国家与个人自由权利的关系问题,一是国会与政府的关系问题。这也就是民初人士反复争论的国权与民权的关系问题。民初人士所说的国权有两层意思,一是国家权力,或者说是国家主权对于国民的强制力,一是国家机关的权力,主要是政府的权力。而他们所说的民权也有两层含义,一是人民的自由权利,一是人民的参政权,其中又主要指国会的权力。

  国民党在民初被称作民权党,主要是它对于人民权利和国会权力比较关注。但是国民党当时的中心关注点是现实的政治斗争,在宪法问题上,它真

---

① 亚雨:《释民权》,1912年12月23日《时事新报》。
② 吴贯因:《宪法问题之商榷》,《民国经世文编》正编,第9册。
③ 吴贯因:《宪法问题之商榷》,《民国经世文编》正编,第9册。
④ 吴贯因:《宪法问题之商榷》,《民国经世文编》正编,第9册。
⑤ 关于国会之性质,大体有委托说,代表说,国家机关说。其间分别,参阅王世杰、钱端升《比较宪法》,第194~198页。张东荪《国会性质上之疑问》即分别评述了关于国会性质的几种说法,而主张国家机关说。

正关注的是国会的权力,对于人民的自由权利其实关注并不够。而且,不少国民党人将国会的权力和人民的自由权利混为一谈,认为国会有权就是有了民权。国会代表了人民,因此国会之专制,就等于人民之专制。在民主共和国,人民服从国会之决定,就是服从自己之意志。《民权报》上发表的署名"霹生"的一篇文章很能说明问题。作者说:"或谓国家根本上所要者,人民之服从也,国家之本性在强行其意志者也。不知人民之所以服从者,在服从国家所制定之法律,而国家之所以能强行者,亦在强行国家所制定之法律。国家自身不能造法律也,故其法律必成之代议机关,是仍为人民公共之意志所制定者也。故政府机关之行动虽遵从法律,而实即遵从人民之公共意志也。"又说:法律由人民制定,人民有时受政府之制限,不过是服从公共意志之制限,是自束缚,既是自束缚,即非束缚。此主权在民之本质①。这很近于卢梭关于国民主权和国民总意的说法,这种说法本质上与国家主权说相同,也不能保障人民权利。又徐谦的一篇文章说:"无论何国之宪法,莫不以保障民权为原则,即莫不以民权限制行政权为原则。"②而署名次环者发表题为《政权与民权》的文章,讨论人民之参政权与人民自由权利之关系,认为,人民有参政权,则民权巩固③。将他们的这些言论,与上面所说的《国民党宪法主张全案》对于人民自由权利问题的认识联系起来看,相当一部分的国民党人认为,宪法主要是限制行政权,而对于民选的国会,则人民尽可以放心给予它权力,而不必加以防范,并且相信国会有权,人民有参政权,人民就享有民权。这种民主政治观,实在成问题。对此,发表在《时事新报》上的一篇题为《民权误解》的文章,就指出,国民具有参政权,国会有广大的权力,并不必然保障人民的自由权利④。人民的自由权利和人民的参政权之间并不能划等号,以为人民有参政权即等于人民享受自由权利,以为人民选举了代表,组织了国会,国会有广大的权力,就等于人民有了广大的权力,等于人民享有了"民权",确如该文作者所言,只是一个"误解"而已。

进步党一派的人,在民初被称为国权党人,以鼓吹国家权力和政府权力为其特色。他们之所以主张主权在国,很大的程度上是因为他们的"国权主义"政治取向。他们的这种政治取向,主要是因为他们对于国家所处的国际地位和国内混乱的政局的担心,他们希望有强大的政府迅速恢复秩序,领导

---

① 霹生:《公共意志论》、《自由保证说》,1912 年 8 月 26、30 日《民权报》。
② 徐谦:《辟强固政府》,1913 年 4 月 5 日《民立报》。
③ 次环:《政权与民权——诘时事新报亚雨君》,1912 年 10 月 21 日《民立报》。
④ 亚雨:《民权误解》,1912 年 12 月 12、13 日《时事新报》。

国家进行建设，与列强竞争。他们提出的理由，除了中国所处的国际局势如何险恶，国家独立与富强如何重于个人的自由权利，国际政治思想和政治实践的趋势都有趋向于国家主义的潮流等等之外，还认为，天赋人权之说，只能有效于强国之人民，中国现在急需的是如何恢复秩序，而个人自由平等的说教会妨碍这一进程；中国历史上由于儒家的传统，人民并不缺乏自由平等，相反享有比较充分的自由平等的权利，中国所缺乏的只是参政权；而参政权在今日中国实不宜普及，只能由少数精英代行。此类言论在他们的言论中很多[①]。从言论的声势、影响和论述的系统性看，此派主张在民初似乎超过了国民党的主张。

可以说，两派的主张其实颇有相通之处，其结果都是对公共权力的强调，对个人自由权利的忽视，不过一派强调的是国会的权力，一派强调的是政府的权力。

三 关于政府体制的争论

政府体制主要包括两个部分，一是中央政制，一是中央地方权力关系。本文主要考察围绕中央政制的争论。

关于政府体制的争论，是民初宪法争衡中的一个核心问题。本文前面所说的关于宪法起草机关的争论，关于主权问题的争论，归根到底，是围绕政制安排问题的争论。而在当时，政制安排直接关系到各派政治势力在国家政治权力体系中的位置问题，因此，可以说民初宪法争衡在相当的意义上是各派势力对于自己在国家政治体系中的地位的争论。

还在各省都督府代表联合会制定《中华民国临时政府组织大纲》时，南方革命阵营内部即就总统制还是内阁制的问题发生过争论。其中孙中山主张总统制，理由是政府新建，内外任务繁重，不能对国民信任之大总统的权力过于限制；而宋教仁则主张取内阁制，其当时所持的具体理由，现在尚未能

[①] 这一点可以参阅几篇比较典型的文字：梁启超：《中国立国大方针》，《饮冰室合集》文集之二十八；康有为：《问吾四万万国民得民权自由平等乎》，《民国经世文编》正编，第 8 册；李庆芳：《为制定宪法敬告国会会员》，《宪法新闻》第 1 期；蔡锷：《在统一党云南支部成立会上的演说词》，《蔡松坡集》，上海人民出版社，1984；雪玉：《说国权》，《震旦》第 3 期；少少：《旧国情与新宪法》，《震旦》第 1 期；吴贯因：《宪法问题之商榷》，《民国经世文编》正编，第 9 册等。这些文章的立论大同小异。关于民初国权主义思潮的论述，可以参阅拙著《章士钊社会政治思想研究（1903～1927 年）》，第二章，长沙，湖南教育出版社，2001。

找到具体的材料。后来联合会多数成员赞同孙中山的意见。但南京临时参议院制定《临时约法》时,因为南北议和即将告成,孙中山依议将让位袁世凯,为限制袁世凯的权力,参议院改原来的总统制为内阁制,且其中不少规定有违内阁制的精神,比如规定总统任命国务员须经参议院同意,规定了参议院对于国务员的弹劾权(《临时约法》将弹劾与不信任投票混为一谈)而没有规定总统解散参议院之权等等。这些规定试图将政府置于议会的严密监督之下,以防止袁世凯专权。但这其实并不能真正限制袁世凯。照黄远庸的分析,临时参议院内不少议员是所谓的法律万能派,"以为法律万能,但能全本抄录外国之法科全书,吾国便不难立时变成黄金世界",而袁世凯则是"遁甲术专门之袁总统",《临时约法》为他设置了种种限制,但他总有办法逃避此等限制①。《临时约法》规定的是责任内阁制,但在袁世凯任总统时期,所谓责任内阁制,在实行中其实已经变成了"总统制"②。袁世凯的破坏内阁制,固违背约法,但民初政局的动荡,与《临时约法》在政制设计上过于强调国会权力,亦不无关系。当唐内阁辞职后,陆内阁难产时,舆论在批评同盟会不顾现实情况,坚持实行政党内阁制的同时,也对《临时约法》所设定的议会对于总统任命国务员的同意权纷纷发表批评。那时还在同盟会机关报《民立报》主持笔政的章士钊就发表了多篇文章批评约法关于同意权的规定。

当国会选举正在进行,制宪逐渐提上议事日程的时候,关于政制的争论又逐渐热烈起来。争论分两层,一是总统制和内阁制之争,一是内阁制下立法与行政两部权限分配问题的争论。

总统制和内阁制的争论主要发生在1912年底到1913年初,对阵的一方是《时事新报》,另一方是《民立报》、《民权报》、《中华民报》等国民党的报刊。《时事新报》反对内阁制而主张总统制,其理由主要是:第一,实行内阁制需要比较成熟的政党,最好是只有两个相代为用的政党,中国现在政党不成熟,且党派林立,实行内阁制,必然内阁频繁更迭,政潮迭起,政局不安③。第二,内阁制下议会有无限之权,易出现议会专制之弊,违背了分权制衡的"共和精神",而实行总统制,权力分立明确,符合"共和精神"④。第三,中国现当外患内讧相迫之时,需要各派政治势力的团结,而实行内阁

---

① 《遁甲术专门之袁总统》,《远生遗著》卷1。
② 《袁总统此后巡回之路径》,《远生遗著》卷1。
③ 《内阁制问题》,1912年12月24～27日《时事新报》,转见《辛亥革命史稿》第4卷,第501～502页。
④ 《内阁制与共和精神》,1913年1月5日《时事新报》,又见《民国汇报》第1期。

制,在政党林立,且有以做官为第一大事业传统的中国,将激起激烈的党争,"内阁日日有辞职之危险,议会日日有解散之危险",政局危险莫可名状。而总统制,则一党掌握政权,一党在野,虽有党争,但不会影响在朝者之地位,政局不易起大波澜①。对此,国民党一派的报刊针锋相对地提出,中国有长久的专制传统,实行总统制,元首权力较大,易出现总统集权的局面,导致帝政的复活;实行内阁制,则行政受议会的严密的监督,可防止帝政的复活。总统制下,政府政策不合民意,国民无术易之,必须等到下届大选方可更迭政府,其制僵硬;而内阁制则可以随时变更内阁,使政府政策符合民意。至于内阁制下的议会专制,他们认为不足为虑,因为共和国以人民为国家主体,议会为人民之代表,议会之专制其实就是人民专制,无碍于共和精神②。论争的双方言辞颇为激烈,而其实其言论中均有对人而考虑政制的因素,并非全从学理和国情的角度考虑政制。对此,民立报记者重民有如下评论:"今之主张内阁制者,在南京政府时代或曾执总统制之说,而今之主张总统制者,在当时又未尝不竭力要求内阁制。若而人者,盖非谓中国宜于总统制或内阁制,直谓某人为总统则宜于内阁制,易某人为总统则宜于总统制焉耳。而反对总统制或(反)对内阁制者,亦与其制无关,直是反对当时总统而已。由是总统制内阁制之争论,必须得一德才兼备,有甲乙两派所共推服之一总统,然后有暂时解决之日。"将来更换总统,则政制又须一变,方可为两方接受③。此评可谓切中要害。

此次关于内阁制和总统制的论争在民初关于政制问题的论争中并不占重要地位。民初思想界的主流是主张内阁制,民初的主要政党无论是国民党,还是统一、共和、民主三党以及后来的进步党都主张内阁制,而这些政党中的重量级政治理论家如宋教仁、梁启超、戴季陶、吴贯因、张东荪等等,其他主要的政治理论家如康有为、章士钊等等,都无一例外地主张责任内阁制,并对主张内阁制的理由进行过系统的阐述。所以国民、统一、民主、共和四党组织的"四党宪法讨论会"曾多次开会讨论有关宪法,对于诸多问题往往意见不一,唯独第二次开会讨论选择总统制还是内阁制时,对于政制采内阁制,"众无甚反对","此案意见大略相同",迅速达成一致④。而后来天坛宪

---

① 《内阁制与党争》,1913年1月7日《时事新报》。
② 参看《民国汇报》第一期《内阁制与总统制之纷争》所收"主张内阁制反对总统制者"之言论。
③ 重民:《总统制与内阁制》,1913年4月8日《民立报》。
④ 《四党宪法讨论会纪事》,《震旦》第2期,第87页。

法起草委员会在讨论政制时,对于其他问题争论颇多,独于内阁制与总统制问题,"全场主张几于一致采内阁制,绝对无主张采总统制而反对内阁制者"①。这些政党主张内阁制的基本考虑是:内阁制可以比较好地沟通立法、行政两部,实施得法可以造就一立法、行政一致的"强有力政府"(或者说是强固政府、强善政府);内阁制,比较具备弹性,当立法、行政两部冲突时可以征求民意,变更政府或国会;内阁制可以防止元首集权,从而防止专制的复活。从现实的角度看,这些政党主张内阁制应该还有一层,大体上这些政党的首脑人物都预计到以袁世凯的势力以及当时的内外舆论,袁世凯当选总统的可能性极大,在此情形下,实行内阁制,这些政党才有比较大的活动空间,才有机会直接参与政府或者组织政府。国民党期望以内阁制架空、控制袁世凯,其他党派则期望能够有机会组织政府,以带袁世凯上政治轨道。而实行总统制,则这些政党只能在国会活动,而无组织政府之机会。对于内阁制所需要的条件,即有比较成熟的政党,国民有一定的政治常识,主张内阁制的人士也是有所认识的,也知道当时的中国,这些条件并不成熟,但现实的政治情况尤其是袁世凯一派掌握军政大权而无民主意识,又使他们比较一致地取内阁制。

虽同是主张责任内阁制,但国民党主张"国会政府主义",而进步党一派则主张立法权与行政权调和。

国民党最初确定的宪法主张中,本"取相对的三权分立主义",认为立法、行政、司法三种机关"固宜独立,而于不生隶属关系之范围内,许其互相监制,如是乃圆洽灵活,绝无拘滞之虞,三权分立之妙用乃见"②。但后来提出的修正案明确提出"国会政府主义"的主张,说这是取法法国的制度③。所谓"国会政府主义",曾组织"议院政治促进会"的国民党议员张百麟的论述相当明确:"议院政治云者,即全国政治均以议院为泉源之谓也。议院政治之国家,其国权作用,议员对于国民负完全责任。……其政府行使职权,则直接对议院负完全责任。……政府中之政务各官,必由议院举出。……而政策之发表,亦必得议院赞成,事实上始有效力。"④ 代议士代表国民全权,参与国家之政务,民国之政治组织与法律之制定,苟不经国会多数议员之议决,则终无效力,"行政机构与司法机构,不过依据国会所定之宪法与法律,各尽

---

① 宪法起草委员会第六次会议录,《宪法起草委员会会议录》第1册,民国二年十一月出版。
② 《国民党宪法主张全案》,《宪法新闻》第13期。
③ 《国民党宪法讨论会对于其宪法主张全案之修正》,《宪法新闻》第15期。
④ 《议院政治促进会宣言书》,1913年3月20日《民立报》。

其执行职务，稍有活动余地而已，固不能与神圣尊严之国会比较权力之大小轻重也"①。其理论依据就是主权在民，而国会是国民之代表，"共和国家之主权在国民全体"，国家政治虽难以直接取决于多数之国民，但民选的国会还是民意的最好的表达机构，"议院曰可，即不啻为国民所许可"，"议院曰否，即不啻为国民之否"，对于议院之可否，作为执行机关的政府不得违抗。这才是民权政治②。这就在国民与国会、国会意志与国民意志之间划了等号，将人民权力等同于国会权力。

　　国民党最后提出的宪法主张，贯彻了"国会政府主义"的原则，给予国会相当大的权限。除了一般内阁制下，国会所具备的权力如立法权、监督行政权（包括通过预算与财政法案、质询、弹劾、不信任投票、受理请愿、查究等权）外，国会尚有以下权力，由国会两院组织宪法会议修正宪法，宪法由国会解释，总统选举由国会两院组织总统选举会执行，被众议院弹劾之总统由参议院审判，国会自行集会、开会、闭会（临时会除外），众议院有对大总统任命国务总理之同意权，国会不得被解散等等③。可见，国民党所主张的政制中的国会是国家主权所在，具有极大的权力。这种政制存在的问题是：

　　第一，政制设计违背了内阁制的基本精神，最为明显的是其对于所谓同意权和解散权的主张。前面提到，同盟会主导的南京临时参议院所制定的《临时约法》关于同意权和解散权的规定在当时就颇遭反对，并且民初政局动荡与此规定不无关系。但国民党在讨论宪法问题时，在这两个问题上仍基本坚持旧见。对于同意权，鉴于党外的批评意见，国民党不坚持国会对于所有国务员任命的同意权，但坚持任命总理必须经过国会同意。他们不认为这违背内阁制的精神，"同意权对总理之任命而行使者也，平时纠责，对总理之行为而行使者也。同意乃国会与总统间之关系，负责乃总理与国会间之关系，得同意者总统，负责任者总理，二者之主体不同，并非对国务员既同意而又纠责之也。……事后纠责，监督之效较弱，更益以事前同意，监督之效乃强。以中国国情论，宁取其强。"④ 对于解散权，在四党宪法讨论会中，国民党委员汤漪就表示反对⑤。国民党在最初提出的宪法主张对此没有说明，后来做

---

① 张百麟：《国会议员与民国》，《国民月刊》1卷1号。
② 王宠惠：《中华民国宪法刍议》，《民国经世文编》正编，第11册，第30页。
③ 《国民党宪法主张全案》、《国民党宪法讨论会对于其宪法主张全案之修正》、《国民党宪法讨论会对于其宪法主张全案以外之决定》，《宪法新闻》第13、15期。
④ 《国民党宪法主张全案》，《宪法新闻》第14期。
⑤ 《各党宪法讨论会第七次常会纪要》，《宪法新闻》第5期。

出的额外决定中,才明确提出总统无解散国会之权。这也许是因为其总统无解散权的主张,显背内阁制之精神,顾忌外界的反对才没有提出,后来又觉得这一点很重要,不能没有明确的主张,所以在额外决定中明确提出。其理由是:"专制初更,政习未革,凡抑制民权之权,最易滥用,果解散频繁,国会将削弱不堪;即设而不用,而议员时虑解散,真正民意亦将不能尽情发挥,民主政治难举其实,一也。国民之政治趣味尚浅,使选举频繁,将启人民厌恶政治之渐,二也。"① 这种理由并不是很充分。这样,在国民党的"内阁制"设计中,国会有对内阁不信任投票权和弹劾权的同时,又有对于总理任命之同意权,而内阁、国会发生冲突时,总统又无解散内阁权。立法行政两部权力严重失衡。

第二,易造成国会的专制,这与民主政治的分权原则相背离。历来的民主政治,国会虽是人民的代表机关,但它同时也是国家机关之一种,其权力无论如何大,都只行使国家权力的一部分,其他权力则由其他机关执行,并且与国会的权力形成某种制衡。而在国民党设计的政制中,国会权力一权独大,行政完全是国会的附属物。这种政制,不仅违背了民主政治的分权原则,而且会导致第三个弊端。

第三,在这种政制下,名义上是国会大权,但实际上国内的一种政治势力若控制了国会的多数,就可以随意修改、解释宪法,可以选举自己的总统、组织自己的政府,可以对于政府的种种行政行为不作监督甚至曲为辩解。这离专制政治只有一步之遥了。另一方面,若国内有不遵循民主政治基本游戏规则的庞大的"特殊势力"存在,此势力虽不能控制国会之多数亦可以武力、金钱挟制国会以遂己欲。即以民初政治的实际例子为证,关于总统选举,民初就有不少人提出了自己的主张,其中就不乏具有参考价值者。比如,王宠惠取法美国的总统选举办法,主张以国会为选举组织机关,以各省级议会议员为选举人②。康有为主张设立"国民大会议",由各县议会各举一人合国会议员一起组成,其职权是修正宪法、割让国境、选举大总统③。其他一些人也有此类主张,比如《民立报》就曾发表文章,主张总统选举应于国会之外,加上省议会,并称此举"有百利而无一弊"④。此类主张在宪法起草委员

---

① 《国民党对于其宪法主张全案以外之决定》,《宪法新闻》第15期。
② 王宠惠:《中华民国宪法刍议》,《民国经世文编》正编,第11册,第49页。
③ 康有为:《拟中华民国宪法草案》,《民国经世文编》正编,第10册,第56、57页。
④ 宗良:《省议会加入选举总统之研究》,1913年5月16、17日《民立报》。

会讨论总统选举办法时亦有委员提出，并有系统的论述①。国民党最初的宪法主张中曾主张总统选举加入地方议会议员，后来提出修正时改为大总统选举以两院议员为选举人。卒之，以国民党在宪草会占据多数，大总统选举法遂基本依国民党之主张而定。此虽有学理的依据，且明确取法法国之办法，但总统选举加入地方议会并无不妥，国民党的主张虽为重国会之权，但增加了国会被控制的可能性。民国二年的大总统选举，区区数百议员受胁迫而举袁世凯为大总统，未始非大总统选举法之弊端有以成之。

其实，对于国会在宪法确定之后的地位，国民党党内未始没有不同的意见。比如戴季陶、王宠惠都主张宪法制定后，国会不应成为主权机关，修订宪法之事，戴季陶主张由国会和各省议会合并行之，王宠惠主张由各省议会行之②。但党内主流意见，以为这有联邦制的意味，不符合单一制国家的主张。又比如，宪法之解释，王宠惠在其《中华民国宪法刍议》中主张给予最高法院，党内也有类似主张，甚至到宪法起草委员会内的一些国民党委员也不主张由国会解释宪法③。但党内主流坚持以国会解释宪法。而对于同意权和解散权的规定，国民党内也有不同的声音。发表在《民立报》上的一篇文章就明确主张总统有解散议会权，并且标题就是"论总统当有解散议会权"，其基本主张与梁启超等人一致④。后来在宪法起草委员会内，也有国民党议员对于该党宪法主张中的部分内容，尤其是同意权和解散权问题上的主张，表示反对，明确主张实行内阁制，则国会不能有任命总理之同意权，而总统则应有解散国会之权。而一位名为翟富文的国民党员也发表文章讨论宪法问题，甚至对于国民党的"国会政府主义"从总体上提出否定意见⑤。

国民党的真实意图是因为自己在国会中占据一定的优势，故试图以国会大权限制它甚不信任的袁世凯的权力。但实际上，一方面此种政制在理论上有违内阁制的基本精神，真正实行起来，不利于政治的正常运转；另一方面，在现实施行中，在没有宪政习惯的中国，国内又存在强大的不识民主为何物的军阀势力，国务总理之同意权、总统不得解散国会之类的束缚，根本就不能起作用，只会造成政局的紧张。没有实力的国会，想靠解散权、同意权之

---

① 《宪法起草委员会第七次会议录》，《宪法起草委员会会议录》第 1 册，民国二年十一月出版。
② 戴季陶：《民国政治论》，《戴季陶集》（1909~1920），第 620 页；王宠惠：《中华民国宪法刍议》，《民国经世文编》正编，第 11 册。
③ 《宪法起草委员会第十六次会议录》，《宪法起草委员会会议录》，民国二年十一月。
④ 嘐嘐：《论总统当有议会解散权》，1913 年 2 月 24 日《民立报》。
⑤ 翟富文：《关于总统及国会问题意见书》，《民国经世文编》正编，第 8 册。

类的束缚限制袁世凯,没有可能,《临时约法》实行中出现的种种问题,就是最好的例证。

进步党一派的人士,主张遵循内阁制的精神,反对国会一权独大。此一派人士,为反对国会大权,发表了相当多的言论。吴贯因说,民主共和国应当适当缩小国会的权限,他的论证是这样的:第一,他否定主权在民说,而倡导主权在国说,从理论上否定了将国会作为国家最高机关的合理性,认为应当"就国家之全局以着想"在各国家机关之间进行权限分配,"不谓得(得谓)国会为人民之代表机关,即增加其权力"。第二,中国现在内外局势紧急,急需振兴国权,"欲求振国权,与其得一强有力之国会,不如得一强有力之政府"。第三,世界竞争日趋激烈,列强均逐渐加强政府权力以进行竞争,"十九世纪初期,革命之潮流,在求得一良国会,以对抗政府。二十世纪初期,革命之潮流,在求得一良政府,以对抗外国。此实全世界之趋势"。中国欲求存,不能与此潮流相抗①。署名"雪玉"的作者在《震旦》上发表的文章,在进行了与吴贯因大体类似的论证后,说"欲使一国之力伸张于外,非有强固之中央权力不可。若仍事事资之不任实行、徒知议论之国会,则岂能谓为适当之机关"②。老圃在题为《国权与民权》的文章中,这样论述国家权力和人民权利之关系,做了一个比喻:"一国犹一商业公司,公司股东有查帐之权,有选举之权,犹一国之有民权也。然公司即免于作弊,免于垄断,亦须视公司资本之充足与否,公司之营业之可恃与否,及管理者之适宜与否,初非股东一有查帐权,一有选举权,而即可获利也。若公司有绝大之财力,有老于商业之管理人,对内既秩序井然,对外又足与他业竞争,则其公司之权力,乃足以纵横于商业界,此比之一国,犹一国之有国权。由此观之,则富强之道,固不仅在民权,所谓民权主义,实消极主义。"③ 这里,所谓的国权并不是国家对于人民的强制服从的权力,而是政府的权力,而民权并不是指人民之自由权利,而是积极的参政权,也可以说就是国会的权力。梁启超则说,国会为"制动机",其功能在防止政府为恶,而政府则为"发动机",其功能在积极地谋求国家之福利④。总之,他们的意见是,国会是清谈馆,是监督政府防止其为恶的机构,国家的振兴需要的是强大而有效的行政权力,而不是权力强大的国会。他们批评国民党过分强调国会的权力,"防政府如盗

---

① 吴贯因:《政府与国会之权限》,《民国经世文编》正编,第8册。
② 雪玉:《说国权》,《震旦》第3期。
③ 老圃:《国权与民权》,1912年11月30日《时事新报》。
④ 梁启超:《宪法之三大精神》,《饮冰室合集》文集之二十九,第107页。

贼，而畜政府如犬马"，视政府若虎兕，"必柙之而后能安"，是"幼稚之民权论"，违背了立宪政府之常规，也不符合中国当前的现实需要①。

在具体的政制设计中，进步党也试图依照内阁制的常规，合理分配立法与行政两部的权力。对于国民党的宪法主张，进步党人批评最多的是其关于同意权、解散权的主张。关于同意权，他们认为，从政制的基本原则看，实行总统制，则国会对于总统之任命国务员有同意权而无不信任投票权；实行责任内阁制，国会对于总统之任命国务员没有同意权而有不信任投票权。"总理既由国会选举，阁员复经国会承认，此无异国会保证此为良内阁也。夫既已保证之于前，而旋或纠问弹劾之于后，同一机构，翻云覆雨，揆诸理论，宁得云当？果耳者，则内阁虽有失政，而国会已大失其问责之资格。不宁惟是，国会以知人不明选举失当故，反须自引责以谢国民，是欲张国会之权而反以削弱之也。"②他们认为责任内阁制之下，内阁之组成虽事实定于国会之多数党，但这是习惯，并不能明定于宪法。他们并且说，重要的是宪政习惯，而不是区区同意权的法律规定。若总统循政治之常规，国会虽无同意权，但有不信任投票权和弹劾权，即可操纵内阁绰绰有余。总统不循政治常规，则区区之同意权，根本不能限制总统③。关于解散权，进步党人认为，既取责任内阁制，则国会对内阁的不信任投票权与总统有解散国会之权，乃协济国会与内阁的重要手段，缺一不可④。若只有不信任投票权，而无解散权之规定，则国会必轻于使用该权，内阁则失其独立性，"政象所演变，常使执政者惴惴不自保，不敢立宏远俊伟之计划……不求有功但求无过，则国命不已堕于冥冥之中耶？"⑤可以说，他们基本是从内阁制的基本原则出发对国民党的宪法主张进行批评，并非无端的攻击。统一党、民主党发表的宪法主张均明确主张国会不当有总统任命总理之同意权，而总统则应有解散国会之权⑥。梁启超为进步党所起草的宪法草案，对于同意权、解散权问题，与统一党、民主党持同一主张。

在"强有力之政府"理念的指导下，吴贯因在他的政制设计中，将总统立于所谓"统治权总揽者"的地位，在给予内阁制下总统应有的权力外，他还给予总统所谓的紧急命令权、独立命令权。从梁启超代进步党起草的宪法草案看，

---

① 梁启超：《同意权与解散权》，《饮冰室合集》文集之三十，第 4 页。
② 梁启超：《中国立国大方针》，《饮冰室合集》文集之二十八，第 62 页。
③ 吴贯因：《宪法问题之商榷》，梁启超：《同意权与解散权》。
④ 《各党宪法讨论会第七次常会纪要》，《宪法新闻》第 4 期。
⑤ 梁启超：《同意权与解散权》，《饮冰室合集》文集之三十，第 4 页。
⑥ 《统一党最近之宪法主张》，《宪法新闻》第 1 期；《民主党先定宪法一部及解散权同意权之主张》，《宪法新闻》第四期；《民主党对宪法最近之主张》，《宪法新闻》第 5 期。

进步党对于政府体制的主张与国民党最大的区别也就是该宪草主张总统任命国务员不必经国会同意,总统可以解散国会,以及总统有紧急命令权和紧急财政处分权①。也许是为了沟通行政、立法两机构,也许是为了给大总统袁世凯保留相当的行动空间,以便袁世凯能够接受自己的宪法主张,梁启超在《拟进步党宪法草案》中有"国家顾问院"的设置。该院由国会两院各举四人、总统推举五人,共十三人组成,总统任命国务总理,解散国会,发布紧急命令、财政上紧急处分,宣战媾和,提议修正宪法,须得顾问院同意。而康有为在其《拟中华民国宪法草案》亦有类似的规定,他主张设立"国询院",由两院各举五人,总统举五人,共十五人组成,"凡宣战、媾和、订约、停散国会、任命总揆、发布重大命令与预算外之财政款,总统必得国询院之同意"。"凡司法、都察、审计诸长,由国询院公举,以多数决之,得参议院同意而总统公布之"。其用意与梁启超主张之顾问院同。在康有为、梁启超的政制设计中,"顾问院"在相当的程度上行使国会的诸多权力,而总统对于此顾问院有相当的影响,且人数较少,比较便于行政部门的操控。鉴于袁世凯当时无党派,对于国会不能以正常的渠道发生影响,此一顾问院的设置,确实别有深意。有这一顾问院,袁世凯接受此类宪草的可能性极大。此顾问院显然违背了政制的常规,但康有为、梁启超极有可能是将此顾问院作引诱袁氏接受宪草的一个诱饵。值得注意的是,国民党在最初公布的宪法主张全案中也有顾问院的设置,"以顾问院为制限机关,凡重大政务,大总统必咨询之。其组织及应咨询事项,以法律定之"。国民党此时对于顾问院尚无成熟的设计,不过其顾问院并非是要给袁世凯以便利,而是一个限制总统的咨询机构。后来在修正案中,国民党觉得有国会的限制,顾问院乃多余,否定了这一设置。

比较两党对于政制的主张,可以看出,进步党考虑的是制定一个大体上是内阁制,有民选国会,国会有相当权限,而袁世凯势力又有操控余地而可以接受的宪法。而国民党则坚持以宪法限制袁世凯,试图极力扩充国会之权力,而较少顾及袁世凯是否可以接受这样一个宪法。

四 余论:"天坛宪草"流产的技术性因素

对于民初制宪的失败,以往学者多强调袁世凯与国会之间在宪法问题上

---

① 参看耿云志等著《西方民主在近代中国》,北京,中国青年出版社,2003,第283~287页。

的分歧为根本原因,强调袁世凯习惯于以专制手段统治国家。这一点笔者也甚为赞成。不过,我这里论述的是制宪失败的技术性因素,这一点,以往的论著注意得不够。

由于宪法起草由国会执行,而宪草会则由国会两院各举 30 名议员组成,故国民、进步两党在宪法主张上的分歧,就带到了宪草会内部。

宪草会内部对于有些问题如政制取内阁制、总统对于国会议决事件有要求复议权、共和国体不得成为宪法修正议题等,几乎是全体一致的意见[1],但是在绝大多数问题上意见分歧相当明显。在相当一些问题上,宪法起草委员们的主张并非完全可以按照党派划分阵营,有些起草员在一些问题上,还是按照自己的认识发表意见,党派的决议并未能完全限制他们发表自己的意见。同时因为二次革命后,国会生存环境日趋恶劣,一些国民党议员颇注意吸纳进步党一些合理的主张,故在宪草的若干问题上能够达成一些妥协。比如,对解散权,国民党主张总统无解散权,在宪草会内也有相当一部分国民党委员坚持此点,但多数委员如共和党的黄云鹏、政友会的王用宾、进步党的王家襄、刘崇佑、国民党的张耀曾、伍朝枢、段世垣等人主张有条件的解散权,即总统解散众议院须经参议院之同意,并且同一会期只能解散一次。又比如关于总统发布紧急命令之权,国民党反对此类规定,一部分国民党委员如褚辅成、朱兆莘、张耀曾、谷钟秀等以及进步党的刘崇佑等也坚持这一点,但多数委员如进步党的汪荣宝、王印川、国民党的伍朝枢、易宗夔、共和党的黄璋等主张总统应有此权,但须加以限制[2]。关于紧急财政处分,宪草会讨论的情况也与关于紧急命令权的讨论相类似。但在多数问题上,宪草会内的分歧大体还是可以按照党派划分阵营的。由于国民党与在宪法问题上基本赞同国民党的新共和党主导了宪草会,加上后来进步党内的一些骨干分子意见也与国民党意见接近,故宪草会议决的《天坛宪草》之内容"多为该党(国民党)从来所主张之意见"[3]。其扩大国会权力,限制行政权力的内容,为基本被排斥在制宪进程之外的袁世凯不能接受,遂导致了宪草的流产。

天坛宪草的流产,固然根本上是因为袁世凯与民主势力在宪法问题上主张差异很大,但也有制宪技术上的原因:宪法起草由国会起草,不能广泛吸纳各方意见,尤其是当时在政治上占据相当优势的袁世凯一派势力的意见;

---

[1] 宪法起草委员会第六次会议录;《总统权限之大扩充》,1913 年 8 月 25 日《申报》;宪法起草委员会第二十次会议录。
[2] 宪法起草委员会第十次会议录。
[3] 《宪法草案全文之公布》,1913 年 9 月 17 日《申报》"要件"。

宪草会内党派意见太重，不能超越党派之见，从学理与国情两方面斟酌制宪，对人制宪的味道颇浓；宪法起草委员都为国会议员，难免有扩充国会权力而有意违背政制原则、极力限制行政权力的倾向。

　　国会制宪时，对于社会上的一些积极意见，也还注意汲取。比如《临时约法》有关于行政诉讼归平政院管辖的规定，宪草会讨论"法院"一章时，就吸取了章士钊、王宠惠的意见，取消了关于平政院的规定，规定行政诉讼及民刑诉讼都归普通法院管辖①。在讨论人身自由权问题时，大体采纳了章士钊、王宠惠等关于"出廷状"（即人身保护令）的意见②。但没有顾及袁世凯一派的意见。这一点下文专论。

　　由于国会党派气味甚浓，国会制宪亦难免此弊。宪草会内国民党占据一定的优势，不少问题自然是从了国民党的主张。比如关于国会对于总统任命总理之同意权，显然违背内阁制精神，不少议员表示反对，甚至国民党议员孙钟等也表示反对，但以国民党占据优势，宪草反映了国民党的主张③。又比如，宪法修正之提议权，《临时约法》本规定临时大总统有此权，而且按理，无论是国会，还是公民团体，或是政党，或是政府当局，都可以有此提议权，宪草会内不少议员，包括国民党的伍朝枢等都主张总统有此权，但以宪草会内国民党占据优势，最后规定只有国会有提议权④。

　　起草委员们在扩充国会权力方面，不论党派如何，除了个别的议员如王印川等基本为袁世凯说话外，多数议员都有这一倾向。比如宪草关于国会委员会的规定就属于这种情况。国会委员会一章，在宪草会讨论大纲时，并没有提出设立国会常设委员会的问题。到10月14日宪草会开始宪草二读时，张耀曾提出应设立一个由参议院选举9人、众议院选举16人组成的国会委员会，作为国会闭会期间监督行政的机构。宪草会在略加讨论后，便在几乎没有反对声音的情况下，确定有设立该委员会之必要⑤。宪草会第二十八次会议讨论此问题时，除了关于两院各派之委员人数问题外，还讨论了国会委员会的责任问题，讨论的结果是，国会委员会之责任（即做出不当决定应负之责任）不明定于宪法⑥。宪草最终决定：国会委员会由两院各选出20人组

---

① 关于平政院的讨论及规定，见宪法起草委员会第十六次会议录及"天坛宪草"第86条。
② 关于出廷状的讨论及规定，见宪法起草委员会第三十二次会议录及"天坛宪草"第5条。
③ 宪法起草委员会第九次会议录。
④ 宪法起草委员会第二十次会议录。
⑤ 宪法起草委员会第二十四次会议录。
⑥ 宪法起草委员会第二十八次会议录。

成,以 2/3 以上委员之列席,列席员 2/3 之同意议决事件,其职权是于国会闭会期间对于大总统提议之紧急命令、紧急财政处分或戒严令,总理出缺时之总理任命做出决议,对于国会闭会时议员因现行犯之被捕进行核准,可以对于紧急事件请求召开国会临时会,可以在国会闭会期间受理请愿并对政府提出建议、质问(天坛宪草第 51~54 条及第 34、49、65、71、80、104 条)。此一规定名义上是重国会之权,实际上增加了国会被行政操控的可能性。又比如,宪草会讨论宪法之修正机关时,刘崇佑提议制定宪法机关即为修正宪法机关,很快得到绝大多数起草员同意,48 人与会,有 47 人同意。又比如,宪法之解释,宪草会内进步党的汪荣宝、国民党的伍朝枢等主张由法院解释,共和党的何雯主张由参众两院各举 5 人、法院举 4 人、大总统举 5 人组织"参事会","专以解释宪法";但多数起草员主张由国会解释①。

民初制宪在技术上存在的最大问题是,袁派势力被排除在制宪进程之外。自在国会外另行组织宪法起草机关的尝试失败后,袁世凯一派一直无法直接参与制宪。这固然因为袁世凯一派不谙民主政治的政党运作,袁世凯甚至以不党相标榜,使他们在国会内缺乏可以直接操控的政党力量。袁世凯也曾试图对于国会内的党派构成发生影响,一方面拉拢一些国会议员成立小党以分国民党之势,又支持民主、共和、统一三党合并成进步党,试图以进步党与国民党相抗衡。但进步党毕竟有自己的政治主张,在宪法问题上与袁有巨大的差距,不是袁世凯可以完全操控的力量。而袁世凯可以操控的王印川、汪荣宝等亲袁议员在宪草会内势力甚为微弱,且此等议员也时常从自己的认识出发发表对于宪草之意见,并不全替袁世凯发布宪法主张。因此,袁世凯对于宪草会的影响力十分有限。在此情况下,袁世凯试图以各种方式发表自己对于宪法的主张,影响国会制宪。比如,1913 年 6 月中,当宪法起草委员会即将组建时,袁世凯的宪法顾问美国学者古德诺发布其对于中国宪法问题的主张,提出:①中国宪法宜只定大纲,不必议及详细条款,其详细条款应等将来之立法机关逐步议定。②因中国初定宪法,难免有不适合国情之处,故宪法应具柔性,便于修改,至于具体修订办法,他提出"凡得两院人数三分之二以上之同意,即可修改,惟修改后,必得大总统之认可,始有效力"。③中央地方关系不宜定于宪法,即便要定,也宜粗不宜细。④中国没有议院政治的习惯,不能行内阁制,应取法美国,行总统制,不必设立总理,若设总理,亦应由总统自兼。⑤中国的议院尚幼稚,为防止议院不能议决重大事

---

① 宪法起草委员会第十六次会议录。

件而导致政治混乱，应予总统以两个权力，一是议院不能表决预算时，总统可以上年度之预算施政，二是总统有权力发布条例，但议院认为此条例不适用时，得废止之。⑥应仿照美制，予总统对于议会议决事件之交令复议权①。从某种意义上说，这种总统制的主张代表了袁世凯的意见，其中尤其是总统对于宪法修正之批准权以及第五点的两项特权，可以说给予总统极大的自由度。此后不久，6月27日，也就是两院选举宪法起草委员的时候，袁世凯的另一个顾问，日本学者有贺长雄也发表了他对总统选举法的意见。他认为中国的总统选举既不宜采美国的以选举团选举总统的办法，也不宜采法国的以国会选举总统的办法，而应由人民直接选举"候补总统"数名，由国会及政府各选举10人组成的选举会在"候补总统"中选出一人为大总统②。8月，当宪草会讨论"宪法大纲"时，袁世凯组织的"宪法研究委员会"公布了其宪法主张24条。其要点是：统治权属于国家；政府取内阁制，国务员对众议院负责，众议院对国务员有弹劾权（以3/4以上之出席，列席员2/3以上之同意），预算案先交众议院；总统对于议会之议案有中止权和复议权，总统任命国务员及外交公使不必经国会同意，总统有停止议会权（一次会议不超过二次，每次不得超过15天），大总统得参议院之同意可解散众议院（并主张改变参议院组织法）；大总统由国会选举，任期7年，得连任一次，非大逆不道不负责任；行政诉讼归平政院管辖③。从大纲的文字看，这似乎是一个内阁制方案，但此内阁制与宪草会主张的政制有相当的差距。此后，袁世凯又派人将此"宪法大纲"提交给宪草会，名为供制宪参考，实想借此宣布袁世凯对于宪法问题的一些意见，以影响宪草会。袁世凯通过这些渠道发表的关于宪法问题的主张，并没有引起宪草会内起草员们的足够关注。委员们对于宪草在一定程度上容纳袁世凯的主张的必要性考虑甚少。毕竟一部可以施行的宪法，不是可以从书本上抄袭的，也不是可以完全凭理想制定的，而必须考虑现实的国情，以及现实政治生活中的政治力量构成的政治生态。我们不能作假设宪草会一定程度上考虑到袁世凯一派的主张，宪法是否可以顺利产生。但至少，宪草会议几乎没有考虑袁世凯的要求，不能说完全没有可议之处。

在以上形式不能对宪草会产生影响的情况下，毫无现代政治经验，不识民主为何物，习惯于传统权力运作方式的袁世凯采取了直接干预制宪的行动：

---

① 《宪法消息》，1913年6月15日《申报》。
② 《有贺长雄之演说词》，1913年7月4日《申报》。
③ 《研究宪法委员会之成绩》，1913年8月25日《申报》。

1913年10月16日他向国会提出"增修约法"的咨文。当时宪草会已在对宪草进行二读,"增修约法"根本就是画蛇添足。袁氏此举不过是借此宣布自己的宪法主张。在咨文中,他提出《临时约法》所定议会对于总统制定官制官规、任命国务员及外交使节、宣战、媾和、缔约之同意权应当取消,此等权力均应为总统之特权;同时要求增加总统的两大权力,即紧急命令权及紧急财政处分权。10月18日,他又行文宪法会议,要求宪法必须由总统公布,企图以公布权及随之而来的交令复议权,迫使国会接受他的宪法主张。10月24日,他又派顾鳌、施愚等8人为政府委员,要求宪法会议让顾鳌等出席宪草会的会议并代他陈述对于宪法问题的意见;又要求此后宪法会议或宪草会开会,要事先通知国务院,"以便该委员等随时出席陈述"[①]。这些直接干宪行为,给国会发出了极其强烈的信息,但宪草会和国会都拒绝了袁世凯的要求。此后,袁世凯的行动就更为鲁莽灭裂了。10月25日,他通电各省都督说,《天坛宪草》"将使行政一部,仅为国会所属品,直是消灭行政独立之权";若照案通过,"势非亡国灭种不止";指令各省长官于电到5日内对宪草发表意见[②]。挑动各地军政长官干预制宪。

面对强大的压力,国会内的一些议员,觉得宪草会的一些宪法主张"论涉极端",试图做出一些让步,以便袁世凯能够接受宪草。进步党日日开会商筹对策,最后与政友会、大中党协商,决定退让:保留众院对总理任命之同意权,允诺取消国会委员会,予大总统无条件解散国会之权;大总统可参与制宪,"惟直接派员一事,因名誉所关,实不必要"[③]。但此时袁世凯在各地军政长官阵阵解散国民党、解散国会的声浪中,觉得完全没必要存留国会,解散国会,另立一自己控制的"民意机构",要比现国会操控起来得心应手得多。于是政变发生了,国民党被解散,国会被解散,宪草流产了。

(作者单位 中国社会科学院近代史研究所)

[①] 白蕉:《袁世凯与中华民国》,《近代稗海》第3辑,成都,四川人民出版社,1985,第60~61页。
[②] 白蕉:《袁世凯与中华民国》,《近代稗海》第3辑,第61~64页。
[③] 《宪法波澜中之面面观》,1913年11月4日《申报》"要闻一"。

"五四"保守主义社会选择的两种取径

——从梁漱溟到学衡派

王法周

20世纪90年代开始,中国近代历史上的保守主义思想引起海内外学者的热情关注,形成一股保守主义思想的研究热潮,并产生了一些积极成果。比如,学者们几乎在这样一个问题上达成共识:中国近代保守主义实质上是一种文化保守主义[①]。这一观念无疑体现了思想的洞见性与穿透力,使中国近代保守主义的本质思想特征顿然显露,同时也弄清了与西方保守主义的根本区别。相应地,大批学者把研究视点集中在保守主义的文化观念上,尤其是相关人物的国学研究上。但问题也是明显的,比如对保守主义的政治理念的研究就相当薄弱[②],导致了对保守主义诸多思想层面的理解显得十分单薄,或者遮掩了一些有价值的问题,或者忽略了一些曲折的思想进路,在总体上表现为对思想的复杂性与丰富性认识不足。

本文选择梁漱溟与学衡派进行研究,一则因为二者的思想各具鲜明的特色,恰好可以代表保守主义在社会道路选择上的两种相反的取径,再则二者基本上能够反映出新文化运动时期保守主义思想的一个大的转折。同时,鉴于学术界对于梁漱溟与学衡派的文化观念探讨较多,而对两者的政治理念研究不足,故本文以政治理念为中心而展开论述,试图揭示梁漱溟与学衡派的不同的思想路径,希望能够为中国近代保守主义思想研究提供一些新的思想线索,或者发现一些新的问题。本文的时间

---

① 史华兹:《论保守主义》,载《保守主义》第三版,台北,时报文化出版公司,1982;余英时:《中国近代思想史上的激进与保守》,《知识分子立场:激进与保守之间的动荡》,长春,时代文艺出版社,2000。
② 政治理念是保守主义思想进路中的重要一环,这一问题搞不清楚,文化思想的研究也势必难以深入下去。

仅限于新文化运动时期,思想家们此前此后的思想变化不在本文的论述范围之内。

一 梁漱溟:保守主义与理性主义的双重思想

在中国近代保守主义思想家之中,梁漱溟的思想可能是最有条理同时又最有特色的。他的《东西文化及其哲学》一书,是新文化运动时期阐述保守主义思想主张的惟一专著,在当时产生了轰动性的影响。在此书中,梁漱溟全面阐述了他的中西文化观,对同时陷入困境的中国和西方世界,提出了将来的出路。以下依据此书,围绕梁氏的社会政治思想展开论述。

与同时期的其他保守主义者一样,一战的爆发,成为梁漱溟保守主义思想的重要起点。

梁漱溟认为,战争的爆发,表明西方社会陷入了全面的黑暗与混乱。梁氏进而指出,乱源就隐藏于其生产方式之中。西方社会的经济与政治组织都是从中世纪晚期的自由都市变迁而来的,随着机械技术的发明、生产规模的扩大,"同业组合"也日益兴旺,生产品也愈丰富。然而,因自由竞争的观念盛行,人们出于"利己心"而各竞其利,资本家与工人各在自己岗位上都拼命工作,社会组织也任其自由行事而不加干涉,这样资本日益集中而生产规模日益扩张,毫无限制的恶性扩大生产,必然形成"生产过剩"。而"生产过剩"导致产品卖不出去,又导致资本家赔钱;又致工厂停工工人失业,生产品更卖不出去。到了最后,工厂倒闭,大批工人失业,进一步的恶性循环。这种"全不合理"的生产方式把从工人到资本家的所有人的一切生机斩尽,最后,工人除了"可以自由去饿之外,没有别的自由"①。国内没有出路的情况下,只好到国外竞争,国家之间的争权最后走向了战争。

这位长于思考的哲学家并不满足于上述分析,他继续从社会政治结构中去寻找原因。他指出,面对这种严重危机,从上到下的各级政府组织采取了听之任之的态度,任其恶性竞争自由发展,正是"因为没了管束羁勒,越发变的急骤猛烈而成了今日的样子"②。与社会政府组织相对应的是西方国家的

---

① 梁漱溟:《东西文化及其哲学》,《梁漱溟全集》第 1 卷,济南,山东人民出版社,1989,第 488~491 页。这里可见梁漱溟明显受到马克思主义经济思想的影响,他可能是最早接触马克思主义的保守主义思想家。
② 《梁漱溟全集》第 1 卷,第 490 页。

法律制度。梁氏充分认识到法律在近代政治与社会生活中支配性地位，认为西方社会处处事事"仗着法律"，而法律又以其强制性"统合大家督迫着去做"。西方法律以维护私有财产和保障个人权利为的鹄，与政府组织一样对经济生活中的恶性竞争无能为力，最终不可避免地陷入悲惨境地。对于西方近代的法律制度与西方人的法律观念，梁漱溟已经彻底绝望，他断言："这样统驭式的法律在未来文化中根本不能存在。如果这样统驭式的法律没有废掉之可能，那改正经济而为协作共营的生活也就没有成功之可能。"①

梁漱溟继续他的分析，认为，政治—法律结构并非其根本原因，最后的根源存在于化为风俗的文化观念之中。梁氏直接地指出，"有一桩事，于促成现今经济局面力量非常之大的，便是自由竞争之说"②。不仅如此，他还把一战爆发的原因直接归咎于西方以个人主义与进化论为思想基础的近代文化，指出："近世以来，西方人专走个体自拓一路，其个人也各自自拓，其国家也各自自拓，才有其社会上种种罪恶痛苦，才有此次大战的爆发。"③ 他认为，西洋人是先有了我的观念，然后才去争取自己的权利，从而使个性得到伸展的。从此出发，每一个人之间的彼此界限划得很清楚，开口就是权利义务、法律关系，谁同谁都要把账算清，甚至于父子夫妇之间也是锱铢必究，"这样生活实在不合情理，实在太苦"④。更重要的问题是，"法律之所凭藉而树立的，全都是利用大家的计较心去统驭大家"。这就是说，法律是依据民意而形成的，旨在保障个人财产与个人私利，它既对各种不择手段的自由竞争无以约束，就反过来使人们对恶性竞争习以为常，个人竞相争利成为天经地义，终而形成社会风尚。在西方"自由竞争之说"已无孔不入地进入了社会的各个阶层，包括政府组织与法律制度，自然也都不能例外。但问题也就出在这里，以个人主义与功利主义思想观念为基础的西方文化，因其巨大的渗透力，当其化为社会风俗时，是很难走出这种竞争—破产—战争的怪圈的。

梁漱溟把这种困境中的西方社会描写得一团黑暗：大机械化的做工，工人与资本家都完全跟着机器的速度转，不是人在利用机械而是机械在驱使人。人们天天做工，累死累活，干枯已极。"作一天这样干枯无聊的工，得些钱自然要乐。乐要待寻，乐即是苦。而况要急寻，则无非找些刺激性的耳目口腹男女之欲……总之非淫过不乐。这境界真惨极！"梁氏的意思不过是说明，西

---

① 《梁漱溟全集》第1卷，第521页。
② 《梁漱溟全集》第1卷，第489页。
③ 《梁漱溟全集》第1卷，第501页。
④ 《梁漱溟全集》第1卷，第479页。

方社会人欲横流泛滥成灾,是社会的结构性反映。而这种结构性的全方面的"丧尽生机",不从根本上发生改变是不会有出路的①。

总之,西方社会已经走到了它的尽头,已经到了不得不转变方向的时候。梁氏分析"见解的变迁"或与日俱增的"态度的变迁"对人类生活的重大影响,指出西方社会与西方文化已经到了彻底翻案的时候了:这种建立在"自由竞争之主张"的基础上的政治、法律、经济、教育等种种学术,也就是整个西洋思想,已经"深入一般人心,形著而为文化"。到了今天,"一切学术通要打根底上从新做过"②。

那么这一彻底的转变如何实现呢?

梁漱溟认为,出路是有的,这就是西方近年来出现的一些互助组织与互助思想。首先是 20 世纪初产生于英国的基尔特社会主义③,其次是"诸如克鲁泡特金互助论对以前进化论家见解之修正"。梁氏认为,克鲁泡特金等人的互助论对于社会思想的变迁将产生重要的影响。这种思想与达尔文、赫胥黎的进化论恰恰相反,它发现了动物进化的根本不是弱肉强食的残酷竞争,而是动物的互助的本能。动物为了生存与繁衍,就必须群居生活,"互助的存留,不互助的淘汰,互助也是天择作用留下而要他发达的一种本能"。这就是说,互助论使个体竞争走向社会合作提供了理论基础,其结果就是"看出了人类之'社会的本能'"④。梁氏指出,西方社会的出路,必将从以前的自由竞争时代走向互助合作的时代,西方的文化观念与社会理念也将从个人本位走向社会本位,告别个人主义与功利主义思想而代之以集体主义的互助合作的思想。就是"把现在个人本位的、生产本位的经济,改正归到社会本位的、分配(消费)本位的。这出来要求改正的便是所谓社会主义"⑤。

作为一个思想家,梁漱溟对观念的力量有着充分的估计,对社会大众的精神生活、普遍心理十分关注,对与此关连的社会风俗更是高度重视。他认为,"随着经济改正而改造得的社会不能不从物的一致而进为心的和同——总要人与人间有真妥洽才行。又以前人类似可说是物质不满足时代,以后似可

---

① 《梁漱溟全集》第 1 卷,第 492 页。
② 《梁漱溟全集》第 1 卷,第 495~497 页。
③ 《梁漱溟全集》第 1 卷,第 520 页。梁漱溟说,"基尔特一派的主张好多惹我注意之处,使我很倾向于他"。不过,梁漱溟对基尔特的了解还并不十分清楚。能够确定的是,基尔特的一些倡导简单劳动与要求用道德规范维持正常的社会秩序的思想主张影响了他的思想。
④ 《梁漱溟全集》第 1 卷,第 499 页。
⑤ 《梁漱溟全集》第 1 卷,第 491 页。

说转入精神不安宁时代；物质不足必求之于外，精神不宁必求之于己"①。将来的西方社会，在观念上发生巨大的变化，会使"个体生存竞争"时代人们不能理解的一些观念，诸如"公正无私的精神"、"照顾他人，重于感情的舍己为人"以及其他种种高尚的德行，都将变得能够理解，并逐渐为全社会广泛接受②。转向后的西方，在精神上完全是一派东方的社会色彩，人们再不像以前那样斤斤计较事事追逐个人私利，而是在互助中和睦相处，人们以艺术的兴趣从事自己的工作，过着从容不迫的恬淡生活。

按照五四时期学者们对中西文化的了解，社会本位、和睦相处、利他恕道、调和持中、重于情感都是中国文化异于西方的重要特征，对此，梁漱溟显然是认同的。而一战后的西方将不得不彻底转向，走上社会本位之路，这不正是中国的路吗？

19世纪末20世纪初，欧洲非理性主义思想迅速崛起。尼采、柏格森、倭铿等有影响的思想家，纷纷提倡一种人文主义思想，或者倡导生命意志论，在欧洲社会发生了很大的影响，大有席卷西方思想界之势。这股思潮很快蔓延到北美，并在"五四"前后传到中国。梁漱溟相当清楚西方思想界的这一转向，认为，西方思想界把注意力全部转向了人的精神生活，这恰好与中国人注重生命体验与道德修养一样。对此，梁漱溟说：

> 到此刻，他们西洋人经过了那条科学路也转到这边路上来——此刻西洋哲学界竟是东方采色。此无论如何不能否认的。③

又说：

> 西方人两眼睛的视线渐渐乃与孔子两眼视线所集相接近到一处。孔子是全力照注在人类情志方面的。孔子与墨子的不同处，孔子与西洋人的不同处，其根本所争只在这一点！西洋人向不留意到此，现在留意到了，乃稍稍望孔子之门矣！我们所怕者，只怕西洋人始终看不到此耳，但得他看到此处，就不怕他不走孔子的路！④

---

① 《梁漱溟全集》第1卷，第495页。
② 《梁漱溟全集》第1卷，第500~501页。
③ 《梁漱溟全集》第1卷，第503页。
④ 《梁漱溟全集》第1卷，第498页。

在进一步比较思想与西方社会的情状之后,梁漱溟断然指出,"西方思想界已彰明的要求改变他们从来人生态度;而且他们要求趋向之所指就是中国的路,孔家的路"①。不仅西方如此,全世界也都是如此,或迟或早都必然走向孔家的路,走向中国的路,"世界未来文化就是中国文化的复兴"②。

梁漱溟的彻底转向说,表现出一种非常彻底的文化整体主义。一般来讲,保守主义的文化观念往往是整体主义的,不过在中西文化问题上,多数保守主义者不能完全持守。与杜亚泉和学衡派不同的是,梁氏对新文化运动时期广泛流行的中西文化调和论持明确的反对意见。他认为,东西文化各是东西方社会土壤长期演变而来的,它们都是"整个的东西不能枝枝节节零碎来看",西方的"根本文化"与中国文化"是不相容的",所以,通过"东西文化调和融通"而产生一种"世界的新文化",只能算是"含混的希望",从根本上完全行不通③。依这种整体主义文化观,"以后世界是要以礼乐换过法律的,全符合了孔家宗旨而后已"④。这就是说,未来的西方世界将在经济、政治、法律、道德心理等诸多方面全部实现中国化,或者说,西方社会将在经济—政治—文化的全方位上完成孔家的理想。

按照梁漱溟的"三个路径"说,第一条路是以西方式的"向前面要求",第二条路是中国式的"对于自己的意思变换、调和、持中",第三条路是印度式的"转身向后去要求"⑤。西方的出路是要走向第二条路。那么中国之路又在何方呢?

在上文中,梁漱溟使用了"个人本位"与"社会本位"的用语,显然是从陈独秀那里借来的,于此可见梁氏思考问题的背景与新文化派是密切相关的。显然,解决中国社会的现实困境才是梁漱溟苦苦焦虑的惟一思想中心。从另一个角度说,表面上梁漱溟是在分析西方文化的出路,但他真正日夜关心的、念兹在兹的问题是中国的出路问题。可以认为,西方的出路只是中国社会的出路的反命题,是思考中国未来道路时的一个附属品。

有趣的是,这个坚执儒家道德精神信念的保守主义思想家,在中国现实道路的选择上却以十分决绝的态度走向了"全盘西化"。也如新文化派一样,梁漱溟明确肯定,科学与民主是西方文明的两大长处,同时明确表示,其实

---

① 《梁漱溟全集》第1卷,第504页。
② 《梁漱溟全集》第1卷,第525页。
③ 《梁漱溟全集》第1卷,第333、335、337、342页。
④ 《梁漱溟全集》第1卷,第522页。
⑤ 《梁漱溟全集》第1卷,第382页。

这两种精神完全是对的；只能为无条件的承认；即我所谓对西方化要"全盘承受"①。梁漱溟还进一步断言：中国的出路："现在只有踏实的奠定一种人生，才可以真吸收融取了科学和德谟克拉西两精神下的种种学术种种思潮而有个结果；否则我敢说新文化是没有结果的。"②

其实，对于梁漱溟的全盘西化主张，我们并不难理解。正如上文所述，按照梁漱溟的文化整体主义思想，中西文化各是一个整体系统，没有"调和融通"的余地。与西方一样，中国文化与中国社会的出路也只有两条：要么全盘改过，要么继续前行。也就是说，要么继续东方化，要么全盘西化。问题是，顺着原路继续往前走能否行得通？

梁漱溟讲过两段很有趣的话，这两段话涉及梁氏对新文化运动时期新旧两派的评价，也很能代表他对当时思想界现状的观察：

> 旧派只是新派的一种反动，他并没有倡导旧化。陈仲甫先生是攻击旧文化的领袖，他的文章，有好多人看了大怒大骂，有些人写信和他争论。但是怒骂的止于怒骂，争论的止于争论，他们只是心理有一种反感而不服，并没有一种很高兴去倡导旧化的积极冲动。尤其是他们自己思想的内容异常空乏，并不曾认识了旧化的根本精神所在，怎样禁得起陈先生那明晰的头脑，锐利的笔锋，而陈先生自然就横扫直摧，所向无敌了。③

> 前年北京大学学生出版一种《新潮》，一种《国故》，仿佛代表新旧两派；那《新潮》却能表出一种西方精神，而那《国故》只堆积一些陈旧骨董而已。其实真的国故便是中国故化的那一种精神……那些死板烂货也配和人家对垒吗？……因为旧派并没有倡导旧化，我自无从表示赞成；而他们的反对新化，我只能表示不赞成。④

这两段话至少有两层意思，一层意思是说，守旧派学者完全缺乏令人信服的观点，他们只是在态度上反对新文化派，所以他们的反击毫无力量；另一层意思表明，梁漱溟赞成新文化派。这里，梁氏的观察与判断正确与否，并不重要。重要的是，他认为，提倡旧化也即提倡继续中国化的旧派学者，

---

① 《梁漱溟全集》第1卷，第532~533页。
② 《梁漱溟全集》第1卷，第539页。
③ 《梁漱溟全集》第1卷，第531~532页。
④ 《梁漱溟全集》第1卷，第532页。

发表了那么多的观点,说了那么多话,原来都是喋喋不休的"内容异常空乏"的空话,于中国亟须解决的现实问题毫无用处。梁氏十分自信他对孔家精神的了解,认为,孔家礼乐虽然在人类未来社会中有不可替代的积极作用,但却无助于解决目前中国面临的问题。看来继续中国化是不行的,所以他要完全肯定科学与民主的精神。

梁漱溟的全盘西化论的出台,缘于两个方面。

第一,来自于他对中国社会现状的冷静的观察。通过长时期的观察,他发现中国最主要的问题是"没有抵抗天行的能力,甘受水旱天灾之虐",是从列强那里"所受的欺凌,国内武人的横暴,以及生计的穷促"①。简单说,中国最大的问题是贫穷,是物质的高度匮乏。

第二,来自于他对中西历史发展的比较。如上文所讲到的,他发现,西方国家固然也存在严重危机,但物质上却十分富有,而这正是贫穷的中国最需要的东西。西方国家物质产品如此丰富,甚至于过剩,它来自大机械生产的方式,以及与之相配套的自由经济制度与社会政治制度。只要把西方的工业技术、生产方式、社会制度及自由竞争的思想文化一并拿来,就能改变中国的贫困面貌。至于如何制约抵御外侮,如何制约"武人",梁氏未具体讲。但按他的思想,富足之后,政治法律完善之后,这些问题不过是顺理成章的事罢了。所以,梁漱溟认为,解决中国的出路就在于全盘西化。

在社会政治方面,梁漱溟也主张"全盘承受",主张把西方近代的自由思想与宪政民主制度全部拿来。他认为,个人主义思想的兴盛与个性自由的伸展,是和社会政治、经济、文化等方面的种种自治团体的发达成比例的。西方社会不仅有"个性伸展的一面",同时还有"社会性发达一面"。这是"一桩事的两面",即"从组织的分子上看便为个性伸展,从分子的组织上看便为社会性发达"。西方国家的历史发展充分证明了这一点。西方国家从封建专制逐渐走上立宪共和之路,就伴随着人的个性伸展与社会性的双双发达。所以,"个性伸展即指社会组织的不失个性,而所谓社会性发达亦即指个性不失的社会组织"。梁漱溟指出,任何一个民族、一个国家,要想顺畅地走上这条宪政民主的"新路",就必须同时具备个性自由与社会组织发达这两个方面,二者缺一不可②。梁氏又结论性地指出,"总而言之,据我看西方社会与我们不同所在,这'个性伸展社会性发达'八字足以尽之,不复能外,这样新异的色

---

① 《梁漱溟全集》第1卷,第535页。
② 《梁漱溟全集》第1卷,第367页。

采,给他个简单的名称便是'德谟克拉西'(democracy)"。"西方人的社会生活处处看去都表现一种特别色采,与我们截然两样的就是所谓'德谟克拉西精神'"①。

梁漱溟思想有着相当明显的理性精神。有"最后一个儒家"称号的梁漱溟,对儒家礼义十分推崇,但又能坦白承认,"数千年以来使吾人不能从种种在上的权威解放出来而得自由,个性不得申展,社会性亦不得发达,这是我们人生上一个最大的不及西洋之处"②。作为一个著名的文化保守主义者,他没有因为对传统的情感与信仰而失去对中国现实局势的理性思考。他与近代以来的忧国之士一样,看到的是中国的贫穷落后,以及国家的不能独立的现状,然后冷静地去寻找原因。在进行社会道路选择的思想层面上,他的整体主义的"全盘承受",他对近代科学与民主的全面肯定,使他的思想表现出一些理性主义的特征。

二 学衡派的灼见与吴宓的偏至

学衡派因《学衡》杂志而得名。1921年5月,远在哈佛的吴宓收到时在南京东南大学任教的梅光迪的快函。梅氏告知正在筹办《学衡》杂志,并期期以吴氏归国担任《学衡》主编为盼③。1922年初,由吴宓任总编辑兼总干事的《学衡》在南京创刊,以融会中西文化为该刊的办刊宗旨④。除吴宓、梅光迪外,学衡派的主要代表人物还有胡先骕、刘伯明等。学衡派是新文化运动后期保守主义思想的中坚力量,也是新文化派的主要对手。该派以信奉白璧德新人文主义的留美归国学者为中心,以新人文主义为核心观念来抗衡日益居于主流的民主主义与科学理性。该派重要成员吴宓、梅光迪、胡先骕等都以拯救人类日益堕落的道德自许,他们的近代政治理念相当薄弱。但他们在对自由主义的理解方面有一些相当新颖的见解,为"五四"保守主义政治思想增色不少。需要说明的是,对于以个人主义为思想基石的近代自由思想与宪政民主制度,学衡派成员采取了置而不论的态度,所以相关资料殊为

---

① 《梁漱溟全集》第1卷,第369~370页。
② 《梁漱溟全集》第1卷,第479页。
③ 吴宓:《吴宓自编年谱》,北京,三联书店,1995,第214页。
④ 其宗旨云:"论究学术,阐求真理,昌明国粹,融化新知。以中正之眼光,行批评之职事。无偏无党,不激不随。"(《学衡杂志简章》,《学衡》第1期,1922年1月)

少见。

新文化运动时期,多数有影响的文化保守主义者都不否认近代自由主义观念对人类文明带来的福祉。对于近代以来自由主义与民治主义思想,学衡派一些重要成员也有着一定程度上的认同。

刘伯明的《共和国民之精神》一文指出:几千年以来的专制政治,既不能保证贤人掌权,又不能使多数人获得参政机会,所以,专制政治的弊病是显而易见的。而近代以来的自由政治或共和政治,是多数之治,人人利害与共,故这种政治与全体民众的利益得失密切相关,恰好可以纠正专制制度的弊端。所以,自由政治是对此前的残暴横虐的专制政治的有效修正。在此意义上,刘氏指出,传统专制政治必须辅以近代自由政治,才能实现"效率"与"公正"的双赢,才称得上尽善尽美①。在此,刘伯明仍然为专制政治的存在保留了合理性。

胡先骕也持类似的观点,他非常明确地肯定民治主义对未来社会的积极影响。胡先骕指出,"民治主义,固政治之正轨。而无治共产主义,尤为政治理想上之极则"②。胡氏还明确主张,知识分子的重要责任之一,就是要提高平民的自治能力,"在今日共和既立,复辟称帝,自非吾人所欲。因之吾人之责任,务必以全力,使民治主义遍布于一般无识之平民,使其'意见与感想咸趋于该途',则共和之基础方能巩固"。有趣的是,对于他一贯极力反对的空想共产主义也并非全盘否定,相反地,还从人类思想发展的角度给予一定程度的肯定。他指出,卢梭、马克思、托尔斯泰等"极端平民主义之前锋",也与其他少数先贤一样,以其思想贡献促进了人类的进步。胡先骕此论,体现出一种相当宽容的精神。

可见,对近代自由与民主思想的意义,学衡派也并不缺乏正面的理解。

上文中,刘伯明的思想宗旨不在于张扬民主的思想,而在于要提倡一种社会责任感。刘伯明指出:现在所谓的德谟克拉西,"非仅一种制度之称号,实表示一种精神"。因此,仅囿于制度建设是不够的,重要的是提高国民的精神素质,只有道德精神才是共和国家的基本保证。怎样才能提高国民的精神素质呢?对此,刘氏也有着坚强的自信:"教育中所涵储能,其足以培养共和精神。"③ 胡先骕也认为,共和制度要想稳固,必须着力于提升多数人的精神素质。在上文中,胡氏所说的"意见与感想",也就是刘伯明所讲的"精神"。

---

① 刘伯明:《共和国民之精神》,《学衡》第10期,1922年10月。
② 胡先骕:《论批评家之责任》,《学衡》第3期,1922年3月。
③ 刘伯明:《共和国民之精神》。

与新文化派一样，刘、胡等人对共和国家的关怀也从制度建设深入到人的文化心理层面。这一变化首先源于他们对中国现实政治的基本判断。当时，北京政府政治腐败，经济疲软，整个社会长期处于失范的状态之中。与同时代的大多数知识分子一样，刘、胡等人对北京政府早已不抱什么幻想了，面对完全无序的政治处于深深的无望之中。有关这一方面的言论俯仰皆是，不再重复。现实政治局势促迫他们进一步对自由政治进行反思，讨论也顺理成章地进入人的精神领域。刘伯明认为，"德谟克拉西之形式，在吾国已略具矣，然求其精神，则不可得"①。何以形成这种无望的局面？究其原因，刘氏认为，这是因为我国的国民严重缺乏一种负责的精神，而缺乏负责的精神，自由政治就势必陷入混乱无序之中。在刘氏看来，一个健全的社会，必须要同时体现自由与责任两个方面，仅有自由只能称做"放肆"，在这种政治中，人人任情任性行事，整个社会必然失去其相维相系的中心，并终将导致群体进裂甚至社会国家解体；而仅负责任而没有自由，则只能叫做屈服，这是专制社会的特征，而不是民治的本意。所以刘伯明倡导"自由与责任"的结合，指出，"自由必与负责任合，而后有真正之民治"。鉴于此，刘氏总结出共和政治的精神，就是"自动的对于政治及社会生活负责任"②。刘氏的这一认识，无疑是看到了民主政治实施过程中的根本弊端，此认识自然包含了一些合理的成分。

以上，学衡派的观点似乎是要对共和国民进行思想启蒙。从表面上看，这一认识好像与新文化启蒙思想并无二致，但实质上，二者绝不相同。因为，学衡派的这种观点蕴含了很大的危险性，即共和政治的一整套技术程序、法律规范乃至一切民主宪政理念，都将被当作外在的形式，从而可能被置于无用之地。学衡派中不少人也完全是这么看的。他们认为，中国现阶段并不具备实行民治的条件，或者认为民治主义不适合中国的民情③。

值得注意的是，在以上问题中，刘、胡二人的论域实际上已经从政治领域悄然转向了道德精神领域。刘伯明指出，"共和者，人格问题，非仅制度之问题也"。他认为，民国共和政治失败的原因，就在于多数人虞诈无诚，谲而不正。只要能够导之以正，其道德光辉就会迅速释放出来："夫正心诚意之

---

① 刘伯明：《共和国民之精神》。
② 刘伯明：《共和国民之精神》。
③ 胡先骕：《论批评家之责任》；吴宓：《白璧德论民治与领袖》，《学衡》第 32 期；吴宓：《我之人生观》，《学衡》第 16 期，1923 年 4 月；柳诒徵：《论中国近世之病源》《学衡》第 3 期，1922 年 3 月。

事，诚吾国人生哲学之特色，其价值无论社会进至何种程度，必不因之稍减。"刘氏又说，"今人之虞诈无诚，谲而不正，大可以此药之"①。所以，中国的道德传统正好可以弥补现今所缺乏的共和精神。用吴宓的话说，德性立则诸事立，若人能诚心正意，践实中庸常德，则国家天下未有不平治者。

实际上，学衡派的政治理念不过是其文化价值观的延伸，或者只是他们无法回避的时代语境。对他们来说，民主政治仅是一种外在的或次要的形式，道德精神才是他们的终极关怀。在这一问题上，吴宓的观点最有说服力。在文化与政治的关系上，吴氏持一种典型的本末观。他认为，道德精神是本，政治、经济是末，而科学技术、民主宪政等不过是末事之末事，可有可无，一切全以能否实现人类的道德理想为转移。吴氏指出：今日世界各国所竞竞致力于民治，不过是"治标逐末"而已，"从事于政治经济之改革，资产权力之分配，必且无济；欲求永久之实效，惟有探源立本之一法。即改善人性，培植道德是已"②。简言之，"政治之根本在于道德"，任何国家社会的治理都不在于制度而在于人自身，民主政治也不能例外："民主政治之成败得失，当视其国领袖之资格而断。"③ 吴宓此论比刘伯明所谓"人存政举，人亡政息"的传统的治理观在理论上更加精制，保守传统道德理念的态度也更为坚定。由此出发，吴宓还进一步断言，以政治、经济改革的途径而想救治中国社会之病，不过是缘木求鱼，若国人仍继续着力于此，那么"宜乎中国之贫弱危乱而不能自存也"④。

学衡派的文化托命意识是十分自觉的，他们多以光大中华文化及贯通人类精神为己任。他们谈自由、谈民治常常出于论题的需要，很少正面阐述自由政治的积极意义。比如，上文中谈到的胡先骕的《论批评家之责任》，明确肯定民治主义在未来社会的积极意义。但胡氏的这篇文章旨在论证平民主义不适宜于目前的中国社会，他认为当前的平民主义运动完全是一种激进主义的社会冒险。在一定程度上，学衡派的民治论只是附丽于其道德理想的一条彩带。

然而，人的思想是最为丰富多彩的，处处充满了辩证性。伴随着对近代

---

① 刘伯明：《共和国民之精神》。
② 吴宓：《白璧德论民治与领袖》，《学衡》第 32 期，1924 年 8 月。需要说明的是，此文是吴氏述译，但吴氏的翻译带有相当明显的随意性，故此处虽系译述白璧德的观点，但基本上可以说是吴宓自己的观点。
③ 吴宓：《白璧德论民治与领袖》。
④ 吴宓：《白璧德论民治与领袖》。

科学、理性、自由、民主的偏执眼光甚至是思想视野上的巨大认识盲点，学衡派在批判新文化运动的激进思想时，处处显示出带有英美经验主义思想色彩的另一种真知灼见。

植物学专业出身的胡先骕，对新文化派不遗余力的倡导的自由与民主给予了严厉的批评。胡氏指出："今日一般批评家之宗旨，固为十八世纪卢梭学说创立以来，全世界风行之主义之余绪，即无限度的民治主义也"①。他认为，新批评家今日倡导的及世界所流行的所谓"民治"，并非真正的民治主义，只是一种极端的民治主义。历史的演进是一个缓慢与渐变的过程，这是"人类固有之天性与社会发展之程序使然也"，因此，无论变法，无论改良，"惟有顺其有机性自然之蜕嬗以演进之耳"②。人类历史的经验已经证明了激进变革的巨大弊端。胡氏举例说，王安石"识见卓越，迥出侪辈"，其变法乃是中国史上最有力的改革，其新法的诸多内容"皆后世所遵行不替者"。王安石所以失败，就是因为他的变法不符合当时的历史情状。又如俄罗斯，国中百分之八十五为农民，其政治、经济条件均不具备实行共产主义，而"今日之苏维埃俄罗斯，又以时机未熟而试行共产主义，而横被莫大之牺牲矣"③。胡氏进一步申论，"民治主义，固政治之正轨，而无治之共产主义，尤为政治理想上之极则也"。理论思想与实际功用之间距离甚大，"往往理论上所譬议者，实际上乃极有功用"，而往往又是"理论上所赞论者，实际上或不能通行"。理论行之当否，全在于时机、条件等诸多因素是否适宜。"凡一种之改革时机未至，必有莫大之牺牲。同一共和政体，在美国立国之初，则因利乘便。在法国革命，则几经莫大之牺牲，始克成立"。不仅政治如此，"宗教、社会、艺术、文学之往迹，亦莫不然。不知此义而冒然行之，其害可立待"。胡氏断言，"在中国建立共和，时机未至矣"。而新文化派人士严重缺乏历史的演进的眼光，以刀劈斧砍的手段解决殊为复杂之事，正在日蹈于险地而不自知："在中国代议制之民治主义尚未成立之时，乃高谈共产无政府"，"但图言之快意，不问其是否契合社会之状况"，"但放言高论无治主义、共产主义、社会主义等等大而无当之学说"，长此以往，必将把中国导入危殆之地矣！④

通过对人性、社会的有效观察，胡先骕还进一步分析这种"极端"思想产生的原因，指出，"无限度之民治主义"，是基于极端平等思想的绝对民主。

---

① 胡先骕：《论批评家之责任》。
② 胡先骕：《论批评家之责任》。
③ 胡先骕：《论批评家之责任》。
④ 胡先骕：《论批评家之责任》。

胡氏指出,"此种学说,以为人类根本上一切平等,智慧、才能、道德,无一不相若"。他认为,这种思想完全否认了智识阶级与少数贤哲的优越性,表现为常识性的严重无知。胡氏列举了中外历史上一大批的精英人物,指出,孔子、柏拉图、亚里士多德、释迦牟尼、耶稣基督、李白、莎士比亚、康德、牛顿、爱因斯坦等,他们都是"七八千年"的全部人类历史上凤毛麟角的"大智慧者"。"今日人类物质上、精神上之幸福,莫非根据于少数大智慧家之学说"。他们每一个人对人类的贡献,虽"百千万平民不能及之"①。根据近代生物学与遗传学知识,根据个人与人类的经验,都有千百事例可以证明,人在生理禀赋上并不平等,上智与下愚是任何社会中所无可避免的普遍事实。胡氏断言,"人类之天性绝不相齐……不齐者生命之本性,无论其旅进旅退,决无或齐之一日"②。胡先骕对于近代实验科学有着很高的专业化素养,对英美经验主义思想颇有领悟,对科学与理性应用范围有深刻的思考。面对新文化主流思想的话语霸权,胡氏深忧理性主义与民主主义的过度澎湃,相当自觉地唱起了反调:"自人种学观之,人类为习惯的动物,而非理性的动物,至少非绝对理性的动物。"③ 胡先骕反对绝对理性,实已触及现代自由主义思想中的核心观念。胡氏虽不赞成中国速行民治主义,却对专制主义的本质有着深刻的透视,的确耐人寻味。可惜的是,在此之后,胡氏未能就此问题继续进行专门的探讨。

　　胡先骕对理性主义的批判并非绝唱。受白璧德、穆尔等人文主义大师熏陶的吴宓、梅光迪等人,对科学主义、理性主义的认识也有一定的独到之处。吴、梅等人对科学主义的泛滥时有愤言,对科学的适用范围也有比较明显的自觉意识。在一些述译文章中,他们表达了对理性适用范围的精彩意见,以及多元主义的价值观念:"夫理性运用得其宜,固可为吾人之良师益友,然理性乃极危险之物,常易超出其实际经验之范围。""近世之绝对主义及一元论,实属一偏而违真理,武断而昧事实,笼统杂揉,愚妄自是"④。

　　学衡派的社会史观带着明显的精英意识,这使他们特别注重文化与社会的自然延续。在他们看来,最能打破这种延续的是平民主义运动。对平民主义运动的担心,成为吴宓、梅光迪等人最沉重的心理负担。他们认为,自平民主义兴起,万事取决于多数,政治教育文艺等权力操诸庸众之手,遂否认

---

① 胡先骕:《论批评家之责任》。
② 胡先骕:《论批评家之责任》。
③ 胡先骕:《论批评家之责任》。
④ 吴宓译《穆尔论自然主义与人文主义之文学》,《学衡》第72期,1929年11月。

了智识阶级的价值,从而使人类文化乃至社会陷入万劫不复之地①。梅光迪指出,新文化派挟平民主义运动的声势,"以群众运动之法,提倡学术,垄断舆论,号召党徒,无所不用其极。而尤借重于团体机关,以推广其势力","必会养成不容他人讲学,养成新式学术专制之势"②。梅氏此说,虽不免对新文化派有很深的误解,但就梅氏自己的思想理念而论,他对群众暴力与多数专制的忧患意识很重,确能反映其一贯的思想逻辑。撇开其对新文化运动的成见不论,其维护少数人自由的用意也至为明显。

学衡派的骨干成员,大都师从于美国人文主义大师白璧德、穆尔门下,如吴宓、梅光迪、张歆海、楼光来、汤用彤等,植物学家胡先骕也堪称是白璧德的私淑弟子。

作为与新文化主流派严重对立的一个边缘学派,学衡派的主要武器就是白璧德的新人文主义。新人文主义的宗旨是,通过中西文化的融合求得人生精神大道的贯通。一切以人的精神需求为归,刻刻追求"人之所以为人之道"③。白璧德、穆尔倡导的这种道德精神,与孔子儒家学说完全相合,故受到这些中国弟子们的百诚推崇。在文化思想上,他们主张融会中西古今,吸收人类社会的一切优秀成分。但事实上,新人文主义陈义甚高,思想壁垒守得很严,西方近代社会的一些主流价值思想,如功利主义、自由主义等统统被拒之于新人文主义的大门之外。以人文主义精神为至上之旨的吴宓、梅光迪等学衡派主要成员,也经常把自由、理性放在道德精神的对立面。在他们的价值世界中,道德精神是评判一切事物的标准。他们主张个我德性的完善,强调自律,追求以理制欲的克制工夫。

吴宓论"道德实践之法"时指出,"道德者何?行事之善,而合于正道之谓"④。如何就算是合于正道呢?吴氏指出,可以确信奉行的有如下三条:"一曰克己复礼"。"克己复礼"主要是"以理制欲"的工夫,去掉人性中的本来之恶,而保存人性中的本来之善;"二曰行忠恕",即"严以责己而宽以责人";"三曰守中庸",也就是做到不趋极端、不务奇诡,而常守适中之道。这三条实践道德之法,其关键在于制欲,而制欲的关键是在克己。吴氏称,"克己"是"实践凡百道德之第一步"。吴宓以"克己"为工夫为要的实践道德法

---

① 梅光迪:《现今西洋人文主义》,《学衡》第8期,1922年8月;又《吴宓日记》,1919年3月7日、7月24日、8月17日;1920年2月2日。北京三联书店,1998。
② 梅光迪:《评今人提倡学术之方法》,《学衡》第2期,1922年2月。
③ 吴宓:《论白璧德》,《学衡》第3期,1922年3月。
④ 吴宓:《我之人生观》。

则显然来自中国儒家的思想传统。他生于宋代以来关学重镇三原，至吴宓少年，关学的流风余韵仍然不息。吴氏用儒家观念来解释"复礼"说，指出，"复礼者，就一己此时之身份地位，而为其所当为者也"。具体而论，就是孝敬父母，友爱兄弟，敬奉师长，和睦邻里，体恤贫弱。这实际上是宋代程朱五伦说的摹本。

吴氏认为，"克己"实际上与"忠恕"是一贯的，是一个道理中的两层意思，"克己"是要做到严于律己而宽以待人；"忠恕"则是"视我之义务甚重，而视我之权力甚轻"，或者是"视人之义务甚轻，而视人之权力甚重之谓也"。一句话，忠恕就是"中道"，即在人我之间找到一个适当的行事之法。在吴宓看来，他的"实践道德之法"，尤其是"克己复礼"之说，不仅是"对己之私德"，而且是国家公德甚至人类普遍道德的基础。不仅能行于中国，也能行于全世界，因为孔子此说与柏拉图、耶稣、释迦牟尼等都是相通的，堪称为人类的一贯之道。他指出，若此道实现，则近代以来种种混乱破弊的现象即可大有改观。吴氏认为，近世之人或倡平等之说而屡煽社会风潮，或倡恋爱自由以遂一己私欲，或以功利之名而肆行攘财取利之实，这数大弊端害人害己不浅，究其原因就在于人们不能以"克己"为念。若"日能克己，则不至有是也"。若能笃行克己，自然即能执守中道，从而在现实社会中找到高尚与愉快的生活方式。所以，中道的伦理观具有普世价值，中华之礼，"通达之原理也，故能应万变而无穷，阅千时而不废"①。吴宓日记中大量记录了陷于欲海中的众生相，对此他十分痛恨，一方面显示出他对人类道德命运的强烈关怀，另一方面也透露出对自然人性论、功利主义与个人主义的极端反对。

就近代以来的权利与义务的关系而论，行守中道就是既要重视我的义务，也不完全忽视我的权利，这样中道就能帮助人们实现权利与义务之间的适当的平衡。所以，执守中正的道德精神是共和政治实现的重要基础，没有这种道德精神，共和政治就不能实现："欲求真正共和之实现，必自恢复自由贡献之客观精神始。此项精神一日阙乏，则共和一日不能实现。"②学衡派人士坚信，通过克己工夫实践的忠恕之道具有普遍价值意义，对救治现今社会政治的偏弊有着不可思议的功用。所以"苟凡人能行忠恕，则国家未有不富强，而天下未有不平治者也"③。

吴宓此说，典型地体现了学衡派的道德理想。刘伯明立论的中心是倡导

---

① 吴宓：《我之人生观》。
② 刘伯明：《共和国民之精神》。
③ 吴宓：《我之人生观》。

儒家的格致诚正说，认为诚是立己之本，也是社会国家建设的基本。今人"虞诈无诚，谲而不正"，政客唯利是举，相互倾轧，共和政治即因此失败。所以，"诚意正心"是救治社会现实的一剂良药。作为中国人生哲学的重要表征，无论社会进化发展到什么程度，诚正之说的"价值必不因之稍减"①。与吴宓一样，刘伯明也认为，中国儒家道德哲学不仅在中国具有普遍的价值，即使在遥远的未来也都有其永不磨灭的价值所在②。

显而易见，学衡派的道德观念有着十分浓厚的道德理想主义色彩。按他们的说法，要求个我应有一种勇于牺牲的精神，"忠恕者，宁使天下人负我，不使我负一人之谓也"③。这就是说，当人我发生冲突时，可以不计较任何原因，毫不考虑个人利害得失，要一切以他人的利益为先。他们指出，共和政治所要求的国民的道德水准，必须要有这种牺牲精神，"凡求共和之实现者，不仅须牺牲金钱，且须贡献时间，及聪明才力，此皆共和之代价也"④。不仅如此，若能一日克己复礼，就能提升个我达至孔颜乐境，把自己铸成高、大、全的金刚不坏之身："素富贵行乎富贵，素贫贱行乎贫贱，交际酬酢，则蔼然如春，无人能比其温雅；遇国家大事，则执干戈以卫社稷，凛如霜雪，屹如金刚，无人能及其勇武。"⑤ 这种超越性的道德境界，实际上与近代政治观念毫不搭界。

把贡献、牺牲的崇高道德作为实现民治的基本条件，再无保留地把它转化为充分必要条件，其中的逻辑错误自是明明白白。他们认为，"共和者，人格之问题，非仅制度之问题也"⑥。这是一种典型的"人存政举，人亡政息"的传统人治观。这一观念的致命弱点是完全忽视了民主政治的一整套运作程序，完全忽视了制度本身的建设。这是把人的精神无限放大，不过是道德理想主义的一厢情愿罢了。这显然是一种空想的理想主义，是一种道德神话，是一种政治乌托邦。

从这一逻辑出发，必然走向它的反面，这就是回到对集权专制的向往之中。"强力与正义为治斯世之要件，在正义未立之先，则仍须强力"⑦。这是承认，在一定的条件下，开明专制是可行的，也可能是惟一合理的。吴宓还

---

① 刘伯明：《共和国民之精神》。
② 刘伯明：《共和国民之精神》。
③ 吴宓：《我之人生观》。
④ 刘伯明：《共和国民之精神》。
⑤ 吴宓：《我之人生观》。
⑥ 刘伯明：《共和国民之精神》。
⑦ 胡先骕：《论批评家之责任》。

不止一次地说过类似以下的话:"处中国危亡一发之际,自以强固统一之中央政府为首要,虽以共和为名,亦切宜整饬纲纪,杜绝纷扰。"① 盖主张文化保守,必难完全割舍与政治保守力量的联系,这一点不仅学衡派为然,其他的文化保守者也殊难避免。吴宓此说,颇能反映多数文化守成者可能存在的一种心态,一旦他们对文化与社会秩序的焦虑感到了刻刻不安的程度,与政治专制主义联姻的可能性即会随之加大。这也是新文化派最为担心的。

学衡派把民国共和制度的失败归于国人道德的沦丧,对新文化派的批评也经常变成一种道德的指责,对其他社会现象的批评也都习惯于与道德挂钩,并常常把道德价值作为评判事理的最后根据或最高准绳,表现为一种典型的道德理想主义。学衡派的道德理想主义,把分析、评判事理的起点与终点都落实在道德方面,自然导致对社会制度建构的拒斥。这使他们在对中国未来发展的社会道路的选择上,采取了一种道德至上的评判标准。对科学与民主在近代社会发展进程中的作用,他们也置而不论,从而,中国未来的发展道路上,看不到民主与科学的位置何在。虽然语焉未详,但可以判断,学衡派所选择的中国未来的社会道路,是一条有赖于古代圣贤道德理想的光照之路。吴宓、梅光迪等学衡派重要成员常常对近代西方的个人主义、功利主义与自然人性论等表露出一种强烈的道德的义愤,可惜他们没有在这些最重要的或最有理论价值的问题上留下什么文字。

当然,学衡派并不是铁板一块,不同成员的思想也不尽相同。但上述内容却无疑代表了其大多数成员的主要思想倾向,他们的差别只是程度上的不同。对学衡派不同人物之间的思想差异进行比较,就不在本文的讨论范围了。

三 合论与余论

作为保守主义思想,梁漱溟与学衡派的思想观念无疑有一些共同之处。其中,最大的相同点,自然是要保守以儒家思想为主体的中国传统文化的价值系统。但他们的区别也是十分明显的。梁漱溟指出,"世界未来文化就是中国文化的复兴",看来他主要是在价值层面来肯定中国文化的意义。因为梁氏选择了现阶段中国要走全盘西化的路,所以他无意于在事实层面更多地肯定传统文化的意义;而学衡派则相反,他们认为中国传统的道德思想与道德精

---

① 吴宓:《吴宓日记》,1919年9月7日。

神是放之四海而皆准的，是适宜于全人类社会的普遍价值规范。它不仅具有终极性与超越性意义，也同时具有普适性意义，不仅可以使人们提高道德情操，共和国家的建设也刻刻离不了它。所以，学衡派要在价值层面与事实层面上全面保守中国文化。

值得思考的问题是，梁漱溟与学衡派同样尊崇传统价值，他们又同处于一个时代，却为当时的患有重症的中国开出了两套处方，对中国文化与中国社会的未来发展选择了两条不同之路，甚至是两条相反的道路。梁漱溟认为，中国社会的出路在于全面学习西方，只有全面光大科学与民主精神，努力发展工业技术，建立西方式的社会政治制度，才能摆脱目前的困境；学衡派却把更多的目光集中在近代科学与民主带来的负面影响上，认为中国走出目前困境的主要出路在于促进传统道德精神的真正的复兴。

梁漱溟与学衡派在未来社会道路选择上出现的两种不同途径，最能反映两者之间文化观念的重要歧义。我们先看看梁漱溟是怎么说的：

> 我们眼前之所急需的是宁息国内的纷乱，让我们的生命财产和其他个人权利稳固些；但这将从何种态度而得作到？……我们现在所用的政治制度是采自西洋，而西洋则自其人之向前争求态度而得生产的，但我们大多数国民还依然是数千年来旧态度，对于政治不闻不问，对于个人权利绝不要求，与这种制度根本不适合；所以才为少数人互竞的掠取把持，政局就翻覆不已，变乱遂以相寻。故今日之所患，不是争权夺利，而是大家太不争权夺利；只有大多数国民群起而与少数人相争，而后可以奠定这种政治制度，可以宁息累年纷乱，可以获持个人生命财产一切权利。①

这里，梁氏把社会政治腐败的原因归于多数国民不起来争权，这一观点有无问题可以不论。需要注意的是，梁氏看到的是社会的政治现实，他的着眼点首先是放在制度层面，其次放到了国民的权利观念的层面。梁氏又说，

> 我尝叹这两年杜威、罗素先到中国来，而柏格森、倭铿不曾来，是我们学术思想界的大幸；如果杜威、罗素不曾来，而柏格森、倭铿先来

---

① 《梁漱溟全集》第1卷，第534页。

了，你试想于自己从来的痼疾对症否？①

从文化价值的倾向看，柏格森、倭铿与梁氏更接近。但梁氏并不希望他们先到中国来，尽管他们二人更合梁氏的口味，因他们的思想与中国现实不合，他们的非理性主义思想与反个人主义观念无助甚至有碍于中国急需建设的自由竞争的社会制度。可见梁氏是紧紧立足于现实的。梁漱溟非常坚决地反对中国现在走第三种路向也是同样的原因，他认为佛教思想虽然高妙但不切中国的实用。梁氏的思想中充满了理性精神。

学衡派成员多对制度层面的问题存而不论。谈及这一问题的吴宓、刘伯明，也仅是说"道德精神是本，政治、经济是末，而科学技术、民主宪政等不过是末事之末事"，以及"欲求真正共和之实现，必自恢复自由贡献之客观精神始"。相比之下，他们的观点就显得空泛，颇有明末学者"空谈心性"无补于国事之嫌。

梁漱溟与学衡派的这种不同的政治理念，反映出他们在道德观或文化价值观念上的相当大的歧义。这主要表现在，梁漱溟既强烈追慕圣人境界或孔颜乐处，同时对普通国民的日常道德规范也十分重视。他把圣贤境界与最终关怀看成是个人的信仰或个人对道德理想的追求，而对普通百姓而言，他希望以政治、经济、法律制度等最基本的社会公德来约束之。吴宓、刘伯明等学衡派成员，希望国民以"贡献""牺牲"等超越精神来拯救中国，他们无疑是用圣贤境界来要求普通百姓了。按照吴宓的说法，只有"满街都是圣人"时，中国才有希望。简言之，梁漱溟以其个人对儒家道德理想的强烈信念来观照中国文化的出路，希望中国人通过提高自己的权利意识与科学观念以增进现代国民的素质。而吴宓、梅光迪、刘伯明等学衡派成员则把所有人都看作是一个是否道德高尚的人，在他们心目中似乎不存在现代国民这一概念②。

所以，吴宓、梅光迪、刘伯明等学衡派主要成员是道德理想主义者，而梁漱溟则不是。

梁漱溟与学衡派对新文化运动的态度也截然不同。梁漱溟对新文化运动的态度分为两层：当新派张扬科学与民主思想时，梁氏是"无条件承认"或

---

① 《梁漱溟全集》第 1 卷，第 532~533 页。
② 新文化运动时期，《学衡》杂志共出版了 60 期近千篇文字，其中主要内容关乎"共国国民"的只有一篇文章，即刘伯明《共和国民之精神》。但此文通篇一再强调"奉献"、"牺牲"等高尚精神与"正心诚意"的圣贤之道，只讲社会责任不讲个人权利，甚至说"共和者，人格之问题也"之类的话。该文见《学衡》第 10 期。

完全的赞成，而当新派激烈批判旧思想尤其是批判孔家道德时，梁氏就不赞同了，却也不与新派直接对阵；学衡派则坚定不移地站在新文化运动的对立面，对陈独秀、胡适等人的新文化主张进行全面而又严厉的批评，甚至经常使用一些非常激烈的语言，呈现出一种独断主义的思想特征。这表明，随着新文化运动的迅猛开展，"五四"文化保守主义者的反抗态度也日趋激烈。有趣的是，当新文化日益取得主流思想的地位时，对保守主义批评的回应反而越来越少，所以面对学衡派的大量的批评，胡适居然不屑回驳。

　　本文不是对梁漱溟与学衡派进行对比研究，因此对二者的异同未能专门分析。但仅从本文的有限内容，就可看出两者之间岐义甚大，也许是其同不胜其异。他们的相同之处也许只在最抽象的层面上，比如他们的文化价值倾向。这说明"五四"保守主义思想的特殊的复杂性。实际上，当时并称陈胡的新文化领袖陈独秀与胡适，两个人就思想岐义很大，依我个人的看法，一个是典型的激进主义，一个是标准的自由主义。而保守主义思想家梁漱溟，在思想风格上则与新文化派首领陈独秀更为接近。

　　最后，谈一谈新旧思想的关系与保守主义思想的历史定位问题。

　　顽固的守旧派与保守主义的主要区别，就在于前者不能顺应中国近代化历史发展的新要求，从而无以解决近代中国所面临的新情况、新问题。而保守主义思想之所以构成思想史研究的重要内容，主要不在于其保守主义的价值倾向，而在于能够为守成传统提供一套新的解释，或者说运用现代新的理论学说为保守传统的价值提供支持。例如，《东方杂志》派主帅杜亚泉，学衡派重要人物汤用彤、陈寅恪等人，对近代科学与民主都具有一些深刻的了解与精湛的见识，对近代学术思想的发展有重要的贡献。几乎有重要影响的保守主义思想家在理论上都具有相当系统的现代知识观念。现代新儒家中，冯友兰、贺麟、唐君毅、牟宗三等人无不具有对西方哲学的相当的了解。冯友兰的新理学、贺麟的新心学，都以其"新"而区别于传统哲学。新儒家中影响甚大的熊十力至牟宗三一系，熊十力对西学无所指涉，但到了牟宗三，却基于康德哲学的深邃底蕴而登上了新儒家思想的峰顶，从此亦见西学对于保守主义思想发展的重要性。因此，真正的保守主义者一般都能够容纳近代哲学与科学的新知识，他们在相当程度上具有一种现代开放意识[①]。我们设想，

---

① 保守主义思想中包含的这些新知识、新理论，恰恰应该成为思想史研究的主要内容，只有如此才可能弄清新儒家思想的发展和变化。而90年代以来兴起的国学热中，论者往往把国学与西学对立起来，以为治国学者力深而言西学者功浅，有了这一严重的思想歧异，故诸多的相关研究无所着力。

如果他们不能在学理上提供一种新见解，而只是重弹几百年、上千年的老调，就不可能在学术思想史上有重要影响。乃至给人这么一种印象，五四时期新旧文化之争只是一种价值之争，而在这场价值争论中保守主义以其稳健的思想获得了远远高于新文化派的历史评价。

（作者单位　中国社会科学院近代史研究所）

编 后 语

　　本书是中国社会科学院重点学科建设工程·中国近代思想史学科载体近代史研究所思想史研究室主办的"中国近代思想史研究集刊"的第一辑，收入的14篇论文，大多是2004年8月间在湘西召开的"第一届中国近代思想史国际学术研讨会"的论文。蒙各位作者不弃，愿意在此集刊发表，作为编者，我们深表感谢。为推动中国近代思想史研究，我们计划每年出版集刊一至二辑。作为主办者，我们热切期盼海内外同道赐稿，以使该刊能健康成长。

　　由于所收论文以探讨中国近代思想家的为多，故本辑名为"思想家与近代中国思想"。为使集刊有特色，我们希望每辑都能有一个相对集中的主题，可以比较集中地讨论一些问题，从而更好地推动中国近代思想史研究。第二辑拟以"西方思想与近代中国"为主题，我们热切期盼海内外同道围绕相关问题撰写论文，并投稿本刊。

　　本集刊的出版得到了中国社会科学院重点学科建设工程和中国社会科学院近代史研究所、中国社会科学院社会科学文献出版社的大力支持，在此表示衷心感谢。

编　者

2004年9月26日

中国近代思想史论

王尔敏 著
2004年4月出版　29.80元
ISBN 7-80149-842-9/K·121

该书包括九篇有关中国近代思想史的长篇论文。主要论述了近代某方面特质的理念根源、历史演进及其时代关联，以表现近代不同阶段真实的时代心声，反映一个时代关于自己的真实意念和想像。

中国近代思想史论续集

王尔敏 著
2005年4月出版　35.00元
ISBN 7-80190-521-0/K·124

本书是《中国近代思想史论》的姊妹篇，主要针对中国近代史上曾经出现过的属于思想史范围的，诸如"儒家传统与近代中西会通"、"经世思想"、"中西学源流"、"19世纪的中国国际观念"、"德智体群四育"、"鬼子"、"自强与求富"、"官督商办"、"工商致富"、"实业建国"、"人权"、"女权"、"公仆观念"、"变法论的象征"等一系列观念、概念、思想、思潮的创生、衍变、发展及其历史作用，分别进行了认真的别开生面的考论，内容丰富，资料翔实，极富参考价值，是一部不可多得的关于中国近代思想史的重要参考书。

中国孟学诠释史论

黄俊杰 著
2004年9月出版　35.00元
ISBN 7-80190-270-X/K·073

　　本书论述的内容是中国思想史上孟子学诠释史的发展，探讨了中国历代思想家对孟子思想提出的解释、批判、争辩、推衍、发挥，以及其隐含的思想史意义与诠释学内涵。全书以孟子学解释史为中心，分析中国诠释学的三种类型：（一）作为诠释者心路历程表述的诠释学；（二）作为政治学的诠释学；（三）作为护教学的诠释学。书中内容充实，资料丰富，见解令人信服。书末附有"孟学诠释史选编诠释"、"参考书目"等资料。

传统中华文化与现代价值的激荡

黄俊杰 著
2002年12月出版　39.00元
ISBN 7-80149-821-6/K·119

　　本书致力于探寻应变现代化挑战所需要的调适方式，努力创新，重新解释中国文化的思想传统，使之可以用来载负现代价值。作者认为传统中华文化与现代世界诸多价值，比如"全球伦理"、"人权"、"美学价值"等，并不是互不兼容、相互敌对的；传统中华文化经过转化之后可为现代世界注入新意蕴。

社会科学文献出版社网站 全新改版

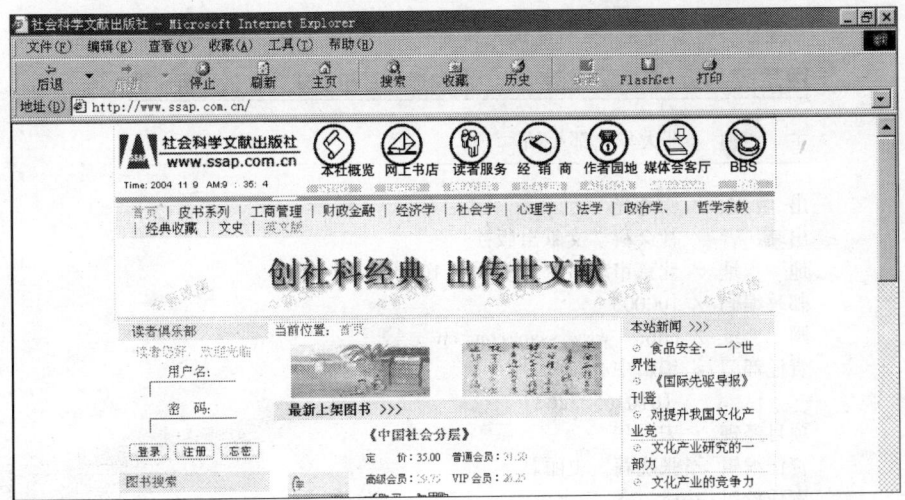

全、新 在哪里?

服务对象更明确——点击菜单栏"读者服务"、"作者园地"、"经销商"、"BBS"即可进入自己的天地。

图书分类更细致——专业分类、专题分类、丛书分类、年份分类,根据需要,随意查取。

检索更为便捷——输入书名、作者、出版时间,甚至一个关键词、关键字即可查询到您所需要的信息;图书内容介绍、相关书评、著名作者、社会科学发展论坛……

功能更全更细——有您想到我们没做到的,但只要是与"图书"有关的,SSAP.com.cn 都努力做到了。

为什么 要访问 SSAP.com.cn?

如果您是决策者、研究者、学者、记者或者是爱书者,甚或是学术自由论战者,这里都有您的座位,随时欢迎您的到来。

这里有以皮书为代表的权威资讯;有前沿、原创的专业书、学术书,有与本社作者(许多为权威专家、知名学者)交流甚至辩论的学术论坛;有知识共享、价值分享的读者俱乐部;有网上订单和网上零售书店;也有记者欢聚的媒体会客厅……

欢迎 加入社会科学文献出版社读者俱乐部

登录社科文献出版社网站注册即可成为我社读者俱乐部会员,俱乐部会员采用等级制,根据购书额的不同,在社科文献出版社网上书店购书,可以享受一定折扣的优惠,同时还可以享受和参与我社不定期举办的赠送书目、礼品、图书以及会员沙龙等一系列的会员优惠活动。

中国社会科学院重点学科建设工程丛书·中国近代思想史学科

思想家与近代中国思想　　中国近代思想史研究集刊　第一辑

主　　编／郑大华　邹小站

出 版 人／谢寿光
出 版 者／社会科学文献出版社
地　　址／北京市东城区先晓胡同10号
邮政编码／100005
网　　址／http://www.ssap.com.cn
责任部门／编辑中心
　　　　　（010）65232637
项目经理／宋月华
责任编辑／张晓莉　史丽君
责任校对／段　青
责任印制／同　非

总 经 销／社会科学文献出版社发行部
　　　　　（010）65139961　65139963
经　　销／各地书店
读者服务／客户服务中心
　　　　　（010）65285539
法律顾问／北京建元律师事务所
排　　版／东远先行彩色图文中心
印　　刷／北京季蜂印刷有限公司

开　　本／787×1092毫米　1/16开
印　　张／23.5
字　　数／414千字
版　　次／2005年5月第1版
印　　次／2005年5月第1次印刷

书　　号／ISBN 7-80190-501-6/D·155
定　　价／45.00元

本书如有破损、缺页、装订错误，
请与本社客户服务中心联系更换

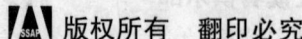
版权所有　翻印必究